李双元法学文丛

本书系国家社科基金重点项目
"全球治理下国际私法的功能定位研究"（16AFX022）的成果。

李双元法学文集
（续集）

李双元 著

武汉大学出版社

图书在版编目(CIP)数据

李双元法学文集:续集/李双元著.—武汉:武汉大学出版社,2016.9
李双元法学文丛
ISBN 978-7-307-18650-7

Ⅰ.李… Ⅱ.李… Ⅲ.国际私法—文集 Ⅳ.D997-53

中国版本图书馆 CIP 数据核字(2016)第 216619 号

责任编辑:张 欣 田红恩　　责任校对:李孟潇　　版式设计:韩闻锦

出版发行:武汉大学出版社 （430072　武昌　珞珈山）
　　　　　（电子邮件:cbs22@whu.edu.cn 网址:www.wdp.com.cn）
印刷:虎彩印艺股份有限公司
开本:720×1000　1/16　印张:26.75　字数:479 千字　插页:4
版次:2016 年 9 月第 1 版　　2016 年 9 月第 1 次印刷
ISBN 978-7-307-18650-7　　定价:78.00 元

版权所有,不得翻印;凡购我社的图书,如有质量问题,请与当地图书销售部门联系调换。

作者简介

李双元，男，1927年生，湖南新宁人。湖南师范大学终身教授，武汉大学国际法研究所教授，博士生导师，中国国际私法学会名誉会长，《时代法学》和《国际法与比较法论丛》主编。曾任武汉大学国际法研究所副所长、中国国际私法学会副会长、湖北省国际法研究会总干事、中国法学会理事和中国国际法学会理事、国务院学位委员会（第三届）学科评议组成员、全国高等教育自学考试指导委员会委员、中国国际经济贸易仲裁委员会委员和仲裁员、中国博士后流动站管委会专家组及该管委会基金委员会专家组成员、武汉市政协委员及其法制委员会副主任、湖南省政府参事等学术与社会职务。先后主持完成国家社科基金项目、教育部哲学社会科学博士点基金项目、司法部项目、湖北省及湖南省社科基金一般及重大项目20余项；在《中国社会科学》、《法学研究》、《中国法学》等刊物上发表学术论文100余篇。独著、主编的经典著作主要有《国际私法（冲突法篇）》（已出第3版）、《国际民事诉讼法概论》（第2版为教育部审定的研究生教材）、《中国与国际私法统一化进程》（已出第2版）、《市场经济与当代国际私法趋同化问题研究》、《国际民商新秩序的理论建构》、《中国国际私法通论》（已出第3版）、《比较民法学》、《走向21世纪的国际私法——国际私法与法律的趋同化》（中国法学家自选集）、《国际私法》（全国高等教育自学考试统编教材，已出第3版）、《国际私法》（"十一五"国家级规划教材，已出第4版）、《法学概论》（"十一五"和"十二五"国家级规划教材，已出第11版）等十数种，合译《戴西和莫里斯论冲突法》、萨维尼《现代罗马法体系（第八卷）》和《牛津法律大辞典》等世界法学经典著作。著述中获国家级及省部级一、二、三等奖及湖北省特别奖等奖励十余项。

出 版 说 明

为了庆祝我国著名法学家和法学教育家李双元教授 90 华诞，湖南师范大学法学院组织出版了《李双元法学文丛》。本套丛书共有 15 本，其中 1 本为新书。另外的 14 本皆为已经出版过的，因出版年代跨度较大，我们以保持原书原貌为原则，仅对一些文字标点符号的明显错误做了订正；书中有一些资料和引文因年代久远，已无法一一核查的，仍保持原样。

在已经出版过的 14 本书中，有 8 本书作者未做修改的，版次不予增加，所涉的法律法规也基本保持原样；另 6 本书作者予以了一定的修改，版次予以增加。

武汉大学出版社

2016 年 8 月

总　　序

2016年中秋，我们将迎来我国著名法学家、法学教育家李双元教授90华诞。

李先生历任武汉大学教授（已退休）、湖南师范大学终身教授、博士生导师、中国国际私法学会副会长和名誉会长，国务院学位委员会学科评议组（法学组）成员、中国博士后流动站管委会专家组成员、全国高等教育自学考试指导委员会（法学组）委员、中国国际经济贸易仲裁委员会委员和湖南省政府参事等学术与社会职务，为新中国法学教育、研究和实践作出了重要贡献。

李先生在青年时代，即积极参加反对国民党统治的学生运动和湖南新宁县的武装起义。但是在1957年却因言获罪，被划为右派分子，在大学从教的权利被完全剥夺。然而他对马克思主义法学理论的探求，却矢志不衰。1979年武汉大学恢复法律系，他即从华中农学院马列室迅速调回武汉大学，协助韩德培、姚梅镇先生等参加法学院的恢复与发展工作，并在国内最早组建的国际法研究所任副所长。由韩德培教授任主编的第一部《国际私法》国家统编教材，也是在他的积极参与下，迅速完成并出版。在两位老先生的直接领导下，中国国际私法学会和中国国际经济法学会成立大会与它们的第一次研讨会也在武汉大学同时召开。

1993年，李先生出任湖南师范大学终身教授，负责组建湖南师范大学法律系、法学院以及国际法研究所、环境法研究所。现在，我院已经拥有法学一级学科博士和硕士学位授权点、法学博士后科研流动站和法律硕士专业学位授权点以及教育部首批卓越法律人才教育培养基地和国家级大学生校外实践教育基地，法学学科在第三轮全国学科评估中名列第21位。李先生学术视野开阔，在法理学方面也有他个人的理论贡献，其中，他先后提出"国际社会本位理念"、"法律的趋同化走势"和"国际民商新秩序的构建"等理论观点，均在法学界受到重视。

为庆祝李双元教授九十华诞，在武汉大学和湖南师范大学的大力支持下，我们特别选取了李先生的十五本著作，集结为《李双元法学文丛》，隆重推出，以弘扬李先生的治学精神和学术思想，并恭祝李先生永葆学术青春。为保持原书的风格，其中《比较民法学》、《国际民商新秩序的理论建构》、《市场经济与当代国际私法趋同化问题研究》、《中国与国际私法统一化进程》、《21世纪法学大视野——国际经济一体化进程中的国内法与国际规则》、《现代国籍法》、《国际民事诉讼程序导论》和《法律冲突与法律规则的地域和时间范围》未作修改。

鉴于李先生长期在武汉大学执教，加之这套丛书中有六种原来就是由武汉大学出版社出版，因此，我们仍然选择由对法学界出版事业长期提供大力支持的武汉大学出版社出版这套丛书。在此，特别感谢武汉大学出版社和武汉大学法学院的鼎力支持！

湖南师范大学法学院
2016年6月18日

前　言

迄今，我先后出版了三本个人文集：法律出版社1999年出版的《走向21世纪的国际私法——国际私法与法律的趋同化(中国法学家自选集)》(收录31篇论文和我的自述)、湖南人民出版社2006年出版的《法律趋同化问题的哲学考察及其他》(收录26篇论文)、中国法制出版社2009年出版的《李双元法学文集(上、下)》(收录52篇论文)，本书是我的第四本个人文集。本文集除收录前三本文集遗漏的之前已发表或虽已成稿但并未发表的几篇文章外，主要收录了2009年以后、以我个人名义或与我的学生合作或合署的名义发表的一些论文。部分文章，本次收录时做了一些修改。

在本文集收集、打印、校对和整理过程中，我的在读博士研究生刘正全、褚凤、杨陶和毕业博士刘琳，在读硕士研究生龙智婷、仇诗雪、胡霞、沈杜宇、李庆和蔡人杰等，花费了较多的时间与精力；甚至包括部分校内文学院博士、校外其他高校的一些博士生同学亦被邀请参与了复核工作。欧福永教授对文集的收集和整理进行了具体指导和协调。对以上人员所付出的辛勤劳动，在此表示衷心的感谢！

由于整理时间比较仓促，加之文集中的部分论文写作时间较早，难免有不当乃至错误之处，诚恳地欢迎广大读者批评与指正！

李双元

2016年6月9日于岳麓山下

目　录

国际私法的名称、性质、定义和范围问题 … 1
涉外产品责任案件管辖权问题研究 … 10
从我国法院的几个案例谈国际私法上公共秩序保留制度的正确运用 … 22
法律容许行为初探 … 33
中国国际私法研究的方向问题 … 45
现代法治社会必须强化内涵公正的法律效益观刍议 … 55
国际私法：构筑国际民商新秩序的法律部门 … 65
中国民法现代化的几个问题 … 77
法治社会——中国法治进程的最终目标 … 88
法律理念及其现代化取向 … 96
从法律职能与法律体系的演进与变迁看法律的趋同化问题 … 109
备用信用证法律特征之考察 … 130
无效婚姻制度设计的反思 … 143
国家破产——主权债务重组研究 … 155
略论国际私法的研究方法 … 169
公共健康危机所引起的药品可及性问题研究 … 175
从"外国法的查明"谈解决"外国法的适用"的困境 … 188
论世界儿童立法的趋同化 … 203
从WTO和EU法律制度谈全球经济一体化与区域经济一体化的关系 … 216
论和解合同 … 229
从世贸组织争端解决机制谈国际法效力的强化 … 245
关于起草我国国际私法法典的几点想法 … 262
《武汉大学学报》创刊80周年感言 … 278
再论起草我国涉外民事关系法律适用法的几个问题 … 281
关于我国《涉外民事关系法律适用法》的几个问题 … 294
权利质权标的探究 … 315

对我国"商法特征"若干界说的实证分析思考 …………… 326
美国规制职场基因歧视立法研究 …………………………… 346
论公序良俗原则的司法适用 ………………………………… 358
暴利行为比较研究 …………………………………………… 375
论国际私法上直接适用法的重新界定 ……………………… 388
［附录］武汉大学国际法所早期旧事杂忆 ………………… 406

国际私法的名称、性质、定义和范围问题[*]

随着我国实行对外开放的经济政策，涉外经济贸易及各种民事活动日趋广泛和复杂，迫切要求就调整涉外民事关系制定健全、完备的法律制度，这给我国国际私法理论研究工作提出了艰巨的任务。本文拟就当前国际私法理论研究中遇到的一些问题，谈些浅见。

一、国际私法的名称与性质

德国法学家科恩曾指出，国际私法可以说是从书名页起就有争论的法律学科。直到目前，不同国家和地区对国际私法仍保留不同的称谓。欧洲大陆各国较普遍地称为"国际私法"（Private International Law），而英、美等国则更多地称为"冲突法"（Conflict of Laws）。东德和旧中国把冲突法法规称为"法律适用条例"，西德却称为"民法施行法"，日本称为"法例"。在学说及历史上，它还被叫过"法则区别说"，"法律的地域界限论"，"外国法的适用"，"私国际法"等名称。此外，还有主张把它叫作"国际民法"或"国际民商法"的。这些不同的称谓，或是强调它所调整的法律关系仍属民法性质，只不过这种民法关系已超出一国的范围；或是强调它着重解决的是法律的冲突问题；或是强调它要解决的是本国及外国的民法适用的问题。

目前比较通用的"Private International Law"这个名称，最早是美国国际私法学家斯托雷在1834年发表他的《冲突法评论》（*Commentaries on the Conflict of Laws*）一书中提出的，但是他却没有用这个名称来给他的这本书命名，而采用了欧洲大陆17世纪荷兰学派所首倡的"冲突法"（De conflictu Logum）这一名称。相反，斯托雷提出的上述名称却为欧洲大陆国家所接受。这也表明，在国际私法的理论与实践方面，不同国家或不同学派间的相互影响是十分重大的。1843年，法国学者弗利克斯开始正式采用目前的这个名称，但他的立意却与斯托雷

---

[*] 补录前次收录遗漏的文章。本文首次刊载于《武汉大学学报》1983年第1期。

的大不相同。弗利克斯是一个把国际私法视为国际法的人，他在1840年发表的一篇论文，其题目便是"论内外国法律的冲突，又称国际法"。他用来称呼这一法律部门的法文名称是"Droit Internationl Prive"，直译也是"私国际法"。但在1841年德国的一位学者叫谢夫纳（Schaeffner）的，在一本研究国际私法史的著作中，倒真正把它称呼为"Internationales privatrecht"（国际私法），不过直译为英文，则应该是"International Private Law"，他认为国际私法纯然是国内法。

那么，国际私法到底是国际法还是国内法呢？如果说它是国内法，又为什么要冠上"国际"二字呢？这就是讨论国际私法的名称和性质时，要解决的第一个问题。

对于这个问题，不论在历史上或当今，国内外都有不同的观点，但比较普遍的看法是，国际私法是国内法，或至少可以说它主要是国内法。其所以冠以"国际"二字者，只是表明它所调整的法律关系超出了一国的范围，从而有可能受到两个以上国家法律的影响。但是，我们也应该看到，国际私法所调整的民事法律关系既然超出了一国范围，涉及了不同国家的立法及司法管辖权，从而不能不具有国际的因素或规模，因而它也就不可能完全脱离开国际公法的一般原则，例如国际公法的主权原则与平等互利原则，便是国际私法的指导原则。至于表现在具体问题上的国民待遇原则，国家及其财产的豁免原则等，也是处理国际私法关系时应该遵循的国际公法上的原则。

由于国际私法涉及国际因素，有关国家还常常通过国际条约的方式来制定各种统一冲突规范；划分国家间的司法管辖权；约定彼此相互履行司法委托；甚至制定一些统一实体规范。这就表现出国际私法在渊源上具有两重性。就这一类国际私法规范而言，它显然具有规定国家间关系的行为准则的性质。但是这类性质的国际私法规范为数并不太多，而且它们只在极少数国家间生效，至今并不存在什么得到较多国家（更不用说所有国家）接受的统一国际私法规范。其次，在许多已有的国际私法条约中，都还规定了公共秩序保留条款，允许缔约国在认为遵行条约所规定的统一规范会与自己的公共秩序（或公共政策）发生抵触时，可以不适用条约的规定，这就更降低了这些条约作为约束缔约国的行为规则的法律意义。最后，在这样的国际条约（更不用说国际惯例）中，许多关于国际贸易方面的统一实体规范，都是任意性规范，只有经当事人选择适用于合同后才对当事人具有约束力，而且缔约国之间的当事人在选择适用条约中统一实体法于合同中时，还有权减损与改变有关条约的规定。统一国际私法（这里包括统一冲突规范，统一实体规范与统一国际民事诉讼规范）中强行性规范是很少的。因此，这种统一规范的出现，仍不足以改变国际私法是国内法的基本性质。

认为国际私法不是国际法而是国内或主要是国内法的根据是：

首先，它不是以各主权国家间的政治、经济、外交关系为调整对象的。它的调整对象是发生在不同国家自然人或法人之间的民事关系。有时主权国家也可作为主体出现于这种民事法律关系之中，但这时，它的法律地位被认为只应按一般民事法律地位对待（但传统上认为，当国家参加民事法律关系时，它的法律地位也与一般自然人或法人的法律地位不同）；它所承担的责任，也只具有民事法律责任的性质，而不是国际法上的所谓国家责任。尽管有时它也可能要承担国家责任，但这是因为它不履行民事责任所造成的。

其次，在国际私法方面，除有关缔约国承担的条约义务外，即令有一些冲突原则，可能为许多国家共同采用，但这并不意味着它们本身具有约束国家的行为规则的性质。如"不动产物权依所在地法"，"人的能力依属人法"，"行为方式依行为地法"以及"程序问题依法院地法"等，虽为许多国家采用，但它们都是通过国内法加以规定的，其内容与适用范围也很不相同。

最后，国际私法关系中的争议属于民事争议，其案件大多由有关国家的国内法院解决。国内法院在解决这类争议时，程序问题一般均适用自己国家的程序法，实体问题在当事人无事前协议的情况下，也只根据法院国的冲突法规则去选择适当的法律解决。

因此，无论从国际私法关系的主体，国际私法关系的性质，国际私法规范的制定及其约束力，以及国际私法争议的解决途径及应适用的法律等各方面来看，都应该认为国际私法是国内法或主要是国内法，而不是国际法。

在讨论国际私法的性质时，还要解决的一个问题就是为什么要把它叫做"私法"？

这一法律部门之所以被称为"私法"，是因为它所调整的全是民、商法一类关系，而民、商法自罗马时代起，就被认为属于"私法"的范畴。本来，根据列宁关于"我们不承认任何'私法'，在我们看来，经济领域中的一切都属于公法范围，而不属于私法范围"[①]的论述，我们社会主义国家的法学，原则上是反对把法律划分为公法私法的。但是，既然在国际私法领域，我们要处理的法律关系超出了一国的范围，而且常常要涉及资产阶级国家的法律与法学理论及司法实践，为了方便起见，便仍沿用这一名称来称呼这一法律部门。加之，

---

① 《列宁全集》第36卷，人民出版社1965年版，第587页。

即使给它换上一个别的名称,也并不能完全反映这一法律部门的性质与特点。但是,必须了解,我们在这里所用的"私法"这个概念,已经与资产阶级法学中的相应概念所指的含义完全不同了。

根据上述原因,我们认为今天沿用"国际私法"这个名称,只指上述特定含义,但确容易引起误解,因为它既不是"国际"的,也不是"私法"的。

这里还必须指出,我们在讲到国际私法所调整的是一种民法关系时,也把我国法学上民法这一概念所包括的范围加以扩展了。根据社会主义国家对法律部门的划分,婚姻家庭关系和劳动关系本都不属于民法调整的对象,① 但资本主义国家却把它们归入民法关系,并且凡此种种法律关系一旦介入外国因素,也统由国际私法加以调整。所以在讲到我们国家的国际私法时,我们也把这种种法律关系包括了进去。此外,有关海商、公司、票据等法律关系,传统上本属商法范畴,而在国际私法中,为了简便起见,也一概统称为民法关系。

二、国际私法的定义

正如国际私法的名称有各种不同的叫法一样,各国法学家也给国际私法下过各种各样的不同的定义。② 但大体上讲,可以把这些定义归纳为下列五种不同的类型。

(1)根据它所调整的法律关系的性质来给国际私法下定义。目前我们国内多采取这种方式,从而一般都把它称为"调整涉外民事法律关系的法律部门"或"调整涉外民法关系的规范的总称"。显然,这一定义过于笼统,未能揭示出这一法律部门的基本特征。其所以采取这一定义,反映出我们国内若干从事国际私法研究工作的同志,主张把所有调整涉外民事法律关系的规范(包括国内法中直接调整此种关系的所谓"专用实体规范")统统包括进国际私法范围的倾向。匈牙利的《欧洲人民民主国家国际私法》一书的观点也是这样。例如该书认为,国际私法是调整国际性的,即与几个法律制度有联系的,也就是含有外国因素的民法,家庭法和劳动法等方面法律关系的法律规范的总称,这些规范中一部分是直接规范(即实体规范),一部分是间接规范(即冲突规范)。③

---

① 这是苏东国家法学上的观点。
② Beale,"A Treatise on Conflict of Laws"(1935),第一章。
③ M. Vilaghy 与 I. Sza'szy,"Private International Law in the European People's Democracies"(1964),第一章。

(2) 从解决涉外民事法律关系的法律冲突的角度来给它下定义。例如美国的斯托雷就把国际私法学定义为"关于产生于不同国家的法律在实际运用于现代商业交往中所发生的冲突的法学"。英国的韦斯特勒克认为国际私法是在发生法律冲突的情况下，"解决哪个国家应受理案件以及应根据哪一个国家的法律来判案"的法律部门。法国的弗利克斯则把它定义为"供判定不同国家私法之间冲突的规范的总和"。而法国的另一学者巴丁认为，国际私法是调整各主权国家都要把自己的法律用于因特定情况而产生的冲突的法律。

(3) 与第二种定义相类似，却从不同国家法律适用范围的角度给它下定义。如荷兰国际私法学家阿瑟把它定义为"决定什么法律能适用于不同国家的当事人之间法律关系或在国外所为法律行为的规范，或者简言之，即有关在一国领域内适用他国法律的规范的总和"。德国学者弗兰根斯坦则把它定义为给各国法律划分管辖权界限的法律。

持第二、三种定义方式的学者，许多都代表了传统的观点，即国际私法就是"冲突法"，"法律适用法"，"法律界限法"。而且他们多抱有国际私法是国际法的观点。日本的著名国际私法学家迹部定次郎就认为，如果承认国际私法是规定各国法律适用范围的，而各国的私法又是根据国家主权行使的，那么国际私法就同样是给各国主权划定范围的法律，就应该属于调整国家关系的国际法。这种观点，是不符合实际情况的。实际上，除了国际私法条约中的统一冲突规范外，凡国内法中的冲突规范都只具有约束自己法院适用法律的效力。冲突规则指定在什么情况下适用外国法，有时固然也会以国家间的互惠为条件，但大多并不以对方国家在同样情况下也适用内国法为前提。目前我国一些国际私法理论工作者也有国际私法是国际法的观点。例如有的同志认为，根据国家主权原则，每个国家的法律都同时具有域内效力和域外效力，照此推论下去，那么在涉外民事关系中，一国法律的域外效力就必然会与另一国法律的域内效力发生冲突，这种冲突需要用国际私法来解决，因此，当然也会得出国际私法是给各国法律划定适用界限的法律的结论。显然对国际私法作这样的定义，是既不符合马克思主义法学理论，也不符合国家主权原则的。

(4) 有人从强调外国法的适用的角度下定义的。如沃顿认为国际私法是规定在有关情况下或多或少要服从(或让位于)别国的法律的规范。切夏尔在他的著作的早期版本中也认为，国际私法是这样一个法律部门，即当法院受理的案件，在涉及与外国法律制度联系的事实、事件或行为时，必须考虑从另一法域去获取判案的法律。

(5) 最后，还有以列举国际私法的内容(或范围)的方式来给国际私法下定义的。例如切夏尔和诺思的《国际私法》就指出，英国法所理解的国际私法是在处理含有涉外因素的案件时，判定"第一，法院在什么条件下对案件有管辖权；第二，不同种类的案件应适用哪一国法律来确定当事人的权利义务关系；第三，在什么条件下可以承认外国的判决，以及在什么条件下，外国判决赋予的权利可以在英国执行"的法律。我国有些国际私法理论工作者也试图以这种方式来给国际私法下定义，只是他们所列举的内容（或范围）与上述定义不同而已。例如有的教科书便把它定义为"国家在同其他国家交往过程中形成的，表现这个国家统治阶级意志的，调整国际民事法律关系的冲突规范、规定外国人民事权利地位的规范和国际民事诉讼规范的总称"①。

上述种种定义方式，都不足以反映我国目前较为通行的观点。作者认为，似以作如下定义较为妥当："国际私法是以涉外民事法律关系为调整对象，并以解决法律冲突为中心问题，以冲突规范为基本规范，同时包括规定外国人民事法律地位的规范，消除法律冲突的统一实体规范，以及国际民事诉讼与仲裁程序规范在内的一个独立的法的部门。"

这个定义，一是强调了国际私法调整对象的特殊性，即含有外国因素的民法关系。而调整对象的不同，正是区别不同法律部门的基础。二是突出了国际私法的本质特性，就是它的中心任务是解决因各国民（商）法规定的不同而产生的法律冲突问题。这一点不容回避，必须在定义中得到反映。三是既强调了冲突规范（或法律选择规范，或法律适用规范）是国际私法的最基本规范，也强调了为了解决法律冲突问题，还必须运用的其他几种类型的规范。至于为什么在国际私法中还必须把其他三类规范包括在其中，这便是研究国际私法的范围所要讨论的问题。

三、国际私法的范围

国际私法的范围问题，同样是一个极有分歧观点的问题，国内在这个问题上的争论也是很尖锐的。但是，有一点必须首先肯定，那就是国际私法虽然是解决法律冲突问题的，但即令是在把国际私法和冲突法两个概念完全等同起来的国家里，他们的国际私法学也都认为应该把冲突规范以外的但与解决法律冲突有关的一些规范包括到国际私法范围以内的。因此，不宜在国际私法范围问题上，采取过于绝对化的观点。

---

① 中国人民大学法律系：《国际私法》(1980)，第一章。

普通法国家如英美等国国际私法学认为国际私法就是冲突法，但在范围问题上，他们却在国际私法中包括了有关涉外民事案件管辖权及外国民、商事判决的承认与执行的规范，而反对把外国人民事法律地位的问题和国籍问题归入国际私法。切夏尔在他的《国际私法》一书序言中，就表明"本书不涉及英国国籍法问题"，因为"国籍法属于宪法范畴，与国际私法关系不多。一个人究属哪个国家的国籍，既与法律选择无关，也与法院管辖权的研究无关"。这是因为英、美等国，在属人法的适用和管辖权的划分上，都是以住所为根据的。因此，他们虽然反对研究国籍问题，却让住所问题在国际私法中占有重要地位。

大陆法国家如法国，对国际私法的范围更作广义的理解，认为它应包括"适用于国际关系中私法主体间的所有规范"。因此，外国人地位问题，国籍问题（因为法国以当事人本国法作属人性，以国籍作属人法的连结点），都应属于国际私法的范畴。不过，法律冲突与管辖权冲突仍是国际私法中两个最重要的问题而已。西德的学说一直认为国际私法只限于冲突法，而主张把国籍问题归入国家法，把外国人民事法律地位问题归入民法。但有人认为国际民事诉讼与仲裁程序规范应归入国际私法。日本的学者如北敏胁一认为，尽管国际私法的范围，依时代、国别及学者的不同而有不同处理，但一般应包括法律适用问题，外国人民事法律地位问题，涉外民事诉讼法问题等。在北敏胁一的《国际私法》(1976)一书中，除讨论了物权法、债权法、亲属法、继承法及国际民事诉讼法而外，还专门讨论了商事及国际贸易法方面的各种问题，如商事，票据，海商，国际贸易（包括保险与运输服务），工业产权等方面的问题。

此外，在资本主义国家，也有明确主张应把统一实体规范归并到国际私法范围的。如荷兰的国际私法学家弗鲁恩德就认为国际私法是由下述三个方面的基本事实所构成的，即人们在处理涉外案件时需要选择法律，需要选择法院司法管辖权，以及许多国家鉴于法律选择范围的不断扩大而同意制定统一实体规则。英国的施米托夫也认为，随着统一国际民商实体法的国际公约的不断出现，应该把国际私法的范围加以扩展，把这种统一实体规范也包括到国际私法中去。一些著名的国际私法国际机构，如海牙国际私法会议，美洲国家组织国际私法会议等，也都主张站在国际私法的统一立场上，去对统一冲突规范、统一实体规范及统一国际民事诉讼程序规范三个方面的问题，进行有机结合的研究工作的。

苏联、东欧各国国际私法学者对国际私法的范围，虽有种种不同看法，但在理论及实践中，比较普遍的倾向更是主张把关于外国人民事法律地位的规范，冲突规范，统一实体规范以及国际民事诉讼程序规范都包括在国际私法范围之内。

因此，从国外在这个问题上的理论与实践来看，上述情况表明：所有国家都不认为国际私法只应包括冲突规范。而主张把产生于国际经济贸易关系中的统一实体规范归入国际私法范围的，也并不只是个别国家或个别学者的实践与观点。

目前，国内在国际私法的范围问题上两种主要对立的观点，其基本分歧也在于是否应该把统一实体规范列入国际私法的范围。对于这个问题，我们认为，应持肯定态度。但要正确地认识这个问题，必须从法律发展的观点出发，从我国的实际情况出发。

为了解决涉外民法关系中法律适用上的冲突现象，历史上最早采取的是用冲突规范来指导进行准据法的选择。但是，由于这种冲突规范并不直接规定当事人间的权利义务关系，因而它只是一种间接调整的手段，适用起来，有时不免缺乏明确性，而且不太方便。随着国际经济关系日趋发达，为了便利国际民事流转，在19世纪末20世纪初，便开始进行制定直接调整某些国际民事关系的统一实体规范的工作。这种统一实体规范如被有关国家的当事人采用于合同，便可以避免法律冲突和法律选择。因此，它也是在解决法律冲突的基础上发展起来的，与冲突规范可以说是规定含有外国因素民法关系的两种并行的不同方式——间接规定的方式与直接规定的方式，二者本来就是相辅相成，互相补充的。如果硬要把二者截然分割并对立起来，在国际私法的实践中，是不利于去选取一种更适合于具体情况的法律的。这样发展起来的统一实体规范虽有自己的特点，但并没有绝对的理由认为，只有采取间接规定方式解决法律冲突问题的冲突法规范是国际私法，而采取直接规定方式以消除法律冲突的统一实体规范就必须属于另一个法律部门。

冲突规范与统一实体规范二者相辅相成、互为补充的关系，还为许多国际公约所承认。国际经济交往的大规模发展，一方面固然使人们感到，如果在国际经济贸易关系中，能适用某种直接而明确地规定了双方当事人权利义务的统一实体法，有助于减少国际交往中的法律障碍，有利于促进国际经济联系的发展。但是另一方面也应看到，一些国家为了维护自己的利益，在法律选择上为了达到能适用有利于自己的法律的目的，往往愿意在这个问题上保留更大的回旋余地，因而有时宁愿适用灵活性更大的冲突法制度，而不顾意受统一实体法的支配。所以，有时在国家之间，即令缔结了一项统一实体法公约，其适用范围也往往要受到有关国家的冲突法的制约。例如1930和1931年一些国家在订立《统一汇票本票法公约》和《统一支票法公约》时，不但在许多条文上保留了缔约国解除统一法拘束力的权利,而且同时相应地通过两个关于法律冲突的公约。1964年一些国家签订的《国际货物销售统一法》与《国际货物销售合同成立统一法》,以及1980年签订的《联合国国际货物销售合同公约》,也都只适用于有关合同的成立和因合同而产生的卖方与买方的权利义务,而不涉及合同的效力或任何其他条款和惯例的效力,也不涉及合同对所售货物所有权可能产生的影响等。因此,在不适用上述统一法的许多方面,还是要适用冲突法,二者是密切结合在一起的。这些表明,把有关的统一实体规范和冲突规范一并放归入国际私法之中,并不是不合理的。

涉外产品责任案件管辖权问题研究*

涉外产品责任案件的管辖权，关于各国法院对此类案件进行审理的权限，是有关根据什么标准来确定一国法院是否有权受理某一或某些涉外民商事案件的问题。众所周知，由于管辖权的确定，既是一国法院受理案件的前提，又涉及案件审理结果以及判决的承认与执行的重要因素，因此，各国对管辖权之归属，争夺得十分激烈。而这一点，在涉外产品责任案件上，表现得尤为明显，其主要原因就在于：

(一) 在绝大多数的涉外产品责任案件中，将有更多的国家和人来争夺其管辖权

从国际私法理论上讲，某一产品责任案件，只要涉及(1)一方当事人为外国人(包括自然人，法人，有时还可能包括外国国家)；(2)造成产品损害的不法行为发生在国外；(3)损害结果发生在国外等因素当中的任何一个，便构成了涉外产品责任案件。但是，在现代社会生产和分配系统高度发展、各国间人员流动日益频繁的情况下，依现代社会实际生活中发生的涉外产品责任案件，大多同时包含多个涉外因素，并与多个国家发生关系。由此，一方面，往往引起多个国家对案件管辖权的激烈争夺。因为，通常情况下，有关各国出于自身利益的考虑，尤其是为了更好地保护本国当事人的利益，一般都会凭借自己与案件的关系或某一标志来确立其管辖权，从而抵制他国管辖权的行使。而另一方面，由于有关当事人各自也都迫切希望并基于一定的连结因素而极力寻求对己有利的国家法院来管辖，他们之间也势必在管辖权问题上出现矛盾与争斗。

(二) 涉外产品责任案件管辖权的具体确定，对案件的结局将产生重大的影响

这是因为：(1)在选择适用涉外产品责任的准据法问题上，存在着相当大

---

* 本文为李双元、张万明合著，刊载于《法学评论》1990年第3期。

的困难,会遇到非常复杂的情况。各国在处理该类问题时,所采取的具体做法有着很大的差别。尤其是近十几年来,由于许多国家以及国际上都日益重视"最密切联系原则"在处理涉外产品责任法律适用问题上的作用,以便考虑采用多种结点的方式来最终确定其准据法,因而,更可能导致不同国家的法院在审理涉外产品责任案件时,采用不同的连结点,使用不同冲突规则,进而选定不同的准据法,最终作出不同的判决。(2)在涉外产品责任准据法的选择上所采取的这种灵活、多样性做法,必然导致受理案件的法官们在法律适用方面裁量权的增大。可以说,最终选择适用什么样的准据法,在很大程度上取决于办案法官的学识和意志,而在这方面,不同国家的法官之间是存在相当差异的。无疑,这也将严重影响案件的处理。(3)当前,在产品责任的立法方面还存在参差不齐的现象,有的国家已经有了比较完善的产品责任法,而有的甚至才刚刚开始这方面的研究或立法活动;有的国家已经是有关国际条约的参加者。而且,即便是那些有产品责任法的国家,其各自对产品责任的实体性规定,也是不尽相同的。为此,不同国家的法院在审理涉外产品责任案件时,因按不同的标准或方法选定适用不同的国内法或有关国际条约中的实体规范,势必导致分歧的判决结果。

正是基于上述两方面的原因,涉外产品责任案件的管辖权在涉外产品责任诉讼中,起着举足轻重的作用,对管辖权之归属,国际上进行着更为剧烈的争夺。可以断言,随着当前及今后有关涉外产品责任诉讼的日益增多,各国原有的管辖权规则越来越不适应此类诉讼需要,这一矛盾将不断尖锐:一方面,各国必将日趋重视涉外产品责任诉讼的管辖权问题,致力于寻求适合该类诉讼的专门规则;而另一方面,在相当长一段时间内,各国对涉外产品责任诉讼管辖权的争夺将更加剧烈,直至各国或大多数国家之间就此专门达成一项普遍适用的国际公约为止。

一、管辖权的确定

就目前而言,虽然有的国家已经有了较为完备的产品责任法,而且国际上也出现了有关产品责任和管辖权方面的国际公约,但还没有一个国家或一项国际条约就涉外产品责任案件的管辖权问题作出过专门具体的规定,各国多是援用其本国关于涉外民商事案件管辖权原则和冲突规则,或者直接引用其确定国内民商事案件管辖权的规则来解决涉外产品责任案件的管辖权问题,而且当今各国一般都是把它当成侵权性案件来看待,从而也适用一般侵权诉讼的管辖权制度。

(一) 外国的理论与实践

1. 以法国为代表的做法

法国对于涉外民商事案件管辖权的确立，主要是以双方当事人的国籍为基准的，但对法国当事人作了特别有利的规定。① 不仅如此，法国法院在实践中又对此作了扩大解释，将其展延适用于除涉及国外不动产案件之外的任何有法国人参加的一切案件。目前，法国对于外国被告在法国有事实上的住所的案件，也将予以管辖。关于民事侵权案件，1976年制定的法国《民事诉讼法典》规定，一般由被告住所地法院管辖，同时也可以由侵权行为地法院管辖。而侵权行为地，既包括损害事件发生地，亦包括损害承接地。

此外，意大利、比利时、荷兰、卢森堡、西班牙、葡萄牙等国，也都基本上是采用法国以国籍确定管辖权原则的做法。

2. 以联邦德国为代表的做法

联邦德国，没有关于涉外民商事案件管辖的专门规则，而是把国内民商事案件的地域管辖原则直接适用到涉外民商事案件的管辖权上来。根据1877年颁布的、经修改后至今有的《德意志联邦共和国民事诉讼法》第12、13、17条的规定，案件通常由被告住所地法院管辖。而法人和非法人团体的住所地，一般就是它的事务所所在地即管理中心所在地。但明显属于侵权的案件，尚可由侵权行为地法院管辖(第32条)。

日本、奥地利、希腊、泰国以及其他受德国法影响的国家，也基本上是采取以被告住所地来确定管辖权这一原则的。但日本在涉外案件管辖权上，较德国有所进展。如日本法律就外国生产者作了这样的管辖规定，即凡具有下列情形之一者，日本法院可以对外国生产者行使管辖权：(1)外国生产者在日本有分公司、办事处和代表(民事诉讼法第4条)；(2)伤害发生在日本(第15条)；(3)外国生产者在日本有可扣押的财产(第8条)。在Haneda海岸飞机坠毁事件中，日本遇难乘客的继承人便在日本对有缺陷飞机的生产者(美国波音公司)提起索赔诉讼。日本东京地方法院认为，根据日本民诉法第15条的规定，被告应接受日本法院的管辖。②

---

① 参见《法国民法典》第14、15条。
② 参见曹建明著：《国际产品责任法概说》，上海社会科学院出版社1987年版。

3. 以英、美为代表的做法

总的来说，英国在主要以被告住所地作为确定管辖权基本依据的同时，又根据"有效原则"来具体确定英国法院对涉外民商事案件之管辖权。所谓"有效"，主要是指"在诉讼开始时，被告事实上身在英国受诉法院境内（不一定要有住所、居所），能够依法向他送达传票，使他到庭受审，且判决也得以执行"这些情况。判定法人是否"在英国"的标准，是看其是否在英国注册成立或从事了相关的业务活动。另外，根据英国《最高法院规则》第11号法令规则（一）的规定，在侵权诉讼中，若侵权行为发生在英国法院辖区内，则有关的英国法院可以向辖区外的被告送达传票，进行管辖，哪怕被告不在英国。不过，英国判例对侵权行为地的解释，是不一致的。如，在1944年"乔治·芒罗有限公司诉美国氨基氰化学有限公司"一案中，英国上诉法院认为"侵权行为地"指的是"侵权行为或不法行为的发生地"；而在后来的"蒸馏器生物化学品公司诉桑普森"一案里，根据枢密院的意见，产品的最后销售地以及使用和伤害地应作为侵权行为地，亦即"侵权行为地"主要是指"损害发生地"。但1980年英国上诉法院在审理"卡斯特里诉E. R. 斯基布父子有限公司和安诺"这一涉外产品责任案件时，则强调应当从"实质上"注意侵权行为发生于何地，而不仅仅是最后事件发生于何地。在该案里，原告在英格兰因一部正在运行的机器解体而受到伤害，机器是由德国制造，从法国进口并由被告从制造商的独家英国代理商那里买来的。英国上诉法院在主张对该案拥有管辖权时指出，这一产品责任方面的侵权行为，虽部分实施于英国，部分实施于英国之外，但重要的或实质性的过失并不是制造了有瑕疵的产品，而是未作任何警告就将该产品投入了英国市场，故英国法院应行使对该案的管辖权。

关于英国，这里还值得一提的是，根据英国的司法实践，英国法院一旦确定对某一涉外案件的管辖权，则它就很可能只适用英国的国内法来进行审理，为此，英国法院国际司法管辖权的确立，便基本上决定了案件的"命运"。

同英国一样，美国也把民事诉讼分为两大类：对物之诉和对人之诉，并将产品责任诉讼视为对人之诉。20世纪50年代以前，对人的诉讼，原则上由被告住所地法院管辖，同时遵循"实际控制"的原则。所谓"实际控制"，是指诉讼开始时，能够向出现在美国法院辖区内的被告送达传票，美国有关法院便可进行管辖。但是随着形势的发展，美国许多州法院愈来愈觉得这种做法不能适应需要，为扩大管辖权它们又另外确立了一条"对人管辖"的原则，即所谓的"被告与法院地有最低限度的联系"的原则。这一"最低限度联系"原则为美国宪法第五次修正案所肯定，并具体反映在20世纪50年代以来美国许多州所制定、实施的"延伸司法管辖法令"或"长臂管辖法令"当中。此类"法令"里主要有两项关于"最低限度联系"的规定与涉外产品责任案件直接有关。其中之一是在有关州内被告或其代理人从事了商务活动；之二是被告的作为或不作为行为在有关州造成了损害。目前，美国绝大多数州的法院都认为，被告只要在州内进行过一次交易，不管数额大小，他就应该接受该州的司法管辖；或者只要其产品在该州使用并造成损害，即便他在该州从未做过任何交易，也得接受该州的司法管辖。由此，几乎所有涉及美国领域的涉外产品责任案件，美国法院都可以进行管辖。1971年宾夕法尼亚州法院在审理"本诉林登起重机公司"一案时，即认为被告于瑞典营业所制造的起重机经中间商以间接运进方式运到宾夕法尼亚州出售，发生故障造成损害，这一事实即构成了该州法律所指的"有营业行为"情况，因而该州法院对此案享有管辖权。美国在涉外产品责任方面的这些做法，对于美国原告来说，是十分有利的，因为：(1)他可以选择最为方便的美国有关法院来向他国的任何产品生产者或销售者提起产品责任索赔诉讼；(2)由于美国法院一般都倾向于适用法院地的实体法来处理当事人之间的权利义务关系，因而，原告能选择的不仅是"最方便"的法院，而且也包括"最有利"的法律。

最后需要指出的是，有关基于"最低限度联系"的"长臂管辖"问题，在美国《1962年统一州际和国际民事诉讼程序法》及1971年第二部《冲突法重述》中，都有更为全面具体的规定和更加扩大的解释。这似乎表明，美国的"管辖长臂"还将伸得更远。

一些受英美法影响的普通法系国家，如印度、澳大利亚、新西兰、马来西亚及其他一度沦为英国殖民地、附属国的许多国家，在管辖权上，也主要是以被告住所地法院有管辖权为一般原则，同时遵循所谓的"有效原则"或"延伸管辖"原则，只是在扩大管辖权方面与英美两国相比，较为收敛一些。

4. 苏联与东欧一些国家的做法

根据苏联《民事诉讼纲要》第60条的规定，对外国公民、无国籍人、外国企业和组织参加的、以及双方当事人中有一方居住在国外的民事案件的苏联法院管辖权，由苏联法律决定；在苏联法律没有规定的情况下，根据加盟共和国法律规定的管辖权决定。按照苏联及其加盟共和国的有关法律规定，确立涉外民商事案件管辖权的基本原则，和国内民事案件的一般地域管辖原则是一样的，即"诉讼应向被告住所地的法院提起"，法人被告以其营业所所在地为住所地。此外，根据《苏俄民事诉讼法典》第118条的规定，当被告不居住在苏联时，按照原告的选择，对于(1)向在苏联有财产或曾在苏联有住所的被告提起诉讼；(2)从法人分支机构的活动中所产生的诉讼，如果分支机构设在苏联；(3)基于因致残或其他损害健康以及扶养人死亡所造成的损害而产生的债的诉讼，如果原告在苏联有住所或者损害是在苏联发生的；(4)因对自然人或法人的财产造成损害的诉讼，如果损害是在苏联发生的……等案件，苏联法院也可以管辖。

罗马尼亚的管辖权规则，与苏联的基本相同，但规定得更为具体。如依据《罗马尼亚民事诉讼法》的规定，原告可以向被告居住地的法院起诉；如果被告居住在国外，或者居住地不清楚，则可向他在国内的原籍寓所所在地的法院起诉；在被告的居住地、原籍寓所所在地均不能确定的情况下，可向原告自己的居住地或工作地法院起诉。

其他一些东欧国家，如匈牙利、波兰、前东德、保加利亚等，也都是以被告住所地作为确定管辖权的基本标准，同时辅之以一些例外的规定。

5. 瑞士、南斯拉夫的做法

将这两个国家放在一起单独进行介绍，主要是考虑到它们就涉外民商事案件的管辖权事项已在其新近颁布生效的单行冲突法规中作出了专门的别具特色的规定。

1987年12月17日颁布的《瑞士联邦国际私法法规》，几乎全面反映了瑞士在新冲突法方面的制度，并在一定程度上也反映了目前国际上有关国际私法方面的最新发展。它对于管辖权的专门规定，虽然与前述某些国家的有关做法存在很大相似之处，但同时，它却又具有自己独到的地方。

首先，它在第一章的"一般条款"中，提出了依被告住所确定管辖权这一基本原则，在第2条里又进一步规定，由被告住所地或习惯居所地的瑞士法院和它的代理机构审理有关的国际性案件(法人的住所，以营业所为标志确定，其中包括分支机构、代理机构及其他营业场所等)。紧接着，第3条就上述一般管辖原则作了一些例外规定。例外之一就是，国外瑞士人如果不能在被告住所地法院起诉，或者根据所有情况，若要求这类瑞士人在被告住所地法院起诉是不合理的话，则他可以在国籍国瑞士起诉，对于这种诉讼，瑞士法院享有管辖权。这种给予国外瑞士人至少能有一个瑞士法院可供起诉的特别保护，在起草该法的专家委员会看来，只要它不妨碍别人的合法利益，尤其是有关国家(主要是住所地国)的利益，则它便是正当的。不过，就此值得怀疑亦是有待了解的是：瑞士是否也承认其他国家享有这种管辖权呢？

此外，为了避免原告没有法院可以起诉的现象发生，该法第4条还规定了一种例外情况下的"非常管辖"，即当原告在国外提起诉讼成为不可能或不合理时,或者考虑到所有的条件,尤其是考虑到该争议与瑞士关系特别密切或情势特别紧迫时,瑞士法院可以主张的一种管辖。因为如果拒绝这种管辖,对瑞士法院及其代理机构来说,将是不公正的。不过在这类情况下,瑞士法院和其代理机构,也并无义务非主张"非常管辖"不可;是否行使管辖,最终将由法院自由裁量决定。

最后,瑞士国际私法法规,还就不法行为之债的诉讼作了特殊管辖的规定,即该类诉讼一般由被告住所地、习惯居所地或营业所所在地法院管辖,但也可以由不法行为地或损害发生地法院管辖;对于直接向保险公司提出的诉讼,则可由保险人的主营业所所在地或分支机构所在地或不法行为地或损害发生地的法院管辖。

1983年1月1日生效的《南斯拉夫联邦共和国法律冲突法》,可以说乃是当今世界上就涉外民商事案件或者说具有国际因素事项的管辖权问题规定得最为全面具体的法律之一。限于篇幅,这里仅就该法关于涉外民事侵权案件管辖权的主要规定介绍如下:

第53条:"侵权责任的诉讼,凡依本法第46条、第50至52条的规定,南斯拉夫法院有管辖权的,或损害发生于南斯拉夫境内的,南斯拉夫法院有管辖权。"

第46条:"1. 只要被告的住所或其主要事务所在南斯拉夫,南斯拉夫法院有管辖权;2. 如果被告在南斯拉夫和其他国家均无住所,只要其居所在南斯拉夫,南斯拉夫法院有管辖权;3. 如诉讼当事人是南斯拉夫公民,且被告有居所在南斯拉夫时,南斯拉夫法院也有管辖权;4. 如'主要'的被告为一人以上,只要其中一人的住所或其主事务所在南斯拉夫,则南斯拉夫法院有管辖权……"

第50条:"如南斯拉夫法院的管辖权取决于被告的同意时,则被告提出抗辩或对支付命令提出异议,而并非对管辖权表示反对者,应认为已同意南斯拉夫管辖。"

第51条:"依本法的规定,在根据诉讼法当事人是南斯拉夫公民来确定南斯拉夫法院的管辖权时,则对凡在南斯拉夫有住所的无国籍人,也有管辖权。"

第52条,"对国家机关、劳动联合组织或其他社会法人派往国外执行职务或工作而且生活在国外的南斯拉夫公民提起的诉讼,凡其住所在南斯拉夫者,南斯拉夫法院有管辖权"等。

此外,该法还规定,如果外国法院依据南斯拉夫法院管辖权规则中没有的标准,行使对以南斯拉夫公民为被告的诉讼管辖权,则在以该外国公民为被告的案件中,南斯拉夫法院也可依这种标准行使管辖权。由此可见,南斯拉夫法院所行使的有关涉外民事侵权案件的管辖权范围,是相当广泛的,但又不是毫无边际的;与美国的"延伸管辖"相比,具有更大的合理性和确定性。这对于维护南斯拉夫的有关权益,同时又不侵犯他国的主权和其他利益,无疑是有积极作用的。

以上主要围绕涉外民商事案件的一般管辖和侵权案件的特殊管辖事项,对有关各国的规定和实际做法作了简要的介绍。这些规定和实际做法,在各国还没有确立起有关的专门规则时,无疑将直接应用到涉外产品责任案件的管辖权上来,对此,应引起我们的高度重视。这里,特别应着重强调一下与涉外产品责任案件管辖权直接相关的几个具体问题:

(1)对于侵权诉讼,绝大多数国家的法律都明确规定由侵权行为地法院管辖,但是,一般来说,这种特殊地域管辖并不排除或当然排除各国普遍承认的被告住所地法院的一般地域管辖。

(2)尽管各国都肯定民事侵权诉讼由侵权行为地法院管辖,可是,各国对"侵权行为地"的规定或解释却并不一致。有的认为,侵权行为地是指加害行为地;有的认为,侵权行为地乃专指损害发生地;而有的则认为,侵权行为地既包括加害行为地,也包括损害发生地;还有的甚至认为,受害人在整个不法行为中所自由选择的任何一个环节都可作为侵权行为地。此外,美国第二部《冲突法重述》则主张,对各种不同侵权行为,需依法律的目的,根据"最重要联系"原则,分别确定其行为地。由此,很可能导致原告因选错了"侵权行为地"而被法院驳回起诉,以及有关国家之间国际司法管辖权发生实际冲突现象的出现。

(3)各国对协议管辖都抱肯定态度。不过实际上,协议管辖乃多适用于国际经贸、运输和海事合同方面的争议,而对因涉外民事侵权行为产生的争讼,尤其是产品责任诉讼,则很少采用、甚至可能从未采用过协议管辖,尽管该类诉讼也包含在协议管辖所适用的范围内。

(二)国际立法实践

可想而知,由于各国都是基于主权,从自身国情出发确立各自不尽相同的管辖权规则,因而必然引起国际管辖权的冲突和各国对管辖权的激烈争夺。为缓和这一状况,保证国际民事诉讼活动的正常进行,目前,许多国家都签订了一些有关国际管辖权的多边和双边条约。迄今为止,在这方面规定的最为全面具体并与涉外产品责任案件管辖权关系最大的条约之一，就是1968年由比利时、西德、法国、意大利、卢森堡和荷兰等欧洲经济共同体六国订立的《关于民商事件管辖权及判决执行的公约》（以下简称"公约"），自"公约"于1973年2月1日生效时起，上述各国对于发生在它们之间的涉外民商事案件的管辖权问题，便适用"公约"所规定的专门规则了。"公约"关于管辖权的规定，主要包括以下几个方面：

(1)被告住所地是确定管辖权的基本依据。"公约"第2条规定"除本公约另有规定者外，凡在缔约国有住所的人，不论其所属国籍如何，均得以在该国法院被诉"。

(2)"公约"还对一些涉外民商事案件规定了特别管辖权。如，有关侵权行为或准侵权行为案件，由行为发生地法院管辖等。根据欧洲法院的有权解释，"侵权行为发生地"，既包括损害行为地，也包括损害发生地。

(3)"公约"对有关不动产物权等五类争议事项作了专属管辖的规定。

(4)协议管辖。"公约"第17条明确指出，在不违反专属管辖规定的前提下，当事人一方或数方于任一缔约国有住所的，均须以书面协议或有书面证明的口头协议，约定由某一缔约国的某一法院或某些法院来审理其争议。

此外，"公约"对有共同被告的民事诉讼也作了专门的管辖规定。"公约"第6条第1款指出，在有几个被告的情况下，允许原告在任一被告住所地法院对共同被告起诉。这一规定对于繁杂的涉外产品责任诉讼具有十分重要的意义。因为，产品责任往往需要共同被告承担，而根据这一规定，在上述欧洲经济共同体六国之间进行的产品责任诉讼里，原告可以选择确定对己最为方便有利的某一被告住所地法院，如本国进口商的住所地法院，向进口商和其他被告提起"一揽子"索赔诉讼，从而争取及时获得补偿。

二、关于我国涉外产品责任案件管辖权问题之我见

我国《民法通则》是把"产品责任"放在侵权的民事责任一节中加以规定的。该节中的第122条明确指出："因产品质量不合格造成他人财产、人身损害的，产品制造者、销售者应当依法承担民事责任"。1988年1月1日《最高人民法院关于贯彻执行〈中华人民共和国民法通则〉若干问题的意见（试行）》对此又作了进一步的补充和说明。该"意见"第153条规定，"消费者、用户因为使用质量不合格的产品造成本人或者第三人人身伤害、财产损失的，受害人可以向产品制造者或者销售者要求赔偿"。由此可见，我国现行法律是将产品责任

当成一种侵权责任，甚至是一种严格的侵权责任来对待的(这和当前其他各国及国际上的有关做法是基本一致的)。这样，产品责任诉讼适用《民事诉讼法》(试行)第22条关于"因侵权行为提起的诉讼，由侵权行为地人民法院管辖"的规定，便是理所当然的了。最高人民法院在其上述"意见"中即明确指出，因产品损害提起的索赔诉讼，由被告所在地或侵权行为地人民法院管辖。当然，这些主要都是针对国内产品责任案件而言的。在目前我国还没有涉外产品责任案件管辖权专门规则的情况下，只能适用我国《民事诉讼法》第185条，即"外国人、无国籍人、外国企业组织在中华人民共和国领域内进行民事诉讼，适用本编规定(即第五编'涉外民事诉讼程序的特别规定')。本编没有规定的，适用本法其他有关规定"等有关法律条款的内容和精神来确定，所以上述国内产品责任诉讼管辖权的规定，是可以比照适用于我国涉外产品责任案件的。只是在具体援用上述规定时，务必结合涉外产品责任案件的特殊情况，注意作些必要而适当的变通。

基于以上论述，笔者认为，目前我国在确定涉外产品责任案件的管辖权方面，可以采取以下基本做法：

1. 由被告所在地法院管辖

这里的"所在地"，对于自然人被告来说，是指其住所地(户籍所在地属于住所地)和居所地；而对于法人和非法人团体被告来说，则是指其代表机构所在地、登记成立地或营业机构所在地。为此，一般情况下，某产品责任案件只要涉及在中国有住所、居所、代表机构、营业机构或在中国登记成立的外国被告，则有关所在地的中国中级人民法院就有权进行管辖(我国《民事诉讼法》第17条规定，一审涉外案件由中级人民法院管辖)。

对于有多个被告、且其所在地又不在同一法院辖区的涉外产品责任案件，如需要由被告所在地法院进行审理，则可以在考虑到方便诉讼的同时，由主要被告或者与案件有最大联系的被告所在地法院来审理。当然，对此也并不排除由上级法院指定的或原告选定的某一被告所在地法院来进行审理。

2. 由侵权行为地法院管辖

根据我国的司法实践，并参照有关立法规定及其解释(如《刑法》第3条第3款和上述最高人民法院的"意见"第187条)，"侵权行为地"，既包括"导致损害的行为地"，也包括"实际损害的发生地"。而就产品责任案件而言，由于提供产品的生产者、销售者及其他有关人员，都可能成为被告或者说他们在产品供应过程中的有关行为都可能构成产品致人损害的侵权行为，因而，造成损害之瑕疵产品的设计、制造、装配、检验、包装、运输、保管、广告宣传、销售等具体行为地,以及一切实际损害的发生地,都应属于"侵权行为地"。原则上只要上述"一地"在中国境内,则该地的中级人民法院便可主张管辖权。这样做主要是考虑到:(1)作为一种特殊侵权行为的瑕疵产品损害,不像一般民事侵权行为那样"迅速、明朗",它具有相当的"隐蔽性、连贯性和持续性",并进而导致其侵权行为地的"流动性、多样化"。而上述各有关的行为地和实际损害发生地,正是产品责任案件中侵权行为地"多样化"的具体表现,在法律诉讼上把它们都当作侵权行为地,符合该类案件的实际情况,而且这也并不同我国法律所规定的精神相悖。(2)原则上肯定上述各地中级人民法院具有管辖权,就能使我方处于主动地位;而且,这对于我们处理纷繁复杂、经济利益冲突极为敏感的涉外产品责任案件是"方便有利"的。它突出了处理此类案件时需要"更大灵活性"这一显著特点。

当然,实际生活当中,某产品责任案件里的"侵权行为",如果比较集中于某一地或者其中的主要侵权行为或最重要的侵权行为发生在某一地,则通常情况下,得由该地的法院行使管辖权,对案件作出审理;在"侵权行为"于两个或两个以上的法院辖区内分布都比较均衡的场合,则不妨由其中更为方便的法院审理,以利于调查取证、当事人出庭和判决的执行等。

其实,在不少情况下,产品责任诉讼中的被告所在地法院和侵权行为地法院指的乃是同一个法院。如,以法人被告营业机构所在地确定为被告所在地法院,往往也就是以生产或销售瑕疵产品这一导致损害的行为地而确立的侵权行为地法院。因为被告的产品生产、销售活动,通常都是在其营业机构所在地进行的。

最后,根据我国《民事诉讼法》第29条等法律规定,在被告所在地和侵权行为地法院都不便于行使管辖权时,则可以由原告所在地的人民法院管辖。实践中,尽管这种情况比较少见,但还是有其意义和作用的。比如,对于居住在中国的中国人为原告的涉外产品责任案件,在(考虑到)国外的侵权行为地法院和被告所在地法院的判决都将难以执行的情况下,将它转由原告居住的中国法院管辖,则可能更有利于中国原告,尤其是在被告有财产在中国的情况下。

为了保障诉讼的顺利进行,尤其是为了更好地保护中方当事人的权益,一般情况下,我们应当依据上述基本做法,力争将案件交由中国有关法院审理;只有在特殊情况下,考虑到有关产品责任实体法的规定和判决执行等情况,某些具体案件如由外国法院审理将对我方更为有利,则不妨由该地法院受理,我国可自动放弃或"搁置"有关管辖权;但在此情况下,若外国法院出于某种目的,作出非正常情况下的判决,且对我方不利,则我国有关法院仍可以以"拥有管辖权"为由，拒绝承认其判决的效力。

当然，涉外产品责任诉讼作为一种相当具有"个案特性"的涉外侵权诉讼，其管辖权仅仅依靠通过援用国内诉讼管辖权规则来加以确定的做法，通常还是很不够的。这种"不够"既包括实体内容上的不够，也包括针对性上的不够，还包括适用上的不便。尽管目前我国连专门的关于一般涉外民事案件的基本管辖权规定都还不完备，但不能因此而否定或抑制涉外产品责任诉讼独特管辖权规则的出现。鉴于当前我国产品外销和进口数量正不断增长，国际经贸和人员交往日益频繁，现代社会化大生产和分配系统不断发展，利益冲突极为明显的涉外产品责任案件已属多见，产品责任日趋严格，各国对涉外产品责任案件管辖权争夺更为激烈等情况，为切实保障有关产品责任案件能够得到较好的处理，有效地维护我国的权益，不仅要加紧制定出我国的产品责任实体法和法律冲突法，同时，也要尽快确立起涉外产品责任诉讼的管辖权制度，乃是我们受理和解决有关涉外产品责任争讼的前提。

至于如何具体确定我国涉外产品责任案件管辖权规则的问题(其中包括规则的内容、规定的方式以及规则的如何适用等)，那还有待并亟需集中我国有关部门、机构、人员的力量，结合我国国情，参照外国及国际上一些较通行一致的做法，加以认真地研究和探讨，这里仅就笔者所见，列举笔者认为必须包含在该管辖权规定当中的几点具体规则，以供参考：

(1)涉外产品责任案件有下列情形之一者，有关行为或事实发生地的中国法院有管辖权：①产品损害发生在中国；②(造成损害的)产品的制造、销售或其他有关的产品供应活动发生在中国；③自然人被告在中国有住所、居所或被诉时在中国；④法人和非法人团体被告，在中国有代表机构、营业机构或在中国登记成立；⑤被告为一人以上的，(只要)主要被告或一个主要被告在中国有住所、居所、代表机构、营业机构或在中国登记成立；⑥当事人协议提交某地的中国法院审理。

(2)外国法院依据中国有关管辖权规则中没有的标准，行使对以中国公民或法人为被告的涉外产品责任案件管辖权，则在以该国公民或法人为被告的案件中，中国法院亦可依这种标准行使管辖权。

(3)依法应由中国法院为一审的涉外产品责任案件，由中华人民共和国中级人民法院行使管辖权。

从我国法院的几个案例谈国际私法上
公共秩序保留制度的正确运用*

邓小平同志视察南方时，明确指出：改革开放的胆子要更大一些，步子要更快一些。可以预料，在他的这一指示推动下，我国的对外经济贸易活动以及国际民间交往必将更趋活跃，含有涉外因素的民商事纠纷也必然会越来越多。在处理这类案件时，根据我国冲突规范的指引适用外国法的机会随之相应增大。但是，由于冲突规范对外国法的援引具有"一般"性质，它指出可以适用的是范围不确定的外国法律。这样，根据冲突规范援引的某一外国法所包含的规范的适用结果将可能与法院国法律的基本原则或社会公共利益相抵触，在这种情况下势必要排除其适用。公共秩序保留制度就是据以排除外国法适用的一个重要手段，有的学者形象地把它喻为适用外国法的"安全阀"，而法国学者则认为它是夹杂在冲突解决中的一种"干扰素"。由于它的存在，往往出乎意料地妨碍公认的冲突规则正常地发挥作用。

目前，这种对外国法适用的限制手段已成了各国普遍承认与运用的国际私法基本制度之一。尽管如此，在公共秩序保留的概念、适用范围、适用标准等问题上，理论界却仍存在很不一致的看法，从而使得在司法实践中对该制度的运用常常发生偏差。

我国立法中已接受这一制度，并有了全面规定，在司法实践中也有了几个重要案例。但是，我国理论界对有关该制度的立法与案例的评价，却存在不同的看法。本文试图从探讨关于该制度的一般理论出发，系统讨论我国国际私法的立法和这几个重要案例。目的在于使对该制度的运用符合对外开放政策，既维护我国法律的基本原则或社会公共利益，又有利于我国立法更趋完善，在实践中有一个统一的判断标准。

---

* 本文为胡振杰、李双元合著，刊载于《政法论坛（中国政法大学学报）》1992 年第 5 期。

一、关于公共秩序一般理论的探讨

公共秩序在不同国家有不同的称谓。英美学者称"公共政策"（Public Policy），法国、日本学者称"公共秩序和善良风俗"，而德国学者则称之为"保留条款"或"排除条款"。在我国一般称为"公共秩序保留"或"公共秩序"。它包含两个方面的含义：（1）指法院在依自己的冲突规范本应适用某一外国实体法作涉外民事法律关系的准据法时，因其适用会违反法院国的公共秩序而可以排除其适用；（2）它也指法院被申请或请求承认或执行外国法院作出的发生法律效力的判决、裁定时，如其承认或执行将违反法院国的公共秩序，则可不予承认或执行。

公共秩序的概念，早在13世纪意大利的"法则区别说"中就有了萌芽。按照巴托鲁斯的观点，一个城市国家对另一城市国家的"令人厌恶的法则"，如对女子歧视的继承法则，可以拒绝适用。降至13世纪，主张"国际礼让说"的荷兰学者胡伯提出了法律适用三原则，其中第三条原则认为，一国出于"礼让"虽然承认外国法在内国也应具有效力，但不得损害内国主权者及其臣民的利益。最早在立法中规定这一制度的，则推1804年《法国民法典》。该法典第6条规定："个人不得以特别约定违反有关公共秩序和善良风俗的法律"。这本来是在国内案件中适用于契约的，但在后来的审判实践中，也扩大适用于其他涉外案件，即根据冲突规范援引的外国法如违反法国的公共秩序，则不予适用。此后，德国、日本等许多其他国家也相继在其国际私法中规定了这一条款。近来，该制度也逐渐被规定在一些统一冲突法的国际条约中。

但是，究竟什么是公共秩序以及在什么情况下可以援用该制度，各国学者有不同的主张，实践中也彼此互异。关于公共秩序的理论主要有以下三种。

1. 萨维尼的理论

德国法学家萨维尼是"法律关系本座说"的创立者，他主张把法律的选择建立在法律关系"本座"的基础上。如果某一法律关系依其性质，其"本座"在某一外国时，就应适用该外国的法律。但他同时指出，在一定情况下这种适用也是可以排除的。萨维尼认为，任何国家的法律都包含两类不同性质的强行性规定：一类是为了权利的个人占有者制定的，如那些考虑到年龄或性别而限制行为能力的规则；另一类则主要是建立在社会道德或公共利益的基础上，前一类法规虽然当事人不得以约定排除适用，然而法院可以依据国际私法规则不予适用，而适用与之抵触的外国法。后一类法律规则是绝对排除外国法适用的。

可见,他把这后一类强行法视为有关公共秩序的法律。不过必须注意,在萨维尼的理论中,公共秩序只是国际私法基本原则的例外,是一种特殊情况。①

2. 孟西尼的理论

意大利杰出政治家和法学家孟西尼在他的《国籍是国际法之基础》的著名演说中,提出在解决法律适用问题时,国籍原则应居首要地位。他认为,任何国家的法律都包含有两类不同的规则,一类是为个人利益制定的,应通过国籍适用于该国的所有公民,不论他们处在哪个国家,另一类规则是为保护公共秩序而制定的,必须依属地原则绝对适用于国家领域内的一切人,包括内国人和外国人。因而这类规则就具有绝对排除外国适用的作用。这就是体现了国家主权的公共秩序原则。这样,公共秩序保留便被提到了国际私法基本原则的高度,这也是与萨维尼的理论不同的地方。②

3. 库恩的理论

美国法学家库恩则从在何种情况下可以援用公共秩序保留来探讨公共秩序的问题。他认为,公共秩序保留的适用发生在以下四种场合:(1)外国法的适用违背文明国家的道德;(2)外国法的适用违反法院地的禁止性的规定;(3)外国法的适用违反法院地的重要政策;(4)外国法的禁止性规定未获得法院地的确认。③

由上可见,各国学者意见分歧,各执一端,都未讲清究竟什么是公共秩序及如何运用。大陆法系学者主要从法律规则分类的角度来讲行探讨,而英美学者则从适用公共秩序的具体场合来阐述其内涵。

这种理论上的不同主张,在立法中也充分表露出来。各国立法关于公共秩序条款的表述也存在许多差别。《法国民法典》概括为"有关公共秩序和善良风俗的法律",《德国民法施行法》则为,"善良风俗或德国法之目的",《苏俄民法典》规定为"苏维埃制度的基础",《波兰国际私法》规定为"法律秩序的根本原则,捷克斯洛伐克的规定是"社会制度、政治制度及法律原则",我国《民法通则》表述为"社会公共利益",等等。归纳起来,各国关于公共秩序保留的内涵在以下方面是相一致的,即它系指一国国家或社会的重大利益、法律的基本

---

① 参见李双元著:《国际私法(冲突法篇)》,武汉大学出版社1987年版,第221~222页。

② 参见李双元著:《国际私法(冲突法篇)》,武汉大学出版社1987年版,第222~223页。

③ 参见姚壮、任继圣著:《国际私法基础》,中国社会科学出版社1981年版,第30页。

原则或道德的基本观点。

此外，关于这一制度的适用标准，历来存在两种不同的学说。①

1. 主观说

该说认为，法院国依自己的冲突规范本应适用某一外国法作准据法时，如果该外国法本身的规定与法院国的公共秩序相抵触，即可排除其适用，而不问具体案件适用该外国法的结果如何。它强调外国法规则本身的可厌性、有害性和邪恶性，而不注重法院国的公共秩序是否因适用该外国法而受到实际上的损害。如法国学者巴蒂福等人认为，法官必须可以拒绝适用"其内容不能接受的法律"②。

2. 客观说

客观说不仅重视外国法内容是否妥当，而且注重外国法的适用结果客观上是否违反法院国的公共秩序。著名国际私法学者隆茨持这种观点。他指出，公共秩序保留"说的不是外国法本身违反苏维埃制度的基础，而是指适用这种法律的结果将与苏维埃制度的基础矛盾"。③ 该说又分为联系说和结果说。联系说认为，外国法是否该被排除适用，除了要看外国法适用的结果是否会与法院国的公共秩序相抵触外，还须看案件与法院国的联系如何。如果案件与法院国有实质联系，则应排除该外国法的适用，否则不应排除。结果说认为，在援用该制度时，不仅要注意外国法规定的内容是否违反法院国的公共秩序，而且要注意外国法适用的结果是否违反法院国公共秩序。它并不强调案件是否与法院国有实质联系。

对于这两种观点，客观说似更为可取。主观说虽然运用简单方便，但现在因外国法本身内容而与法院国公共秩序相抵触的情形甚为少见，缺乏实际意义。而且该说还易导致公共秩序的滥用，对于许多依冲突规范本应适用外国法的民事法律关系以及本应承认和协助执行的外国判决，也可能因公共秩序而得不到适用或承认。这就不利于维护民事法律关系的安全和稳定。而依客观说，如果仅是外国法内容上的违反，并不一定妨碍外国法的适用，只有其适用结果危及法院国的公共秩序的外国法，才必须援用公共秩序保留限制其适用。但其中联系说的观点不必予以强调，因为按晚近国际私法的发展，如果某一案件与

---

① 详见李双元、金彭年著：《中国国际私法》，海洋出版社1991年版，第157~159页。

② 详见李双元、金彭年著：《中国国际私法》，海洋出版社1991年版，第488页。

③ 参见隆茨等著：《国际私法》，法律出版社1986年版，第68页。

法院国有实质联系或密切联系，则可依最密切联系原则直接适用法院国的实体法，而无需借助公共秩序保留来限制外国法的适用。所以，其中结果说的观点更为可取。它重视具体案件的实际情况，注意区分外国法是本身的内容还是其适用结果违反法院国公共秩序。既能维护法院国的公共秩序，又有利于个案的公正合理解决。各国实践中多采此说。我国大多数学者及其著作也是主张采该说的。如著名国际私法学家韩德培教授主编的《国际私法》教材，著名国际私法学家李双元教授所著《国际私法（冲突法篇）》，钱骅教授的《国际私法》以及董立坤研究员的《国际私法论》等著作均采取了客观说的理论。

总之，关于公共秩序保留制度的问题，我国国际私法理论是已有颇多研究，且在许多重要问题上取得了较为一致的看法。基本观点可归结为：（1）该制度是一种在特殊情况下限制冲突规范的效力或排除经冲突规范指定本应适用的外国法的非常措施；（2）在适用标准问题上，绝大部分学者是主张客观说的。

二、我国关于公共秩序的立法及其评价

我国已有比较完备的关于公共秩序的立法。早在1950年11月，中央人民政府法律委员会在《关于中国人与外侨、外侨与外侨婚姻问题的意见》中就曾指出，中国人与外侨、外侨与外侨在中国结婚或离婚，不仅适用中国的婚姻法，且宜于在适当限度内照顾当事人本国的婚姻法，但"适用当事人本国的婚姻法以不违背我国的公共秩序、公共利益和目前的基本政策为限度"。在该文中明确使用了"公共秩序"、"公共利益"和"基本政策"的措辞，应认为是关于公共秩序保留条款的规定。① 1985年颁布的《中华人民共和国涉外经济合同法》第4条规定．"订立合同，必须遵守中华人民共和国法律，并不得损害中华人民共和国的社会公共利益。"第5条第2款规定："在中华人民共和国境内履行的中外合资经营企业合同、中外合作经营企业合同、中外合作勘探开发自然资源合同，适用中华人民共和国法律。"这是间接限制外国法适用的规定。第9条第1款进一步强调："违反中华人民共和国法律或者社会公共利益的合同无效。"这都是公共秩序保留制度在我国涉外经济合同法中的反映。1982年的《民事诉讼法（试行）》第204条也是对该制度的规定。1991年新《民事诉讼

---

① 参见黄进著：《国际私法上的公共秩序问题》一文，载《（武汉大学学报（社会科学版）》1991年第6期。

法》仍保留了这项规定并作了修改和完善，其第268条规定："人民法院对申请或者请求承认和执行的外国法院作出的发生法律效力的判决、裁定，依照中华人民共和国缔结或者参加的国际条约，或者按照互惠原则进行审查后，认为不违反中华人民共和国法律的基本原则或者国家主权、安全、社会公共利益的，裁定承认其效力，需要执行的，发出执行令，依照本法的有关规定执行。违反中华人民共和国法律的基本原则或者国家主权、安全、社会公共利益的，不予承认和执行。"1987年1月1日生效的《民法通则》，首次在我国冲突法中全面规定了公共秩序保留制度。该法第8章第150条作为一条通则性公共秩序条款，其规定为："依照本章规定适用外国法律或者国际惯例的，不得违背中华人民共和国的社会公共利益。"对于我国立法中关于公共秩序保留条款的规定在实践中的具体运用，我们认为应注意以下几个问题。

（1）《民法通则》以"社会公共利益"来阐明公共秩序保留制度似嫌过于简单、含糊，在司法实践中难以把握。结合国际上的普遍实践和我国其他法规中的规定，还应认为它包含"法律的基本原则或道德的基本观念"等国际上较为一致的内容。

（2）援引公共秩序保留制度排除根据我国冲突规范指定本应适用的外国法，只能是在特殊情况下为维护国家，社会的重大根本性利益而采取的迫不得已的措施，只能是一种例外情况。这是我国理论界的较为一致的观点，也是符合目前各国运用这一制度的普遍趋势的。法国、美国等曾广泛适用甚至滥用该制度的国家，在近来的实践中都对其适用作了较为严格的限制英国、德国法院则很少通过该制度来限制承认外国法律的效力。前苏联《民事立法纲要》虽把它作为一个原则规定下来，但对它的适用被认为是一种例外情况，每次都要加以严格的论证。在司法实践中，若频繁运用该条款限制依冲突规范指定本应适用的外国法，则势必违背我国冲突法的立法目的。

（3）从《民法通则》的上述规定来看，被借助公共秩序保留制度限制适用的除外国法律之外，还包括国际惯例。这是我国公共秩序条款的独特之处，从各国立法来看，这种规定实属罕见。但是，这里所谓的"国际惯例"到底指的是什么，尚不明确，似应加以必要的界定与限定。

（4）关于适用公共秩序保留所采取的标准，我国立法似乎并不一致。从《涉外经济合同法》，新民事诉讼法的规定看，应认为是采取主观说的。但上述1950年中央人民政府法律委员会关于婚姻问题的意见和《民法通则》的有关规定，则显然是采取客观说的。最高人民法院前后两个关于涉外离婚问题的司法解释（详见本文之三的两封复函），又明显采取了主观说。这种立法上的矛盾，应该加以避免。

我们认为应以《民法通则》的规定为准，采纳大多数学者的意见，在适用公共秩序保留的标准问题上，统一采取客观说。如果仅是外国法规定本身的内容不可取，但适用的结果并不损害我国的公共秩序，则不应借助该制度排除适用。至于那些我国法律没有规定的依我国冲突规范本应适用的外国法，也应按这一标准进行裁量，不宜一概加以排除。

三、我国与公共秩序有关的关于承认和执行外国判决的两个案例的评价

【案例（一）】 1957年双方都居住在波兰的中国侨民离婚案。一对居住在波兰的中国侨民，在波兰法院获得了离婚判决。对于这一判决在中国境内是否有法律效力、若使它具有法律效力，应具备哪些条件？①

这是一个对外国法院作出离婚判决是否予以承认及在什么条件下才承认问题的案例。最高人民法院在1957年就该案给外交部领事司的复函中指出，波兰法院对于这一离婚案件所作的判决，如果在实体上和程序上与中国婚姻法都没有抵触时，我们承认这种判决对双方当事人在法律上有拘束力。从最高人民法院复函的精神来看，对于双方都居住在外国的中国侨民之间的离婚案件，我国承认其居住国法院具有管辖权。但是，外国法院作出的判决若要在我国境内获得法律效力，则不得与我国婚姻法的规定相抵触，即不得违反我国的公共秩序。具体说来，就是在实体上和程序上都不得与中华人民共和国婚姻法相抵触。这里所谓的"实体上"，应指有关离婚的根据、效力等方面的规定，所谓"程序上"，则不应认为是作出判决时所运用的程序法，它所指的应是婚姻法中有关离婚的程序事项的规定。从该文可以推知，我国对于双方都居住在外国的中国侨民间的离婚案件的法律适用上，是允许适用其居住国法的。在是否承认该外国法院作出的这种离婚判决问题上，对于公共秩序保留的适用标准，主要是看该外国法规定本身的内容是否与我国婚姻法的有关规定相抵触，如相抵触，即可拒不承认判决在我国境内具有法律效力，并不强调承认该判决是否会产生对我国公共秩序的实际损害结果。因此，我国当时对于适用公共秩序保留的标准，在司法实践中是采主观说的。

---

① 详见梁国庆主编：《新中国司法解释大全》，中国检察出版社1991年版，第693页。

但是，对于该案我们认为应作具体分析。如果波兰法院所作的这一判决仅只在"实体上"和"程序上"与我国婚姻法的具体法律规定相抵触，而并不违背婚姻法的基本原则或我国道德的基本观点，我们就应承认该判决对双方当事人具有法律上的拘束力。否则，应予拒绝承认。

【案例（二）】 1984年旅居阿根廷的中国公民婚姻纠纷案。一对婚后旅居阿根廷的中国公民王钰与杨洁敏发生婚姻纠纷，由于所在国法律不准离婚，即按其允许的方式达成长期分居协议，请求我驻阿使馆领事部承认并协助执行。[①]

这是涉及在外国按外国法律达成的长期分居协议是否承认其在我国境内具有离婚效力并协助执行问题的案例。我国最高人民法院于1984年就该案给驻阿使馆领事部的复函指出：我国驻外使馆办理中国公民间的有关事项应当执行我国法律。该分居协议不符合我国婚姻法的规定，故不能承认和协助执行。该分居协议系按照阿根廷法律允许的方式达成，故只能按照阿根廷法律规定的程序向阿有关方面申请承认。如果他们要取得在国内离婚的效力，必须向国内原结婚登记机关或结婚登记地人民法院申办离婚手续。

从该复函体现的精神来看，我国是根据公共秩序保留而拒绝承认和协助执行依外国法达成的分居协议在我国境内的法律效力的。在该案中，由于阿根廷法律中的司法别居制度是我国婚姻法中未予规定的一种制度，不符合我国的婚姻法，因而不承认和协助执行该分居协议。至于援用公共秩序保留的标准，也是着重外国法规定本身，而不问其适用的结果是否会对我国的公共秩序造成实际损害，所以，是采主观说的。

实际上就该案而言，我们认为对其处理是颇值得讨论的。首先，我们不能仅因为某些外国法律制度是我国法律所不具有的，就援用公共秩序保留制度排除其适用。按照适用该制度的标准的学说，我们应首先看依冲突规范本应适用的外国法律本身的内容是否具有可厌性、有害性或邪恶性，其次更要注意该外国法适用的结果在客观上是否会造成违反我国公共秩序的后果。在本案中，就这两方面来说我们认为都是不成立的。因此，如果当事人的请求仅限于要求我驻阿使馆承认其分居的事实，而不是承认其具有离婚的效力，我们应考虑满足当事人的请求。我们国家有关离婚的法律文件中，也有关于分居考验期的规定。但是，如果当事人请求我国承认该长期分居协议在我国境内具有离婚的效

[①] 详见梁国庆主编：《新中国司法解释大全》，中国检察出版社1991年版，第545页。

力，则应以公共秩序保留为根据予以拒绝。不过在援用该条款时不宜仅以长期分居协议是我国婚姻法中不具有的制度为理由。事实上，司法别居制度是那些不准以离婚方式解除婚姻关系的国家，对夫妻感情确已破裂的双方当事人允许其分居的一种制度。分居之后，既使他们之间不再有婚姻的事实存在，但在法律上仍是夫妻，任何一方都不得再婚。就这种制度的实质而言，它限制了当事人的婚姻自由。因此，若承认该长期分居协议在我国具有离婚的效力，是直接违反我婚姻法关于婚姻自由的基本原则的。这样，我们就有更加充分的理由援用公共秩序保留制度拒绝承认和协助执行该协议。

从以上两例的分析可以看出，我国在已往的司法实践中，对于适用公共秩序保留的标准是倾向于采取主观说的。这与立法中采取客观说的标准是不一致的。该两函仅就具体法律规定而言，并不是从是否与我国婚姻法的基本原则相违背来理解与运用公共秩序，更未考虑具体案件适用外国法的实际结果，我们认为这是应当加以改进的。

四、我国借助公共秩序保留制度排除国际惯例适用的案例的评价

【案例（三）】 1989年海南省木材公司案。主要案情是：海南省木材公司同新加坡达斌私人有限公司签订了购买坤甸木的合同，合同规定采用跟单信用证方式付款。后来达斌私人有限公司利用泰坦船务公司签发的提单及其他单证到新加坡结汇银行结汇。结汇银行要求开证行中国银行海口分行支付货款183万元。海口分行经审查，全部单证符合信用证要求，于是通知海南省木材公司付款赎单。而海南省木材公司通过调查了解到，卖方根本没有装货上船，所提供的提单及其他单证全系伪造。于是拒不付款赎单，同时向广州海事法院起诉，申请冻结信用证项下货款。广州海事法院通过审理，最后援用我国《民法通则》关于公共秩序保留的规定排除了有关跟单信用证惯例的适用，并依照我国民事诉讼法有关规定冻结了该信用证项下货款。①

该案是我国法院以公共秩序为由排除国际惯例适用一次重要实践。对于该案的判决，国内存在两种截然相反的评价。有人认为，在本案中，被告恶意串通，利用伪造提单及其他单证的手段企图骗取货款，如果适用跟单信用证惯

---

① 详见金正佳、郭生平：《涉外海事审判中的法律适用》，载《法学评论》1991年第4期。

例，将使被告达到目的。这将违反我国《民法通则》关于民事活动应当遵守诚实、信用的基本原则的规定，也将损害我方善意当事人的利益。所以，应该援引《民法通则》第150条之规定，以公共秩序保留为根据排除该惯例的适用。从这种主张和该判决适用公共秩序的情行来看，应认为他们实际上采取了客观说中结果说的观点作为适用该制的标准。

与此相反，许多人认为该案以公共秩序为由排除国际惯例的适用是不适当的。我们同意这种观点，并认为该案值得进一步研究。

首先，依照我国国际法学界的观点，国际惯例系指国家间的一种默示协议，是各国重复类似的行为并被认为具有法律拘束力的结果。它由两个因素构成：一是各国的重复的类似行为，即所谓"物质因素"；二是被各国认为有法律拘束力，即所谓"心理的因素"。① 依前苏联国际法学界的观点，国际惯例乃指国际实践中形成的行为规则，并经国际法主体承认具有法律拘束力的性质。它不像国际协定法那样具有明确表述的规范形式。国际惯例还有广义和狭义之分：广义的惯例包括习惯在内，既指有法律拘束力的国际惯例，也指尚未具有法律拘束力的"常例"；而狭义的国际惯例则仅指尚未具有法律拘束力的常例。

因此，对我国《民法通则》第150条所称的国际惯例，应作具体分析并加以必要的限定。我们认为它不应包括国际习惯在内，因为国际习惯是国际法的主要渊源之一，具有普遍约束力。这种习惯和国际条约一样，具有高于内国法的效力，各国应普遍惯守，而不宜援引内国法中关于公共秩序的规定排除其适用。本条所称国际惯例，应仅限于狭义上的惯例，即尚未具有法律拘束力的"常例"，如那些在国际贸易、投资、海商关系中客观存在的惯例。这类惯例只有在我国宣布承认或当事人在合同中约定采用时，才对双方当事人具有法律拘束力。因此一般认为，对于这类惯例的适用，至少应符合三个条件：(1)须经冲突规范的指定；(2)须法律所未规定的事项；(3)须不违背公共秩序。从我国的规定来看，亦大致如此。②

国际商会拟定的《跟单信用证统一惯例》，已在国际上长期广泛适用，我国在实践中也参照采用。③。因此，它已具有普遍约束力，实际上已具有国际

---

① 参见王铁崖主编：《国际法》，法律出版社1981年出版，第29页。

② 参见李双元主编：《中国与国际私法统一化运动》一书第3章第2节，武汉大学出版社1991年版。

③ 参见韩德培主编：《国际私法》，武汉大学出版社1989年版，第272页。

习惯的性质,根据以上分析,是不宜借助公共秩序保留排除其适用的。

其次,该案双方当事人在合同中明确规定了采用跟单信用证付款方式。按照《跟单信用证统一惯例》,银行开出的信用证是银行以其自身信誉向卖方提供付款保证的一种凭证,是国际贸易中常用的付款方式,也是我国对外贸易中常用的付款方式。信用证是独立于买卖合同的单据交易,只要卖方所提交的单据表面上符合信用证要求,开证行就负有在规定期内付款的义务。如果单证不符,开证行有权拒付,无须由法院采取财产保全措施。在本案中,既然全部单证表面上符合信用证要求,开证行就有付款义务。至于被告所提供的提单及其他单证系伪造所得,这已不属于信用证法律关系的范畴,应由法院以被告违约或利用合同进行欺诈为由,赔偿原告由此产生的实际损失。但不宜冻结信用证项下货款,使开证行承担不履行义务的责任。

最后,在本案中,开证行中国银行海口分行严格履行自己的职责,并无过错。若运用公共秩序保留制度排除国际惯例的适用并因而冻结信用证项下货款,则势必影响其信誉。这对该行是不公正的,而且也不利于对外经济贸易关系的进一步发展。

基于上述理由,我们认为该案援用公共秩序保留排除跟单信用证惯例的适用有失偏颇。

综观我国的司法实践,在适用公共秩序保留制度的问题上,我国法院已由先前的采取主观说转变为采取客观说,而且也是作为一种例外情况对待的。这无疑是正确的,与我国立法保持了一致,且符合目前国际上的普遍发展趋势。但是,在具体运用该制度的过程中,我们还应注意防止站在狭隘的民族主义立场上,不问案件的具体情况和判决势必造成的影响,只要具体案件适用依冲突规范指定本应适用的外国法或国际惯例于我方当事人不利,就一概借助该制度加以排除。我们要注意防止司法实践中出现"左"的倾向,既要考虑我国在具体案件中的局部利益,更应注意保护我国的长远利益和进一步对外开放、扩大国际经济贸易交往的根本性利益。

法律容许行为初探[*]

长期以来，传统的法学观点把人们的行为简单地划分为两种：即合法行为与违法行为。违法行为指的是一切不符合现行法律要求、超出现行法律所能容许的范围以外的危害社会的行为，合法行为则指人们实施的合乎法律规定的行为。然而，还应该进一步认识到，合法行为之外，并不一定都是法律所反对和禁止的；违法行为之外，也并不都是法律所提倡和鼓励的，其间还存在着法律容许行为。正如庞德所说："法律对其没有明白加以谴责的东西并不一定就表示赞同。"[①]那么，是否可以反过来认为，法律对其没有明白加以赞同的东西并不一定都是加以谴责和断然禁止的呢？本文姑且将此种行为称之为"法律容许行为"，并拟从理论和实践两个层面对法律容许行为问题进行探讨。

一、法律容许行为的界定及其特征

"容许"一词在现代汉语里含有"容忍、允许或宽容的允许"的意思。法律容许行为是那些虽不为国家法律所积极倡导，但同时也不为国家法律所明令禁止，在一定范围和条件下为法律所容许的行为。从受法律调整的方式上，法律容许行为可以分为公开的法律容许行为和隐含的法律容许行为两大类。公开的法律容许行为是指在法律调整范围内，既不为法律所积极倡导，也不为法律所反对、禁止，法律以明文规定容许的行为。隐含的法律容许行为是指那些虽然不在法律调整的范围内，但同法律调整有着较密切联系，法律对之没有加以明文规定，但实际上为法律所容许的行为。从与社会发展趋势的关系上看，法律容许行为又可分为进步的法律容许行为和落后的法律容许行为。前者指那些虽具有进步性发展趋势，却尚未完全显现出来的行为；后者是指那些虽不具有进

---

[*] 本文为李双元、张茂合著，刊载于《中国法学》1993年第6期。

[①] ［美］罗·庞德著：《通过法律的社会控制·法律的任务》，沈宗灵译，商务印书馆1984年版，第119页。

步性发展趋势,却尚未完全消失其存在的行为。法律容许行为作为一种特殊的法律现象,具有一些显著的特征。

首先,法律容许行为是在现实生活中客观存在的行为,具有比较突出的现实性。在特定的社会中,根据国家对于人们行为的法律态度,可以分为肯定性的、否定性的和容许性的三大类行为。在这三类行为中,肯定性的行为因其能够对社会发展进步起推动作用,能引导人们的行为向高层次的社会要求发展,所以它是为立法者所积极倡导的。其行为模式已经形成,且具有超前性,它的现实性则表现为行为主体对这种行为模式的自觉遵守。这类行为构成特定社会的各种合法行为。否定性的行为因其对社会发展起着阻碍、迟滞的作用,所以国家法律对其明确加以禁止和抑制,它不但不存在超前性,而且正在丧失或已经丧失了其存在的现实基础。这类行为构成了特定社会的各种违法行为。法律容许行为则突出地以其客观存在的现实性而得到国家法律的容许。从未来发展的趋势看,它既可能是超前的,但尚未获得立法者明确的肯定,其行为模式也还没完全定型化,只是在现实生活中已涌现出来了;它也可能是滞后的,其本身可能已不适应新的社会形态或社会阶段的需要,只是它还未被法律所完全禁止,因而在现实生活和社会秩序的正常运行中,人们仍依照旧有的行为模式进行有关法律活动。因而可以说,法律容许行为的存在不依立法者和司法当局的主观意志决定,而具有客观性和现实性。

其次,法律容许行为对社会具有客观有益性,或不具危害性,或至少不具有国家和社会所不能容许的危害性。许多法律容许行为能够起到稳定社会基本秩序、保障社会机制正常运行的作用,具有客观有益性。尽管这种客观有益性往往是潜在的,其表现程度不如肯定性法律行为那么明显。另外,某些容许行为虽不具客观有益性,但也不具有危害性,或至少不具有为国家与社会所不能容许的危害性,因而也不为法律所否定。

再次,法律容许行为具有不确定性和不稳定性。发生于社会急骤变革或转轨时期的社会行为的突出特征是不确定性和不稳定性。在社会发展演变的进程中,法律容许行为可能接近于肯定性的行为,也可能接近于否定性的行为,很容易在法律倡导和法律禁止之间发生摆动。因此,不但这类行为本身具有较大的可塑性,而且由这类行为而结成的社会关系的内容也具有较大的可塑性。由于该可塑性的客观存在,此类容许行为常常不容易加以准确判定,从而不能像对待"中性行为"那样将其置于法律调整范围之外;至少不能长时间这样做,否则必将造成这类行为的失范。

最后,法律容许行为具有限制性。法律容许行为并不是广泛无边的,它仅仅存在于一定的范围内,并受到一定条件的限制。法律允许行为必须对社会不至造成为国家所不允许的危害,因而它虽不为法律所积极倡导,但同时也必须不为法律所禁止。从这个意义上讲,我们甚至也可以认为法律容许行为属合法行为的一种。有的学者指出行为合法性的唯一标准是法律规定。① 但是,法律不可能建立包容所有社会行为和行为结构的模式,对于那些法律没有明文规定,但又是正当的、正常的、合理或至少是还未完全丧失其存在的现实性的行为,我们能因法律尚未规定或已经改变规定而判定它们统统都是违法行为吗?显然不能。但是我们也不能因法律容许行为具有客观存在的现实性,而认为凡客观存在的一切社会行为都是法律容许行为。如果这样,也可能造成法律容许行为的失范。从一定意义上说,法律容许行为的限制性就表现在它的现实性与合法性或合理性的结合上。

从以上的四个特征中,我们不难发现法律容许行为与其他相关行为的区别:

其一,法律容许行为和所谓的"中性行为"不同。在现实生活中,往往存在这样一种情况,即人们的某些行为不在于发生特定的法律后果,因而也就不能用法律来评价合法还是违法。诸如男女之间的恋爱、同志之间的交往等。我们称这类行为为"中性行为"②。"中性行为"不属于法律调整的范畴,而法律容许行为则或者属于法律调整的范畴,或者虽未被纳入法律调整的范畴,但至少与法律调整有着密切的联系,这种行为的后果是必须在行为主体之间产生一定的权利义务关系。

其二,法律容许行为和法律权利也是不尽相同的。二者都包含有许可人们这样行为的成分,但是,如果对"许可"从程度强弱上进一步加以区分,它就可分为强烈的容许和谨慎的容许两种。③ 法律容许即谨慎的容许,一方面法律对此既不提倡也不禁止;另一方面,法律往往会对此加以限制。法律权利则兼具强烈的容许和谨慎的容许两种。有些法律权利同时又被规定为法律义务,这就表明法律对此持强烈的容许态度。如我国宪法中对于公民的受教育权、劳动权的规定即是如此。可见,法律容许行为只是法律权利中的一部分。

---

① 吴大英等主编:《中国社会主义法律基本理论》,法律出版社1984年版,第301页。

② 吴大英等主编:《中国社会主义法律基本理论》,法律出版社1984年版,第301页。

③ [波]齐姆兵斯基著:《法律应用逻辑》,群众出版社1988年版,第228页。

其三，需要划清法律容许行为与法律漏洞和事实容许行为的界限。法律漏洞是指本应该积极鼓励的行为，法律却没有给予肯定；本应当加以禁止的行为，法律却没有加以否定。例如：性传播疾病行为是应当严加禁止的，但到目前为止，我国刑事法律对此却没有作出明文的禁止规定，从而出现了一个法律上的漏洞。但这并不意味着对此种行为的法律容许。法律容许行为只是对一般行为的容许，它要求这种行为具有合法性、合理性或至少不具有太大的危害性。它与"法律漏洞"有质的区别。事实上，容许行为是指在法律有明文规定的情况下，由于这种规定不合时宜、不合理或不完善，实践中对违反这类规定的行为采取容许的态度。在我国法制建设领域有着大量的事实容许行为。如，我国《刑事诉讼法》第31条规定，"凡是知道案件情况的人，都有作证的义务"，然而，在司法实践中，拒绝履行作证义务的行为并没有得到相应的法律制裁，这就构成了事实上的容许行为。对这类事实容许行为，也不能把它等同于法律容许行为。因为法律容许行为是指法律以公开或隐含的方式容许的行为，而上述行为法律明文规定是不允许行为。

综上所述，我们可以得出这样一个结论，即法律之所以容许某些行为是因为人们的社会行为的复杂性，对那些不需要或不可能由国家作出强制性的、定型化的法律规定来调整的行为，以法律公开或隐含的容许方式，为之创设一种较为宽松、灵活的法律环境。从某种意义上说，法律容许行为是对法律进行"软化处理"（softening process）的结果。法律容许行为虽必为"法律"所容许，但更多的是体现了行为主体意志的自主性，或"意思自治"。法律是国家意志的一种体现，国家的强制干预是其功能中重要的一面。传统上常把一部法律中的法律规范分为"强制性规范"和"任意性规范"两大类。强制性规范和任意性规范的区分体现了国家意志的干预程度，它们分别代表两种不同的法律价值观，二者的对立统一与有机结合正是法律原则性与灵活性的统一。法律容许行为在这两种规范的调整范围内都是存在的，它们的核心就是更进一步增强法律的灵活性，使法律更能适应复杂的社会生活，尽管它也应以保持原则性为前提。

二、法律容许行为的表现及其存在的基础

法律容许行为在历史上和现实生活中都广泛存在。从不同的社会形态来看，各种社会都或多或少地存在法律容许行为。在我国素来"刑罚苛刻"的封建社会里，自从《汉律》中容许"亲亲得相首匿"以来，历代封建王朝的法律除

谋反、谋大逆、谋叛等危及封建王朝统治的罪行不得隐匿外，都有"亲亲得相首匿"或"亲亲相容隐"的这类规定。这是公开的法律容许行为。在资本主义社会的法律中，也有很多关于法律容许行为的规定。早期的例子在著名的1804年《法国民法典》以及后来的《德国民法典》中均能发现。在自由资本主义向垄断资本主义过渡时期，资本主义国家内纷纷出现了所谓"法律社会化"现象，一些国家制定了工人参与企业管理的法律，如瑞典1976年的《劳动生活联合管理法》、联邦德国的《参与决定法》等。在当代资本主义社会里，法律容许行为因为资本主义经济需要注入新活力而广泛存在。例如，欧洲经济共同体的主要反垄断法《罗马条约》第86条规定，禁止在共同体内滥用足以影响成员国之间贸易的优势地位，这一规定实际上默认了在共同市场内部可以允许企业保持一种垄断地位。《罗马条约》第85条第3项的豁免条款，即如果前述限制性做法有利于消费者并能促进经济发展，而又不过分抑制竞争时，则是可以容许的。①

从不同的法律部门来看，法律容许行为也普遍存在。在宪法中，除个别宗教狂热国家外，大多数国家对宗教信仰采取法律容许态度，既不提倡，也不禁止。资本主义国家中容许公有制经济成分的存在；社会主义国家内容许私有制经济成分的存在。

在民法中，等价有偿原则和公平原则作为两大基本原则，是民法与其他法律部门相区别的重要标志，也是衡量民事法律行为的重要标准。但是，对于某些特定的民事行为，如赠与、借用、无息代款、无偿代理等，又公开允许不适用等价有偿原则，我们不能因此判定它们是不合法的民事行为。因为这些行为是正当、合理的，所以"这是法律所容许的"。② 在民事活动领域，法律还常常把一些不符合法律要件的行为的撤销权或追认权赋予有关当事人自主行使。

在国际公法中，由于它是各国协调意志的表现，其中法律容许行为就更不乏其例了。其中最显著的就是对于传统的国际争端的解决，反报与报复是为国际法所容许的两种强制解决方法，它与现代国际法所积极倡导的和平解决国际争端原则是相违背的，但因其可作为主权国家的自助手段，对于国际法律秩序的维护具有一定意义，故得以保留下来而成为国际法上的制度。③

在国际私法中，国家法律的域内效力与域外效力的冲突，对于各国人民之

---

① 郭寿康主编：《国际技术转让》，法律出版社1989年版，第116页。
② 佟柔主编：《中国民法学》，法律出版社1990年版，第4页。
③ 韩德培主编：《现代国际法》，武汉大学出版社1992年版，第434页。

间的正常民商往来,无疑是一大障碍。解决这类冲突的一个重要途径,就是制定大量法律容许行为规范。在国际民商法关系中,甚至只要其适用和承认与执行的结果不与自己的公共秩序严重抵触,各国都容许在内国适用外国的民商法,并允许承认和执行外国法院判决和仲裁机构作出的裁决。当代国际私法立法对传统冲突规范普遍采用的"软化处理",在实质上也是强化法律容许行为理论的体现。这种方法主张以灵活的、开放型的冲突规范(opened conflict rules)对僵固的、缺乏灵活性的硬性冲突规范(black-letter conflict rules)进行改造,扩大法律容许行为的范围,以增强其灵活性。①

有时,国家的统一与合并也会导致大量的法律容许行为。国家在合并之前,各法域的法律制度之间不可避免产生法律冲突。拿德国来说,原联邦德国禁止堕胎,原民主德国允许妇女在受孕三个月内堕胎;两德统一后,便产生一个如何制定统一规定的问题。德国宪法法院对这一问题的裁决结果是堕胎是违法的,但堕胎可以不受惩罚,其条件是堕胎前必须接受咨询。这是双方均能接受的规定。我国在统一之后,对香港法、台湾法、澳门法也需要采取容许的态度。

以上这些例证,都表明法律容许行为确实是存在的。那么,法律容许行为得以存在的基础是什么呢?

法律容许行为的存在带有客观必然性。其中既有法律自身的原因,也有着深刻的社会根源。从其自身的原因来讲,法律容许行为的存在是法律建设的客观规律所要求的。根据法哲学的观点,法与社会关系、法与法律意识之间的矛盾是法制建设中的两大基本矛盾。正是由于这两大基本矛盾的运动,决定着法的产生、存在、废除,推动着法的发展。其中法与社会关系的矛盾为主要矛盾。法作为社会关系的调节器,它对社会关系起到确认、保障、巩固、促进和发展的作用。一定社会关系的稳定与发展对于社会的进步是至关重要的。在社会变革或转轨时期,社会关系的变化是十分强烈的,一种新的社会关系一旦出现,为使其尽决摆脱动荡无序的过程,需要运用多种社会控制手段对其加以调整,法律手段自然也是其中最重要的。然而,社会变革时期人们的行为呈现多样化趋势,由此而结成的社会关系也是纷繁复杂的。有些社会关系是符合社会进步和发展需要的,因此就可以直接通过法律对其加以肯定、倡导的方式促进其发展。有些社会关系已经完全不适应社会发展的需要,便可以运用法律手段

---

① 李双元主编:《中国与国际私法统一化进程》,武汉大学出版社1992年版,第157~164页。

对其加以否定、禁止。但是，一种旧的社会关系的消亡，一种新的社会关系的壮大，都不可避免地要经过一个从量变到质变的过程。旧的社会关系在其消亡过程中，并不都是突然消失的，而往往是逐步地丧失其存在的现实性。新的社会关系虽经产生，但由于它或者还处于萌芽阶段，还未能被社会普遍接受，或者由于立法机制的限制以及立法者的认识落后于现实，还不可能对某些现实生活中已经出现的行为作出完全准确的法律评断，这时也需要采取带有很大灵活性的法律容许态度。如果强行实施硬性干预，那么，立法者和执法者的意图也许正与社会需要相违背，其干预的结果，恰好与他们的主观意图相左，① 从而造成既不利于生产力和先进的生产关系的发展，也不利于统治阶级维持和巩固其统治的后果。所以，在新旧社会关系更替的过渡阶段，新旧社会关系需要有一些中介因素使其相互连接。法律容许就是连接法律肯定和法律否定的中介。

法律建设中的另一个基本矛盾是法和法律意识之间的矛盾。在这一对矛盾中，一般来讲，法律意识是主动的，法相对来说是被动的，当然法律意识滞后的现象在社会变革或转轨时期，也是会发生的。法律意识中包含着人们的法律价值观，它对于人们是否需要建立某种法律制度，如何评价某种法律环境，以及如何理解和遵守某种法律规定，如何实施自己的法律行为，有着决定性影响。现实生活中人们的法律意识水平是参差不齐的，因而是多层次的。表现在人们的行为取向和所要达到的法律目标上，由于存在着维护现状和发展现状行为取向上的不同，所以导致人们各自追求的法律目标也就相应地存在一定的差异。一部好的法律的价值，体现在法律对社会成员的尊重和社会成员对法律的普遍遵守。任何国家的立法者在制定法律的过程中，都不能不考虑到社会整体法律意识水平的差异。法律意识的相对的独立性决定了它可能落后于法所反映的社会现实，也可能超越法所反映的社会现实。表现在立法需求上，就是有些社会成员的立法要求低于立法者的立法需要，有些社会成员的立法要求又高于立法者的立法需要。这就要求立法者在制定法律的过程中，平衡各层次的立法需求，以保证法的顺利实施和普遍遵守。这也给了法律容许行为以存在的空间。

法律作为一定社会物质生活条件的反映，决定了法律容许行为同样有其深刻的社会物质生活条件的根源。任何社会法律的基本原则和主要规范，都是从经济关系中表现出的利益引申而来的，它所反映的是统治阶级的利益要求。统

---

① ［美］安·塞德曼著：《法律秩序与社会改革》，时宜人译，中国政法大学出版社1992年版，第42页。

治阶级必然会对符合其利益的社会现状给予足够的法律重视，对不符合其利益的现状予以法律禁止。但是，无权参加立法的阶级对立法活动并不是无动于衷的。统治阶级的立法总会引起被统治阶级这样或那样的反应，这些反应又反过来或多或少地影响统治阶级的立法心理与立法活动。法律的阶级性本质就在于法律如何调整统治阶级与被统治阶级之间、统治阶级内部各利益集团之间的利益关系。法律容许行为产生的根本原因在于统治者从自己的整体利益、长远利益和根本利益出发，有条件地承认被统治阶级的部分利益以及统治阶级内部成员的个人利益。假如统治阶级不容许被统治阶级的利益存在，那就势必会造成统治阶级和被统治阶级之间矛盾的尖锐化；假如不容许统治阶级内部成员个人利益的存在，也会造成统治阶级整个利益集团的崩溃。同样，从法的社会性来看，"法律的任务就是在努力尊重个人自由和维护社会根本制度之间保持平衡。只有这样才能防止产生对某些法律的不合理性视而不见的现象，这些法令可能根本达不到自己的预定目的，或者将会产生在某种程度上为实现其造福于社会的目的而过分地牺牲个人利益的后果"。① 社会各方面的利益冲突如果得不到有效的法律协调，便会导致社会动荡。法律容许行为也是各方面利益综合表现的一种途径。所谓利益综合，就是决策者在充分了解各群体利益的基础上，把社会不同群体利益要求在整体层次上综合协调之后，变成某项重大决策的选择过程。社会不同群体的利益要求是社会发展和社会变革的动力，法律容许行为的一个显著特征就是它能符合维护社会正常运转的起码要求，起到稳定社会的作用，并在此基础进一步推动社会的发展。

　　法律与道德的关系也决定了法律容许行为存在的必然性。法律与道德同属上层建筑，二者在内容上相互吸收，在社会功能上相互补充，在实施过程中相互凭借。在社会上占主导地位的道德对法律有很大影响。一般说来，法律总有其相应的道德基础。法律和道德的相互影响在早期表现为道德的法律化，以后随着社会的进步逐渐向法律道德化的方向发展演变。道德法律化的一个典型例子就是我国封建社会的法律，通过纳礼入律、引经断狱，把儒家经典法律化，使"礼"成为历代封建王朝法律的思想基础。法律的道德化则是现在以至于将来法律变化和发展的趋势。道德相对于法律来说，其强制性弱而容许性大。道德作为一种社会规范，也可分为道德肯定、道德否定和道德容许三部分，因此，在法律向道德演变的过程中，必然会产生大量的法律容许行为。

---

① ［美］彼得斯坦等著：《西方社会的法律价值》，中国人民公安大学出版社1990年版，第181页。

法律容许行为理论属于法理学研究的范畴。在传统法理学中，比较偏重于对行为作定性分析，并在简单的逻辑思维定势的影响下，对法律行为只作合法行为与违法行为的简单划分，而忽视了对法律行为的定量研究。将法律行为划分为法律肯定行为、法律容许行为和法律否定行为三部分，则做到了定性分析和定量分析的有机结合，所以，这是一种较为科学的划分方法。此外，在法律和行为的关系的研究中有两个基本问题，一是法律能否影响人们的行为；二是法律以何种方式影响人们的行为。对第一个问题，则众说纷纭。我们认为，法律对人们行为的影响主要通过肯定、容许和否定这三种基本方式来实现。如果不以容许的方式对待某些行为，而企图仅以强制手段促其改变，就会导致以下这段话所说的结果，"当法律规定和根深蒂固的态度以及信念之间展现鸿沟时，法律就不能改变人们的行为。规范与行为冲突的结果会危及社会，至少法律就不能造成其变化"。①

　　法律的发展过程可以用行为群、习惯、成文法三个相互贯连的阶段来描述。即首先是人类在行为上表现出极高的规律性；然后这种有规律的行为构成习惯；经过国家认可的习惯逐渐演变为成文法。一个国家成文法的习惯化程度，对于人们接受规范、遵守规范是具有重要意义的。法律容许行为体现了较高的法律习惯化，因此，设定法律容许行为，以法律容许行为为中介，逐渐达到法律肯定和法律否定，这无疑更易于为公众所接受，并将得到实施上的保证。法律的这种发展过程决定了成文法的普遍有效性不只依赖于国家强制力，它还通过法律容许方式，使一些行为成为公众的习惯，进而以成文法的普通形式加以固定。

三、我国社会主义市场经济条件下的法律容许行为

　　在我国社会主义法律体系中，也同样存在着法律容许行为。我国目前尚处于社会主义初级阶段，社会主义社会中个人利益与社会整体利益基本上是一致的，但生产力的发展相对落后，物资财富不能满足人民群众日益增长的需求；社会主义的分工性质及其所决定的劳动的社会形式，不完全、不成熟的社会主义市场经济体制等决定了在社会主义市场经济条件下，仍将存在人民内部的利益矛盾，由此导致相互间的利益冲突。因此，在社会主义初级阶段的法律中，积极肯定和倡导的行为只能是符合"三有利"原则和社会主义道德要求的，而

---

① ［乌克兰］埃尔曼著：《比较法律文化》，三联书店1990年版，第277页。

容许行为则是与社会主义初级阶段物质与精神文明的发展不相冲突的行为。

社会主义初级阶段的法律体系中，法律容许行为的存在将是大量的，也是必然的。市场经济的特征就在于竞争的公平性和选择的灵活性。为此就必须充分保证市场主体行为的自主性，以法律容许的方式，为市场经济的发展创造尽可能宽松、最为灵活的法律环境。

首先，在社会主义市场经济的运行机制方面，法律应保障市场主体行为的自主性。除了对市场竞争中的一些不公正交易和垄断行为的必要国家干预之外，应尽量减少政府部门的直接干预，尤其是合同法律制度更应如此。最高人民法院院长任建新同志在第十六次全国法院工作会议上的报告中指出：只要不违背社会的基本利益和法律的基本原则，应容许合同当事人双方依意思自治原则（autonomy of will），自由协商，自主签订合同。提高任意性规范在法律规范中所占的比重，也是保障市场主体自主性的一条重要途径。我国新颁布的《海商法》中船舶租用合同一章全部是任意性规范，这就是一个良好的开端。

法律应保护竞争的公平性。过去我们根据不同的主体分别制定不同的法律，使各类主体实际上处于不平等竞争地位，其原因是国家对国有企业实行特别保护的需要，例如税收制度、财会制度等。我们过去在讲到"法律面前人人平等"时，总是认为它是要求执法上的人人平等，而忽视了立法上的人人平等。在社会主义社会里，大力发展公有制经济应当加以提倡。对于非公有制经济，尽管它与共产主义目标相去甚远，但是，它对于社会主义生产力的发展也发挥着重要作用。因此，我们虽然不提倡"私有化"，也应当容许私营经济的存在与适度发展。在市场经济体制下，我们应当容许其他非公有制企业享有与公有制企业同等的权利义务，对各类所有制企业一视同仁，在市场竞争中实现优胜劣汰。这就要求我们根据主体的行为制定统一的法律，而不是根据不同类的主体而制定带有明显歧视性的法律。

其次，在政府的宏观调控体制方面，市场经济体制要求由直接行政控制为主，向综合运用经济、法律以间接调控体制转变。为此，我们要转变领导行为与个体行为关系的法律观念。其大致包括中央和地方、政府和企业、国家和个人的关系。在中央和地方的关系中，应当在法律容许的范围内，给地方放权，合理划分中央与省、自治区、直辖市的经济管理权限。我国经济特区之所以能以较高的速度发展，重要的一条就是国家给予了特殊政策，而这些特殊政策的实质就是放权搞活，使特区及其企业能在远比内地更加广泛的领域内为法律行为建立新型法律关系，更为独立自主地比照国际社会普遍实践办事。美国一位著名比较法学家曾指出："在地方或地区一级适当缓和官方的法律有助于而不是有害于整个现代化过程中所需要的灵活性。虽然不能允许地方势力永远得势，这些势力仍可通过对官方法律有选择地执行，蓄意使其无效和适当的腐化等方法在后者的空隙间滋生繁衍，所有这些都能在保持法律是统一的和不变的这一假定中进行。"①

对于政府和企业的关系，就是要求法律规定政府对企业的职能变管理为服务，使企业在产权和经营权统一的条件下，实现自主发展；对于社会与个人的关系，应当在维护国家和社会根本利益的同时容许个体权益的伸张，不能片面强调个人利益服从国家利益，有学者为此提议在宪法中写入"私有财产不可侵犯"的条文。

要正确运用法律容许行为理论来解决新旧法律制度之间可能产生的各种矛盾和冲突。在新旧体制交替过程中，相应法律制度之间在适用上必然会因其内容的歧异而产生时际冲突。例如我国1993年7月1日开始实行的新财会制度，要求采用权责发生制确认销售。权责发生制是指凡是应属于本期的收入和费用，不论其款项是否收到或付出，都应作为本期收入和费用处理。但这样一来就会导致企业由于货款收不上来而不得不用贷款交税的情况，从而加重企业资金周转困难。为此，财政部规定在确认企业销售收入时，采用新制度的规定；在纳税时仍适用原规定。通过容许适用原来的制度规定，就大大增强了这一制度的灵活性和可接受程度。与此相反，有一些行为未被旧法律制度认可，新法律制度也尚未形成，如证券交易、期货交易等，这些行为对社会发展是有益的，因而也就为法律所容许。这样就否定了旧的法律制度，推动了新的法律制度的形成和发展。

市场经济运行机制客观上要求法律容许自由裁量权的存在。"自由裁量权在某种程度上深藏在一切法律体系里，个别当事人，法官或行政官都可能享有裁量权，或许实际上就已经建造在法律规范里，自由裁量权因素扩大了某项法律规范的可接受程度。"②市场行为主体和国家有关机关都应享有适当的自由裁量权。我国过去主张严格"依法办事"，但对于我国目前法制不完备的现状来说，有许多法律规定是不明确、不合时宜的，有一些行为还缺乏相应的法律调整机制，自由裁量权对于不健全的法制是有益的补充。市场主体的自由裁量行为即主体意思自治，以对于法律没有明确禁止的行为，只要是合理的、正当

---

① ［乌克兰］埃尔曼著：《比较法律文化》，三联书店1990年版，第201页。
② ［美］艾伦·沃森著：《民法法系的演变及形成》，李静冰译，中国政法大学出版社1992年版，第235页。

的、正常的，都应该是为法律所容许的行为。任建新同志在上面提到的报告中谈到人民法院的司法自由裁量权问题时指出："人民法院对于法律有规定的，应当严格依照法律的规定办；对在改革开放出现的新型案件，目前尚无法律规定的，要依照法律的基本原则，国家的政策，从有利于社会生产力发展的全局出发，实事求是，妥善处理。"

最后，计划经济体制向市场经济体制转换过程中，公民、法人在经济生活中的各类行为具有很大复杂性。这需要正确认定与处理罪与非罪的界限问题。我们在计划经济条件下犯罪构成的观念与建设社会主义市场经济新形势下出现的新情况、新问题有许多冲突之处，以致于对某些问题罪与非罪的界限难以准确划分，如在经济领域大量存在的回扣现象，经纪人的居间中介行为，佣金、投机倒把问题等。我们过去的刑事法律对此类行为一律严加禁止，作为贪污、贿赂犯罪予以惩处。在新的形势下，这种做法就明显不合时宜。例如，就投机倒把行为来说，现在市场经济下的期货交易，就是为法律所容许的公开投机。在现阶段，我们的法律在对待社会分配的问题上，应该倡导共同富裕，否定贫富分化，同时容许一部分人先富起来。我们的司法机关在处理一些新型案件时，要充分考虑所作处理决定可能产生的法律效果、经济效果和社会效果。

四、结束语

在由计划经济体制向市场经济体制转轨过程中，大量新情况和新问题的涌现，使得本来就很不完善的我国法制面临更为严峻的挑战和危机。用法律容许行为理论指导我们的立法和司法工作，将有效地缓解这种危机。当然，法律容许行为相对于法律倡导行为来说，只是合法行为中的低层次，而且隐含的法律容许行为较之公开的法律容许行为具有更大的模糊性，不易为行为人所把握。我们不能长时期地将一些社会行为置于法律容许的地位，在条件具备、时机成熟时，应该变隐含的法律容许行为为公开的法律容许行为，进一步引导法律容许行为向法律倡导、肯定的行为发展。

法律容许行为理论要求在法制建设中应重视客观规律的作用，即不是片面强调法律的主观意志性，加强对法制建设客观规律的探索、认识和利用。

中国国际私法研究的方向问题*

一、当代国际社会国际私法的新发展

第二次世界大战以后，随着国际大市场的逐渐形成和经济一体化的不断推进，国际民商事流转关系的规模和范围进一步扩大，以国际民商事关系为调整对象的国际私法在各国国内法和国际社会法律体系中的地位日趋提高，从而在世界范围内发生了很多新的变化，出现了许多新的发展，其中最主要的表现在以下几个方面：

(一) 国际私法的调整范围不断扩大，内容也不断丰富

早期的罗马万民法，还只是就非罗马市民之间及罗马市民与非罗马市民之间的民事权利义务关系所作出的实体法规定，法律适用规范尚未产生。到13世纪，意大利半岛上城邦林立，彼此商业交往频繁，法律冲突增多，法律适用问题因而受到重视。但当时国际民商关系仍较简单，国际私法还很不发达。到19世纪末20世纪初，国际私法才逐渐对物权、合同、侵权、婚姻、家庭、继承有所规定，不过各国国际私法立法最多的亦仅二三十个条文而已。这种状况一直延续到第二次世界大战以后，特别是六七十年代，因国际经济联系的进一步加强，国际民商活动领域不断拓展，这时，不但在国际商事活动如国际公司、国际票据、国际信托、国际海商、国际保险、国际破产、国际劳务、国际投资、国际技术转让和国际知识产权等领域，相继有了国际私法上的国内法和国际法的规定，而且国际民事诉讼法和国际商事仲裁制度也有了很大的发展。如1978年《奥地利联邦国际私法法规》对1811年《奥地利民法典》所未涉及的知识产权、银行业务与保险契约、交易所业务及相关的契约等作了规定。而1979年生效的瑞士国际私法除扩大了对实体民商事关系法律适用的调整范围

---

* 本文首次刊载于《法制与社会发展》1996年第1期。

外，还把国际民事管辖权、外国判决的承认和执行以及国际商事仲裁的基本制度，都规定在一个统一的法典之中。在国际立法方面，如海牙国际私法会议在"二战"前六届会议中所制定的公约，仅限于婚姻、家庭及民事诉讼程序方面的有限的几个问题，而第七届会议以后，已逐步将工作重点转移到解决国际民商事方面广泛领域的法律适用和程序问题。

与此相适应，研究国际私法的国际私法学也在不断扩大、发展和深入。时代发展到今天，世界经济逐渐发展成为一个相互依存的统一整体，国际间的民事商事交往频繁而复杂，有大部分国际民商事关系迫切需要而且也有可能通过制定国际统一实体法予以解决。这种统一实体法不需要冲突规范的援引，且只要不为当事人明确排除，便可直接适用于缔约国的当事人。因此，它避免了在不同国家的法律之间作出选择，从而更直接、更彻底地解决了国家间民商法的冲突。从表面上看，统一实体法似乎在冲击甚至排斥着冲突法，但从国际私法的发展趋势来看，正是国际大市场的形成和经济一体化的推进，直接推动了国际实体法统一化运动，这种国际统一实体法进一步丰富和发展了国际私法的内容和体系，对国际私法的自我完善起到了积极作用。因此，现代国际私法学的内容普遍出现了冲突法、程序法、实体法三者密切结合的趋势。正是有鉴于此种境况，最近我国著名国际私法学家韩德培教授把这三者的关系形象地比喻为"主体和两翼"①，即主体为冲突法，两翼为实体法和程序法，三者是密不可分、不应断然加以割裂的。

（二）对国际私法的各个分支学科的研究日益得到重视

随着国际民事商事关系的不断发展，国际私法调整范围的不断扩大和内容的不断充实，国际私法的各个分支学科必然也相对独立地发展起来。在早些时候，一本国际私法著作可以把所有的国际私法问题都包罗进去，而现在，即使仍有这类书籍，也只能起到"概论"的作用了。国际私法的许多问题，因实践和制度已向前大大发展和丰富了，都需要进行专门的研究。因而如专门研究冲突法基本理论和制度的专著，专门研究国际私法上的物权和知识产权的专著，专门研究国际私法上的合同总论和各种具体合同法律适用的专著，专门研究国际私法上的侵权行为的专著，专门研究国际私法上的婚姻家庭问题的专著，专门研究国际私法上的遗产继承的专著，专门研究国际民事诉讼法的专著，专门

---

① 亦可描述当时因改革开放政策的实施，在经济结构上，国家确立了以国有经济为主体，个体经济与尚存的资本主义经济三者并存发展的态势。

研究司法协助的专著,专门研究国际商事仲裁制度的专著,专门研究区际法律冲突问题的专著,以及专门研究国际私法统一化运动的专著,国内外均已陆续问世。因此,一个学者要想成为熟悉国际私法所有内容的通家已是越来越难以实现了。这主要是因为随着国际私法实践的不断扩展和深化,即使是在各个传统领域,许多过去仅仅用一个条文便可规定的对象,现在已经需要用一个包含有关基本原则和众多条文的规范群来加以调整了,而且还因为科技的飞跃发展,不断出现新的国际民商事生活领域,在传统的国际私法学中是不可能找到现存答案的(如国际上为贯彻关于限制和减少二氧化碳排放量的国际公约而由一些国家提出的"联合履约",它就既得解决好应适用的法律,也得研究一旦出现争议,能对争议行使的法院管辖权的问题)。在国际私法和国际私法学领域,知识更新的速度大大加快了!

为了适应国际民商事关系不断拓展的客观形势需要,今日的国际私法学已正在逐渐发展成为一个由诸多分支学科组成的内容不断丰富的学科群了。在国际私法学中以下十几个领域已经或正在形成相对独立的分支学科:

(1)国际私法史(含立法史,学说史,立法史中又可分各国国内立法史和国际立法或统一化运动史);

(2)比较国际私法和比较国际私法学;

(3)外国人法和外国人待遇制度;

(4)国际私法上的国籍和住所(含居所、习惯居所以及法人的营业所等);

(5)冲突法的基本理论和基本制度;

(6)国际私法上的自然人和法人;

(7)国家及其财产在国际私法上的地位;

(8)国际私法上的法律行为和代理;

(9)国际私法上的物权法;

(10)国际私法上的知识产权法;

(11)国际私法上的合同制度(国际私法上的种种无名合同日见增加);

(12)国际私法上的侵权行为(国际私法上的各种特殊侵权行为日见增加);

(13)国际私法上的赔偿之债(不当得利和无因管理);

(14)国际私法上的婚姻家庭制度;

(15)国际私法上的遗产继承制度;

(16)国际统一私法和统一国际私法(前者指各种统一实体民商法,如现代商人法;后者如海牙国际私法会议一百年来在程序法和冲突法上所制定的各种公约);

(17) 国际民事诉讼法；
(18) 国际商事仲裁制度；
(19) 区际私法。

(三) 国际私法的趋同化倾向日益明显，比较国际私法学得到迅速发展

在当今国际社会，和平与发展已成了时代的两个主旋律，其中发展更具有决定性意义。而各国要谋求发展，必须创造一个有利于国际民商交往的国际、国内法律环境。国际私法的作用应在于协调不同的法律体系以及它们所体现的不同政策，找到解决或消除它们之间在规范国际民商事活动上冲突和矛盾的方法。因此，不但许多世界性和地区性的国际组织，如联合国及其有关机构、海牙国际私法会议、欧洲共同体、美洲国家组织等，都致力于国际私法的统一化工作。而且为解决法律冲突和管辖权冲突，发展彼此间的司法协助关系的双边活动也越来越受到各国政府广泛的重视。许多实行市场经济和开放政策的国家，还在国内立法中十分注意吸收和采用国际社会的普遍实践，据以改善自己的法律制度，积极创造能促进国际民商交往的软环境。所以完全可以肯定，国际经济一体化的趋势乃是当代国际私法趋同化倾向不断加强的内在的根本的原因。

在国际私法趋同化倾向不断加强的进程中，各国法律思想、法律文化的相互交流和影响也是起了不可忽视的作用的。这是因为，要实现国际社会国际私法的协调发展，比较法是不可或缺的。

在国际私法学说中，一向存在普遍主义（或国际主义）和特殊主义（或国家主义）两种倾向。普遍主义者以先验的国际私法理论解决法律冲突，从自然法演绎出国际私法原则，认为本应有一个统一适用于世界各国的国际私法体系。这显然是不切合实际的。特殊主义者则认为各国对国际私法的内容，只应根据国家主权原则自主决定，国际私法都只是各个国家的国内法，并对内国法与外国法在适用上采取不平等态度。这对发展国际交往显然是不利的。因此，第二次世界大战以后，作为"第三学派"的比较国际私法学派应运而生。这个学派从肯定各国有不同的冲突规则的事实出发，采取比较方法进行研究，以期发现其异同，并予以协调。他们还主张就各国的实体法进行比较研究，这样做，既有利于认识国际私法的性质和目的，也有利于找到合适办法使涉外民商事争议问题得到公平妥善的解决。因此，比较国际私法学也是具有越来越广阔的前景的。

(四）受国际私法趋同化的影响，对传统冲突法和冲突法学说的改造正不断深化

传统的冲突法是一种管辖权的选择方法，强调法律适用的前后一致性和稳定性。它常利用一个法定的空间连结点指引一个特定的法律，但被指引作为准据法的法律，不一定为法院所了解，也不一定切合案件的合理解决，带有相当大的盲目性，可能导致对当事人不公正的后果。因此，许多国家的学者主张对传统冲突法加以改进，即通过各种途径和手段，把法律适用上的一致性与稳定性同灵活性与合理性结合起来考虑，而且以实现公正、合理地解决冲突为追求的主要目标，以便使传统的冲突法能够适应现代科学技术的发展所带来的国际经济、民事关系日益复杂化的形势。

改造传统的冲突法的理论基础的研究工作也在许多国家有了长足的发展。过去的"法则区别说"、"国际礼让说"、"法律关系本座说"、"既得权说"及"本地法说"等均被认为已是历史上的陈迹。我国国际私法学界提出的"平等互利说"已呈现出强大的生命力。

二、中国国际私法学近期发展的基本态势

改革开放以后，国际私法学已越来越受到党和政府的高度重视，国际私法在整个国家法律体系中的地位已大为提高，中国国际私法理论研究工作也有了很好的发展，但对国际私法学缺乏认识即使在法学界内部仍有人在。在国家人文社会科学的重点资助项目中，能争取到国际私法课题的学校是很少的，即使争取到的项目，资助数量大都偏少。因此，必须首先解决这样一个认识问题，即在和平与发展已成为当今国际社会两个主要潮流的时代，在我国确立以建立社会主义市场经济体制作为经济改革的目标以后，国际民商事关系必将不断发展，并日益扩大其规模。而国际私法这个直接以这种国际民商关系为自己特有的调整对象的一个法律部门，它的地位和作用是其他任何法律部门所不能取代的。随着国际经济一体化趋势的进一步加强，国际私法在国际法律体系中的地位必会进一步提升。而改革开放的深化和扩大，也急需完备的国际私法体系予以保障。因此，当前和今后一个时期迫切需要加强国际私法研究。顺应我国市场经济发展的需要和国际社会国际私法的发展趋势，我国国际私法学的发展，将呈现出以下基本态势：

(一) 在广泛吸收国际社会先进理论和普遍实践的基础上,将进一步形成具有中国特色的国际私法和国际私法学

在下一时期,市场经济体制的建立和对外开放的扩大将加快我国经济与国际经济的衔接,加快我国国内市场与国际市场的接轨,从而必然会推进我国国际私法与国际社会的普遍实践的衔接,使我国的国际私法与国际社会的普遍实践保持同步发展的态势。对此,根据邓小平同志提出的和平与发展已成为当今国际社会的两大主流的理论,早在"七五"末期,我们就提出了"国际私法趋同化倾向将不断加强"的论断。此后,又在国家社科基金和国家教委哲学、社会科学博士点基金项目中,开展了"中国与国际私法统一化运动"和"市场经济与当代国际私法趋同化问题研究"两个课题的研究工作。国内探讨这种趋势的论文已陆续可以见到。在实践中,我国在不断加强和改进国际私法的国内立法的同时,于1987年加入了海牙国际私法会议,并陆续加入了几个重要的国际私法公约,从而使我国国际私法的国内法源和国际法源呈现出相互交叉、互相渗透的局面。完全可以肯定,随着我国市场经济的进一步发展和发达,国际条约、国际惯例和国际社会的普遍实践在我国国际私法法源中将进一步增加,作用也将不断加强,在此基础上,具有中国特色的国际私法规范体系和学说体系必将逐渐建立起来。受主客观条件的限制,我国以前的国际私法学主要介绍外国的立法、司法实践和理论学说,近些年来,这种状况已有了很大的改变。但是,所谓具有中国特色的国际私法和国际私法学,绝非仅仅是在国内立法中,结合中国的国情,广泛采纳国际社会的普遍实践和增加国际条约和国际惯例在我国国际私法法源中的比重便可以实现的。我们认为首先还必须有观念上的更新,必须探讨国际私法是否应该以及如何从传统观念和传统制度的束缚中进一步解放出来。美国的"冲突法革命"一度曾甚嚣尘上,而现今却沉寂下来,根本原因恐亦在此。

(二) 我国国际私法学在加强基本理论研究的同时,将特别重视同国家和国际社会的实践的紧密结合

作为独立的法学学科,国际私法学在其漫长的发展过程中,经历了许多不同的理论形态,如法则区别说、国际礼让说、法律关系本座说、既得权说、本地法说等。这些理论对不同时期各国的立法和司法实践都产生过很大的影响。有的学者甚至认为,从13、14世纪国际私法产生的时候起,直到18世纪上半叶,国际私法本是以各个时期的理论形态存在和发展的,虽说已是一个法律部门，但还处于"法理学与科学"的阶段，因此，他们主张把此前的国际私法称为"学说法"。即使18世纪以后，国际私法开始出现制定法，但学说对各国的立法与司法实践仍有很大影响。在英美法系国家，权威学者的学说的影响就更大了，它们至今仍是国际私法的一个重要渊源。正是因为有着如此丰富的理论和学说，国际私法才充满活力。在我国，国际私法的研究虽已有了很大的发展，但具有世界水平的创新性的学术专著还不多见。因此，我国国际私法理论界应该在加强基础理论的研究的同时，特别重视对我国法制建设和当代国际社会共同面临的重大实践问题的研究。我国国际私法自改革开放以来之所以能取得很好的发展，最重要的一点就是国际私法界的理论工作者和立法司法工作者有这样一个共识，即国际私法必须为国家的改革开放服务，必须为保障和促进国家的对外开放政策服务。今后，我国国际私法的生命力仍然取决于这一点。如果说早几年我国国际私法还几乎均以介绍外国的学说和判例为主，而近几年来，研究中国国际私法种种重大理论问题和具体制度的著作已越来越多，从而已使我国国际私法更贴近我国的实际生活，更贴近国际社会的实际生活。

（三）在进一步加强中国国际私法研究的基础上，根据国际形势的发展和人类面临的诸多共同问题，面向21世纪，国际社会应如何通过国际私法建立起协调与和谐的国际民商法新秩序的课题，将逐渐成为学界关注与研究的热点

国际私法本来就是在国际民商交往活动大量发生的历史环境中产生的，但后来因为长期囿于国际私法只是各个国家的国内法，而且它只以在相互冲突或抵触的两个或多个法律之间选择其中之一加以适用为己任的传统观点，尽管在过去，有些国际私法学家也提出应以追求判决结果的一致为目的，但各个国家出于自身的利益，仍多自行其是，不但法律冲突未能解决，反而出现了"冲突规范的冲突"。这在有越来越多的国家实行市场经济之后的今天和未来世纪，将成为国际民商事活动的重大法律障碍。我国国际私法学界已开始在思考，既然国际公法和国际经济法都以建立国际政治、经济新秩序为崇高目标，国际私法当然也应该以建立起协调与和谐的国际民商法新秩序为崇高的目标。

三、中国国际私法研究面临的主要课题

面对我国国际私法近期发展的基本态势，我们必须有选择性地对下列问题进行重点研究，并兼顾其他一般问题，才能在较短时间内取得重大突破，尽快建立起有中国特色的国际私法规范体系和学说体系。

(一)市场经济与中国国际私法立法、司法的进一步完善问题

改革开放以来,我国国际私法立法尽管取得了很大的进展,但它是在计划经济体制尚未完全破除的历史条件下形成的,打下了计划经济思想的许多烙印。所以,我们应在充分肯定和高度评价已有的立法司法成果的前提下,进一步探讨市场经济与国际私法的关系,研究我国国际私法立法的历史发展和现状,阐明完善我国国际私法的基本思路、基本原则和基本取向,并在借鉴国外国际私法新发展的基础上,结合我国建立市场经济体制和司法实践的需要,对国际私法的基本制度和基本内容逐一进行归纳、总结和检讨,进而提出明确具体的立法司法建议,进一步确立完善而系统的中国国际私法立法司法体系。

(二)21世纪国际私法发展趋势的问题

国际私法自国际民商事关系发展到一定历史阶段而产生以来,随着国际经济交往的不断扩大,已走过了从传统国际私法(纯粹冲突法)到现代国际私法(除冲突法外,还包括各种有关的实体法和国际民事诉讼法与国际商事仲裁制度)的演进历程。但是它终究基本上还停留在各国国内法的阶段;它的基本功能也主要仍在于就相互抵触的法律在适用上作出选择。在未来国际社会,因国际经济一体化进程的进一步加强,适应国际化大市场运作的需要,它必将呈现出许多新的特征,并将以建立国际民商事法律的新秩序为自己追求的目标。正如国际公法和国际经济法以追求实现国际政治、经济新秩序为目标一样。这种趋势目前在国际私法上已显露端倪,对这个问题的研究应占有一定重要的席位。

(三)国际私法的统一化、趋同化问题的研究

20世纪70年代以来,国际私法的统一化运动有很大的发展,国际私法统一法源不断增加。我国政府对参加这种私法的统一化活动也是持明确肯定的态度的。国际私法统一化进程的加速表明国际私法趋同化倾向大大加强。因此,中国国际私法学的任务之一是持续地对这种国际统一化运动作追踪研究,为政府参加有关国际立法活动提供理论咨询,并且从理论和实践两个方面解决中国法律如何与已有的国际公约协调、中国法律如何与已形成的国际惯例接轨、中国法律与外国法律的冲突如何解决以及中国如何更好地借鉴、吸收外国先进的国际私法制度,等等。理论工作者还应进一步剖析国际私法趋同化倾向得以加强的原因、特点、表现形式和实现方式等问题,并要以跨世纪的眼光来构建符

合世界潮流的中国国际私法制度。

(四) 比较国际私法的研究

国际私法既是解决不同国家民商法适用冲突的，因而从其诞生起，它就直接建立在比较法的基础上。正是基于这一特性，一些外国学者曾称"比较法乃国际私法之父"。就其他许多部门法学来说，用比较的方法来研究外国法，大多只在于如何借鉴和吸收外国法中的好的理论和制度，而就国际私法来说，用比较的方法，广泛研究外国法，则是它自身得以存在和发展的根基。

近些年来，国内国际私法方面的比较法论著，虽已有所见，但因受外文资料不足的限制，部分研究人员外语水平的限制，应该说还是严重滞后的。因此，"九五"期间应大力扶植几个有重大理论和实用价值的比较国际私法课题。必须认识到，对国际私法的基本理论、基本制度、基本规则进行比较，进而对有关国家的民商实体法进行比较，并从立法、司法实践和学说理论等角度，多层次地进行全方位比较研究，从而揭示各国国际私法和有关国家的民商法的一些共同点和发展趋势，是加强国际私法基础理论问题研究的有效途径。

(五) 冲突法、国际民事诉讼法、国际商事仲裁制度的实证分析

由于国际私法涉及广泛而复杂的生活领域，并容易受到国际政治和经济活动的影响，因此，不管成文法如何发达完备，都不可能完全消除法院或法官造法(judge-making law)，更何况我国的国际私法立法还不完善。因此判例的作用在我国国际私法学研究中是不可或缺的。我们必须通过大量的调查研究，系统总结和归纳我国法院的司法实践，并着重探讨国际私法上各种制度、规则和理论在我国法院是如何地运作以及应该如何运作，从而不断加强和丰富中国国际私法领域内的实证研究。

(六) 在"一国两制"下，中国不同地域法律冲突和法律程序的协调与合作的问题

随着香港和澳门回归祖国，台湾总有一天也会与大陆实现统一，我国的不同地区法律冲突问题，自然会应运而生。因此，分析我国不同地区法律冲突的特点，讨论其解决步骤和解决方法，研究不同地区法律程序(包括法院管辖权以及民事、刑事、行政司法等程序)的协调与合作，不仅是一个很重要的理论问题，还是一个十分重要的现实问题。目前国际私法学界仅限于研究私法冲突和民事司法协助，显然是不够的，必须适当扩大领域。如果说，在未来世纪，

国际社会也会争取实现国际民商法律协调和合作的秩序,那么,在祖国大家庭中,国际私法理论工作者更应担负起这一光荣任务,以实现由这四大法域地区组成的"经济圈(共同体)"更大规模的腾飞。

现代法治社会必须强化内涵公正的法律效益观刍议[*]

法律效益并非法律经济效益的同义词,它的外延远比后一概念更为宽泛。法律效益不仅包括法律的经济效益,而且包括法律的政治效益、社会效益、文化效益和伦理道德效益,等等。尽管在理论上可以作如此阐述,但在实践中却很少将它们有机组合为一体。传统的态度由于深受"泛刑主义"影响和固守法律"制民"、"治民"功能的惯性制约,往往将视眼局限在法律的统治和专政工具性上,对法律的理解和认识,习惯于片面注重法律鲜明的阶级性、政治性和严厉的制裁性,很少发掘法律的效益性,更不必说法律的经济性或纯经济效益了,从而在实践中偏重于法律的政治性、统治性和公正性,忽视或否定法律的经济性、价值性和利益性。将法律的社会政治效益摆在第一位,排斥法律的经济效益。虽然,近年法律经济学派的理论和方法的导入与传播,使得轻视法律经济效益的状况有所改观,但是由于社会现实和理论认识的原因,又走向了另一个极端,过多地强调法律的经济性,甚至偏离到以法律的经济效益取代法律的社会效益、伦理道德效益,企图以经济性代替公正性。所有这些都是片面的形而上学观点,是现代法治之路的观念性障碍,亟待从理性高度加以清理,将过去那种关于法律效益的感性认识提升到理性阶段,从法律理念的深层结构加以认知和把握,强化内涵公正的法律效益观。因为,法律理念是对法律的本质及其发展规律的一种宏观的、整体的理性认知、把握和建构。它摒弃人类关于法律的偏见,将人们关于法律现象及其本质的观念从感觉或经验状态提升为理性认知形态,从宏观和总体上把握法律的基本走势,图解法律与时代变迁的根本关系,为法律发展或进化提供理念准则和导引。法律理念是比法律意识、法律观念、法律表象、法律概念等层次更高的一种理性认知形态,正如理性作为人类心灵深处的精神存在较知、情、意等表面存在更幽深一样。如果我们对法

---

[*] 本文由李双元、蒋新苗、蒋茂凝合著,首次刊载于《湖南师范大学学报(哲学社会科学版)》1996年第3期。

律效益问题的认识和研究仍然停留在感性层面上，不从法律理念这一理性高度来认知和把握，公正、公平和效益、效率的关系永远无法摆平，或者，它们在人们的感性认识中总是无解的悖论，即公正、公平优先，效益、效率就得滞后；效益、效率优先，公正、公平就会滞后。一旦我们换一个认识角度，超越感性认识的片面性和局限性，从更高一层次的理性认识来诠释公正、公平和效益、效率的关系，也许在感性认识中所出现的悖论便不复存在了。这正是本文所要致力解决的问题，希望通过对法律效益的理念分析和解构，将法律的公正性、效益性、效率性有机地结合起来，使内涵公正的法律效益观在中国法律的制定、执行、遵守和实施中占据主导地位，为法律的进化和现代法治社会的实现提供理念准则和指导。

一、有关法律效益观的两种对立的学说

在法律的效益观上，长期存在两种互相对立的观点：一种是"全盘否定说"，另一种是"全盘肯定说"。前者把法律只看作正义的化身，否定法律的其他价值目标。这是一种传统的观点，源远流长，习惯于把法律规则想象成使社会达到正义和公平目标的唯一手段，忽视乃至排斥法律规则的效益目标。"大多数人，尤其是法学家仅把法律的作用看成是提供正义。"[1]这种思想在今天仍然大有市场。而"全盘肯定说"则将法律行为泛化为经济行为，试图"用经济概念替换诸如正义、权利、义务、过失等传统的法律概念，将法律转变成经济学。根据这一主张，替换之后就可把法律语言作为多余的累赘丢掉"[2]。波斯纳（Richard A. Posner）甚至将公平概念看作纯粹是个人偏好的表达，主张在法律上应用更为实在的效率概念加以替换。[3] 这一观点成为70年代崛起的法律经济学派著名代表人物波斯纳著作中的主题，但过于偏激并带有明显的功利主义色彩。这种论调，自法律经济学派的理论20世纪80年代初传入我国起，国内涌现了不少拥护者。不论对法律的经济效益是持全盘否定态度还是

---

[1] [美]罗伯特·考特、托马斯·尤伦著：《法和经济学》，上海三联书店1994年版，第12、16页。

[2] [美]罗伯特·考特、托马斯·尤伦著：《法和经济学》，上海三联书店1994年版，第12、16页。

[3] 参阅 Richard A Posner: The Economic Analysis of law, Boston, Little Brown and Company, 1986, 3rd Ed 以及 The Ethical and Political, Basis of the Efficiency Norm in Common Law Adjudication, 8 HOFSTRAL, REV487(1980).

全盘肯定态度，都是片面的、极端的形而上学观点。其实，法律的本质在于追求公正，而法律效益目标则暗含了法律的本性，决不能肯定一个否定一个。在法律现代化进程中，追求内涵公正的法律效益目标已成为必然的趋势。因为，法律效益不仅包括法律本身所具备的公平正义方面的社会效益，而且包括调整社会经济关系方面所产生的纯经济效益（或称效率）。当我们将中国法律现代化的审视基点放到法律的效益性问题上时，那么，对法律的内在本质特征及功能的认识将有一个革命性的飞跃，法律的实施会更加坚实有力。

法律的效益是一个比较宽泛的概念，其内涵指的是法律的效力、功能和绩效的有机构成体，是法律在调整社会关系过程中较好地、较优越地、较有效地实现其目的并发挥其功能的客观结果，是法律投入产生的具体表征；其外延包括法律的政治效益、文化效益、伦理道德效益、经济效益、社会效益等。从法律效益的外在方面来看，既包括法律促进经济的绩效（经济效益），也包括它在社会政治和文化生活等方面带来的成果，如民主政治的发展成就、法治的健全状态、公民权利的实现程度、社会精神文明的进步程度等。所有这些，在某种程度上可以说，都是在为实现公平、正义目标进行铺垫。所以，法律的外在效益尽管说明的是法律的外适用状态，包括经济效益、文化效益、政治效益等，但实际上是在为实现法律公平、正义奠定政治、经济、文化和社会基础。从法律效益的内在方面看，法律效益指法律价值、功能和目的的实现程度与完善过程，不断降低不必要的成本投入、防止和减少违法行为的负成本效率，以实现法律体系的内平衡状态。这就从客观上要求不仅要看到法律的外在效益性，即法律产生于特定的社会经济基础，又服务于这一特定的基础，并使社会在复杂的结构中得以高效稳定地运行，实现主体的经济需求和效益价值，为社会创造更多的财富，摒弃过去那种仅从镇压阶级敌人的角度来理解法律保护经济基础的简单思维模式；同时，还应注意法律的内在效益性，即法律规范本身也要求按照效益原则构建规范体系，要求体现可操作、便于遵循的经济原则，减少条文的歧义和冲突，使执法、守法、司法的成本最小化。

二、强化内涵公正的法律效益观的理论和社会现实基础

关于法律效益的论述，并非肇始于理查德·波斯纳为代表的法律经济学派。事实上，马克思早就指出："物质生活的生产方式制约着整个社会生活、

政治生活和精神生活的过程。"①这就明确告诉我们,生产物质生活资料的经济活动是人类最基本的社会活动,是人类其他一切社会活动的基础;物质资料的生产方式是人类生存和发展的基础,决定了社会上层建筑的构成与发展。法律作为上层建筑的一种形式,产生于经济活动之中并为经济活动服务,而且要保证它出效益。正如马克思在《哲学的贫困》一书中所阐述的:"无论是政治的立法或市民的立法,都只是表明和记载经济关系的要求而已。"②法律实际上是经济关系、经济现象的集中和反映,任何法律都有深刻的经济根源,都是以一定的社会经济为其存在的物质基础。但这种依存关系并不是单向的,法律对经济发展具有良性的促进机能,它的许多变项与经济因素存在互动与互补关系。社会的存在和发展有两个最基本的前提:一是社会安全保障,二是物质产品供应保障。法律不仅要为安全提供保障,而且要为物质生活资料的生产提供保障,以保证社会生活的正常供给。可见,法律对社会经济的促进作用,不只是镇压敌对阶级、保护所有制和经济财产的静态存在,更重要的一方面还在于它保证社会财富的增加,即以保证经济出效益作为法律的本位功能。因此,法律不应仅仅局限于维护公平、正义的着眼点上,必须树立正当的效益观,尤其不能忽视或否定法律的经济效益。意大利法学家米拉格利亚曾指出:"法律的内容,有很大部分是关于经济的事件,因为法律是一种量器,是利益效用及财富的比率。"③"谁都不能不知道或注意到经济学的法则,因为它确实支配着法律与立法对象的很大部分。"④重农学派的创始人费朗斯瓦·魁奈(Francois Quesney,1694—1774年)也认为:"涉及国家整个经济制度的一切有效的法律,对国家每年财富再生产的自然进程起着作用。"⑤可以说,法律在促进社会进步的过程中,同样没有忽视"如何用较少的耗费获得较高的经济效益即经济目标的极大化"的原则。这一点自制度学派的兴起和发展便可见一斑。社会经济增长离不开法律制度的演化。⑥ 经济学孜孜以求的是在经济活动中如何以较少的耗费取得较大的效益。这种投入产出(或称"成本—收益")模式并不仅仅局限于经济领域,推而广之,它同样适合于法律领域。"任何法律的制定和执行都应有利

---

① 《马克思恩格斯选集》第2卷,第82页。
② 《马克思恩格斯选集》第2卷,第82页。
③ [意]米拉格利亚:《比较法哲学》,商务印书馆1940年版,第286~288页。
④ [意]米拉格利亚:《比较法哲学》,商务印书馆1940年版,第286~288页。
⑤ 《魁奈经济著作选集》,商务印书馆1993年版,第400页。
⑥ 鲁友章、李宗正:《经济学说史》,人民出版社1983年版,第190~200页。

于资源配置的效益最大化。这就是经济学分析法学最主要的观点。"①

随着法律经济学派的兴起,不仅在理论上对法律价值、成本、收益的分析甚嚣尘上,从1960年美国科斯(Ronald Harry Coase)在《法律与经济学杂志》上发表《社会成本问题》到卡拉布雷西(Gnido Calabresi)在《耶鲁法律评论》上发表《风险分配和侵权行为法的某些思考》,直到波斯纳出版《法律的经济分析》一书,足见理论界对法律效益性重视的程度;而且,在实践上,法律的效益观也占据了重要的席位,各国政府逐渐接受和重视法律的效益观,如美国政府在里根时代通过的129号总统令,就要求对所有新制定的规章进行"成本—收益"分析。②

在现代社会,个人或组织在社会交往中的关系十分复杂,而由于人类理性的局限和知识、预期的有限性及任何人或组织所面临的外部环境的相对不确定性,加上人们与社会组织需要进行安全的合作和交往,人们才需要法律这种制度的服务。几乎所有的社会主体都是在特定的法律制度或规范体系中从事活动,不同国家的法律产生不同的竞争和裁判规则,它们直接或间接地影响经济主体的行为,从而也就使不同的国家产生了不同的经济绩效和发展机制。这在市场经济日益发达的今天尤为突出。市场经济存在和发展的前提条件是社会分工,分工必然要求协作,而要满足和保证分工秩序的协作需要,就必然要求有一种协调和控制力量,它超乎个人之上成为每个人的行为尺度,而法律的工具性价值使其成为最经济的协调和控制力量,它可以把社会生活和人们的个体行为纳入稳定的、明确的和可预测的典型范式之中。

按照发展经济学的观点,经济力量总是与社会中存在的制度和政治安排发生互动关系,制度结构在扩大人类选择方面的作用非常重要,而扩大人类选择是经济发展的一个基本目标。制度影响人类选择是通过影响信息和资源的可获得性、通过塑造动力以及通过建立社会交易的基本规则而实现的。制度创新通过提供更有效率的组织经济活动的途径而对发展作出贡献,而这些途径常常导致经济基础性的调整。在任何经济中,忽视效益的政策或法律制度鼓励无效率,扭曲经济的增长;重效益的政策或法律制度则正好相反。制度学派的著名代表人物罗纳德·科斯在其著名的"科斯定理"中明确告诉我们:为达到资源的有效配置,必须降低任何一种组织和制度的交易成本。科斯认为法律的目的就是消除和降低交易成本,在立法中,有一个选择何种权利安排方式来使交易

---

① 张乃根:《经济学分析法学》,上海三联书店1995年版,第4页。
② 参见张守文著:《经济法学的法律经济分析》,载《法学研究》1992年第5期。

费用最低以达到资源配置的效益最大化的问题。由于交易成本的经济作用，不同的法律制度会带来不同的经济效益，更有必要考虑法律的成本，以求得效益最大化。对于具体的权利义务来说，权利或义务的边界是否划分得明确，直接影响权利或义务实现的费用和效率。当权利或义务的边界模糊时，纠纷和诉讼增加，由此引起权利保障和实现的费用上升，甚至导致权利主体放弃权利，使义务主体逃脱制裁或约束，造成社会的不公平和财富浪费；反之，当权利或义务的边界清晰时，诉讼具有可靠的安全预期，权利实现的费用和成本会下降，或保持权利实现收益大于零。因此，权利义务的明确有助于法律运作费用的成本的最小化而达到收益的最大化，反过来，要保证法律效益最大化，必须明确权利或义务的界限。

布坎南（Janes. M. Brchanan，1919 年— ）的公共选择理论同样表明：人类的政治、经济、文化和法律活动，都是人类为实现特定目标而进行的一种社会选择行为，法律活动和经济活动一样，存在如何通过最佳途径、手段来合理选择和实现目标的问题。而法律经济学认为所有的法律活动和全部法律制度说到底都存在一个有效地利用自然资源、最大限度地增加社会财富的问题，即以同样的成本获得较大收益或在同样收益时尽量减少成本支出。这就自然地提醒我们要重视法律的效益性，从动态中把握法律的真谛和规律，注重系统内的参数变项、时间维和系统状态的关系，以便在动态中实现法律的内平衡和外适应，求得效益最大化。不过，千万不能将法律的效益目标简单化，例如，在法律的借鉴和移植中，照搬、照套他国法律模式，表面上看成本低、经济合算，但最终会因"水土不服"而付出惨重的代价。总之，法律效益的经济考虑不能片面化和追求短期效应，短视从根本上看是缺乏理性的而且也是违背经济原则的。

从发生学角度看，法律规范与自发地发生作用的自然规律不同，其功能的发挥是无法仅依托自身而自行成就的，必须借助特定的主体予以确认、执行和保障。我们不妨把法律看作一种生产工具，一种面对社会的需求目标而提供公共服务的制度机构，即源源不断地提供"正义"、"秩序"、"发展"、"民主"、"自由"和"效益"等公共产品。在这一过程中，国家和社会主体必须支付一定的代价，投入物质的（如人、财、物等）或非物质的（如智慧、知识、精神等）成本和各种费用，理所当然，在科学技术、经济高速发展的今天，对公平、正义等传统的法学定义，应在社会财富的极大发展、生活水准的普遍提高的基准上增添新的内容。让公平、正义在更高的水准上实现，比如在更好的经济效益基础上的实现，就能比较好地契合二者。经济学在考虑有效利用稀缺资源以增加社会财富总量时，也应该注意"公平"与"正义"的问题。这二者趋合的内因，正如庞德所言："经济学解释在促使我们去思考如何满足需求而不是表现意志，在引导法学家从现存的有限的物质资料中描绘出关于满足需求的法律秩序的图画以取代在行动中协调意志方面，都不无帮助。"①而且法律的宗旨是通过价值得以极大化的方式来分配和使用稀缺资源。从某种程度上说，一切法律制度和法律活动都是以有效地利用资源、最大限度地增加社会财富为目的。法律的功能和实效既存在有系统内平衡协调发展的效益性，也包括在促进经济发展的外在作用上的经济功能，以效益最大化为目标来关心从社会公共财产到个人财产权的处理方式以及收入的分配、资源配置的效率和人力资源的充分利用等。这就是说法律以追求内涵公正的效益为目的，一方面要看到法律本身的效益性，另一方面要注意法律在促进社会进步和经济发展中的效益性，以效用来评判法律制定和实施的利弊得失。

然而，关于公平、正义与效益、效率的关系问题，一直是一个困扰法学家、经济学家、哲学家和社会学家的世界性难题。自美国经济学家奥肯（A. Ckun）最先提出"平等与效率之间的权衡"这一命题起，②便犹如一块多棱的石头，怎么也摆不平，效率优先也好，公平优先也好，理论上都难自圆其说，充其量只是一时一景的权宜之计，有预后不良之虞。倘将二者并列、并重，更让人首鼠两端，无所适从。③究竟是人类智力在解决这一问题上"黔驴技穷"了，还是它本身就是一个无解的方程式呢？其实，在关于公平、正义与效益、效率的关系问题上，并不存在自相矛盾的"悖论"，恰恰是我们的思维方式陷入了盲点和误区。因为它们并不是同一范畴中相互对立的两极，与公平、正义相对的是不公平、非正义，而与效益、效率相对的是负效益、无效率。如果硬要在思维中把两个不同范畴的东西搅合到一起，探寻孰先孰后、孰优孰劣，正如说"一个人和一头驴相加等于什么东西"一样，如果一定要得出一个"等于2"的结论，这不过是想象中的数字游戏，偷换了"两件具体事物相加等于何物"这一最具体的论题，答非所问。因此，非要千百次地论证"效率优先"与"公平优先"孰优孰劣，实际上是在将两个不可比的事物强行进行"通

---

① ［美］庞德：《法律史解释》，华夏出版社1989年版，第110页。
② 参阅赵震江：《论市场经济条件下的效率与平等原则及其法律对策》，载《中外法学》1994年第5期。
③ 参见陆震：《走出效率与公平的两大误区》，载《社会科学报》1995年11月9日第1版。

约",一定要比较出"一根竹竿"和"一篇论文"孰长孰短,这是毫无实际意义和价值的。一旦变换一下思路,考察一下效益、效率与公平、正义,源自何处,即怎样才能生成效益、效率与公平、正义,那么,迄今为止有关将效益、效率与公平、正义放在同一论域中对立起来的讨论,几乎一直在失却了逻辑前提下"为矢造的"。离开了正确的前提和基础,无论怎样都不会有科学的结论,在实践中不论怎样摆弄效益、效率与公平、正义的关系,既不会有切切实实的效益、效率,也不会有真正的公平、正义。因此,亟待从法律自身内在的本质入手,揭示法律发展的内在规律性,把效益放在宏观角度考察,效率、公正实质上都内化在效益中。提升法律的公平、正义的过程实际上同时也是在提高法律的效益,反过来,强化法律的效益性也同样在深化公平、正义,即一方面法律效益的深化包含着公平、正义的发展,另一方面法律效益特别是纯经济效益(或称效率)的提高,为公平、正义的实现奠定坚实的物质基础。事实也是如此,法律的重要意义在于通过公平、正义的实现来达到效率目的,为效益的提高提供保障,即运用法律特有的功能和作用来保护、保证经济效率和其他政治、文化与社会效益的增长;而经济效益,特别是效率的提高,创造更多的社会财富,为公平、正义的实现提供良好的物质条件。总之,离开了法律的经济效益特别是效率,公平、正义就会被架空而成为无本之木;离开了法律制度和法律规范对公平、正义的追求,必然导致盲目而无效率的行为。这也就是说,公正是效率的前提和根本,效率是公正所要求的,是公正存在和发展的物质经济基础。没有公正,就谈不上效率;没有效率,公正是虚置的。所以,在现代法治社会,必须将法律中具有主观色彩和不确定性的公正目标同具有可预测的客观的效益目标有机地结合起来,特别要使本身含摄公正的法律效益目标渗透到我国具体法律运作的各个环节。因为"法律的传统作为只是保障人们公平地分享资源这一蛋糕,而法律的当代使命则不仅要保障'蛋糕'分享的公正性,更需要促使人们努力增加蛋糕总量"。①

三、强化内涵公正的法律效益观的价值和意义

可以说,重效益的法律,使人类有可能摆脱或避免在专制主义下专制者根据自己主观设定的专制公正或公平目标来发挥自由的、不受限制的意志和偶然

---

① 顾培东:《法学与经济学的探索》,中国人民公安大学出版社1994年版,第13~14页。

的怪想或一时冲动的极大危害性，使社会发展建立在可度量的效益目标上，建立在对必然的把握而不是偶然的和任意的因素上，从而极大地降低社会管理和调控成本、降低"交易成本"，提高交易的安全系数，促进人类调整社会关系的高效化，进一步节省时间、精力、财力和物力。具体说来，注重内涵公正的法律效益观的现实价值和意义表现为：

第一，法律效益从本质上看是法律的生产力所在。我们制定法律、实施法律的目的是为了推动社会的进步，实现经济繁荣和公民幸福。法律的效益就标志着这个目的的实现程度，即"纸上的法律"变成了"现实的法律"，解决"当法律与现实脱节的时候"的虚伪性。① 可以说，对法律效益的追求，是法律进化和社会发展的一个巨大的推动力。

第二，强化内涵公正的法律效益使法律评价和适用的标准具象化。我国长期对法律的分析习惯于侧重对法律条文的语言分析，忽视对法律实际效益的实证考察和研究，以致法律评价显得空泛。我们不否认对法律条文的语言分析有助于理解和适用法律，但是随着社会主义市场经济的发展，纯粹以抽象的语言分析所得出的正义和公平等范畴来权衡法律的优劣得失，常常显得难以把握。而法律效益理论的引入，对评价、检验、适用法律肯定是有利的。

第三，为法律的立、改、废提供更加具体的目标和尺度。法律成本的投入是一个连续的动态过程，在不同时空，法律的成本投入和法律效益的取得并不表现为一种稳定的线性状态，而是十分复杂、波动和递进的非线性关系。例如，投入某种成本并非只产生某种单一的效益。经济成本的投入很可能产生政治、经济、文化、伦理道德等综合效益。而且，成本的投入和效益的产生也不具有即时性，并非投入一定的成本马上就会获得效益。如果我们把法律对子孙后代的造福当成我们目前享受的效益看待，那成本与效益关系就更深远了。这就要求我们力戒静止的、片面的短视态度，要用动态的、历史的和长远的眼光来观察与分析法律的效益。一方面，要时刻注意调整法律成本的投入，尤其是调适各个环节上的投入频度、强度，以提高法律体系的内平衡而实现其外适用的效益最大化；另一方面，也要不断调整法律效益的多元目标，法律在政治、经济、文化、伦理道德等社会生活的各个方面都可以产生效益，但诸方面效益目标的协调是一个十分重要的问题。各种效益目标之间的内在关系是什么，互相影响的机制是什么，这都需要花大气力去分析研究，特别应把握时代的脉搏，注意加强薄弱环节，为法律的立改废提供正确的效益目标。长期以来，我

---

① 《列宁全集》第15卷，人民出版社1967年版，第309页。

们偏重于法律的控制功能，忽视它的保障和发展功能。为此，必须更新观念，进行法律改革。就目前而言，发展社会生产力和民主政治、推动市场经济健康有序地发展、增加社会的物质财富、保障公民自由和幸福等目标，应成为法律改革中效益目标的重要内容。

  第四，有助于提高公民的法律意识水平。由于我国封建历史很长，根深蒂固的专制主义传统思想一直侵蚀着社会意识，再加上"文化大革命"期间"法律虚无主义"猖獗，人治代替法治。虽然，自党的十一届三中全会加强社会主义民主法制建设以来，我国的民主法制建设迈入了健康顺利的发展轨道，但历史仍然没有完成走向现代法治社会的任务。法律的一些规定仍然无法具体落实，已制定的许多法律在执法、司法和守法环节上还不同程度地存在背离社会主义法制原则的现象。法律的效益还不突出，这就现实地压抑了公民的法律意识的发育，反过来也制约了法律效益的获取。只有从提高法律效益的角度出发，让公民切实地感到法律在其政治经济和文化生活方面的直接功效，才能真正提高公民的法律意识，增强守法的自觉性，优化法律结构，保证法律的正确实施。

  总而言之，在理念上提升内涵公正的法律效益观时，必须注意法律效益的多元性，切不可将法律效益的经济效益(或效率)作为唯一的价值取向，忽视公平(正义)这一最本质的内在目标，更不可将两者对立起来。法律制度不仅要有利于经济效益最大化，或说社会资源配置的效益最大化，而且必须将调整社会各个集团的利益冲突、实现社会公平和正义作为己任。

国际私法：构筑国际民商新秩序的法律部门[*]

随着市场经济全球化趋势的增强，跨国性的民商事关系更显纷繁复杂，这在客观上就要求世界各国基于自身及全人类整体利益的考虑而协调行动，以建立一种新的国际民商秩序。本文在检讨作为调整国际民商关系的国际私法的历史，回顾旧的国际民商秩序的历程的基础上，针对国际经济一体化进程，论述建立新的国际民商秩序的必要性，并着重探讨国际私法在建立这种新秩序过程中的角色定位及其作用。

一、传统国际私法与国际民商旧秩序同步发展的历史回顾

人类社会是按一定规则组成的有秩序的整体。没有秩序便没有社会。所谓秩序，即是在协调人与人、人与社会之间关系时所表现出来的一种和谐。它是人们谋求共同生存与发展的内在要求，是人们欲望和利益的冲突之间的一种相协调的外在表现。在历史上，人们常把这种秩序看作是不依赖于人类意志而独自存在的神圣的东西。[①] 随着人类认识和改造自然与社会能力的提高，这种观念发生了动摇：在现代人看来，社会秩序是可以创造或重构的，因而也就产生了某种有目的性的、影响深远的变革的可能性。实际上，在漫长的历史进程中，人们确实不时在自觉或不自觉地创造或重新建构某种秩序、并形成某些规则或采用某些方法来维护此种秩序。

在国际民商领域，早先的古代文明国家因不承认外国人的权利主体地位，

---

[*] 本文为李双元、郑远民、吕国民合著，首次刊载于《湖南师范大学学报（哲学社会科学版）》1996年第4期。

[①] See Roberto M. unger. Law in Modern Society (New York, Free Press, 1976), p.130.

外国人不能依该国的法律结婚、取得财产或就其所遭受的损害向法院提出赔偿请求，① 因而不可能建立真正意义上的秩序。② 在当时，虽然也有偶然的物物交换等民商活动，发生少量的涉外民商事关系，但这种关系往往只依人的本能来协调和处理，谈不上形成一种依规则来维护的秩序。然而，基于人类难以消除的某些共同的需要和理性，以及不同国家及其成员的利益要求，这种堵塞式的作法终究被打破了。从荷马时代起，外国人享有一种受保护和款待的权利——外国人受一个城邦居民的保护（同样也受他监视）。以后又出现了使本国人与外国人有可能发生关系的条约制度。两个城邦约定相互给予其居民全部或部分私法权利。这些条约在雅典被称为"权利互惠"条约，受惠者称为"条约受惠人"。这类条约在希腊比较易于订立，因为不同的城邦具有共同的语言和文化。在希伯来人中，由于以色列和犹太两个王国实行的摩西法律基本相同，此类条约的缔结或习惯的形成也比较容易。在这些条约中，有些也涉及司法管辖权和程序问题，甚至还涉及可适用的法律问题，③ 从而开始产生具有跨国性质的民商法律秩序。

在罗马，最早也同希腊城邦一样，把外国人当作奴隶或敌人看待。后来也有款待制度和条约制度。在当时，"外邦人"起初就是与罗马缔结了一个条约的城邦的居民，而外国人利益保护制度甚至可以给予外国人一种有限的公民权利，将他当作"家子"（filiusfamilias）看待。再后来由于私法关系的发展，又出现了调整公民和外邦人之间关系的法律——万民法。这是一个解决受不同法律支配的个人之间关系问题的新办法，它对于"混合案件"④适用一种特殊的"实体"法。但是，由于万民法并没有形成一个完整的体系，所以外邦人所属城邦法律还应得到罗马法学家的"承认"。⑤ 而罗马法却没有给人们提供解决这些

---

① 伊索克拉底说："希腊人与蛮人之间的区别相当于人与动物之间的区别。希腊人的优越性保证他们享有权利，蛮人服从希腊人就像奴隶服从自由人一样是很自然的，也是合理的……海上劫掠如果是针对外国人的话，就是合法的，甚至是可敬的。"转引自[法]巴蒂福尔、拉加德著：《国际私法总论》，陈洪武等译，中国对外翻译出版公司1989年版，第8页。

② 这里所称的秩序是指由法律来保障的秩序。

③ 参见[法]巴蒂福尔、拉加德著：《国际私法总论》，陈洪武等译，中国对外翻译出版公司1989年版，第3、10页。

④ 指城邦居民与外邦人之间的纠纷案件。

⑤ 莫尼埃在《罗马法教程》第1卷中指出，外邦人原则上没有专门的法律（除非行省长官批准了他们的法律），他们与罗马公民的关系只是贸易关系，这种处境使人们联想到古希腊居住在雅典的外国侨民的处境。

问题的办法，这就导致了许多问题。查士丁尼在讨论各种法律的时候，两次重复了盖雅斯所著《法律教科书》中的一个教条，说是所有受法律和习惯治理的民族，部分地适用它自己的法律，部分地适用人类共同的法律——即万民法。但他们没有说明，究竟万民法是被仅仅用来补外国市民法的不足呢？还是相反？① 不过有一点是可以肯定的，即万民法作为调整涉外民商事关系的法律，尽管在性质上是属地性的国内法，但内容是当时罗马势力所及范围所有国家的共同规则，而且，"最初它适用于意大利半岛各民族，后来则被推广于东方希腊、马其顿等民族"。② "在当时的西方世界一致适用"③。故对当时幼稚的民商关系的调整和民商秩序的维护，是起了一定作用的。

到中世纪，跨国民商事关系进一步发展。相应地，以维护这种民商关系秩序的法律规则也发生了变化。在这一历史时期，以调整涉外民商事关系为己任的国际私法，在发展上经历了属人法和属地法两个时期。这是适应民商关系发展而引起的法律冲突的解决的需要而出现的结果。属人法原则的采用，标志着在法律适用的实践中，法律的域外效力开始被承认，一国法律得以在外国境域内被适用，并且开始出现了在不同属人法冲突中，应适用哪一方当事人属人法的法律选择规则。尽管这一进步为万民法以后的第二个属地主义时期所代替，但正因为有了这种属地——属人——属地的交替尝试，才有了此后的巴托鲁斯时代法律选择规则体系的形成。10世纪以后，封建制度产生，地域观念强化，欧洲被分为几个采取不同法律制度的区域，属地主义得以复起。在涉外交往中，面对不同法域的当事人之间的争执所导致的法律冲突，属地主义完全不承认法律的域外效力，从而进入自万民法以来的冲突法历史中最保守、最僵固的时期，这种属地主义当然只适应封建社会实行封闭自守的自然经济的各个国家之间民商事秩序的需要。

但是随着生产力和商品经济的发展，资本主义生产关系在封建社会内部开始萌芽，跨国性的贸易往来越来越频繁。可是在意大利，封建主义的属地倾向却从政治上使意大利各城市之间相互孤立，并导致城邦的出现，各城市拥有局部立法权，分别根据各地习惯制定各自的"法则"，而且，每个城市都认为其自己的法则最符合所要管理调整的利益，从而在民商活动中产生了严重的法律

---

① [德]马丁·沃尔夫著：《国际私法》，李浩培、汤宗舜译，法律出版社1988年版，第22页，第41~42页。

② 《罗马法》，群众出版社1983年版，第62页。

③ 《中国大百科全书·法学》，中国大百科全书出版社1984年版，第505页。

冲突。为了解决这种冲突，除了各城市间订立关于根据自己的法律调整"混合"关系的管辖权的条约外，以巴托鲁斯为代表所建立的国际私法最早期的理论形态"法则区别说"终于诞生。但是真正进入国际秩序的法律调整时期，是在19世纪以后。在工业和运输业进一步发展的推动下，跨国性的经济贸易交往不断增长，国际民商事关系也随之有了更大的发展。为了维护各国的国家主权及其公民在涉外民商事关系中的正当利益，西方许多国家相继通过国内立法来系统地制定成文的国际私法，以调整这类涉外民商事关系。这时调整国际民商关系的国际双边条约也逐渐增多起来。自此以后，国际民商领域真正进入了由法律来调整的时期。尽管各国的国际私法不尽相同，其立法意图和宗旨亦有所差异，但从根本上说，正是由于国际民商事关系发展的需要，才产生了国际私法，因而国际私法在性质和终极目标方面是一致的。即国际私法固然更多地表现为国内法的形式，但无疑同时具有国际涉外的性质，它的终极目标就在于维护国际民商秩序。

但是必须指出，从产生于15、16世纪由于海外的新发现而导致掠夺性的民商事活动时起，到19世纪末完全确立的旧国际民商事秩序，基本上是维持殖民利益的秩序。当时基于蒸汽机的发明和工业革命的兴起，欧洲国家在国际舞台上开始主宰一切，通过订立"殖民公约"使殖民地成为原料的供应地和产品的销售地，并依赖这种方式积聚财富。例如英国对印度的掠夺就是明证。从1813年到1828年，英国纺织品的输入增加了三倍。而1832年到1857年，又增加了十一倍。历史上以纺织品闻名的印度变成了英国机织品的市场。印度的手工业被彻底摧毁了。"悲惨境况在商业史上是无与伦比的。棉织工人的白骨使印度平原都白成一片了。"[1]这种少数国家、少数人侵吞整个人类物质财富的状况持续了这么多个世纪，尤其令人触目惊心。这种状况到20世纪60年代，虽因连续不断的非殖民化运动蓬勃兴起，迫使殖民帝国放弃殖民政策，大量新独立的国家出现在国际舞台上。但是，这种非殖民化运动仍未能使广大发展中国家及其人民获得真正平等的地位。正如让·萨蒙所说："国与国之间平等的原则仍然掩盖着一些虚假情况……所有把发达国家和发展中国家置于平等基础上的法律条例，事实上使前者处于比后者有利的地位。人们称它为'不平等互惠'，因为始终使工业国家得到好处。"[2]

---

[1] 王绳祖编：《国际关系史》，法律出版社1986年版，第116~117页。
[2] [波]让·萨蒙：《国际法中的虚假程序》，载《比利时国际法杂志》1974年第1卷，第35页。

概括起来说，旧的国际民商秩序是建立在旧的国际政治秩序和旧的国际经济秩序的基础上的，也完全受旧的国际政治秩序和旧的国际经济秩序的制约。因此，同这两者一样，国际民商旧秩序也蕴含着极大的不平等、不公正和不合理。其缺陷和不足主要表现为：(1)较大程度的无序性。秩序乃规则之总和，法律既是秩序的象征，又是建立和维护秩序的手段，法律的健全和完善往往标志着其所服务的秩序的健康和有序。在构建国际民商法律秩序的法律体系中，国际私法无疑是核心的法律部门。但迄今为止，无论是国际私法理论还是国际私法的国内、国际立法实践，都相当的不成熟。尤其在立法上，真空、盲点比比皆是，国际民商事关系中的许多法律问题尚未纳入法律调整的范畴。这就势必造成国际民商法律秩序的无序性。(2)一定程度的封闭性。以国际民商关系为调整对象的国际私法发展今天，仍以各主权者的国内立法为主，国际立法所占比例不大。整个国际民商事关系被分割为各国的涉外民商关系来加以对待，国际私法的立法、司法可以说处于一种各自为政的局面。绝大多数国家由于国际意识薄弱，因而在其立法、司法过程中很少顾及国际民商关系的整体性。它们只是片面地注重本国及本国当事人的利益和权利，没有或至少没有完全平等地对待外国人，保护外国人的权益。正因如此，一国法院所作出的国际民商案件的判决往往不能完全甚至完全不能得到他国的承认和执行。另外，法院国还通常运用"不诚实的识别"、"公共秩序保留"等保护主义措施来达到适用其本地法的目的。事实上，国际民商关系不但是一个复杂的大系统，同时也应是一个开放的大系统，其开放性应表现为其系统内外以及大系统(国际民商系统)和子系统(各国的民商系统)之间能够顺利地进行交换，这样才能形成一个由"无序—自序"的良性循环系统。相反，如果各子系统之间相互封闭，对外开放程度不高，则有碍于国际民商关系这个大系统的顺利运作。(3)秩序模型僵化、缺乏灵活性。国际民商秩序真正进入法律调控阶段及国际私法成为一门独立的法律学科只不过是19世纪后半期的事情。固然，从历史的眼光来看，国际私法的确在一定程度上适应了国际民商事关系发展的需要。但就目前已有的国际私法规范，特别是各主权者制定的冲突法规范来讲，大多十分地简单、粗糙，法律适用规则一般都极为概括，往往只给某"一类"法律关系规定一个连结点。面对日趋复杂多样的国际民商法律关系，使人们感到传统冲突法规范的僵化与呆板。尽管已有人提出过采用一种"灵活性冲突规范"，来对传统的"僵固的"、缺乏"灵活性"的冲突规范进行"软化处理"，但离实现这一目标的距离仍很遥远。这样，以僵固的法律规则建立和维持的秩序势必也是十分僵化而缺乏灵活性。

总之，早先的国际民商秩序，仅仅促成了少数国家财力的集中和巩固，而使三分之二以上的人类处于贫穷、匮乏、依赖甚至对立之中，富有的社会以漠然的甚至敌视的态度看待生活在贫困中的民族的悲惨境遇。然而，"自由人的社会不可能无休止地靠大多数人的受剥削、受穷和无知而养肥自己。历史这个全体人类的主妇和母亲已用鲜血、悲伤和眼泪显示了这一点"。因此，随着人类社会的不断进步、国际民商关系的蓬勃发展，以及国际政治新秩序、国际经济新秩序的构筑，改变目前的国际民商秩序，建立新的国际民商秩序已是势在必行。

二、建立国际民商新秩序之客观必然性与国际私法角色的重新定位

"二战"以后，发生在国际政治、经济领域的一些根本性的变化，促使国际社会树起了建立国际政治新秩序、国际经济新秩序的大旗。然而，作为国际民商秩序法律层面上反映的国际私法，尽管"二战"后同时出现在欧洲和美国的"改革"运动的推动有了很大的发展，却尚未有提出通过国际社会共同的努力以建立起国际民商新秩序的口号。无论是理论研究工作者，或是法律实务工作者，几乎都还没有从（至少还没有完全从）传统国际私法的观念与制度的束缚中解脱出来。国际私法的统一化活动，各种模范法的推出以及各种国际私法理论研究的着眼点，往往仅囿于求得个别问题和个别制度的合理解决。

但是，市场经济的全球化呼唤着新的国际民商秩序的建立。考察当今世界经济的发展，经济全球化已成为一种不可逆转的趋势和过程（这是由商品经济—市场经济的本质决定的）。这一趋势早在自由资本主义时期就已出现，马克思曾针对这一现象断言："资本主义，由于开拓了世界市场，使一切国家的生产和消费都成为世界性的了……过去那种地方和民族的自给自足和闭关自守状态，被各民族的各方面的相互往来和各方面的互相依赖所代替了。物质的生产是如此，精神的生产也是如此。各民族的精神产品成了公共财产。民族的片面性和局限性日益成为不可能。"[①]可以肯定地说，随着这种趋势的加强，国际民商事关系也进入了一个前所未有的发展时期。据统计，1991 年世界出口额已达 3.4 万亿美元，而 1950 年仅为 529 亿美元。国际贸易增长的速度大大超

[①] 《马克思恩格斯选集》第 1 卷，人民出版社 1996 年版，第 254 页。

过世界生产增长的速度。① 从 1983—1990 年，世界贸易平均增长 9%，比同期国民生产总值的增长率 3%高出 2 倍。世界贸易额在世界国民生产总值中的比重已从 1980 年的 28%提高到 1992 年的 33%，② 即全世界的产值中的 1/3 是在国际交换中实现的。

这种市场经济全球化的趋势，意味着世界市场将更加趋于统一：一切国家，一切地区，一切经济部门，一切企业和一切商品、货币、资本、科技、劳务与信息都将纳入到全球规模的无远不及的市场体系之中。一切闭关、封锁和地区的割据最终都抵挡不住商品与市场经济的冲击；各个国家、各个地区与各个区域集团都将实行对外开放。"国家的"经济发展将越来越与"国际的"经济发展密不可分。从而可能使世界各国采取某些一致的措施来处理国家间的经济关系和国家间的民商关系，以谋求全人类的共同繁荣和持续发展成为可能，从而必然要求建立起新的国际民商事秩序。这种新的国际民商秩序正是人类整体或全球利益观念加强和经济全球化的必然结果。

我们认为，提出新的国际民商秩序，是针对国际民商旧秩序而言的，它是对旧的国际民商秩序进行扬弃的结果，它必须克服旧秩序中不公平、不合理、不平等、不科学的成分。详细说来，首先，国际民商新秩序是全球整体意识不断加强的产物。英国法学家施托米夫曾说过，"我们这个时代最显著的特征不是喷气飞机的出现，也不是原子弹的发明，而是国际意识的重新觉醒"。这种国际民商新秩序应是一个有序、开放、灵活的大系统，它的建立和维持，需要一整套健全和科学的国际民商法律体系，特别是国际私法体系。这就要求各主权者通过自己的国内立法和参加各种国际立法活动，进一步完善国际社会国际私法制度，以巩固和维护国际民商新秩序。其次，这种国际民商新秩序必须谋求不同社会制度的国家、人民之间民商事交流的开展和他们民商权益的平等保护。为此，必须废除各种"不平等的互惠"，采取有效的法律和经济的措施，把在形式上的种种平等落实为真正的、实质上的平等。平等应体现在两方面，一方面，它表现为在国际民商领域，各主权者是平等的，它们享有平等的立法、司法权；另一方面，它体现为国际民商关系中当事人处于平等的法律地位。最后，国际民商新秩序与国际政治新秩序、国际经济新秩序是相辅相成，密不可分的。国际政治、经济领域中的一些基本原则，诸如主权独立、平等互利、国际合作、共谋发展，也是指导国际民商活动的重要准则。当然除此之

---

① 参见联合国：《世界投资·1992》，第 17 页。
② 参见李琮：《论经济全球化》，载《中国社会科学》1995 年第 1 期，第 26 页。

外，国际民商新秩序中也有其自身的一些道德、伦理标准及法律的基本原则。其中最主要者当推诚实信用原则与(国际)公序良俗原则。所谓诚实信用原则，乃指当事人在进行国际民商交易时要讲诚实、守信用，不得进行欺诈。诚实信用原则本是各国民商法上的一项基本原则，同样它也是国际民商关系中各平等主体应予以遵循的行为准则。至于(国际)公序良俗原则，则从着眼于有关整个国际社会或人类生存、和平与发展的共同利益或根本利益角度，来限制国际民商活动中当事人之间的种种与人类整体利益相悖的法律行为。

总之，随着市场经济全球化趋势的加强和国际民商事关系的发展，不论从时间还是空间上看，新秩序的建立都不是权宜之计，因为它所追求的，是适用于整个国际大家庭的永久性秩序，可以使各民族的人民都能在保持人的尊严的情况下生存。

国际民商新秩序的建立和发展，必然促进国际私法的发展。但是，法律和社会关系发展之间往往是一种矛盾关系，社会关系的发展往往趋向于变化，而法律则往往趋向于保守。然而新的国际民商秩序则是对国际私法严峻挑战，因此，我们必须对传统的国际私法理论进行重大的改革乃至革命，同时对国际私法的国内、国际立法亦须予以大力加强和完善，使其能够反映国际民商事关系的新发展，成为维护和巩固新的国际民商秩序的有力武器。

众所周知，传统的国际私法学说，不论是大陆法系，还是英美法系，都认为国际私法的主要目标只是解决法律冲突，求得法律适用上的一致，以保证判决结果的确定性、可预见性和一致性。为了达到上述目的，大陆法系国家通常通过成文法来制订硬性的冲突规范(black letter conflict rules)，而不愿赋予法官过大的自由裁量权。而英美法系国家的传统理论和实践则是通过所谓"单点要素"方法(Single-aspect Methods)来解决，即法官对案件的性质进行识别，然后根据一定的"连结点"把该案件同连结点所指向的法域连接起来，并且适用该地的法律，以达到不论案件在何国法院审理，都会适用同一法域的法律并达判决结果一致的目的。在他们看来，只要受审案件的性质确定、连接点即可落实。被指引援用的某国实体法就会自然而然的对该案发生效力。正如有些学者把传统的冲突规范比作火车站的信号灯，并把法官比作火车司机一样，他无需知道行驶前方是什么站，只需要按照信号灯所提供的信号向前开就行了。也就是说，法官无需考察冲突规范所指引的那个国家实体法的具体内容，只要适用它就算完成。这种作法固然便捷，但它无疑具有机械性和盲目性。

第二次世界大战以后，随着国际经济交往和国际民商事关系的发展，上述那种"僵固的"、"缺乏灵活性"的传统冲突规范及相关制度已越来越不适应新的跨国民事生活需要，从而受到欧美国际私法学者的猛烈抨击。美国著名法学教授柯里(Brainerd Currie)认为传统的国际私法在选择法律问题上，从理论到方法，都是概念式的、虚假的和无用的。他提出"政府利益分析说"(Governmental Interests Analysis)，主张法律的选择完全取决于政府利益的需要，乃至整个冲突法制度都可以抛弃。① 另一位学者哥伦比亚大学的里斯(Willis L. M. Reese)教授的主张则比较温和。他认为应努力克服传统的国际私法在选择法律方面的机械、僵硬的缺点，主张以一种"最有意义的关系"(Most Significant Relationship)或者说"最密切联系"(the colsest connection)原则作为选择法的基本原则。② 在他们的理论中，已不再把追求判决结果的确定性、可预见性和一致性放在特别重要的位置，而追求在具体案件中主张公正。正如哈佛大学教授卡弗斯(Cavers)所指出的，传统的法律选择方法是一种管辖权的选择(jurisdiction-Selecting)，但对解决冲突案件真正具有意义的实体法的内容，却被忽视，这就可能导致对当事人严重不公正的结果。他还认为传统的法律选择方法只是一种"机械性"的方法，对案件的具体情况与判决应当追求的结果不予重视，而是依赖一些抽象的、不切实际的、僵固的冲突规范，从而很可能使判决结果不公，损害当事人的利益，或危害到法院地的重大政策利益。因而他强调，法院的根本职责不是去选择法律，而是要给当事人带来公正的判决。③

基于上面的分析，我们可以看出，传统的国际私法一直局限于扮演通过解决法律冲突来求得判决结果的确定性、可预见性和一致性，或仅着眼于个案中判决结果的公正性的角色。从实质上看，自国际私法产生以来，有关它的理论学说不可谓不多，但它们都是围绕着适用域外法的根据来展开的。在这些学说中，我们虽然也可偶见国际私法是针对私人(自然人和法人)的国际秩序规则之类的观点，④ 但其理论体系和研究方法都是传统的。对国际私法的角色定位没有进行深层次的考察和研究，其理论无疑是存在重大缺陷的。

这种缺陷可以说首先表现在对国际私法的法律机制的认识上的偏见。我们知道，国际私法的调整对象是国际民商事关系——这是绝大多数学说所承认

---

① 参见韩德培：《国际私法为晚近发展趋势》，载《中国国际法年刊》1988年，第6~8页。

② 参见里斯所主持编写的《第二次冲突法重述》，1971年英文版。

③ See David F Gavers. A Critique of the Choice-of-laws Problem 47 Harvard Law Review, 1933.

④ 参见[法]巴蒂福尔、拉加德著：《国际私法总论》，陈洪武等译，中国对外翻译出版公司1989年版，第3、10页。

的。从这个起点出发就不难看到,调整存在着法律冲突的国际民商事关系,即使需要通过一个选法步骤,任务也还是确定民商关系中的双方当事人的实体权利义务,而不止于仅仅是法律选择。在这里,它的特点与一般法律在调整当事人权利义务关系时相比较,只是多了一个选法程序,因而我们可以说,经由冲突规范而进行的选法程序,仍属于由程序到实体的法律机制。在这个机制中,冲突法指引准据法,准据法调整实体关系,这是两个相互依赖、不可分割的步骤。也就是说,冲突规范虽是"间接"地但却"调整"了实体关系。因而它不是或不仅是在法律选择这特殊的程序意义上,而且更多的还是落在"间接调整"实体关系这个特殊功能上的意义。然而传统观点却以冲突规范为限取代了国际私法全部法律机制的位置。沿袭既久,这甚至被认为是国际私法的正统,并因此而漠视或降低实体法的作用,从而把它与国际私法调整的对象是实体关系这一前提割裂开来。[①] 这无疑扭曲了国际私法的根本目标。因此,尽管在国际私法历史上,学者们相继提出过"法则区别说"、"国际礼让说"、"既得权说"、"法律关系本座说"、"本地法说"以及"利益分析说"等各种各样的理论,但由于他们对国际私法的角色定位问题没有一个正确的、全面的观念,所以他们并没有能够看到,而且也不可能看到:国际私法的最终目标是构筑一种协调的国际民商法律秩序。

其次,传统国际私法虽然在理论上已形成自己的体系,但可以肯定地说,这个体系还只是冲突法制度方面的体系,或主要只包括冲突法方面的理论体系,并没有把本世纪以来大量出现的统一实体法条约及国际商事惯例纳入其中。这无疑与如今蓬勃发展的国际民商事关系是极不协调的。从国际私法的整个历史演进过程可以看出,在19世纪末、20世纪初以前,国际私法只是各国国内法的一个部分,国际私法规范仅包括由管辖权、法律适用、判决的承认与执行三大块组或的冲突法规范,冲突法也就视为国际私法的同义语。但自本世纪以来,特别是二战以后,在冲突规范之外出现了大量的调整国际民商关系的统一实体法条约及国际民商事惯例,从而使冲突法在国际私法中的核心地位受到了挑战。于是人们发现,作为国际民商关系调整器的国际私法不再完全等同于冲突法,国际私法规范也不仅仅只包括冲突法规范,尽管冲突规范及其相关制度是决定国际私法的本体的部分。通过冲突规范选择法律这一调整方法,既非调整国际民商事关系的唯一的方法,也非最佳方法,尽管是它主宰着国际私法。有学者甚至认为冲突规范是在主权国家并存,世界被分割成不同的法律体

---

① 参见赵恒宇:《国际私法理论问题再探讨》,载《法律科学》1994年第6期。

系，各主权者法律歧异的情况下不得已而采用的一种方法，是没有办法的办法。相反，统一实体法(包括准统一实体法的国际商事惯例)把同一法律关系置于一个共同的、统一的实体性质法律规范之下，从而它可以明确地约束当事人的行为，公平确定当事人的权利义务及解决当事人之间的纠纷，并且直接引导、规范当事人的民商事法律行为。相对于冲突规范来说，它更加符合国际民商事关系的本质要求，从而同时提高了应适用法律的可预见性。但可以预见，随着国际交往的发展，调整国际民事关系的统一实体规范将会不断的发展和增多，乃至有朝一日，终将成为国际私法生活关系的主要规范和调整国际民商关系的一种主要方法，亦即，它将成为构筑国际民商法律秩序的主要方面。

另外，从法哲学的角度看，法律作为调整人们行为的规范，应该追求公平、正义、自由、安全，把有序关系引入私人与私人的群体的交往中。[①] 法律关系的本质是公平、合理、有序，力求实现法律关系的公平、合理和有序应当是一般法律的追求目标。跨国民商事法律关系也具有一般法律关系公平、合理和有序的本质，这种本质不会由于受不同的政治、经济、文化、习俗、传统等因素影响的各法律体系的存在、干涉或相互冲突而丧失其价值。因此，国际私法的价值追求即是在调整国际民商事关系时，再现其公平、合理的本质，引导国际民商事关系呈现有序的状态。

但在国际私法的发展历程中，最初将涉外民商事关系诉诸法律时，法律的单一适用(万民法、属人法、属地法)在较大程度上违背了公平、合理的本质。因此后来终于有了巴托鲁斯对冲突法的革命。这就导致了近代国际私法的产生。它以公平地选择适用内、外法域法律为基础，并仅以区分不同法律关系而选择不同的法律为其内核，从而首先实现国际社会调整国际民商事关系的极为伟大的创新。但从深层面上考察，它还远未能完全实现公平、合理的法律关系本质，以保障国际民商事交往安全、有序地进行。这是因为，首先，国际私法在选择内外法域法时，并非能真正实现公平合理。选择内、外法域法的前提之一是各国实体法存在差异，同时，任何国家的法官都无法预知会产生什么样的国际民商关系，以及每一项关系与哪些国家存在联系。这就要求，一国的法官除了熟悉本国法律外，还必须熟悉外国的法律，这本身即是少有可能的，因而也是不公平、合理的。那么，对于一国法院的法官因不熟悉外国法律而在适用法律时发生错误，导致不公平、合理判决结果的出现，就无须怀疑其可能性

---

① [美]E. 博登海默：《法理学——法哲学及其方法》，邓正来、姬敬武译，华夏出版社1987年版，第224页。

了。而这又促使一国法院更愿意适用自己熟悉的内国法。而各国国际私法则是多多少少迎合了此种心理,将内国法的适用扩大到了不应该的范围,① 于是又产生了更大的不公平和不合理。其次,各国国际私法的差异给当事人提供了选择法院的机会,选择法院的目的在于求得有利于自己的实体法得以适用,这就可能造成不公平、不合理的判决结果的出现,进而损及国际民商秩序。因此,"公道要求不论诉讼在什么地方提起,判决总是一样的"。② 这一方面要求对传统的国际私法进行改造(关于此点,"二战"以后的国际私法学者已取得了颇富成效的成果);③ 另一方面随着国际民商关系的发展,传统的国际私法体系已越来越不适应时代的需要。从而导致一些国际私法学者主张将统一实体法也纳入国际私法体系。在我们看来,国际私法的改革和发展是顺应时代潮流的结果,同时,国际私法的改革和发展也必须始终贯彻以维护国际民商秩序为中心任务。

总之,随着世界统一市场的逐步形成,建立一个公正合理的国际民商新秩序,不但是国际私法学研究的出发点和归宿;同时也应成为各国际组织、各民间机构在从事国际私法统一活动及各主权者在国际私法国内立法、司法过程中所追求的最高目标。当然,这个以全球综合发展和各国人民进步权利为依据的国际民商新秩序的提出和建立,需要世界各国必须共同努力、协调行动;更需要我们首先在观念上破除传统国际私法的偏颇见解,重新考察国际私法的基本功能,切实明确国际私法在建立新的国际秩序中的角色定位问题,以充分发挥国际私法调整国际民商关系、维护国际民商秩序的功能和作用。

---

① 如美国体现在效果说上的长臂管辖或延伸管辖制度,见李双元《关于我国国际民事管辖问题的思考》,载国际私法研究会编:《海峡两岸法律冲突及海事法律冲突问题研究》,山东大学出版社1991年版,第221页。

② [德]马丁·沃尔夫著:《国际私法》,李浩培、汤宗舜译,法律出版社1988年版,第22页,第41~42页。

③ 参见[英]莫里斯著:《法律冲突法》,李东来等译,中国对外翻译出版公司1990年版。

中国民法现代化的几个问题*

21世纪的中国必将是法制与现代化的中国,而民法作为调整社会主义市场经济的基本法是合乎逻辑的中国法制现代化的基础。本文试图以全球经济一体化、社会主义市场经济、中国社会主义民主政治以及社会主义精神文明作为四个基点,揭示中国民法现代化的基本特征,并全方位地探索中国民法现代化的基本内容和途径。

一、中国民法现代化的国际国内背景

民法作为"经济关系直接翻译为法律原则"的法律,① 作为"以法律形式表现了社会经济生活条件"的"准则",② 它的产生和发展无不与商品经济息息相关。从世界各国民法发展的进程看,现代民法基本上是在西方市场经济发展的过程中逐步建立和健全起来的,市场经济与现代民法存在着一种相互融合的依存关系。所以,我们探寻21世纪中国民法现代化的道路,不能脱离国际国内的社会经济条件及由此决定的政治和精神文明背景。事实上,我们正是以此为基点来探索中国民法的现代化的。

基点一,和平与发展仍将是21世纪国际社会的两大主题,全球经济一体化趋势也将进一步加强。21世纪的国际社会必将是和平与发展观念更加深入人心的国际社会,也必将是经济一体化整合程度更高的国际社会。在这个经济日益一体化的"地球村"里,任何国家要谋求持续发展,必须将自己融入全球经济一体化的格局当中。全球经济的日益一体化必然会反映到国际社会的法律制度上,因为市场的衔接必然要求法律的衔接,国际社会必然要扩大法律领域内的交流与合作,为各国共同发展所需的日益频繁的经济交往创造一个和谐的

---

* 本文为李双元、傅强、李健男合著,刊载于《法学家》1997年第4期。
① 《马克思恩格斯选集》第4卷,人民出版社1965年版,第484页。
② 《马克思恩格斯选集》第4卷,人民出版社1965年版,第249页。

国际法律环境和国内法律环境，这种法律上交流与合作就进而表现为国际社会法律的协调性和趋同化趋势不断加强①。由于民法体现的是商品经济的一般条件，意识形态对其影响相对其他法律要小得多，故法律趋同化趋势在各国民法上表现得尤为突出。可以说，法律的趋同化正是以民法的趋同化作为突破口和基础的。中国民法的现代化必须以全球经济的一体化为基点，以民法的趋同化趋势为契机，走出封闭，以更开放的姿态大胆吸收、借鉴和移植国际社会的普遍实践，为我国在 21 世纪更激烈的国际市场竞争中赢得国内法律环境的优势。

基点二，市场经济将肯定成为 21 世纪各国经济体制的基本存在方式，中国社会主义市场经济体制也将最终确立。世界各国经济发展的经验表明，市场是比较有效的配置资源的手段和方式，市场经济的合理性已在全球范围内达成共识。中国民法的现代化应充分反映并表述市场经济的特征，以实现由表述计划经济到表述市场经济的彻底转变，使中国民法成为真正的民事主体的权利保护法、自由竞争的保护法、契约自由、意思自治的保护法，由此确立的法律框架能够使产权进行交换，能够使合同内容得以实施，能够为市场主体自由进行生产经营或交易活动提供保障，并能为国际民事交往提供优越的法律环境。

基点三，中国的社会主义民主政治也将会得到充分发展。20 世纪，在和平与发展两大主题的推动下，世界各国的民主政治在缓缓而又坚定地向前推进。十一届三中全会后，中国共产党就开始有步骤地推进政治体制改革，党的十四大把建设有中国特色的社会主义民主作为政治体制的目标模式，充分地显示出中国推进政治民主化、民主法律化的决心。可以想见，21 世纪的中国政治体制将是更民主、更自由的政治体制，从而为中国民法现代化提供政治保证。现代民法作为调整市场经济关系的基本法，从本质上来说是崇尚民主、平等、自由的，它的目标就是要保障市场经济主体人格的平等，保障契约的自由，维护市场交易安全。因而，民法的现代化必须有民主的政治环境，在高度集权的政治体制下谈民法的现代化是不现实的。

基点四，中国社会主义精神文明水平也将得到全面提高。随着我国市场经济体制的建立和改革开放的进一步深入，中华民族优秀的思想文化传统与人类文明发展优秀成果将更紧密地融合，21 世纪的中国必将是一个科技大国、一个民主繁荣的大国、一个道德水准普遍提高的大国。一方面，中国民法的现代化必须全方位保障和促进精神文明的发展，如增强对知识产权的保护力度；另

---

① 参见李双元、孙劲、蒋新苗：《21 世纪国际社会法律基本走势的展望》，载《湖南师范大学学报(哲学社会科学版)》1995 年第 1 期。

一方面，精神文明水平的提高又将为中国民法的现代化提供物质的、文化的、道德的基础。

二、中国民法现代化的内涵及其实现途径

应该认为，所谓中国民法的现代化，乃指我国民法将有步骤地不断修改、充实和完善，使其内容和形式都体现市场经济的客观规律，满足民事生活日益多样化、复杂化以及加强公民民事权利保护力度的客观要求，适应世界民法发展的潮流和构筑国际民商新秩序的需要，以期逐步建立起科学、开放、面向21世纪的中国民法体系。

探索中国民法现代化之路首先应该在宏观上立足于上述的四个基点，并进而正确把握中国民法现代化的两个着眼点。一方面，现代化的中国民法应着眼于21世纪中国完善的社会主义市场经济体制以及相应的政治体制和精神文明，而不是转轨时期的非常在的经济、政治体制。而要做到这一点，在民法理论研究以及民事立法和司法实践上都应该树立社会主义市场经济意识，使中国民法实现由意志本位到规律本位的转变，由滞后到超前的转变，由国家权力本位到市场主体权利本位的转变，真正反映市场经济的一般社会属性，体现市场经济的一般规律。另一方面，中国民法的现代化应该着眼于21世纪全球市场经济的一体化。我们说中国民法应该现代化，从某种意义上也是着眼于推进中国现行民法的观念、原则、基本制度等方面在与市场经济更相适应，并与世界其他先进国家的民法缩小差距。因而客观上要求我们进一步解放思想，大胆吸取、借鉴、移植世界各国成功的民事立法与司法经验，使中国民法顺应世界民法发展潮流，实现由封闭型向开放型的转变，由分散化到法典化的转变，以符合全球市场经济一体化以及与此相联系的构筑国际民商新秩序的需要。

把握了本文宏观上的两个着眼点，我们就可以有的放矢地探讨中国民法从内容到形式实现现代化的具体途径：

(一) 民法内容的现代化

我们认为，民法内容的现代化首先应该实现民法观念上的现代化并建立起现代化的民法基本原则，然后才谈得上民法具体制度的现代化。

1. 民法观念的现代化问题

(1) 转变裁判法学观念，树立预防法学观念

我国过去的民事立法大都是将目的局限于解决、处理纠纷，即为法官判案

而立法。这种裁判法学观念下的民事立法，与市场经济的契约性、效益性是格格不入的。

在市场经济条件下，应普遍树立起预防法学的观念，民事立法应立足于预防和减少纠纷。其途径就是为民事主体在民事活动中提供各种应该或必须遵循的行为模式，避免法律上可能遭到的风险而立法，其指导思想是"事先救济"。这种预防法学观念的民事立法的作用在于：促使每一个民事主体在进行民事活动、作出经营决策时，有意识地回避法律上的危险，有效地避免纠纷的发生，从而避免民事主体因官司缠身而蒙受损失。①

(2) 树立权利本位、私法优先的观念

市场经济是一种商品交换经济，客观上要求社会经济权利不再垄断于国家手中，而是被分解为各个经济主体的权利。作为这种交换经济的客观要求的结果，每个商品生产者、经营者均为独立的经济主体，享有充分自由的权利。这种客观要求，反映在法律文化上，就是权利本位观念以及相应的私法优先原则的确立。权利本位要求法律应以确认并保护个体的权利为己任，法律强调的应该是对个体权利的保障而不是对个体义务的强制。生活中存在着两类性质不同的法律关系：一类是法律地位平等的市场主体之间的关系，另一类是国家凭借公权力对市场进行干预的关系②。两类关系应分别隶属于不同性质的法律调整。所以严格的公法与私法的划分是市场经济本身的要求。由于市场经济关系本质上是一种民事权利义务关系，平等主体之间的关系构成了市场经济关系的核心和基础，所以必须充分贯彻私法自治原则，限制、排斥公法向这一领域的膨胀。因而我们可以说，以保护公民与法人等市场主体私权为己任的私法乃是公法以及整个法治社会的法律基础；民法更是调整社会主义市场经济的基本法③。私法优先是市场经济自身规律在法律上的体现。所以，在 21 世纪推进我国法治建设的进程中，应该牢固树立起权利本位、私法优先的观念，偏离这一点，等于就取消了民事立法和民事司法。

(3) 树立契约观念

市场经济是天生的自由经济派，它客观上要求商品生产经营者摆脱人身依

---

① 参见余能斌、马俊驹主编：《现代民法学》，武汉大学出版社 1995 年版。
② 参见李双元、孙劲、蒋新苗：《21 世纪国际社会法律基本走势的展望》，载《湖南师范大学学报(哲学社会科学版)》1995 年第 1 期。
③ 参见李双元、孙劲、蒋新苗：《21 世纪国际社会法律基本走势的展望》，载《湖南师范大学学报(哲学社会科学版)》1995 年第 1 期。

附和等级锁链,享有独立的人格,依自己的意愿参与市场竞争,在交易中彼此处于完全平等的状态,通过自愿协商达成契约,从而实现商品交易的全过程。因此彻底地实现由身份观念向契约观念的转变,是中国民法当今必须要走的一步。契约观念的实质在于赋予商品生产经营者完全平等的地位,确认其独立人格,确保其意志完全自由,以保障商品顺畅流转和市场的正常运行。契约观念及其孕育的自由、平等的民主精神,是当代市场经济的灵魂,也是当代法治的精神动力。这一观念应该渗透到社会经济生活及国家行政管理的方方面面,更扎根于人们的心中。我国民法要充分发挥其基本法的作用,保障市场经济的健康发展,为构筑民主、自由的市民社会做出贡献,就应当充分完整地在民法的各个领域中全力推进契约观念,以确保市场主体的独立人格和意思自治。

2. 民法原则的现代化问题

应该认为:我国民法基本原则,在内容上已初步确立了现代市场经济条件下民事主体多元化和民事生活复杂化的客观要求,符合国际民商法发展的趋势,完全可以成为未来民法典基本原则的基础,但我国民法基本原则在立法技术与功能作用两方面仍然有需要改进、使之更趋于完善的空间。

(1)立法技术方面

《民法通则》第6条规定,"民事活动必须遵守法律,法律没有规定的,应当遵守国家政策";第7条规定:"民事活动应当尊重社会公德,不得损害社会公共利益、破坏国家经济计划、扰乱社会经济秩序。"从实质来看,这两个条文是从正反两方面规定同一原则——禁止民事权利滥用原则。即一方面,从正面规定民事权利之行使应遵循的民法渊源体系,这些渊源可依适用的优先顺序作如下排列:A. 宪法;B. 法律;C. 国家政策;D. 社会公德;E. 国家计划;另一方面,采用列举的方式规定违反社会公共利益、国家经济计划、社会经济秩序的行为为滥用权利的行为。这种规定有两个缺陷:第一,对同一原则的正反两方面分别由两个条文规定(第6条为正面规定,第7条既有正面规定,也有反面规定)与其他原则仅用一个条文规定的通例不协调,且容易使人产生该两个条文为两个不同的原则的误解,导致对民法渊源适用的优先顺序产生种种猜测,进而引起司法的混乱;第二,采用反正列举式的规定虽有比较直观的优点,民事主体可从条文中直接了解何谓滥用权利,而且使法官在司法中有一个可遵循的准则,避免给法官过大的自由裁量余地,但缺乏概括性的缺点也十分明显,因为否定性的禁止规定绝不可能穷尽到列举全部有悖于权利职能的滥用权利的行为。同时,侵犯社会利益的行为,因为权利主体的广泛自主性和有关条件的不断变化,实际上很难对它们设立一个固定标准;并且,禁止性规定亦很容易规避。民法基本原则作为民事立法、民事司法和进行民事活动的带有普遍意义的基本行为准则，应当具有非规范性、不确定性、衡平性、强行性等特征，对民事生活作出最大范围的概括与总结，履盖一切权利的行使与一切义务的履行，以适应21世纪市场经济条件下民事生活进一步多元化、复杂化的趋势。综上所述，《民法通则》第6、7条宜合而为一：民事活动应遵守法律，法律没有规定的，应当遵守国家政策，尊重社会公德，遵守国家经济计划，任何权利都不得违反社会利益行使。①

(2) 功能方面

民法基本原则不仅有立法准则的功能，还有行为准则和审判准则的功能以及授予司法机关进行创造性司法活动的功能，而后两项功能表明民法原则可起补充法律漏洞和修正变更具体的法律规定的作用。我国民法对能否直接适用民法基本原则作为法官判案的依据未作规定，民法原则应有的补漏功能没有得到应有的发挥。鉴于市场经济条件下经济生活的复杂多样性以及民法规范本身所固有的局限性，我国民法应当在立法中明确规定民法原则可以直接适用于具体案件。当然，在作出这一规定时，为防止民法原则之滥用，应当规定直接适用民法原则的条件：第一，法律没有规定或适用该规定将违反社会公平正义；第二，须报经最高人民法院核准。②

3. 民法制度的现代化

(1) 民事主体制度的现代化问题

根据我国民事主体制度的现状和市场经济的客观要求，应该从以下几个方面着手完善我国民事主体制度，以彻底实现由"身份"到"契约"的转变。

第一，企业是市场经济活动的主要参与者，而我国至今还没有建立起真正能够保障企业法人平等独立地位的现代企业法人制度。企业与国家政府之间的法律关系尚未真正理清，企业法人民事权利的行使常常为行政干预所困扰。这种状况如果得不到改进，市场的开拓和市场机制的发育只能是纸上谈兵。因此，我国民事主体制度的现代化首先应该把着眼点放在现代企业法人制度的确立上。一方面，应该完善法人的设立制度、法人财产的验资和监督制度、法人的权利能力和行为能力制度等其他法人制度；另一方面，还应通过立法来限制

---

① 参见徐国栋：《民法基本原则解释——成文法局限性之克服》，中国政法大学出版社1992年版。

② 参见梁慧星：《诚实信用原则与漏洞补充》，载《民商法论丛》第2卷，法律出版社1994年版。

政府公权力的运行范围,排斥其进入企业法人的经营领域。我们认为,股份制应成为现代企业法人制度的基本存在方式,因为股份制是实现国有企业两权真正分离的最有效途径。无论是有限责任公司还是股份有限公司,由于股东权和企业财产权分离,国家可以股东身份通过控股持股实现其所有权;但又因为股东权是一种民事权利,而非行政权利,国家不能对企业的合法经营活动进行干预。这样便能保证企业真正成为具备独立人格、独立意志的市场主体,平等地参与市场竞争。

第二,市场经济是主体多元化的经济,要求多元化的主体制度与之相适应,使不同主体的合法权益得到法律的平等保护。目前,合伙组织作为企业的一种组织形式已成为市场竞争的重要参与者。因此,在制定民法典时必须将个人合伙、法人合伙以及个人与法人合伙作统一的规定,并承认合伙的民事主体地位,使合伙成为与公民、法人并列的民事主体。

第三,在市场经济条件下,国家应以国有资产为基础,通过广泛参与民事活动,促进企业转换经营机制,促使企业产权商品化及交易过程规范化,优化投资环境,同时实现国家经济职能。由于现行立法缺乏有关国家民事主体地位的规定,因此确立国家的民事主体的法律地位已成为当务之急,亟待通过立法,对国家作为民事主体参与民事活动的方式、范围、意思机关、执行机关、承担民事责任的形式与限度作出规定,从而保证国家以平等地位参与市场活动。

(2)民事行为制度的现代化问题

我国现行民事立法将受诈欺、胁迫而为的民事行为及乘人之危的民事行为规定为绝对无效的民事行为,我们认为这种规定是不可取的。市场经济本质上是一种自由经济、权利经济;民法作为市场经济的基本法,也是一部权利法,应充分保障当事人意思自治的权利,不应对其加以过多的限制。受诈欺、胁迫而为的民事行为及乘人之危的民事行为,只要未违背社会公共利益及法律的强行性规定,就应当尊重受害人的意愿,是否主张该行为无效应当由受害人自己决定,在受害人愿意承受该行为及其后果而不主张行为无效的情况下,应当承认该行为效力。这不仅是尊重当事人意思自治的要求,也能保障交易顺畅的进行。实际上,在复杂多变的市场形势中,国家及有关主管机关、法院去主动确认某行为是否由欺诈、胁迫及乘人之危引起,既不科学,也不可能。因此,我们主张将上述行为划归于可撤销的民事行为,由受害人保留撤销权。

(3)物权制度的现代化问题

市场经济是主体多元、利益独立的经济,客观要求以完善的物权制度保障民事主体享有明晰的产权及其他财产权利。目前，我国物权法律制度很不完善，甚至立法中一直拒不承认"物权"这一概念。现行立法中也未对股权的性质、内容作出界定；还缺乏对建筑物区分所有权、社团财产的所有权及地下和空间的用益物权等经济体制改革中涌现出新型物权的规定；缺乏保障交易安全所必需的物权公示制度和善意取得制度；缺乏有关主从权利、无人认领的遗失物、漂流物、失散的饲养动物的归属制度。但是，由于市场经济对资源的配置主要体现为物权的流转及其结果，没有完善的物权制度，市场经济的运转就缺乏应有的法律保障。因此，完善我国的物权法律制度已迫在眉睫。

新的物权法应确立物权法定、一物一权、物权公示和公信力等三个原则；建立包括完全物权（即所有权）和限制物权（包括经营权、承包经营权、地上权、地役权、典权、租赁权、采矿权、抵押权、质权、留置权）的物权体系，以维护市场交易秩序，保护民事主体的合法权益，从而为市场经济实现资源的合理配置提供法律保障。

(4)债与合同制度的现代化问题

市场经济作为商品经济的高级形态，是高度社会化和市场化的商品经济。它不仅要求各种社会经济资源在统一的国内市场中自由流动，得到有效的配置，而且要求国内市场与国际市场衔接。它迫切要求建立和完善调整财产流转关系的债权与合同制度，实现"物尽其用，货畅其流"。

要建立、健全与市场经济相适应的债与合同制度，我们认为，一方面应确立债的一般原则及相关制度，使各种债有统一的规则可循；另一方面应尽快制定我国统一的合同法，以保障商品在统一的市场上自由流通。统一的合同法应着眼于调整21世纪中国建成比较完善的社会主义市场经济后的常态的经济关系。由计划经济向市场经济转轨过程中的经济关系，由于许多问题是过渡性、暂时性的，不是市场经济的常态，在立法过程中虽不能完全忽视，但不应以此为着眼点。统一的合同法应确定合同自由原则，将强制性规定限制在十分必要的范围，尽可能扩大任意性规定的范围。国家对合同行为的限制，应以维护社会正义，保护弱者为目的，并确保当事人的意思自治；同时，这部统一的合同法应从中国改革开放和发展社会主义市场经济的实际需要出发，大胆借鉴、吸收发达国家的有益经验。不但对合同种类应作出规定，还应增设有关要约与承诺的基本制度，确立缔约过失责任制度，系统规定合同的效力，确立情事变更原则，以更全面地反映和体现市场经济规律的普遍要求。

(5)知识产权制度的现代化问题

在市场经济条件下，随着国际经济技术文化交流的扩大和现代科学技术的高速发展，客观要求各国完善知识产权的立法，并加强知识产权保护的国际合作。由于我国知识产品商品化过程起点低，知识产权立法起步较晚，因此，我国知识产权法律制度仍存在不少问题：我国至今没有一部完整系统地保护商业秘密的法律；在商标制度部分，只规定了商品商标、服务商标，缺乏有关联合商标、防御商标、立体商标、厂商商标的规定；在著作权部分，缺乏半导体集成电路芯片的规定；在专利权部分，现有的专利申报、登记、专利代理制度过于简单，专利权保护范围也有待于拓展；有关多媒体的知识产权保护与信息基础设施的知识产权问题在立法中仍是一片空白。另外，尽管我国加入了一系列保护知识产权的国际公约、条约，但由于欠缺相应的国内立法，从而使这些公约、条约在我国的实际效力受到很大限制。凡此种种，均不利于我国加大知识产权的保护力度，也不利于我国知识产权的法律体系与国际社会的通行做法接轨。

进一步完善我国知识产权法律制度，应遵循知识产品自身的发展规律，注重个人利益与社会整体利益的协调，重视知识产品的运用与实施，并适应国际知识产权立法的新发展：一方面，应对照上述我国知识产权制度的缺陷，尽快弥补国内立法中的空白点，修正过时的甚至是错误的规定；另一方面，应通过更多加入有关保护知识产权的国际公约、协定使我国"融入"知识产权国际保护体系网络之中，并以此为契机提高我国知识产权的保护水准，同时亦推进国际间的技术交流与合作。

(6) 人身权制度的现代化问题

市场经济是权利经济，不仅要求民事主体的财产权利得到切实的保护，而且也要求其人身权利得到充分的尊重和保护。因为享有人身权利是享有财产权利的前提，也是捍卫人的自由、独立与尊严所必须的。以保护私权为己任的民法，更应加强对人身权的保护力度。但我国现行的人身权法律制度多有不足：第一，保护范围较窄，缺乏对隐私权、婚姻自主权、贞操权等重要人身权的规定。第二，保护内容较简单，缺乏科学性。我国《民法通则》关于人身权的规定比较原则、简单，对各类人身权的内涵、侵犯不同人身权的构成要件等问题大多没有规定或规定得过于简略。同时，有的规定也不够科学，如根据《民法通则》第 100 条对侵犯肖像权行为的认定，只要不以营利为目的，不论以任何方式对公民肖像权进行使用，均不构成对公民肖像权的侵犯。在对肖像权的法律保护中，只注重保护其财产利益，而忽视甚至放弃对其精神利益的保护，容易引起人格权商品化的误解，不利于对肖像权的全面保护。第三，对人身权的保护方法不够健全。如我国至今未确立精神损害赔偿制度，这不仅不利于对受害人利益的保护，也不符合民法的公平观念。我们认为，为了适应市场经济条件下民事主体对人身权的保护需要日益强烈的情形，应从以上三个方面全面完善我国的人身权法律制度。

(7) 继承权制度的现代化问题

继承权法律制度，对全面保护公民个人财产的所有权，保障家庭经济职能的实现，促进社会主义物质文明和精神文明的建设，都具有很重要的意义。应该认为，为了更好地保护公民的权利，有必要从我国现阶段家庭关系的现状和发展趋势出发，本着民法的公平原则和权利义务相一致的精神，借鉴各国继承立法的经验，逐步完善我国的继承法制度。这无疑也牵扯到对我国传统的家庭和继承观念的重大改革。具体而言，考虑到我国现阶段"三代同堂"之家较普遍的状况，提高孙子女、外孙子女对祖父母、外祖父母赡养的积极性，应确立孙子女、外孙子女的继承地位。为保证遗产能首先用于清偿死者债务，不致因继承人的隐匿、不当处分等而损害债权人的利益，应完善被继承人的债务清偿制度。在确立"限定继承"原则的同时，亦应注意对死者债权人利益的保护，规定保证遗产首先用于清偿死者债务的具体措施。为维护家庭成员之间的团结和家庭关系的稳定，应对遗嘱绝对自由进行切实可行的限制：一方面应扩大享有"必要的遗产份额"的人的范围，使之扩大到死者第一顺序的法定继承人，即死者的配偶、父母和子女；另一方面，应对"必要的遗产份额"设定一个量的标准，一般应为死者遗产的 1/2 或 2/3。为维护配偶和年幼子女的继承权，应建立"夫妻共同遗嘱"制度，简化立遗嘱的手续。[①]

(二) 民法形式的现代化

民法形式的完善程度，直接关系到民法的内容在现实生活中的实现。目前，新中国成立已近 50 年，而我国民法的内容和形式仍主要是以十分有限条文的民法通则为主体，以各部单行法及行政法规为补充的格局，缺乏一部能统率全局的民法典。这不能不说是我国立法工作的一大遗憾。现行民法通则尽管对民法生活的某些方面作了规定，但是"从体系结构和条文内容看，它都不具有法典的性质，充其量，我们只能称之为准基本法"。[②] 与上述窘况相联系的是，民法的有关单行法，无论数量还是质量也均十分单薄。而且各部单行法之间，单行法与行政法规之间以及各法律条文之间相互冲突、重复规定和层次混

[①] 参见房绍坤等著：《中国民事立法专论》，海洋大学出版社 1995 年版。
[②] 参见房绍坤等著：《中国民事立法专论》，海洋大学出版社 1995 年版。

乱的现象大量存在。市场经济是法制经济，它要求有一个完善的体系化、明确化，并且具有协调性、科学性的十分完善的民法与之相适应，以保障市场经济与公民生活的运行，我国现行的非体系化的民法显然是不符合这一要求的。

实现民法的现代化，并不只是一个形式问题，而是社会发展与市场经济发展的客观需求。要实现我国民法形式的现代化，至少应从以下两方面入手：一方面，早日制定一部能统率全局，系统概括市场经济基本需要的民法典。在这个民法典中，应删除现行立法法律之间、条文之间的重复、交叉的内容，补充新的立法内容，保障立法的协调、配套、系统，作到层次清晰，结构统一；同时，在民法典应有的基本原则和基本制度的统率下，对已有的单行法作必要的系统化的整合废除与修改。另一方面，在实现我国民法法典化的同时，应考虑到在21世纪民商事生活多元化、复杂化的趋势下，应在充分研究法院判例和国际上诸多优秀民法典的前提下，着手建立我国的判例法制度；同时，加快成文法典的制定。并使我国民法兼具两大法系民法制度的优点和长处，融完整性、系统性、协调性与灵活性、适应性为一体，面对21世纪复杂多变的民商事生活也就能游刃有余，充分发挥民法基本法的作用。

结束语

中国民法的现代化是一个复杂的系统工程。从静态来考察，它体现为民法本身的现代化；从动态来考察，它体现为现代化的中国民法在民商事生活中的贯彻和实施。由于我国长期以来实行计划经济体制，行政干预作为民法的替代调整手段深入到民商事活动的各个层次和层面。直到今天，过多的行政干预仍然是妨碍与阻滞民法作为调整市场经济基本法的一个严重干扰因素，有时甚至导致市场机制的严重扭曲，进而造成社会资源配置的混乱和失效。从这个意义上说，民法本身的现代化，对推进中国民事活动具有不可估量的价值，在我国现代化的进程中，这一点必须引起我们的高度重视。

法治社会——中国法治进程的最终目标
——兼评郭道晖先生的《法的时代精神》*

党的十五大在民主法制建设方面明确提出"依法治国,建设社会主义法治国家"的目标。这标志着中国正以坚定的信念和步伐跨向 21 世纪的"法治时代"。中国法治时代呼唤时代的法学,法学理论界必须面对当代的现实,对"依法治国"方略作出全面探讨。事实上,过去几年来法学界围绕这一主题进行了许多有益讨论,不过其研讨范围着力于"依法治国"的现实层面,诸如治国方略转变、完善立法、严格执法、依法治国的意义、依法治国的理论比较等。对"依法治国"的理想层面,尤其是中国法治进程的理想目标缺乏论述。然从本质看,对"依法治国"之意义与发展前景的终极关注是推进法治进程和理论发展的更深层需要,因为只有最终的价值公设才能使我们有所依凭,才能使"依法治国"进程的持续进步获得世界观层次的理论支持。

笔者最近拜读了湖南出版社新近出版的著名法学家郭道晖教授所著的《法的时代精神》,这本著作几乎涉及改革开放以来法学界讨论过的所有热点问题,内容十分广泛,包括"法学思维导论"、"法的本质与法的精神"、"人权与权利"、"权利与权力"、"宪政与民主"、"法治思想与法治国家"、"立法权与立法方略"以及"社会矛盾与社会稳定"八部分。而且对许多问题的立论均十分新颖,独具慧眼,思想非常丰富。尤其令我们耳目一新的是他在中国法治进程的最终目标——法治社会这一问题上开创了理论探寻的先河。书中写道:"作为法学界,需要研讨的是,在市场经济体制下,如何在对'国家与法'这一主题关注的同时,进而加强对'社会与法'的研究,以此展望当代中国法治的新走向,由法作为国家单向控制社会的工具,转到法成为国家与社会双重与双向控制的工具,由逐步实现法治国家,到最终形成法治社会。"①本文拟结合郭教授有关"法治社会"的论述,对"法治社会"这一理想目标中的几个理论和实践问题作一点探讨。

---

* 本文为李双元、肖北庚合著,刊载于《法学》1998 年第 1 期。
① 郭道晖:《法的时代精神》,湖南出版社 1997 年版,第 538 页。

一、法治国家、法治社会及其关系

法治是人类意欲借助法律而实现的理想社会状态。由于法治理念与法律体系的构筑、法治规范的现实化以及法律文化环境的营造，都是随着人类社会发展而逐渐完善和深入的，这决定法治实现过程必然呈现出不同的阶段状态，其中法治国家和法治社会可以说是法治实现过程中两种典型性不同质态。以往学术界在探讨法治实现过程时由于受"国家—社会一体化"理论及实践格局的影响，更由于现实的紧迫需要和人类历史长河尚未出现典型法治社会的事实根据，将法治实现过程局限于前一质态本身及之前的社会范围之内，而忽略了法治必将走向的最终目标——法治社会之研讨，更缺少两者关系的论述。这里需要指出的是：笔者是从整体和典型意义上谈论两种法治质态的，并非涉及细枝末节。社会实际也使法治国家必然涵纳法治社会的某些方面，而未来法治社会也有法治国家之痕迹。

郭教授在《法的时代精神》一书中以马克思主义国家观和法律观为理论基础，结合对国家与社会关系历史演进规律的分析，敏锐地把握了上述两种不同质态，并以法治主体、法治客体、法的性质为定义项对该两种法治质态进行了理论概括和关系探讨。他写道，法治国家"是指国家机器的民主化法治化，以民主的法制来治国，使国家机器的构造与运转完全依法而行，受法律的自动调控"。[①] 他还指出，"没有法治国家，很难形成法治社会。没有法治社会，也很难支撑法治国家。只有二者互动互补，才能臻于完善。但法治国家应先于法治社会为主导。法治社会是法治国家的基础，并是最终目标——未来国家消亡，而社会法治文明永存"。[②]

法治社会概念的提出，法治社会与法治国家关系的论述，无疑拓宽了法治问题研究的视野，把法治理论研究提到新高度，为法治理论深入研究开辟了另一条蹊径。同时也为澄清过去"国家与社会不分、法治国家与法治社会被当成同等概念"的模糊认识提供了理论指导。但法治是一个系统工程，在研究这个问题时还需对法治国家、法治社会及其关系进行深入的理论分析和实践透视，进而从逻辑与历史统一上去把握概念及其关系的丰富内涵和现实外延，给予法治实践以具体操作指导。

---

① 郭道晖：《法的时代精神》，湖南出版社1997年版，第505页。
② 郭道晖：《法的时代精神》，湖南出版社1997年版，第505页。

历史唯物主义告诉我们法律起源于习惯，当然只有国家出现时借助国家的认可，习惯方能演进为法律，在某种程度上说法律是对社会生活中通行的习惯惯例的确认、总结、概括或升华，这在法律起源时特别明显。而后于原始社会所形成的最初国家，为维护刚形成的阶级之统治与地位，必然还要创制维护其统治、确保社会安全与秩序的法律。且法律形成初期由于受生产力水平的影响，维护社会安全和秩序的法律占这一时期法律体系的主要部分。这种法律的性质，郭教授认为是"以制民防民为主导的法"，①受其治理的国家必然是人治主导，最多只能称为"人治底下的法制"②时代。受社会生产力水平和经济关系的制约，该性质法律类型在人类发展很长一段历史时期都未被打破。

在资本主义社会，由于生产力的发展，社会政治、经济关系发生了重大变化，形成了民主政治和商品经济。新政治经济秩序的确定和发展，需要一种维系新政治经济秩序合法性的行为规范，人类经历艰辛探索选择了法律规范。民主和商品经济都要由法律来设立其有序运行的机制。首先，在经济领域，商品经济以及市场经济"自然"演进过程中所形成的一大批规范公民日常交往关系的习惯和惯例及市民社会中的习惯性制度被认可为法律，同时一些从总体上能最大程度地减少交易成本、促进交换发生和发展、促进财富配置优化的规则和制度也被国家制定为法律，民法和经济法相继出现并日益突出。其次，在政治领域，一些在资产阶级革命过程中形成的诸如人民主权、基本人权、三权分立等政治口号和宣言也写进了法律。规范、约束政府行为，保护公民权利的宪法和行政法也由此产生，并随着宪政实践发展，一系列诸如司法审查制度等民权保障机制得以建立，政党活动得到有效的法律保护和控制。法律不仅在维护社会安全和秩序方面，而且在有效地管理复杂的现代经济使它规范、有序、高效地发展，规范、约束、控制政府使政治行为也有序地运行等方面，都发挥着重大的作用。法律获得飞速进步，法律的结构也发生了重大的变化，再加上法律作用的强化，法律权威越来越获得人们的接受和认可，而法律的权威又促使独立的司法体制和程序得到健全和完善。这就形成了现代资本主义的法治国家。

20世纪人类社会主义制度得以确立。社会主义法律是"人民共同意志的体现"。③法律民意含量显著提高，其法治目标是人民在其政党的领导下依照法定程序制定宪法和法律，以建立起体现社会主义价值取向和现代法律基本精神

---

① 郭道晖：《法的时代精神》，湖南出版社1997年版，第496页。
② 郭道晖：《法的时代精神》，湖南出版社1997年版，第493页。
③ 郭道晖：《法的时代精神》，湖南出版社1997年版，第112页。

的完整法律体系，使一切国家机关及工作人员、政治组织、社会团体和公民个人都以法律做为自己行为的准则，从而树立起法律至高无上的权威；并从制度上保证司法独立、以切实保障公民的各种权利。这就是社会主义的法治国家的主要特征。

  郭教授认为，社会主义法治国家的建设对法律和法治提出了更高要求。首先，其法律必然是"全体人民意志"的体现，这是社会主义法治区别于资本主义法治的首要标志。也正是这一点决定了社会主义法治不仅要制定完整的法律体系，而且其制定的法律还必须是反映全体人民的意志。当然，由于受生产力发展水平，立法者的素质的制约，及社会实际存在的不同利益群体的影响，①这种反映"全体人民意志"的法律的制定实际上是渐进的、长期的。但由于其有深刻的社会基础和符合人类社会进步和需要，所以必然会一步一步地接近该目标。而目标接近的过程，也就是法律所需国家强制力的依赖日趋减少的过程，因为反映人民自己意志的法律无需太多强制就可为按人民利益组成的社会所接受，以至最后法律为全社会所普遍认同与接受，并成为在终极的意义上具有规范和裁判人们行为的力量。在法治国家的长期法治实践中，人们既然将养成自觉遵守法律的习惯；反过来，法律规范既已被人们所普遍接受，它们也就逐渐演变成为社会的习惯。法律含量中的习惯不断提高，到国家消亡之时，长期规范人类各种行为的法律规范也就还原为内含"法"的习惯。其次，法治进程中所呈现的法律对国家强制力的依赖的减少的趋势及法治自身对社会民主的要求，必然引发国家、政府的某些职能的转换和某些权力的削弱。这既为国家消亡创造了条件，又有助于社会自主、自治、自律的功能与社会权力的培植，进而促使社会道德规范和社会共同体的组织规范在规范社会行为方面的作用加强。待至最后上述两种规范与内含"法"的习惯成为整个社会生产和生活的全部准则时，法治社会也就终于成了现实。

  《法的时代精神》一书虽没有系统详尽地从法律及法治实践演进视角分析法治国家与法治社会及其关系，但它的许多理论为这种分析奠定了基础，如权利与权力、社会主义法的精神、宪政与民主等有关论述都在一定程度上为以上分析提供了方法和启迪。

---

① 郭道晖：《法的时代精神》，湖南出版社1997年版，第496页。

二、法治社会是中国法治进程的最终目标

法治是人类的理性选择。当代社会，越来越多的国家致力于法治实践。中国在现代化建设过程中也选择了法治作为治国方略，中国的社会主义性质及法治实践特性，决定了法治的最终走向必然是法治社会。

所以，法治社会不仅是理论思维的逻辑结论，更是我国社会主义现代化物质文明和精神文明建设的推进和法治实践自身演进过程必然会达到的结果。

中国法治实践是在改革开放的环境下展开的，具有自身的显著特征。首先，在法治的外围环境方面：我国法治是以解放和发展生产力、实现高度物质文明的市场经济体制为依托；以共产党领导的民主政治的共和体制为载体；以追求每个人的全面充分发展、实现人的彻底解放为价值取向，从而又是与社会主义精神文明同步推进的。把社会主义同市场经济结合起来，有助于社会个体和群体利益的协调发展，进而为消弭个人与社会、个人与国家、社会与国家之间的对立提供可能，使"凌驾于社会之上"的国家从与社会相对立逐步发展为与社会并存及互相促进，最后被作为主体的社会所取代。而共和制政体的建立和完善，又有助于人们通过各种途径和形式学会管理国家，管理经济文化和管理整个社会事务，保证各项工作都依法进行，并可最大限度地防止政府与人民的对立与分离，逐步实现社会主义民主的制度化、法律化和制度与法律的民主化。每个人全面充分发展的追求，则有助于把人作为社会历史主体，有助于培植社会的私权利和社会自治、自主、自律的精神。社会主义精神文明的建设，则既有助于提高公民主体意识的培育、民主法制观念的提高，又有助于发挥社会公德、社会组织自身组织规则在规范和约束人们行为中的作用，使法治社会的呈现更具可能性、真实性。上述几个方面，均表明社会主义的中国，在"法治国家"的法治实践中已包含了实现"法治社会"的客观依据。

其次，在社会主义法制自身建设方面：在立法上，我国已出台了一系列与社会主义初级阶段的社会和市场经济相适应的社会、民事、刑事、经济等方面的法律与法规，政治方面立法也已起步，而党的十五大进一步提出："加强立法工作，提高立法质量，到2010年形成有中国特色社会主义法律体系。"[①] 在执法上，依法行政体制正在得到不断完善。建立真正独立的司法体制也日益成为建立法治国家的迫切要求，针对司法体制目前存在的弊端，党的十五大提出

---

① 《十五大报告》，人民出版社1997年版，第36页。

了新的目标:"推进司法改革,从制度上保证司法机关依法独立公正地行使审判权和检察权……加强执法和司法队伍建设。"①在守法上,经过多年的法制建设,我国公民的民主意识、主体意识、参政意识、权利意识、诉讼意识等均呈现不断加强的趋势。宪法至上、法律至上等"法治国家"的最基本的法治观念日益要求成为政府和人民的共识,法治文化环境的营造也有了很大的发展。我国立法、执法、守法及法律文化建设方面取得的成就和十五大提出的新目标的确立,也为法治国家目标的实现奠定了基础,从而也为法治社会的培育创造了良好的条件。从郭教授的这一著作中,我们可以清晰地看到中国法治实践自身特征表明我国法治国家建设中已蕴含了实现"法治社会"这一可能性。当然,在目前生产力尚不发达和法律自身也不够健全和完善的条件下,这种可能性只是一种抽象可能性。但这种抽象可能性必然会随着社会生产力日益发展和法治自身演进而变为现实可能性,并逐步展开为现实。

三、法治社会理论对我国"依法治国"事业的启示意义

法治社会的目标定位不仅能为我国法治的持续进步提供世界观层次的理论支持,更能为我国现实"法治国家"的建设提供种种重要的启示。这正是我们当前谈论这一理论问题的关键所在。

启示之一:根据郭教授的观点,中国法治实践要实现有序推进,首先必须走出"国家—社会一体化"的理论和实践误区。法治社会意味着国家与社会是两种不同质的法治主体,它以国家与社会严格的区分为前提。历史上中国社会经历了两千多年的"国家—社会一体化"的格局,这种格局在改革开放前不仅没能打破,甚至由于历史原因,在某种程度上还被强化了。国家与社会的一体化理论,使人们忽视对法律与社会的关系的研究,而只注重法律与国家的关联性,强调法律的国家意志性和国家强制性,并把法律完全当成国家控制社会的工具。"国家包办社会的一切,乃至控制社会的一切……对国家公权力的极少制约,而对社会的私权利和社会自主、自治、自由权利的过多干预乃至侵犯等等。"②而在观念上,"以致人们除国家之外,不知道还存在一个居于国家之上、或作为基础的、相对独立的民间社会"。③改革开放以后,特别是党的十

---

① 《十五大报告》,人民出版社1997年版,第36页。
② 郭道晖:《法的时代精神》,湖南出版社1997年版,第503页。
③ 郭道晖:《法的时代精神》,湖南出版社1997年版,第503页。

四大确定建立和发展社会主义市场经济体制,才开始带来对"国家—社会一体化"格局的巨大冲击,然而历史形成并一度被强化的国家社会不分之传统并没有从根本上得到改变。理论上今天仍有人把法治国家与法治社会视为同等的概念,工具主义法律观仍有市场;公民权利和社会权力不能直接有效制衡国家权力;社会意识及行为缺乏民主的法的精神;相对独立的社会几乎不存在等便是实证。上述诸方面虽说不是制约现今法治走向的唯一因素,但至少是一个重要因素。因而,把"法治社会"定为中国法治的最终目标,是走出"国家—社会一体化"理论和实践误区和加强法治建设的一个重要基础或必要条件。

启示之二:根据郭教授的观点,必须大力发展市民社会,培植社会权力。法治社会实现过程从一定意义上讲是国家权力对社会的干预相对减弱、社会权力不断壮大的过程。社会权力及作为社会权力重要载体的市民社会的壮大是法治实现的重要前提和基础。中国历史上向无以各种自愿自治组织为表征的相对于国家的市民社会,以致很长一段历史时期,人民"缺乏保护自己'免受自己国家的侵犯'"①之社会护体,公民权利不能借社会整体力量—社会权力制衡国家权力。这一方面制约了社会民主的发展,另一方面为国家权力滥用以致异化提供了便利机制,一旦某种环境出现,极易滋生腐败。十四大确定建立社会主义市场经济体制后,社会对法律的需求次第高涨,各种民间自愿自治组织开始产生,社会权力作为一种监督、制约国家权力的独立力量得到发展,市民社会开始萌芽。然市民社会一直被普遍视为西方社会演进过程中的特有产物,加之中国建设市民社会的现实条件与西方有根本性差异,市民社会建设并没有引起理论界的普遍关注和实践界的足够重视。今天中国法治实践虽不能说要削弱国家权力(一定程度上,中国今天法治实践初期还必须加强国家权力),但严格划定、限制政府权力,以公民权利和社会权力制衡国家权力;以市民社会为组织形式沟通市民个人与国家之间的关系,并监督、抗衡国家违法政治行为,培植社会民主;以市民社会为载体发展各种社会群众的自治与自律组织和行业组织等却是至关重要的。同时,今天社会主义市场经济的推进,也离不开以个人自由、平等、权利、契约为根本原则和价值取向的市民社会之壮大,法治实践的选择在很大程度上是社会主义市场经济的必然要求。因而,中国法治实践呼唤发展市民社会和培植社会权力。

启示之三:立法时应注重吸纳那些为人类社会广泛接受的社会习惯。法治社会实现过程也是法律中习惯含量不断提高的过程,法律是规范人们行为的习

---

① 郭道晖:《法的时代精神》,湖南出版社 1997 年版,第 537 页。

惯否定之否定过程的一个中间阶段(法律源于习惯,复归于习惯)。法治国家建设要为法治社会实现创造条件,就必须注意在立法时吸纳社会习惯。过去我国法制建设中在建立一个什么样的现代法律体系以保障市场经济顺利发展问题上,许多学者主张广泛吸收国际社会的普遍实践,并加快移植经济发达国家和地区的法律制度,这是有益的。因为法律除受历史文化传统、政治经济制度、意识形态等因素制约外,它还必然反映人类的共同需要和社会演进的普遍特性。法治社会理论昭示我们,吸收那些在长期人类实践交往中形成并为国际社会普遍认可且易为我国人民所接受的规则,或那些能节约人们互动交往成本、便利人们行为且易转化为社会共同认可的规则,在科学技术十分发达,比较法和比较法律文化十分发达的今天,既是方便可行的,也是实现法治国家和法治社会所需要的。因为真正能得到有效贯彻执行的法律,恰恰是那些与通行的习惯惯例相一致或相近的规定。这也符合法社会学和法心理学原理:只有那些能获得社会和人们的接受和认可的法律,才能获得人们下意识的认可和在社会中得以有效运作的便利途径。当然我们这样讲,绝不是表示中国要建设一个现代法律体系可以忽视对法律和法律文化的本土资源的发掘(例如,至少说,中国传统上"民本"思想和"法与礼"的结合就是实现法治社会一些重要的、可资改造利用的本土资源)。

法律理念及其现代化取向*

自十一届三中全会揭开我国法律现代化的序幕以来,从法律观念和法律意识入手,探讨法律现代化问题的论著已屡有所见,但从法律理念的高度加以论证的尚不多。根据马克思主义认识论的基本理论,较之法律观念和法律意识,法律理念具有更深层次的意义。法律理念上的择优决策,不但直接影响着法律制度的创设、存废及具体运作的优化,而且也必然会导致法律观念和法律意识的现代化。没有现代法律理念作导引,法律现代化难免陷入盲目、混乱的状态。本文试图通过对法律理念及其作用的分析,阐述法律理念在中国法律现代化演进历程中的应然和实然取向,为中国法律现代化运动寻求有力的精神支撑和理念准则。

一、法律理念的界定

"理念"(idea)是与"观念"(ideas)不同的一个哲学概念,它指"一种理想的、永恒的、精神性的普遍范型"。① 康德在《纯粹理性批判》一书的"法律理念"一节中对柏拉图所称的"理念"进行了详细的评析以后,专门论述了"理念"对"制定宪法及法律"②的作用。但是,康德并未提出"法律理念"这一专门概念。这一缺憾实际上可以说是由黑格尔补救的。黑格尔将法与理念结合起来,提出了"法的理念"这一专门术语,并给它下了一个简短的定义:"法的理念,即法的概念及其现实化","法的理念是自由"。③ 在这里,黑格尔并未将"法的理念"与"法的概念"区分开来。德国的新康德主义法学家鲁道夫·施塔姆勒

---

* 本文为李双元、蒋新苗、蒋茂凝合著,刊载于《湖南省政法管理干部学院学报》1999年第1期。
① 《中国大百科全书·哲学》,中国大百科全书出版社1987年版,第460页。
② [德]康德:《纯粹理性批判》,商务印书馆1960年版,第255页。
③ [德]黑格尔:《法哲学原理》,商务印书馆1961年版,第1~2页。

(Rudof Stammler,1856—1938)则在对法律理念进行专门研究后将法律概念同法律理念作了区分,并称"法律理念乃是正义的实现。"①奥地利维也纳大学的国际法教授阿·菲德罗斯对法律理念的分析则不只局限于国内法领域,还将其纳入国际法领域,宣称:"我们的社会天性把我们导向着的这个目的,人们称为法律的理念。"②菲德罗斯在《国际法》一书的第一卷第三章"国际法的理念"中用专门的一节对"法律的理念"进行了比较全面的探讨,指出"反对法律的理念"是"忽视了凡是社会实际都是从一定的理念形成的"③这一事实,并对黑格尔全部法哲学的基础进行了剖析,并称"黑格尔全部法哲学的根本缺点正是在于它忽视了法律的理念和实定法之间的不可避免的不一致,因而认为具体的社会就是'道德的理念的现实'"。④ 不仅如此,菲德罗斯在书中还对法律理念的作用作了简略的阐述,"法律的理念是每个法律社会的基础",⑤ "法律的理念不仅具有构成的作用,而且也具有调整的作用,因为任何实定的法律秩序都不是尽善尽美的"。⑥ 菲德罗斯关于法律理念的这些论述较为精辟且极有价值,只是他主要是从国际法角度来分析的,而且通篇找不到"法律理念"的定义。为此,英国法学家罗伊德(Dennis Lloyd)作了更深入的研究,他在1964年出版了一本《法律的理念》(The Idea of Law)的专著,并称它将"告诉人们如何来用缜密的思想,分析法律的理念,达到至美至善之境"。⑦ 虽然罗伊德未对"法律理念"下过定义,但他明确指出:"法律理念过去曾对人类文明有过不可磨灭的贡献。"⑧并用大量的篇幅阐述了法律理念的发展趋势。

在我国,也有为数不多的几位学者对"法律理念"及其有关问题进行了探讨和研究。台湾法学家史尚宽先生不仅民法学方面的造诣极深,而且对"法律理念"的研究和阐述也独树一帜。他认为,"法律制定及运用之最高原理,谓

---

① [美]博登海默:《法理学·法哲学及其方法》,华夏出版社1987年版,第163页。
② [奥]阿·菲德罗斯等著《国际法》,商务印书馆1981年版,第19页。
③ [奥]阿·菲德罗斯等著《国际法》,商务印书馆1981年版,第19页。
④ [奥]阿·菲德罗斯等著《国际法》,商务印书馆1981年版,第19~20页。
⑤ [奥]阿·菲德罗斯等著《国际法》,商务印书馆1981年版,第23页。
⑥ [奥]阿·菲德罗斯等著:《国际法》,商务印书馆1981年版,第25页。
⑦ Dennis Lloyd著:《法律的理念》,张茂柏译,台北市联经出版事业公司1984年版,第329页。
⑧ Dennis Lloyd著:《法律的理念》,张茂柏译,台北市联经出版事业公司1984年版,第329页。

之法律之理念"。① 以此为基点，史尚宽先生着重对法律理念与法律概念、法律目的、法律观念及法律理想之间的区别作了深入的分析，并且指出，"法律之概念乃指'法律为何者'；而法律之理念则谓'法律应如何'"。② 法律理念与法律目的的区别则在于"法律之理念，为法律的目的及其手段之指导原则"。③ "理念为理性之原理"，④ 不同于感性的法律观念。至于法律理念与法律理想的区别，史尚宽先生则说得更为明确："理念(idea)与理想(ideal)不同。理念为原则，理想为状态。理念为根本原则，为一无内容无色透明的不变之原则，基于理念作为理想状态，具体的实现观念之状态为理想。"⑤在上述思想指导下，他认为"幸福"、"自由"、"博爱"、"平等"均带有感性色彩且动摇不定，均"不得为法律之理念"，只有"'正义'为法之真理念"。⑥ 史尚宽先生这最后的结论，似乎又"皈依"到了新康德主义施塔姆勒那里。而且，他将法律理念看作"不变不易之原则"亦有不少失之偏颇之处。

大陆一青年法学工作者将法律理念称为"法理念"，并且从本体论、知识论角度对"理念"进行"简略的清理"后认为，"法理念既是具体法形态的内在，同时也是法之本体的存有。差不多可以说，实在法、理性法、自然法都有自己的法理念或内在精神，然亦有交叉或综合的法形态的理念精神"。⑦ 面对这一界定，另一青年学者看到了其中隐含"混淆概念"的逻辑错误，指出"作者基本上是在与'法精神'、'法观念'含义相同的基础上使用'法理念'这一概念的"。⑧ 接着，他自己为法律理念下了一个简短的定义，即"法律理念乃是指

---

① 史尚宽著：《法律之理念与经验主义法学之综合》，载刁荣华主编《中西法律思想论集》，台湾汉林出版社1984年版，第209页。
② 史尚宽著：《法律之理念与经验主义法学之综合》，载刁荣华主编《中西法律思想论集》，台湾汉林出版社1984年版，第263页。
③ 史尚宽著：《法律之理念与经验主义法学之综合》，载刁荣华主编《中西法律思想论集》，台湾汉林出版社1984年版，第260页。
④ 史尚宽著：《法律之理念与经验主义法学之综合》，载刁荣华主编《中西法律思想论集》，台湾汉林出版社1984年版，第262页。
⑤ 史尚宽著：《法律之理念与经验主义法学之综合》，载刁荣华主编《中西法律思想论集》，台湾汉林出版社1984年版，第259~260页。
⑥ 史尚宽著：《法律之理念与经验主义法学之综合》，载刁荣华主编《中西法律思想论集》，台湾汉林出版社1984年版，第264页。
⑦ 江山：《中国法理念》，中国地质大学出版社1989年版，"自序"第2页。
⑧ 刘作翔：《法律的理想与法制理论》，西北大学出版社1995年版，第27页。

对一种法律目标指向的实现"。① 尽管这位学者对"法律理想"与"法律理念"作了专门的区分，但从其定义来看，仍然没有完全避免那种将"法律理念"泛化为"法律理想"的倾向。

我们认为，法律理念首先是对法律的本质、根本原则及其运作规律的理性认知和整体结构的把握。具体地说，它就是指人们对法律现象、法律原则、法律体系、法律模式、法律信仰或信念、法律实践、法律文化及价值取向的宏观性、整体性反思而构建的理性图型。作为其视域的对象、概念和方法，不是表层的、单向的、孤立的，而是本质的、立体的、普遍的。它摒弃人类关于法律的偏见，将人们关于法律现象及其本质的观念从感觉或经验状态提升为理性认知形态，从宏观和总体上把握法律的基本走势，图解法律与时代变迁的根本关系，为法律发展或进化提供理念准则和导引。简言之，法律理念就是对法律的本质及其发展规律的一种宏观的、整体的理性认知、把握和建构。它是比法律观念、法律表象、法律概念、法律意识等更高层次的理性认知形态，正如理性作为人类心灵深处的精神存在较知、情、意等表面存在更幽深一样。法律理念是一种理智的思想，是一种方法，是一种态度，是认识论、方法论和本体论三者有机结合的产物。从某种程度上说，法律理念相当于库恩（Thomas Samual Kuhn）所说的"范式"或"专业母质"，即"包括一整套信念、理论、定律、方法、准则与仪器设备的有机整体"。② 换言之，法律理念是由法律的信念或信仰、目的、目标、理想、精神、理论、手段、方法、准则等构成的有机综合体，一方面，它代表着上述因素的集合体；另一方面，它又是解决法律常规或反常问题的模型。

法律理念作为一种理性认知形态，来源于法律实践，必然反作用于法律实践。因为法律作为社会关系的调节器，是社会经济关系的客观反映，这种反映并不是直接的和自发的，而是通过法律理念的中介来完成的。可以说，法律理念的形成是法律建构的前提条件，但法律的制定是为了付诸实施，法律的实施同样离不开法律理念的作用。"依法之理念以指导立法及法之运用。故法之理念，不独为立法原理，而亦为法的解释之指导原理……立法不依法之理念，则

---

① 刘作翔：《法律的理想与法制理论》，西北大学出版社1995年版，第28页。
② 参见 Thomas S. Kuhn. The Structure Of Scientific Revolution Ind Ed Enlarged The University of Chicago Press 1980, p. 175, 以及《必要的张力》，福建人民出版社1987年版，第289~293页。

为恶法,窒碍难行。解释法律不依此指导原理,则为死法,无以适应社会之进展。"①历史上没有哪一部完美的法典,不是以完备的法律理念作为基础、前提和指导的。正如罗伊德在评价法律理念对人类文明不可磨灭的贡献时所指出的:"它使现行的法规得以表现,提供方法,使这些规定有机会作合理的发展,或是创造新的规则,同时提供一种指导人类行动的工具。"②从总体上看,在法律的进化和发展中,法律理念不仅有认识论功能,而且具有方法论功能,一是对法律的一般规律及其特点的揭示和高度概括,一是以普遍原理、原则、方法、方案和模型指导法律实践。具体说来,法律理念具有对法律的表征和概念指称作用,对法律制定和实施进行科学的预测,将立法动机具体化为法律创制工作并转换为法律规范,为法律发展指明道路、奋斗目标和价值追求以及为人类实现这些奋斗目标和价值追求设计具体方案、方式和方法,推动法律制度的进化和人类文明的进步。

总而言之,法律理念有助于人类深入认识隐藏在其所使用的法律词语背后的思想,正确地运用周延的态度来审察法律问题,避免在立法、司法、执法和守法中作出流于偏执、武断的结论。进一步说,只有确立现代的法律理念,才有可能洞察比感观世界更丰富、更深刻的法律本质及其发展规律,在更高的层次上提升现代法律价值,构筑现代法律精神,营造出自由、民主、平等、公正、幸福、和谐的现代法治社会。

二、法律理念现代化的基本取向

法律现代化是一个内容丰富、涵盖面广的系统工程,它并不只是法律制定、法律实施孤立运动的结果,而是与法律理念的现代化进程紧密相联、共同作用的结果。因为,制度并非自发生成的,它是由人创造、制定的,需要人去执行和实现。人作为法律制度创设和运作的主体,是法律现代化彻底实现最关键、最活跃的因素,要保证法律创制过程(立法层面)、法律操作过程(执法、司法、守法层面)和法律实现过程各环节的现代化,必须提升人的法律理念。如果忽视或脱离思想和理念的现代化建设,即使经济再发达、物质再丰富、法

---

① 史尚宽著:《法律之理念与经验主义法学之综合》,载刁荣华主编:《中西法律思想论集》,台湾汉林出版社1984年版,第272页。

② Dennis Lloyd 著:《法律的理念》,张茂柏译,台北市联经出版事业公司1984年版,第318页。

律法规再多再细,也不可能出现真正意义上的法律现代化。加拿大前外长马克·麦圭根博士曾说过:"正是法律观念,超过其它一切,能有助于我们跨越由于地理、思想意识和不同的发展水平所造成的距离。"①作为感性层面的法律观念有此功用,那么,处于理性认知形态的法律理念就更不用说了。列宁说得非常明确:"没有革命的理论,就不会有革命的运动。"②依此类推,没有建立现代的法律理念,也就不可能有自觉的法律现代化运动。因此,在中国法律现代化过程中,使全体公民和社会从整体、宏观上认知和把握中国法律的本质及其发展规律,促进法律理念的现代化,已成为一个不可或缺的先决条件。具体说来,以下八种趋势应是中国法律理念现代化必须把握的基本取向。

(一)淡化政治观念和意识形态对法律的渗透,强化法律的公民性和普遍的社会性功能

在法律现代化进程中,首先必须对法律性质与功能有一个科学的、客观的认知和把握,从理念上逐渐淡化政治观念和意识形态对法律的渗透,强化法律的公民性和普遍的社会性功能。在我国国内经过几个重要的历史时期的发展,剥削阶级作为一个完整的阶级已不复存在,全体公民都是构成国家和社会的基本成员,难以再在法律上把社会成员划分为"敌人"和"人民"、统治者和被统治者,社会主义法律也不再致力于维护阶级统治和阶级差别。马克思主义最基本的观点,是社会主义社会和社会主义法律都以消灭阶级差别和阶级压迫、协调社会利益并保障全体公民享受平等、公正的权益为己任的。而且,在社会主义现代化建设的时代,经济发展成了国家和全民族今后长期压倒一切的任务,法律不再把行使维护统治阶级利益或进行阶级斗争为职能,法律也不再仅仅是政治斗争的手段和工具,更重要的是充分发挥保障经济建设和维护全体公民的利益等方面的功用。在现代化的社会中,法律应发挥普遍性功能,并必须力求反映全社会的共同意志,并以追求社会的公平、正义和自由为目标。

(二)提升内涵公正的法律效益观

法律效益是一个比较宽泛的概念,其内涵指的是法律的效力、功能和绩效的有机构成体,是法律在调整社会关系过程中较好地、较优越地、较有效地实

---

① [加]马克·麦圭根著:《加拿大·中国和法治》,载《中国国际法年刊》1982年,第271页。
② 《列宁全集》第6卷,人民出版社1965年版,第230页。

现其目的并发挥其功能的客观结果,是法律投入产出的具体表征;其外延包括:法律的政治效益、文化效益、伦理道德效益、经济效益、社会效益,等等。从法律效益的外在方面来看,既包括法律促进经济的绩效(经济效益),也包括它在社会政治和文化生活等方面带来的成果,如民主政治的发展程度、法治的健全状态、经济权利的实现程度、社会精神文明的进步程度等。所有这些,在某种程度上可以说,都是为实现公平、正义目标进行铺垫。所以,法律的外在效益尽管说的是法律的外在适用结果,包括经济效益、文化效益、政治效益等,但实际上是在为实现法律公平、正义,奠定政治、经济、文化和社会基础。从法律效益的内在方面看,法律效益指法律价值、功能和目的的实现程度与完善过程,不断降低不必要的成本投入,防止和减少违法行为的负成本效应,以实现法律体系的内平衡状态。这就从客观上要求摒弃过去那种仅从镇压阶级敌人的角度来理解法律保护经济基础的简单思维模式;不仅要看到法律的外在效益性,即法律产生于特定的社会经济基础,又服务于这一特定的基础,并使社会在复杂的结构中得以高效稳定地运行,实现主体的经济需求和效益价值,为社会创造更多的财富。同时,还应注意法律的内在效益性,即法律规范本身也要求按照效益原则构建规范体系,要求体现可操作以便于遵循的经济原则,减少条文的歧义和冲突,使执法、守法、司法的成本最小化。

我们认为,法律效益不仅包括法律本身所具备的公平正义方面的社会效益,而且包括法律内在的经济效益以及作为调整社会经济关系方面所产生的纯经济效益(或者效率)。当我们将中国法律现代化的审视基点放到法律的效益性问题上时,那么对法律的内在本质特征及功能的认识将有一个革命性的飞跃,法律的实施会更加坚实有力。

(三)权利本位理念的确立与发展

社会主义市场经济体制的建立是一场巨大的体制转换,是一场革命。对于过去长期生活在以计划为主的经济环境下的中国人来说,实现权利观念的转换或观念的更新尤为重要。在法律理念上彻底实现由权力至上到法律至上、由权力本位到权利本位的观念转变,是中国法律现代化的内在要求。这既与前述法律理念紧密相关,更是法律理念的进一步升华与深化发展的必然结果,同时,只有权利本位理念的确立,才能为法律的公民性和普遍的社会性功能的增强及提升法律效益,进一步奠定现实的社会基础。

考察新中国成立以来的历史,在十一届三中全会以前,计划垄断了经济生活的一切。虽然1978年以后稍有改变,但到党的十四大确立社会主义市场经济体制目标以前，计划经济仍占主导地位。计划经济的本能要求行政权力至上的权威。因为，这种经济体制和运作机制主要依靠超经济的行政权力来推动。其弊端和后果已在我国前40余年的经济建设中表现得十分明显。可以说，以往经济建设的失误和损失固然也是领导人的失误所致，但归根结底在于计划经济体制导致权力的恶性膨胀，严重限制了公民权利的实现。因此，在社会主义市场经济建设过程中，要建立现代法治社会，必须注重权利本位并不断提升其地位和作用。公民(自然人)作为有充分自我意识和行为预期的高级生灵，是生产力系统中人力资源的构成主体，是构成法人的基本单位，是生产力中最基本的、最活跃和最革命的因素。只有社会对人的权利和权利行使的收益设定了明确、肯定的保障，劳动者的生产积极性才会提高，经济组织才有活力。社会要发展进步，国家要长治久安，政府权力就必须建立在公民权利的基础上，颠倒了"权利是权力的基础"这一内在的逻辑前提，势必造成权力对权利的压抑和侵犯，导致官僚主义和腐败主义的泛滥。

市场经济要求尊重权利本位，凡法律所不禁止的公民都可以去做，国家和政府不得随意干扰；同样，凡法律未授权的，政府都无权去做。这一点，随着社会主义市场经济体制的确立和现代法治社会建设进程的加快，越来越引起人们的重视，逐渐在社会生活中占据主导地位。可以这样说，中国法律的现代化过程，主要是公民权利全面实现与人性人格彻底解放的过程。权利本位的提升，有利于个人自由和保障公民的法律地位，是经济发展最直接、最有力的推动力。无视公民权利主体地位的经济发展很容易失去内在活力，牺牲权利本位的经济发展也缺乏必要的社会基础。但是，在强调权利本位时，必须注意不能将其片面地理解为每个个人权利本位，它还应该包含社会权利本位的含义，因为任何个人的权利行使都不得侵犯他人利益和社会利益。否则，也根本无从谈论权利本位。

(四) 以民商法为主体的私法的地位将进一步提高

如果说在中国法律现代化进程中，必须在法律理念上实现由权力本位向权利本位转变，而且在实践上也是可行的话，那么在法律体系的现代化过程中，以民商法为主体的私法的地位的提高也应成为中国法律理念现代化的又一基本取向。

众所周知，罗马帝国的著名法学家乌尔比安最早提出划分公法和私法的思想，并认为保护国家利益的法律属于公法，保护私人利益的法律属于私法。乌尔比安的这一观念得到了六世纪查士丁尼钦定《法学阶梯》的认同和充实，并一直构成近代西方调控社会的一种最基本的理念。而在我国，源于古代"民刑不分"和"重刑轻民"的传统，私法一直没有取得应有的地位，乃至说，私法几乎被完全淹没了。而新中国又长期坚持社会主义经济就是计划经济的错误理论与实践，并长期强调以国家公共权力为中心，各种私的社会关系也被纳入国家直接控制体系而以权力服从关系表现出来，平等自主型私法权利关系缺乏生长和发展的环境。

在社会主义市场经济体制下，社会关系相应地区分为两大部类：一类是法律地位平等的市场主体之间的平等和自主关系；一类是国家凭借公权力对市场进行干预的关系。这样，作为社会关系调节器的法律也就相应地分为调节平等自主关系的私法和调节公权力服从关系的公法。但社会生活的开展与活跃必然仰赖于私法，私法乃公法以及整个法治的基础，民法更是调整社会主义市场经济的基本法。因此，只有充分完善以民商法为核心的私法体系，自由、开放、独立和有效率的社会才会更趋发达，"人的现代化"才会真正实现。英国法学家梅因曾说过："一个国家文明的高低，看它的民法和刑法的比例就能知道。大凡半开化的国家，民法少而刑法多，进化的国家，民法多而刑法少。"①这一论述揭示了一个简单而明白的道理：民商法是否发达是整个社会进步和文明程度高低的重要标志。实际上，社会越进步，现代化程度越高，作为社会成员的自由度则会越高，社会成员的个人权利的正确行使将会受到更多的尊重和保护。因此，在中国法律现代化进程中，必须重点构建与社会主义市场经济相适应的以民商法为核心的私法体系，以保证市场开放、契约自由、诚实信用。

（五）法律的现实性与可行性是立法理念现代化的应然追求

我国从1981年到1994年先后制定了四个立法规划，包括1982年至1986年的经济立法规划、"七五"立法规划、"八五"立法规划和1994年至2000年的"五年立法规划"，② 逐渐形成了立法工作中的"总体设计、分步实施"的局面，新的法律法规不断出台。据统计，这十多年来，我国制定的法律与法律性决定已达277个，行政法规700多个、地方性法规有4200多个，政府规章则

---

① ［英］梅因：《古代法》，商务印书馆1989年版。
② 王培英：《实现五年立法规划是当前国家立法的重要任务》，载《法制日报》1995年5月7日第6版；蒋立山：《中国法制现代化建设特征分析》，载《中外法学》1995年第4期。

数以万计。① 然而，尽管我国目前制定了大量法律法规，但实施状况却不够理想。许多法院的判决书、调解书难以得到执行。② 造成这种严重后果的原因，除了其他因素的影响，与我国在立法上的认识偏差也是分不开的。这就是片面地认为"只要有大量的法律法规出台，求得立法数量与速度的增长和体系的完备，就可以建成现代法治社会"。这种错误的认识危害极大。本来，法律作为一种社会规范不是凭空捏造的，而是社会需求的产物，是社会经济关系的集中反映或记载。"法律应该以社会为基础"，③ 离开法律的现实需求，不寻求法律规定的权利或义务真正来源于社会实践的现实可能性以及人们的物质生活条件，是不可能有任何结果和实际意义的。

因而，在中国法律现代化进程中，决不能以立法数量的多寡和立法规模的大小作为衡量法律现代化的标尺，必须根据成熟的主客观条件来制定和实施法律。既要改变"立法滞后"的问题，又要把握好"超前立法"的度。

（六）法律内在的协调性、统一性、针对性和可操作性是法律理念不可忽视的取向

在注重中国法律的现实性和可行性同时，自然也应关注法律内在的协调性、统一性、针对性和可操作性。在实际生活中，我们常常发现一些法律难以实施，或者有的甚至超出了客观现实的需要而使法律无法实施，还有的则是法律规范之间存在冲突和矛盾，比如有的法律条文适应的社会基础发生了变化，却仍然沿用，或法律制定时超前"过度"而使法律不具备适用的条件等。加之我国一直没有统一的刑法典和民法典，许多问题依靠单行法规或法律解释、补充规定等方式解决，难免存在法律法规的不协调，缺乏统一性，矛盾和冲突出现后又不能立即消除。例如《经济合同法》对合同的要约、承诺、同时履行抗辩权、不安抗辩权、根据情事变更原则行使解除权等都未作明确规定，最终造成对复杂经济合同关系的调整不能起到明显作用，许多受到违约侵害的企业缺乏诉诸法律的兴趣，而热衷于"催款履行"。因而，目前亟待解决的问题就是要提高我国法律的质量，使法律文本所设定的内容正确反映社会现实，内部结构体系完整、符合立法技术的要求，形式要件上充分反映法律技术的构成条

---

① 郭道晖：《要以法制促进两个"根本转变"：兼论立法思路的更新》，载《法制日报》1995 年 11 月 30 日第 7 版。
② 孙林：《法律经济学》，中国政法大学出版社 1993 年版，第 213 页。
③ 《马克思恩格斯全集》第 6 卷，人民出版社 1965 年版，第 292 页。

件、协调一致,内容上针对性强,不发生文字上的歧义和误解,各法规之间具有内在联系。一言以蔽之,就是要使法律内在的可操作性增强,保证法律实施效果。

(七)国际社会法律的趋同化

现代社会,任何民族和国家都不可能孤立存在,它必然与其他民族、国家乃至整个国际社会发生联系和交流。从封闭走向开放并不断提高社会、经济的开放度,是人类社会文明进步的标志。因此,在中国法律现代化进程中不仅要将着眼点放在国内,而且要面向世界,不断提高法律的开放度,并致力于国际社会法律的协调发展。这是中国法律理念在放眼世界时所应把握的一个基本取向。

第二次世界大战以后,尤其是70年代以来,由于工业文明历史发展积淀而成的全球性问题(资源、生态、人口和粮食等)以及工业文明"过度成熟"所造成的全球范围内的某种"恶性发展"(从根本上说,是由"后工业社会"不合理的资源利用方式与消费方式引发的),主要表现为非再生能源的日益枯竭和可再生资源更新的长期受损,人类与自然之间的关系日趋紧张。资源浪费、环境恶化,全球生态环境受到越来越严重的污染和破坏,以至于人类如果不再携手共同应战就将危及自身的进一步生存与发展;另外,人类要摆脱陷入"核恐怖和核绝望的人质"的可悲处境,就不可能回避涉及全球各民族和国家生死攸关的共同问题,必须运用能共同遵守的法律规范和权威来约束各个国家、民族乃至个人的行为。否则,地球和人类都有可能被毁灭。因为,"人类在进入原子能被用于军事目的的核时代之后,就可能不再是永生的了……一旦爆发核战争,一切生命都将从地球上消失"。① 而且,随着全球市场经济的迅速发展,使各国被强劲的经济和金融链条紧密地联结在一起,在全球范围内各国经济的相关性和互动性因之空前强化,那种在空间上试图自行其是的孤立主义或自我中心的倾向显然都难以为继。马克思早就指出过:"由于机器和蒸汽的使用,分工的规模已使大工业脱离了本国基地,完全依赖于国际市场、国际交换和国际分工……"②事实上,今天各国经济的相互渗透、相互依存、相互融合日益加深,任何一个国家都不可能脱离世界经济体系而单独繁荣。此外,全球范围

---

① [前苏联]米·谢·戈尔巴乔夫:《改革与新思维》,世界知识出版社1988年版,第108页。

② 《马克思恩格斯选集》第1卷,人民出版社1965年版,第132~133页。

内信息传播方式的高度现代化,在客观上为世界各国在经济、政治、文化上的相互依存、相互交流与融合提供了全球互动的"基础设施"(全球运输体系和信息高速公路),从而加速了全球经济、政治、军事、文化的一体化进程。所有这一切充分表明,如果仍然停留在以往的国别思维方式上,将难以适应时代的要求,有必要用"统一化"、"趋同化"等范畴来重新统摄政治、经济、科技、文化和法律的发展。因而,法律的统一化和趋同化趋势,是全球政治、经济、军事、科技文化一体化演绎的必然结果。面对这种不可回避的客观趋势,如果依然抱守中华法系的封闭性和孤立性的残缺观念,不采取明智的态度,以主观上短视和误断来拒斥国际社会法律协调性或趋同化的思想,不仅会使我国法律现代化丧失利用"后发性优势"的势能,而且有可能使我国法律发展在国际社会相互依存中丧失趋利避害的机遇,甚至阻碍全球法律趋同化的进程乃至侵蚀全球政治、经济、科技和文化一体化运行的基础。值得注意的一点是,无论如何强调国际社会法律在国内立法上的趋同化趋势和在国际立法上的统一化运动,都不应忽视或否定法律根植于不同的社会政治经济基础所表现出的差异性,更不应陷入"世界法律大同论主义"的泥坑。

(八)重塑独立的法学品格和法学家人格

在中国法律现代化中,离不开法学家的参与和推动,离不开法学理论的指导。否则,科学化、理性化的法律现代化运动则无以萌生。中国法律要卸掉几千年历史积淀而成的沉重包袱,走出理论的束缚和实践的樊篱,改变传统的价值取向以及法律政治化的认同势能,避免陷入学术商品化的误区,所有这些都必须经过革命性的"模式"转换才能达到真正的超越,彻底实现现代化。这就要求中国法学和法学家要保持自身品格的独立性,站在客观、公正的立场上为建构中国现代化的法律体系及法律实施提供科学的理论指导,绝不能误导中国法律的现代化建设。因而,法学品格和法学家人格的独立性,则是中国法律理念应该把握的又一基本取向。

法学品格的独立性是指法学特有的结构、内在逻辑一经确立,就具有相对的稳定性,并不会因外部环境的变化而立即发生方向性的改变,而是有自己特定的活动范围和空间,有独特的、非其他社会因素所能替代的运作机制,它的发展方向、运作深度和广度以及功能的发挥等,都有一个很大限度内的独立性。一句话,法学虽然是社会经济活动发展到一定阶段的产物,但一经产生就具有相对独立性,不会随意附和政治或经济风向,更不会成为经济或政治的附属物;同样法学家也应该有独立的学者人格,忠于科学、忠于事实,唯科学真理以求，客观、公正地研究法律本质及其发展规律，为人类贡献有益的思想。然而，由于中国传统法律文化深受"官本位"、"权力至上"以及为政治现实服务等因素的影响和束缚，中国法学和法学家面对外在的社会力量和物质力量，往往丧失了应有的独立性，集中表现为：法学理论形态和研究方法在演进历程中尚未真正确立自我创新的动力和独特的开放性思维模式；法学家往往生活在经济和政治双重压力的夹缝中，为了生存的需要，紧跟形势或以个别执政者的讲话或指示为令牌，人为地制造许多"应景式"的所谓理论学说、思潮或流派。

中国法律正处于人类文明的历史转折点上，由各种各样的旧传统向现代文明的转换、过渡乃至创新是不可逆转的历史潮流。在这一革命性过程中，铸造富有现代意义的法律品格，是中国法律现代化的精神支柱，亟待法学界从精神上和物质上认同与支持。

从法律职能与法律体系的演进与变迁
看法律的趋同化问题*

　　法律是一种历史现象,法律产生与发展的历史过程有自己的规律性。这种规律性既是法律科学主要的存在依据,也是法律科学基本的研究对象。承认已有的法学研究工作尚未穷尽法律发展的历史规律是开辟法学研究新领域并推动法律科学不断发展的重要动力。基于上述认识,在对不同国家法律制度的历史发展进行动态比较研究的基础上,我们提出了"法律趋同化"的概念。我们所讲的法律的趋同化,乃指不同国家的法律,随着社会需要的发展,在国际交往日益发达的基础上,逐渐相互吸收、相互渗透,从而趋于接近甚至趋于一致的现象,其表现是在国内法律的创制和运作过程中,越来越多地涵纳国际社会的普遍实践与国际惯例,并积极参与国际法律统一的活动等。① 我们认为,法律的趋同化应是现代法理学中不可回避的一个重要范畴。研究法律的趋同化问题不但不与建立具有中国特色的社会主义法制相抵触,而且正是为了推进这一进程,使中国能更快地进入现代法治国家的行列。在我们国家,研究法律趋同化倾向的问题,是为了从新的角度进一步检讨过去那种认为社会主义法和资本主义法毫无共同点可言,以及社会主义国家的立法活动对历史上已出现的哪怕是进步的法律制度也毫无承继关系可言的僵化的观点。承认法律有趋同现象的存在,固然主要在于为了推进我国的立法应采取积极的态度去比较、研究人类现有一切优秀法律文化的遗产与成果,对适合我国国情的或也可以为我所用的外国有关法制加以借鉴、吸收和移植。但这种趋同是相互的、共同的,我们的许多符合人类社会共同进步需要的立法,我们的那些为保障和促进国际社会在和平稳定的环境中持续发展的立法,以及那些切合发展中国家转轨到市场经济的立法,也是对整个人类进步的法律文化所作出的贡献,对国际社会其他成员国

---

* 本文为李双元、于喜富合著,载于《法制与社会发展》1999年第1期。
① 参见李双元、张茂:《中国与当代国际社会法律趋同化问题研究》,载《武汉大学学报(哲学社会科学版)》1994年第5期。

家的立法也具有借鉴的作用,从而或将为其他国家的国内立法所吸收,或将为国际社会的统一立法(国际条约或公约)所采纳。① 法律趋同化现象的产生并非偶然,相反,它既有社会、经济、政治、文化、历史等方面的根源,也是法律自身演进的必然结果。关于法律趋同化的社会、政治、经济、文化等方面的成因以及法律形式的演进与法律趋同化的关系等问题,我们已经作过专门探讨,② 本文则拟从法律自身演变,即法律职能的演进和法律体系构成的变迁等方面来进一步论述法律趋同化及法律自身历史发展的必然进程。

一、法律职能的历史演进与法律趋同化

法律的职能,指由法律的本质和特点所决定的、法律本身所具有的内在功能。法律必须也必然履行一定的职能,"如果法律对于受治于它的人没有用处,那么这些法律就是名存实亡的"。③ 历史唯物主义认为,法律是上升为国家意志的统治阶级意志,因而法律职能与国家职能在根本上是一致的。马克思主义国家学说明确将国家职能区分为政治统治职能和社会管理职能两个方面,前者又称为国家的阶级职能或特殊职能,后者又称为国家的社会职能或一般职能。我国法学界正是依据国家职能,把法律职能概括为政治统治职能和社会管理职能,即阶级职能和社会职能。而且如果我们不是抽象地和机械地而是历史地和辩证地去理解法律职能,那么,法律的职能还应该是动态的和可变的,法律职能的变迁对各国法律制度的演进不能不产生积极影响,从而导致国际社会的法律通过不同途径并采用不同形式的趋同化进程。

(一) 法律阶级职能的变迁与法律趋同化

法律的阶级职能,指法律所具有的维护统治阶级政治统治的职能。马克思主义历来认为,法律是统治阶级意志的体现,它必然履行相应的阶级职能,以实现统治阶级的政治统治。由于法律的阶级本质以及阶级职能的差异乃至对立,必然导致法律制度之间的差异乃至对立,这是我国法学界普遍承认的观

---

① 参见李双元、张茂:《中国与当代国际社会法律趋同化问题研究》,载《武汉大学学报(哲学社会科学版)》1994年第5期。

② 参见李双元、徐国建主编:《国际民商新秩序的理论建构》,武汉大学出版社1998年版。

③ [意]但丁著:《论世界帝国》,朱虹译,商务印书馆1985年版,第35~36页。

点，笔者对此也不持异议。然而，回溯我国法学界关于法律本质和法律职能问题的讨论，不难发现，人们往往把法律的阶级本质和阶级职能会导致各国法律制度之间差异乃至对立的观点绝对化了。不但主张法律只具有阶级性和阶级职能的学者着力强调不同阶级本质国家之间法律制度的差异乃至对立，即使主张法律同时具有社会性和社会职能的学者也往往只从法的社会性和社会职能方面来理解各国法律制度之间的共性，而把法律的阶级性和阶级职能仅仅看成是导致各国法律制度差异与对立的原因。[①] 从上述观点出发，人们似乎陷入了一种僵固的思维定式，即法律的阶级性和阶级职能的存在只意味着各国法律制度之间的差异与对立，而承认法律趋同化的观点必然意味着对法律阶级性和阶级职能的否定。这种思考方式显然过于偏狭。在任何一个历史时代，并非所有国家之间法律制度的阶级本质以及阶级职能都是完全对立的，具有相同阶级本质和相同阶级职能的法律制度的并存现象是普遍存在的。因此，考察法律的阶级本质和阶级职能，更全面的观点应该是，既承认不同阶级本质的国家之间法律阶级性与阶级职能的差异与对立（其实，各国法律的差异与对立，还受其他诸多因素，如文化背景的不同，历史传统的差异，文明发达的程度，乃至经济生活的方式以至地理气候条件的差别等的影响，只是为了说明问题的方便，对这些因素本文均暂不涉及），又不忽视相同阶级本质的国家之间法律的阶级性和阶级职能的相同或相近。承认相同历史类型国家之间法律阶级性以及阶级职能的相同或相近，显然有助于理解法律制度的趋同化（关于不同阶级本质的国家之间的法律仍有趋同性的问题将在下一目中讨论）。

按照马克思主义法理学的观点，法律是阶级社会特有的现象，随着社会形态的演进，法律经历了奴隶制法、封建制法、资本主义法、社会主义法等历史类型的更替。不同历史类型的法当然具有不同的阶级本质和阶级职能，而相同历史类型的法则是具有相同的阶级本质和阶级职能。此外，奴隶制法、封建制法、资本主义法同为剥削阶级法律，其阶级职能也具有某种程度的相似性。

一般说来，各个国家社会形态的演进从而导致法律历史类型的更替都是通过社会革命实现的，但具体进程并非同步。当某一个国家通过社会革命率先建立了新型社会制度以后，也必然建立起一种新型的法律制度。最初，这种新型法律制度的出现固然是世界法制多样化发展的一个重要体现，但当其他国家相继发生同类性质的社会革命以后，这种新型法律制度也会成为仿效的楷模，从

---

① 有关我国法学界对法律本质和职能问题的讨论，可参见群众出版社1987年出版的《法的阶级性与社会性问题讨论集》。

而使世界法制在一定范围内呈现趋同化走势。法国比较法学者勒内·罗迪埃对社会革命导致法律趋同化问题作过分析。他指出:"受革命影响的社会集体在一段或长或短的时间内跳出邻国人民按照一条缓慢的集中规律正在运行的轨道。从这个总的潮流来看,它偏移了中心,但是这股总潮流在共同需要的影响下,在仿效文明的影响下,在缓慢或急剧的法律迁移的影响下,渐渐地又把各种法律制度统一起来。"①他还特别分析了法国大革命和十月革命对法律趋同化的深刻影响,指出:"假如说革命的法律是导致分歧的一个因素,那么当它趋向普遍化时,它将成为统一的因素。激励1789年法国大革命的理想导致它的法律制度向外输出。'法兰西大革命'这一事件导致法律的某种统一,实质上已使之向深度发展,至少在人民的公法方面。苏联的法律也同样有一定程度普遍化的倾向,因为苏联的革命标志着第三国际总运动的开始。"②由于唯心史观的局限,罗迪埃无法理解社会形态历史演进的必然规律,因而错误地把社会革命视为历史的偶然事件,但他对由社会革命所导致各国法律制度多样化和趋同化两种走势的辩证分析仍极具说服力。

综观世界法制发展的历史,相同历史类型法律制度之间的相互影响由来已久,具体例证不胜枚举,以下仅撷取一二以兹说明。在奴隶制时代,罗马万民法便是地中海地区不同国家、不同民族法律制度相互交融的产物。因此,有人将万民法定义为:"罗马人与古代文明民族共有的或在同他们的关系中逐渐创立的规范总和。"③在封建时代,亚洲诸多国家的封建律典普遍受中国《唐律》影响。中国作为亚洲最早步入封建时代的国家,至唐代已建立了完备的封建法律制度。日本、朝鲜、越南等后起的封建国家,在建立封建法律制度时,无不以中国《唐律》为楷模,大肆移植与借鉴。尤其日本《大宝律》更是直接以《唐律》为蓝本,连日本学者也不得不承认:"我国《大宝律》大体上是采用《唐律》,只不过再考虑我国国情稍加斟酌而已。"④在欧洲中世纪,虽然各封建国家的法律制度以习惯法为主要渊源,严重限制了法律制度之间的相互移植与借

---

① [法]勒内·罗迪埃著:《比较法导论》,徐百康译,上海译文出版社1989年版,第20~23页。
② [法]勒内·罗迪埃著:《比较法导论》,徐百康译,上海译文出版社1989年版,第20~23页。
③ [意]彼德罗·彭梵得著:《罗马法教科书》,黄风译,中国政法大学出版社1992年版,第13页。
④ 日本学者桑原骘藏语,转引自张晋藩主编:《中国法制史》,群众出版社1992年版,第284页。

鉴，但在婚姻、家庭、继承等领域，教会法仍是许多国家普遍奉行的法律秩序。①至于近代，英国通过所谓的"光荣革命"率先建立了资本主义制度，并在判例法传统基础上建立了资本主义法律制度。法国资产阶级革命以后，主要通过拿破仑立法活动建立了成文的资本主义法律制度。英法两国的法律制度对后世资本主义国家法律制度的建立产生了广泛深远的影响，最终形成了资本主义世界两大法系。当然，资本主义国家法律制度间的相互影响远不仅限于两大法系内部，在两大法系之间也广泛存在。尤其在国家法方面，资本主义各国的法律制度多有相似，其中美国和法国宪政制度的相互影响是突出例证。②"十月革命"以后，前苏联率先建立了社会主义制度，并在废除旧沙俄的法律制度的基础上建立了新类型的社会主义法律制度。这一法律制度对战后欧亚各社会主义国家法律制度的正面与负面的影响是有目共睹的。

国家与法律的阶级本质以及阶级职能的相同，不仅有助于有关国家国内法的相互移植与借鉴，而且也有助于国际统一法制的建立，这在"冷战"时期表现得至为明显。二战后至五十年代，以前苏联为代表的社会主义阵营和以美国为首的资本主义阵营相继形成。在两大阵营之间，存在着政治、经济、文化、军事以及意识形态领域的尖锐对峙，而在各阵营内部，国际交流与合作却十分频繁。而且，两大阵营之间的尖锐对峙，促成了各阵营内部更加紧密的团结与合作。这种情形在法律领域的反映与表现便是，各阵营内部的国家之间不断通过缔结条约来实现法律的国际统一。在此，由前苏联倡导的经济互助委员会的建立及其一系列统一法律的成果便是突出例证。

相同历史类型法律制度之间的趋同现象不仅大量存在，而且极其自然。日本引进外国法律制度的历史为我们提供了有力佐证。如前所述，日本在封建时代曾大量引进中国封建社会的法律制度。明治维新以后，为适应发展资本主义的需要，日本转而引进西方法律制度，尤其是德国法律。"德国法不仅对编纂日本近代的各种法典，特别是大日本帝国宪法(明治二十三年)、民法(明治二十一年)、商法(明治三十二年)等主要法典影响很大，而且对明治三十年代至大正初期的日本法学也有绝对的影响。那个时代虽然已成为过去，但现在仍可

---

① [法]勒内·罗迪埃著：《比较法导论》，徐百康译，上海译文出版社1989年版，第2页；[意]埃尔曼著：《法律与革命》，贺卫方等译，中国大百科全书出版社1993年版，第5~6章。

② 参见[美]安杰伊·拉帕金斯基：《美国宪政的域外影响》，载[美]路易斯·亨金等编：《宪政与权利》，郑戈等译，生活·读书·新知三联书店1996年版。

极为容易地从日本的法律和法学中找出德国法和德国法学的影响。"①战后，日本法又受到美国法的影响，"除了仿照美国宪法制定了日本国宪法之外，在其他各个领域也把美国法引进了日本"。② 日本在封建时代引进中国法律，近代以来转而引进西方法律，此种现象当非偶然，内中也应蕴涵着相同历史类型从而具有相同阶级本质和阶级职能的法律制度之间相互趋同的历史与逻辑必然。

当然，法律趋同化现象不仅见于相同历史类型的法律制度之间，罗马奴隶制的私法制度被后世资本主义国家接受并对一些社会主义国家民事立法产业影响的事实便清楚地说明了这一点。而且，即使在相同历史类型的法律制度之间，法律趋同化现象的存在也不仅仅是因为法律的阶级本质和阶级职能相同，因为法律趋同化的原因毕竟是复杂多元的。但是，只要我们承认法律阶级本质和阶级职能是划分法律历史类型的重要依据，并且正视相同历史类型法律制度之间的趋同化现象，那么就不能简单地把法律的阶级本质及阶级职能与法律趋同化问题绝然对立起来。在对法律现象作阶级分析时，不仅要看到阶级本质及阶级职能的差异与对立必然带来法律之间的差异与对立，而且也应看到相同阶级本质和相同阶级职能法律制度之间的共性。从这种意义上说，把法律的阶级性和阶级职能与法律趋同化现象对立起来，甚或认为法律趋同化研究抹杀了法律的阶级本质和阶级职能并因而视之为理论研究的禁区，诸如此类的观点不能不说是极端狭隘的。

探讨法律的阶级职能与法律趋同化问题，当然也有必要澄清西方学者抹杀法律的阶级性和阶级职能从而盲目鼓吹法律趋同论的错误观点。在中外法律思想史上，否认法律阶级本质和阶级职能的差异，盲目鼓吹各国法律一致性的观点由来已久。其中，西方的自然法理论最为典型。自然法理论源于古希腊，斯多葛学派已经表述了比较完整的自然法思想。后来，经过古罗马以及中世纪的发展，自然法理论一直绵延至近现代。当然，在两千多年的历史发展中，自然法理论绝非一成不变，不过，所有时代自然法理论的一个共同特点是，强调一种应然的法律秩序的存在，这种应然的法律秩序以抽象的人类理性或正义为基础。自然法理论在把法律归结为抽象的人类理性或正义原则的同时，实际上也就唯心主义地肯定了各国法律的一致性。在这一方面，法国近代自然法学者摩

---

① ［日］早川武夫等著：《外国法》，张光博等译，吉林人民出版社1984年版，第5页，第159页。

② ［日］早川武夫等著：《外国法》，张光博等译，吉林人民出版社1984年版，第5页，第159页。

莱里走得最远，他甚至依据所谓人类理性，企图编制一部各国通用的理想法典，并将自己的著作命名为《自然法典》。① 自然法理论承认各国法律制度之间的共性，当然不无合理成分，但是，把法律归结为抽象的理性或正义，完全抹杀法律的阶级性和阶级职能，当然也是不科学的。

此外，现代西方社会历史思潮中的社会制度的"趋同论"也需要澄清。这一理论思潮源于美国社会学家索曼金于1944年发表的《俄国与美国》一书。作者认为，社会主义与资本主义两种对立的社会制度随着社会的演变而渐趋一致，最终将形成一种既非社会主义也非资本主义的混合的社会制度，也就是所谓的"工业社会"。② 尽管这一理论所说的社会制度也包括了法律制度，但是正如邓小平同志所指出的市场经济资本主义制度和社会主义制度都可以利用一样，许多法律制度也是既可为资本主义法制所规定，也可为社会主义法制所涵纳，故而我们所讲的法律趋同化这一概念与索曼金所谓的"趋同论"是显然不同的。

总之，法律的阶级职能与法律趋同化之间的关系是辩证的，把法律的阶级职能与法律趋同化问题对立起来当然是错误的；而无视法律的阶级职能，盲目鼓吹各国法律制度一致性的观点也是不科学的。

(二) 法律的社会职能与法律的趋同化

法律具有阶级性和阶级职能，这在我国法学界一直不存异议。但是，关于法律的阶级性和阶级职能是否具有绝对性，即法律在具有阶级性和阶级职能的同时是否还具有社会性和社会职能，法学界曾长期存在争论。把法律的阶级性和阶级职能绝对化，从而否认法律的社会性与社会职能的观点，一度十分流行。这种主张在把法律的阶级性和阶级职能绝对化的同时，实际上也把不同历史类型法律制度之间尤其是社会主义法律与其他历史类型法律制度之间的差异与对立绝对化，从而割裂了不同历史类型法律之间尤其是社会主义法律与其他历史类型法律制度之间的历史联系。这种观点貌似正统，实际上却有违历史事实。罗马私法对后世资本主义国家及社会主义国家民事立法的影响，雄辩地说

---

① 摩莱里的《自然法典》一书共分四篇，其中第四篇题为"合乎自然界意图的法制的蓝本"，这是他依人类理性所设计的理想法制蓝图。具体内容可参见商务印书馆1959年版中译本。

② 参见刘佩弦主编：《马克思主义与当代辞典》，中国人民大学出版社1988年版，第696页。

明了不同历史类型法律制度之间的历史联系。中国当代法制建设实践中呈现出的与国际社会普遍实践趋同化的鲜明倾向,更直接地说明了中国社会主义法律制度不是孤立和闭锁的。①

所幸的是,通过对法律本质和职能的几次集中讨论,我国法学界已基本摒弃了把法律的阶级性和阶级职能绝对化的观点,在阶级性和阶级职能之外法律尚具有社会性和社会职能的主张已大体成为共识。② 有鉴于此,对于法律何以具有社会性和社会职能的问题我们未加赘述。在此,我们仅就法律的社会性及社会职能与法律趋同化的关系问题作初步探讨。

所谓法律的社会性职能,乃指法律所具有的管理社会公共事务的职能。比较不同国家乃至不同社会,法律社会职能的共同性便难以否认。马克思曾反复强调过各种类型国家社会职能的一致性。他指出:"一切规模较大的直接社会劳动或共同劳动,都或多或少地需要指挥,以协调个人的活动,并执行生产总体的运动——不同于这一总体的独立器官的运动——所产生的一般职能。"③在此,马克思从社会共同劳动中引申出了国家的社会职能。在论及资本主义国家时,他又指出:"完全同在专制国家中一样,在那里,政府的监督劳动和全面干涉包括两个方面:既包括执行由一切社会的性质产生的各种公共事务,又包括由政府同人民大众相对立而产生的各种特殊职能。"④在这里,马克思特别强调指出,国家所执行的各种公共事务是由"一切社会"的性质所产生的。他又指出:"只要资本家的劳动不是单纯作为资本主义生产过程的那种过程引起,因而这种劳动并不随着资本的消失而消失;只要这种劳动不只限于剥削别人劳动这个职能;从而,只要这种劳动是由作为社会劳动的形式引起,由许多人为达到共同结果而形成的结合和协作引起,它就同资本完全无关,就像这个形式本身一旦把资本主义的外壳炸毁,就同资本完全无关一样。"⑤在这里,马克思明确断言,在把资本家的管理活动作为一种社会共同劳动来理解时,它不随资

---

① 关于中国法律与国际社会普遍实践趋同化现象的具体表现,可参见李双元主编的《市场经济与当代国际私法趋同化问题研究》(武汉大学出版社 1994 年版)第一章第二节。此外,近年来我国相继修改的《中华人民共和国刑事诉讼法》和《中华人民共和国刑法》中也显示了趋同化倾向,值得注意。

② 有关法律社会性与社会职能问题的观点,可参见《法的阶级性与社会性问题讨论集》,群众出版社 1987 年版。

③ 《马克思恩格斯全集》第 23 卷,人民出版社 1971 年版,第 367 页。

④ 《马克思恩格斯全集》第 25 卷,人民出版社 1971 年版,第 432 页。

⑤ 《马克思恩格斯全集》第 25 卷,人民出版社 1971 年版,第 435 页。

本主义制度的消失而消失，甚至可以与资本无关。当然，我们不能设想，所有国家的社会职能都是完全相同的，因为不同时代以及不同国家的社会管理职能应当有大小和强弱之分。但是，从马克思的上述论述中，我们也不难得出这样的结论，即一切国家的社会管理职能必然具有一定程度的共性，而国家社会职能的共性本身也必然蕴涵着各国法律社会职能的共性。西方学者在否认法律阶级职能方面固有缺陷，但在承认法律社会职能的共同性方面也非毫无道理。美国法学家卢埃林就曾提出并力图证明："法律具有某种普遍功能，可以运用于所有社会。不管古代的还是现代的，简单的还是复杂的，都可以适用。"①

法律的社会性以及各国法律社会职能的共同性当然有助于各国法律制度的趋同化(请注意，我们在这里也不是说法律的社会性及各国法律社会职能的共同性必会导致各国法律的绝对一致。如果这样看，则又陷入了唯心论和机械论了)。我国学者在论及法的社会性和社会职能问题时，大多正确地指出了不同历史类型法律制度之间的历史继承关系，尤其是社会主义法律对其他历史类型法律制度的批判继承关系，恰如有学者所言："社会管理职能或监督社会劳动职能是一切国家的共同职能这一原理，也包括着不同历史类型的法律制度间的批判继承的必要性和可能性，甚至必然性。一个新的法律体系，如果完全拒绝以往法律体系中包含的人类智慧和经验结晶起来的合理成分，是不可能长期存在下去的。"②一些资产阶级学者则在更广泛的意义上肯定了各国法律制度的共同性。边沁曾指出："所有国家的法律，甚至是任何两个国家的法律，假若在所有的观点上都一致，那是必不可取的，因为这是不可能的，可是，在所有文明国家的法律中，一些最重要的观点，应该是相同的，而且亦没有什么不便之处。"③台湾有学者指出："人类之良知虽因所处社会之地理环境，宗教信仰及生活习惯之不同而有小异，但在基本上则属相同，如无故杀人，人人知其不可；非份取财，各国皆有禁律……故纵使闭关立法，其结果亦必然与其他国家大同而小异。"④上述论断即使是建立在唯心史观的基础上，但如果从法律的社会性和各国法律社会职能的共同性方面来理解，也不是没有道理。

---

① [英]罗杰·科特威尔著：《法律社会学导论》，潘大松等译，华夏出版社1989年版，第89页。
② 吕世伦等主编：《现代理论法学原理》，安徽大学出版社1996年版，第54页。
③ [英]边沁：《道德与立法原理》，转引自《西方法律思想史资料选编》，北京大学出版社1983年版，第499页。
④ 陈玮直：《论近代法律趋向》，载《法律之演进与适用》，台湾汉林出版社1977年版，第103页。

在明确各国法律社会职能的共同性必然赋予各国法律制度以共性的同时，我们不能忽视法律社会职能动态演进的历史趋势。既然马克思主义把国家与法律的社会职能归结为社会公共事务的管理，因而，要说明国家与法律社会职能发展演进的基本趋势，有必要对"社会公共事务"范围作历史考察。人类是社会的动物，人类的社会生活并非某种既定模式的简单重复。相反，随着文明的进步与社会的发展，社会生活由简朴而趋丰富，社会关系由单纯而趋复杂，社会分工由简单而趋细密，社会组织由粗陋而趋发达，相应地，社会公共事务也就日益广泛和复杂。因此，在阶级社会里，国家与法律固然执行着重要的阶级职能，同时，国家与法律所执行的管理社会公共事务的社会职能也日益强化。法律社会职能的这种演进趋势，推动着法律规则量的累积与增加。马克思就指出："社会分工本身表现为固定法律、外在法规并受规章支配。"①我国有学者还正确指出了法律规则量的变化与商品经济之间的内在联系："从法律的进化看，法律规则量的变化是与商品生产和商品交换的发展成正比的：商品生产越是发达，人们越是相互依赖，商品交换的规模越大，频率越高，法律规则的数量就越多，覆盖面就越广；商品生产和交换萎缩，权利和义务趋于简单，法律规则的数量就相应地减少。"②从各国法律社会职能的共同性必然赋予各国法律制度以共性，以及各国法律社会职能的演进，必然导致各国的法律规则的数量的增加这两个命题中，我们不难引申出法律趋同化的逻辑结论。

既然法律的阶级性和阶级职能的存在必然在不同阶级本质的法律制度之间造成差异乃至对立，而法律的社会性和社会职能的存在又必然赋予各国法律制度以共性，因而为了说明各国法律制度的多样化与趋同化问题，是不是有必要在执行阶级职能的法律和执行社会职能的法律之间作一个明确的区分呢？在以往关于法律本质问题的探讨中，就存在着试图将法律的阶级性和社会性以及阶级职能和社会职能割裂开来的观点。③ 其实这种主张是机械的，因为法律的阶级性和社会性及其阶级职能和社会职能不是相互对立的，而是辩证统一的。诚如恩格斯所言："政治统治到处都是以执行某种社会职能为基础，而且政治职能只有执行了它的这种社会职能时才能持续下去。"④因此，要在执行阶级职能

---

① 《马克思恩格斯全集》第 47 卷，人民出版社 1971 年版，第 357 页。
② 张文显：《法学基本范畴研究》，中国政法大学出版社 1993 年版，第 309 页。
③ 在过去关于法律本质问题的讨论中，不少人认为诸如交通法，科技法、环境法、卫生法等只执行社会职能，因而也只具有社会性，而不具有阶级性。
④ 《马克思恩格斯全集》第 3 卷，人民出版社 1971 年版，第 219 页。

的法律和执行社会职能的法律之间画出一条泾渭分明的界限，这种想法本身便包含了陷入机械主义的危险。譬如说，过去，大多数人都认为刑法、刑诉法具有鲜明的阶级性，同时履行着强烈的阶级统治和镇压职能，并因此认为社会主义的刑法和刑诉法对资产阶级国家的刑法和刑诉法不存在批判继承关系。然而，从近年来我国相继修改的《中华人民共和国刑事诉讼法》和《中华人民共和国刑法》的内容来看，诸多制度和条款均借鉴了西方资产阶级国家刑诉法和刑法的内容。如果我们完全割裂法律的阶级职能和社会职能，只承认刑法、刑诉法的阶级职能，那我们的刑法、刑诉法借鉴西方制度的现象便无法作出解释。因此，在法律的阶级职能和社会职能的关系问题上，我们同意这样的看法：两种职能在阶级社会的法律中是并存的，在阶级矛盾尖锐化和政治斗争十分激烈的时期，法律阶级统治职能比较突出，反之在社会处于相对稳定发展的情况下，则法律执行公共事务的职能显著得多。①

二、法律体系构成之变迁与法律趋同化

仅仅从国内法意义上来理解法律体系，是一种颇为流行的观点。《中国大百科全书·法学》就对"法的体系"作了如下定义："由一个国家的全部现行法律规范分类组合为不同法律部门而形成的有机联系的统一整体。"②在当今国际法迅速发展的情况下，仅仅从国内法的角度来谈论法律体系，同时把国际法完全排斥于法律体系问题之外，这种观点至少是不够全面的，并且已大大落后于现实生活的发展。因此，在国际法学界，更流行的观点是，将国内法规范与国际法规范一并纳入法律体系的范畴来加以探讨。在西方国际法学界，对此有一元论与二元论的分歧，前者主张国内法与国际法组成一个普遍的法律秩序和法律体系，后者主张国内法与国际法是两种彼此独立的法律秩序或法律体系。我国国际法学界则一般认为国内法与国际法是既相互区别又相互联系的两个法律体系。无论国内法体系还是国际法体系都并非从来就有或一成不变，因而也都存在一个动态与变迁的问题。国内法体系和国际法体系的历史变迁及其相互影响，对我们理解法律趋同化也有着重要的意义。

---

① 参见孔庆明主编：《马克思主义法理学》，山东大学出版社1990年版，第148~149页。

② 《中国大百科全书·法学》，中国大百科全书出版社1984年版，第8页。

(一) 国内法体系的变迁与法律趋同化

法律体系作为一种客观存在的社会现象，归根到底是由一定的经济关系所决定的，同时它也受到各国历史传统、民族特点及文化发展水平的制约。因此，不同国家之间不可能存在完全一致的法律体系，而且各个国家法律体系的历史发展过程也必然各具特点。然而，诉诸宏观的历史视野，各国法律体系及其历史变迁过程也并非没有共性可言。比较古代法律体系与近现代法律体系，我们不难发现，古代国家的法律体系以诸法合体、刑民不分、以刑为主为常态模式；而近现代国家的法律体系普遍实现了公法与私法的分离，同时实现了公法与私法的并重发展。由诸法合体到公私法分离、由重刑轻民到公私法并重，是各国法律体系历史演进中的一种普遍现象。

古代法律体系具有诸法合体、刑民不分、以刑为主的基本特点，中外皆然。一般认为，中国古代于战国时期魏国李悝所著《法经》是我国最早的一部系统化的法典，《法经》内容共计六篇，依次为盗、贼、囚、捕、杂、具，这些篇名本身已充分体现出诸法合体、刑民不分、以刑为主的特点。商鞅携《法经》相秦以后，《法经》的体系与内容影响了秦律。汉初，萧何定《九章律》也以《法经》为基础，增加了兴、厩、户三篇。后经晋隋，至唐代，中国封建法律制度发展至顶峰。从至今完整保存的《永徽律》来看，其体系结构与内容无不体现出诸法合体、刑民不分、以刑为主的特点。直至清朝末年，沈家本等人奉旨进行法律改革，参酌西方近代法律体系，分别编纂完成了《大清新刑律》、《大清民律草案》等，中国古代诸法合体的法律体系才告终结。从世界范围来看，《汉穆拉比法典》、《摩奴法典》、《十二铜表法》等古代法典，也是诸法合体、刑民不分、以刑为主的。梅因在考察这些古代法典时曾指出："所有已知的古代法的收集都有一个共同的特点使它们和成熟的法律制度显然不同。最显著的差别在于刑法和民法所占的比重……我以为可以这样说，法典愈古老，它的刑事立法就愈详细，愈完备。"①

在古代法律体系中，罗马法可谓独树一帜，罗马人不仅确立了公法与私法相区分的观念，而且建立了相当完备的私法制度。《学说汇纂》和《法学阶梯》都明确将法律区分为"公法"和"私法"，并定义为："公法是有关罗马国家稳定的法，私法是涉及个人利益的法。公法见之于宗教事务、宗教机构和国家管理

---

① 梅因著：《古代法》，商务印书馆1989年版，第207页。

机构之中。私法则分为三部分，实际上，这是自然法、万民法或市民法的总和。"①罗马法不仅存在公法与私法相区分的观念，而且还建立了相当完备的私法制度。当然，即使在罗马法中，公法与私法的明确划分也只存在于理论观念上，而法典编纂仍是诸法合体的。由查士丁尼帝于公元534年编纂的、被后世公认为集罗马法大成的《查士丁尼法典》便集公法私法于一体，在全部12卷内容中，2~8卷为私法，9~12卷为公法。台湾有学者甚至认为，这部法典的内容仍以公法为主，指出："罗马法进步到优帝法典，其中大部分还是政事法刑事法等公法，民事法的整理仍是一部汇编，并没有制成法典。我们现在研究的罗马法，重要的是这部汇编，而不是这部法典。"②

古代法律体系所以具有诸法合体、刑民不分、以刑为主的特点，其原因是复杂的。梅因在论及这一问题时，把现代民法分为人法、财产和继承法、契约法三个部分，并逐一追溯了它们在古代社会不能发达的原因。他认为，在人法方面，古代社会强调以身份为基础的服从关系，没有任何权利观念，人法也就被等同于身份法并被限制在最狭小的限度内，而财产和继承法则由于古代家族制度的存在而无从发达；在契约方面，则主要由于契约所依据的道德观念尚不成熟而使契约法难以发达。③ 这一分析当然不无道理，但却略显直观。根据唯物史观，法律这一上层建筑归根到底由社会物质生活条件所决定，法律体系也不例外。民商私法作为主要是调整财产关系的法律直接受社会经济生活的制约，古代社会由于生产力水平低下，社会分工比较简单，商品生产与交换不发达，民商私法当然也难以发达。这当是古代法律体系刑民不分、以刑为主的根本原因。

近代以来，资本主义国家的法律体系发生了显著变化。法国、德国、瑞士等大陆法系国家继受了罗马法关于公法与私法相区分的观念，在建立资本主义法律体系时，明确将公法与私法区别开来，并且克服了古代法律体系重刑轻民、以刑为主的特点，实现了公法与私法的并重发展。当然，大陆法系国家在建立和发展公私法相分离的近代法律体系的过程中，公法本身也获得了长足的进展，宪法、刑法、刑事诉讼法、行政法作为独立法律部门的涌现说明了公法

---

① [意]桑德罗·斯奇巴尼亚选编：《正义与法——民法大全选译》，黄风译，中国政法大学出版社1992年版，第34页；另参考[罗马]查士丁尼：《法学总论：法学阶梯》，张企泰译，商务印书馆1989年版，第5~6页。

② 王伯奇：《习惯在法律上地位的演变》，载梅仲协主编：《法律系》，台湾正中书局1962年版。

③ 参见梅因著：《古代法》，商务印书馆1989年版，第207~208页。

本身的发达程度。查尔斯·斯拉蒂兹在论及近代公法制度时指出:"(1)封建制度的逐步瓦解;(2)近代国家的形成与君权的集中;(3)行政机关的建立及其功能趋于多样化;(4)罗马法的影响;(5)具有法律素养的资产阶级的形成。所有这些因素都强烈导致集权化的行政机关以'公共利益'为名而发展起来的一个新的法律实体的出现,这便是公法。"①与公法的渐趋发达相比较,近代大陆法系国家私法的发达与成熟同样不容忽视,《拿破仑法典》、《德国民法典》、《瑞士民法典》等著名法典内容之充实、体例之完整、条文数量之巨大以及概念术语之科学,都足以说明有关国家私法制度之完备。在民法之外,商法、民事诉讼法、国际私法等作为独立法律部门的出现,也体现了大陆法系国家私法制度之发达。

与大陆法系国家不同,在英美法系国家的近代法律体系中,较常见的是判例法与制定法、普通法与衡平法的区分,公法与私法相区分的观念并不流行。"在英国法中,历史发展起了重要作用。肯定地说,直到1875年,普通法和制定法、普通法与衡平法的区别才得到承认。至于私法和公法的区分在实践中却鲜为人知。"②英美法系与大陆法系在区分公法与私法问题上的差异只具有相对意义。在英美法系国家,判例法与制定法以及普通法与衡平法的区分标准在于法律的创制方式,而不是按照法律所调整的社会关系内容。如果我们按照大陆法系国家区分公法与私法的观念来分解英美法系国家的近代法律制度,那么,其公法与私法并重的特点也极为鲜明的。

在现代世界各国的国内法体系方面,公法与私法的分离已不限于大陆法系,公法与私法的并重发展也不仅见于资本主义法律体系中。且不说许多发展中国家在建立现代法律体系时深受大陆法系和英美法系的影响而在法律体系上呈现出公私法分离或公私法并重发展的倾向,即使在社会主义国家,公私法相区分的观念也已广为承认,公私法的并重发展也已成为事实。列宁曾指出:"我们不承认任何'私人'性质的东西,在我们看来,经济领域中的一切都属于公法范畴,而不是什么私人性质的东西。"③社会主义国家曾普遍将这一论述作为否认公法与私法相区分的依据。应当承认,即使在过去社会主义国家普遍否认公私法区分的时候,人们提出的某些法律体系划分方法仍与公私法的区分方

---

① 转引自吕世伦等主编:《现代理论法学原理》,安徽大学出版社1996年版,第397页。
② 《牛津法律大辞典》,光明日报出版社1983年版,第265页。
③ 《列宁全集》第42卷,人民出版社1971年版,第427页。

法大同小异。苏联的雅维茨在《法的一般理论》一书中指出："法律体系能够划分为它所固有的两大部分，一部分包括主要调整横向关系（财产、家庭和劳动关系）的法律部门，另一部分包括调整着纵向关系（权力关系、组织管理关系、刑法和诉讼法关系）的部门。"①如果我们把这里所谓的调整横向关系的法律和调整纵向关系的法律分别对应于私法和公法，似无任何不妥。改革开放以来，随着对社会主义经济制度和经济体制认识的日益深化尤其是对发展社会主义商品经济必要性的深刻认识，我国法学界对公法与私法的划分问题也获得了新的认识，并逐渐确立了公法与私法相区分的观念。甚至有人认为，公法与私法的区分是当然的，现在还讨论这一问题已为时过晚。②从我国近年来的立法实践来看，民事经济立法备受关注，建构适应社会主义市场经济要求的法律体系框架已成为当前立法工作的中心任务，这充分显示了中国社会主义法律体系公私法并重发展的特点。

各国法律体系从公法、私法合体以及重公法、薄私法到公法与私法分离以及公法、私法并重的历史变迁，对世界法制的趋同化有重要影响，这一点从公法和私法领域趋同化现象程度不同的表现中可以得到逻辑的证明。

诚然，通过对国内法体系历史变迁的考察，可以断言，不仅私法制度经历了由贫瘠而至发达的演进，而且公法制度本身也经历了逐渐丰富与发展的过程。而且，我们所谓的法律趋同化决非单指私法制度的趋同化，在公法领域也存在法律趋同化的现象。③但是，比较公法和私法领域的趋同化现象，其表现程度确有差异。古罗马人所创立的以充分发展的简单商品经济为基础的私法制度不仅经历了中世纪中后期的复兴运动，而且也为近现代国家所普遍继受，从而深刻地影响了现代社会的经济生活，迄今为止还没有任何一个国家公法制度具有如此广泛和持久的生命力。近代《法国民法典》、《德国民法典》、《瑞士民法典》不仅在欧洲，而且也在世界范围内广泛传播，即使社会主义国家的民事立法也不能不对其予以批判继承，而在公法领域尽管某些制度也能得到较广泛的仿效，④但某个国家的整个法典获得如此广泛传播的事例则是比较少见的。

---

① 转引自吕世伦等主编：《现代理论法学原理》，安徽大学出版社1996年版，第405页。

② 参见江平：《罗马法精神在中国的复兴》，载《罗马法·中国法与民法法典化》，中国政法大学出版社1995年版。

③ 参见李双元等：《法律趋同化：成因、内涵及在公法领域的表现》，载《法制与社会发展》1997年第1期。

④ 参看本文第一部分提到的有关事例。

法律趋同化现象在公法和私法领域所以有着程度不同的表现，原因是多方面的。要者在于：第一，私法主要是调整财产关系的法律，直接受社会经济关系的制约，具有比较强烈的客观性。马克思曾指出："只有毫无历史知识的人才不知道：君主在任何时候都不得不服从经济条件，并且从来不能向经济条件发号施令。无论是政治的立法或市民的立法，都只是表明和记载经济关系的要求而已。"①这一论述不仅揭示了私法的客观性，而且也同时指出了公法的客观性。但是，与公法相比较，私法的客观性更为突出。恩格斯曾专门论及私法的客观性，他认为："私法本质上只是确认单个人之间的现存的，在一定情况下是正常的经济关系。"②私法制度客观性的基础就在于商品经济发展的客观规律。众所公认，商品经济发展的规律在各个国家是共通的，这就为各国私法制度的趋同化奠定了坚实的基础。当然，在法制史上，由于受唯心主义法律观以及其他条件的限制，私法制度在反映商品经济发展客观规律方面并非都是成功的，违背客观规律的立法俯拾皆是，恰如恩格斯所言："如果说民法准则只是以法律形式表现了社会的经济生活条件，那么这种准则就可以依情况的不同而把这些条件有时表现的好，有时表现的差。"③因此，我们可以这样说，那些能够如实反映商品经济发展客观规律的私法制度之间应当存在强烈的共性。也许正是在这层意义上，恩格斯明确断言，罗马法是"商品生产者社会第一个世界性法律"。④ 也是在这层意义上，我国有学者十分肯定地指出："一个有强大生命力的私法体系必重理性，并反对简单的属地主义，尽管它必须关注本地域的实际。"⑤

第二，在公法领域，虽然也存在法律的趋同化现象，但是各国公法制度的趋同化毕竟受到更多的限制与制约。根据马克思主义的观点，尽管公法制度也存在客观性的问题，因为公法最终也是由社会物质生活条件决定的，但是与私法制度直接反映客观经济关系明显不同，公法更直接地受到政治制度和政治意识形态的制约。综观人类政治社会的历史和当今世界的政治现实、政治体制、政治制度以及政治意识形态的差异与对立极为常见，这正在相当程度上阻碍了各国公法制度的趋同。但如罗迪埃在论及政治法的多样性问题时指出："至于

---

① 《马克思恩格斯全集》第4卷，人民出版社1971年版，第121~122页。
② 《马克思恩格斯全集》第4卷，人民出版社1971年版，第248~249页。
③ 《马克思恩格斯全集》第4卷，人民出版社1971年版，第248~249页。
④ 《马克思恩格斯全集》第4卷，人民出版社1971年版，第248~249页。
⑤ 杨振山等：《论罗马法的成就对人类的基本贡献》，载《罗马法·中国法与民法法典化》，中国政法大学出版社1996年版。

政治法，它的地方主义更为明显了，因为它是由历史偶然事件决定的。人们不能预见事件发生的时间，甚至连笼统的意义也不清楚。"①他完全否认政治制度和政治法的社会经济基础，并完全无视现代各国国内公法趋同现象的存在，当然是唯心的。

综上所述，各国法律体系的构成普遍经历了诸法合体、以刑为主到公私法分离和公私法并重的历史变迁。尽管在这一过程中，私法领域的法律趋同化现象又更为明显，但公法的趋同现象也是明显存在的。因此，从各国国内法体系的总体而言，随着法律体系的变迁，趋同化现象愈益显著。这一结论当是合乎逻辑的。

（二）国际法体系的发展变迁与法律趋同化

国际法体系是随着国际关系的形成和发展而产生的。尽管古代的国际关系比较简单，国家间交往不发达，但古代国际法的存在是众所公认的。古埃及、古印度的文献中均有关于与邻国缔结盟约的记载。中国的春秋战国时代以及古希腊城邦时代，在诸侯国家或城邦国家之间，常常互派使节、互通贸易、订立条约、建立同盟，并在频仍的战争实践中产生了古老的战争法规。古罗马人在市民法之外创立了万民法，以调整罗马人与外国人之间及外国人与外国人之间的关系。万民法虽然还仅是罗马国家的国内法，但它对后世国际法制影响是极为深远的。格劳秀斯常常在同一意义上使用"万民法"和"国际法"这两个概念。② 现代学者虽承认万民法与国际法的区别，但一般认为"万民法规则就含有国际法性质"。③ 当然，古代国际法尚未形成一个独立完整的体系，而是处于分散、自发的状态。

国际法作为一个独立完整体系是在近代欧洲产生的。在欧洲中世纪，由于教权与王权并存，且教会权力往往凌驾于世俗权力之上，独立的主权国家并不存在，严重阻碍了国际法的发展。中世纪后期，欧洲社会发生了深刻变化，文艺复兴运动以科学和人文精神动摇了宗教蒙昧主义观念，宗教改革运动和宗教战争结束了教权王权二位一体的制度，罗马法的复兴运动为欧洲社会注入了理

---

① ［法］勒内·罗迪埃著：《比较法导论》，徐百康译，上海译文出版社1989年版，第23页。
② ［荷］格劳秀斯：《战争与和平法》，载《西方法律思想史资料选编》，北京大学出版社1983年版，第137~165页。
③ 《牛津法律大辞典》，光明日报出版社1988年版，第457页。

性主义法律观念。更为重要的是，经过三十年战争，欧洲出现了一系列独立主权国家，形成了近代国家之间新型的国际关系。一般认为，公元1643年至1648年的威斯特伐里亚公会是近代国际法产生的标志。这次会议明确承认神圣罗马帝国统治下的为数众多的邦国成为独立主权国家，标志着具有独立主权的近代国家的产生，罗马帝国所主张的世界主权观念被国家主权观念所取代，因而近代国际关系得以形成。为了调整这些关系，会议确认了国家主权和主权平等原则，奠定了近代国际法的基础。同时，以格劳秀斯为主要代表的一些近代国际法学家致力于国际法理论研究，为近代国际法的发展奠定了理论基础。随着近代国际关系的进一步发展，一系列国际法原则、规则和制度相继确立，从而形成了近代国际法体系。

如果我们把世界法制作为一个整体来看待，那么，近代国际法体系的出现在世界法制演进的历史上具有重要意义。在中世纪以前，尽管已有国际法规则存在，但因其表现形式过于分散，尚未形成完整体系，因而世界法制基本上只是各国国内法的体系的简单叠加。近代国际法体系的出现，则大大丰富了世界法制的内容。此后，如果我们要从总体上来理解和把握世界法制的话，在各国国内法体系之外，我们必不能忽视国际法体系的存在。姑且不论国际法体系对各国国内法律制度重要的趋同化的影响，仅从国际法本身属于国际间统一法律这一简单事实中，我们也完全有理由断言，近代国际法体系的出现是世界法制演进中法律趋同化的一个重要方面。

当然，近代国际法体系本身并非一成不变，相反，随着国际关系的发展，自近代以来国际法体系也在不断地发展和变化。这种发展和变化的一个重要方面是，国际法逐渐克服"欧洲"这一地域限制并愈益普遍化。近代国际法体系在欧洲产生之初，纯粹是一个欧洲国家间的体系。"在15和16世纪，当欧洲的'国际大家庭'转变为一个由独立、平等和主权国家组成的社会时，一个欧洲国家间法律体系在这个国际大家庭中具体化了。在这里，欧洲的习惯和习惯法扮演了极其重要的角色。不断发展的国际法规则，主要来自西方基督文化体系及其具体的规则模式。"[①]至18世纪，美国和其他一些美洲国家也被视为国际社会的成员而加入了国际法律体系，但当时的国际法仍被认为是基督教文明国家间的法律体系。1856年巴黎会议第一次确认了接受非基督教国家的土耳其加入国际社会，国际法的范围进一步扩大。19世纪后半叶，日本等亚洲国

---

① [瑞典]约翰森·索滕伯格：《国际法的历史发展》，金克胜译，载《中国国际法年刊》1988年。

家也加入了国际法体系。第一次世界大战后,国际联盟的建立进一步扩大了国际社会的范围,国际联盟的创始会员国有45个,成员国最多时达68个,虽然其中大多数仍为欧美国家,但也有十多个亚非国家。第二次世界大战以后,联合国51个创始会员国中,大多数仍是欧美国家,但60年代以后国际社会的结构却发生了显著变化。可以说,从近代开始至一战后初期,国际社会虽突破了欧洲基督教文明国家的局限,但取而代之的不过是一个以欧美国家为核心的殖民主义体系;国际法虽然不再是一个纯粹的欧洲国家间的体系,但仍是一个以欧洲为中心的体系。十月革命以后,苏联社会主义制度的建立虽然部分地改变了国际社会的结构并推动了国际法的发展,但至"二战"后初期以欧洲为中心的传统国际法体系仍未得到根本改变。60年代以后,随着亚非拉国家民族解放运动的兴起,一系列殖民地和附属国获得独立,帝国主义殖民体系终被打破。到目前为止,无论联合国会员当中还是世界上所有独立的民族国家中,发展中国家都占了大多数。国际社会结构的这种变化不能不反映到国际法上,其表现就在于,传统的以欧洲为中心的国际法体系正在演变为一种更具普遍性的现代国际法体系。王铁崖教授一再指出,"目前,国际法是处在动的状态,是处在从旧的传统国际法向确立新的现代国际法的过渡中";"国际法从旧变新,其主要特征是从局部的国际法过渡到普遍的国际法"。① 瑞典索滕伯格教授在分析当代国际法体系时认为,这一体系应包括:"第一根据以欧洲为中心的体系的所谓传统国际法;第二是根据古文化和鲜明的宗教价值甚至是神的意志(这些因素对'法律'产生过很大影响)的第三世界体系;第三是马克思主义——社会主义关于国家间关系的观点。"② 姑且不论这一分析是否恰当,现代国际法已不再仅仅是一个以欧洲为中心的体系,更不仅仅是一个欧洲国家间的体系,则是毋庸置疑的。

近代以来,国际法体系发展与变化的另一个重要方面是国际法内容日益丰富和分支部门的不断增加。在由传统国际法向现代国际法转变的过程中,国际法的内容日益丰富。以海洋法为例,古老的海洋法制度主要涉及领海制度,但是,随着现代海洋科学技术的发展,在改革旧的海洋法原则、规则和制度的同时,现代海洋法又增加了关于大陆架、专属经济区、国际海底区域等制度。当然,现代国际法体系的发展变化更主要的是体现在部门法的分化方面。现代国

---

① 王铁崖:《国际法在过渡中》,载《中国国际法年刊》1989年。
② [瑞典]约翰森·索滕伯格:《国际法的历史发展》,金克胜译,载《中国国法年刊》1988年。

际组织的空前发展，使得国际组织的国际法主体资格获得普遍承认，以至有人认为，在国际组织问题上已形成了国际法的一个分支部门，有人将这一部门命名为国际组织法或国际机构法，也有人将其命名为国际议会法、国际行政法、国际宪法。现代国际经济关系的发展也引起了广泛复杂的国际法律问题，尤其是广大发展中国家要求改变国际经济旧秩序，建立平等互利的国际经济新秩序，对现代国际法产生了深刻影响。不少学者认为，国际经济法已成为国际法的一个重要分支部门。此外，随着现代科学技术的发展，南极法律地位问题、外层空间的和平利用问题、国际环境保护和国际生态问题、国际犯罪问题等也为现代国际法开辟了新的领域。以上所列，还仅仅是针对国际公法领域而言。如果以宏观的视野来考察，那么国际私法和国际经济法领域的国际统一立法在现代的发展也极为迅速。如果指导国际关系划分为三个层面，即国际政治军事、外交关系的层面(亦可称国际政治关系的层面)，国际经济、金融关系的层面(亦可称国际经济关系的层面)和国际民商关系的层面，则与此相适应，由国际公法、国际经济法与国际私法这三大国际法部门所构成的一个新的与整个国内法律体系并立的庞大的国际法律新体系，已是清晰可见的了。

近代以来，国际法律体系逐渐克服"欧洲"这一地域限制，国际法由一个欧洲国家间的体系或以欧洲为中心的体系过渡到一个包括世界各独立国家的普遍性的法律体系，这一事实可以看成世界法制趋同化的一个重要的正在蓬勃发展的方面。因为，国际法本身属于国家间统一的法律，加入国际法律体系的国家愈多，说明世界法制统一化程度愈高。在此基础之上，国际法体系的日益丰富和国际法分支部门的增加，对世界法制趋同化的意义更是不言自明。因为，国际法的日益丰富和国际法分支部门的增加，均表明世界法制总量中统一性因素的增加。

探讨法律体系的变迁对法律演进趋势的影响，不能忽视国内法体系和国际法体系的相互影响。从法律演进的历史来看，各国国内法体系和国际法体系并不是彼此孤立地发展的，国际法的某些原则或规则来自国内法，或者相反，国内法的某些原则或规则来自于国际法，这两种情形均不鲜见。当国内法的某项原则或规则得到大多数国家的承认，并在国际社会反复运用，就形成了国际法原则或规则。美国和法国资产阶级革命时期颁布的一些国内法文件提出和倡导的国家主权和主权平等、不干涉内政等原则都得到国际社会的普遍认可并最终演变为国际法原则。1776年美国《独立宣言》宣告：自由独立的合众国，享有全权去宣战、媾和、缔结同盟、建立商务关系或采取一切其他凡为独立国家所理应采取的行动和事宜。法国1793年宪法规定：法国人民不干涉其他国家政府事务，也不允许其他民族干涉法国的事务。1792年法国国民公会起草的《国家权利宣言》草案更明确地规定：各国人民不论人口多少、领土大小，都是主权的、独立的，不得干涉他国内政。近现代国际法中的国家主权、主权平等、不干涉内政的原则，正是来源于上述国内法文件。另一方面，国内法的一些原则和规则也可能来自于国际法。例如，现代许多国家都制定了"外交特权与豁免法"，这类国内立法都依据1961年《维也纳外交关系公约》。此外，许多国家甚至在宪法中明确规定，公认的国际法准则属于本国国内法的组成部分，或者表示遵守公认的国际法准则。

国内法原则和规则转变为国际法原则和规则，当然是国内法有关规定普遍化的过程，而国际法的原则和规则转变为国内法原则和规则，也同样说明有关国际法规定得到国内法更加明确的认可。因此，国际法与国内法在历史演进中的相互影响，都体现了世界法制的趋同化现象。

结束语

本文主要是从回顾法律职能的演进和法律体系构成之变迁的角度来讨论法律趋同化的进程。在下一个世纪，尽管冷战结束以后一个多极化的世界格局正在形成，但毫无疑问，与此种多极化进程相伴，市场的国际化、全球化与经济的一体化也保持着强劲的势头。为了营造一个有利于全人类共同、持续发展并不断加强国际经济、技术交流与合作的国际法律环境，法律趋同化的走势将更为加强。① 对于这种走势，不但法理学的研究，而且每一部门法学的研究都不能再熟视无睹，或仍桎梏于某种既定的思维模式而将其拒之于门外。相反，我们应该认真地加强这方面的研究，从不同的层面去探讨这一走势的成因与表现，阐释法律的差异性与趋同性之间的关系，分析它实现的困难与途径。只有这样，我国法理学和法学基本范畴的研究才不会陷入踏步不前的境地，而以新的面貌步入伟大的21世纪，并把我国社会主义法制建设推进到一个新的阶段。

---

① 参见李双元等：《重构国际民商新秩序与中国国际私法》，载《法学评论》1996年第3期；《当代国际社会法律趋同化的哲学考察》，载《武汉大学学报》1998年第3期。

备用信用证法律特征之考察*

备用信用证作为银行独立保函的替代形式,于20世纪70年代在美国正式获得法律认可之后,尽管理论界和实务界对其存在的合理性及其法律性质一直存在较为激烈的争论,但是,这种争论从来就无法阻挡备用信用证迅猛发展的趋势。如今,备用信用证的应用早已突破了它的发源地美国,在日本、法国以及中东、拉美的许多国家都得到广泛应用。而且,备用信用证的使用范围也从最初的国内交易领域扩展到国际贸易领域。

近年来备用信用证的业务量早已超过了商业信用证。据有人统计,1998年全球备用信用证与商业信用证的业务量之比为7:1。① 现在,全世界每年开立的备用信用证金额达5000亿美元,其中有2500亿美元金额是在美国境内签发的。② 美国是我国的主要贸易伙伴之一,因此,对起源于美国并且仍在美国非常流行的备用信用证的法律问题进行研究应该成为我国学术界和实务界的当务之急;况且,备用信用证在我国的法律地位实际上已经得到了法律的肯定。③ 实践中,备用信用证也为我国的商业银行广为使用。据不完全统计,最近2~3年,仅我国工商银行的备用信用证业务量就上升了10倍以上。因此,加强对备用信证法律制度的研究不仅是一个重要的理论问题,而且在我国具有非常强的现实意义。

一、备用信用证的法律关系结构及运作程序

备用信用证在实践中的广泛运用引起了法律界对其定义和性质的讨论,但

---

* 本文为李双元、周辉斌合著,刊载于《法律科学》2001年第3期。
① 徐进亮:《最新国际商务与案例》,广西科学技术出版社2000年版,第275页。
② Uniform Commercial Code Revised Article5: Letter of Gredit Prefactory Note.
③ 1996年中国人民银行公布的《境内机构对外担保管理办法》规定备用信用证为我国对外担保的一种形式。

是各国很少在立法中对备用信用证下定义,只有1977年美国联邦储备银行管理委员会对备用信用证下了一个定义,即:"备用信用证,不论其名称和描述如何,是一种信用证或类似安排,构成开证行对受益人的下列担保义务:(a)偿还债务人的借款或预支给债务人的款项;(b)支付由债务人所承担的负债;(c)对债务人不履行契约而付款。"①其实,这种定义也只能说是描述性的,它仅仅描述了备用信用证的使用范围,并没有明确揭示其本质特征。所以学者们大都认为,备用信用证是指开证人根据开证申请人的请求对受益人开立的承诺承担某项义务的凭证。② 备用信用证的本质是银行对受益人承担偿付的直接允诺(direct promise)③即开证人保证在开证申请人不履行其应履行的义务时,受益人只要凭备用信用证的规定向开证人开具汇票(或不开汇票),并提交开证申请人未履行义务的声明或证明文件,即可获得开证人的偿付。

备用信用证包括开证申请人、开证人、通知人、保兑人、指定人以及受益人几个基本的当事人。在其基本结构中包括如下几个法律关系:其一,申请人与受益人之间的基础交易合同关系。这是开立备用信用证的前提原因,没有这一关系的存在,就不可能开立备用信用证。但是,备用信用证一旦开立,其法律效力就不受基础交易关系的影响,开证人不能以基础交易的瑕疵来对抗受益人的索偿要求,受益人也不能利用基础交易的瑕疵向开证人进行不公平索偿。其二,开证申请人与开证人之间的委托合同关系。这是备用信用证得以开立的直接原因。同样,备用信用证一经开出,其法律效力就不受委托合同关系的影响,申请人不能援引委托合同要求开证人对受益人拒付,开证人也不得援引委托合同关系的瑕疵拒绝向受益人付款。该委托合同只调整申请人与开证人之间的关系,因此,申请人可以开证人未履行开证委托合同,或开证人对受益人的付款未满足单证相符的条件为理由,而拒绝偿付。其三,开证人与受益人的关系,二者的权利义务完全由备用信用证的条款规定来决定。开证人不得援引基础交易合同、开证委托合同或与申请人的其他关系对抗受益人。受益人也不得援引开证人与申请人的关系对抗开证人。保兑人的法律地位与开证人相同,根据国际商会1998年制订并于1999年1月1日生效的《国际备用信用证惯例》(以下简称ISP98)的规定,备用信用证的保兑人必须由开证人指定,而不包括未经开证人指定,由受益人自己选定的保兑人。

---

① Amdd and Bransilver. Uniform Commercial Code Law Journal 1978:272.
② 张林祥:《信用证原理与实务》,香港万源图书有限公司1997年版,第126页。
③ Johnson V State Bank 195N. W2d126 130(1972).

ISP98 特别强调备用信用证的保兑人负有与开证人同样的义务与责任,因此它将保兑人视为同一个独立的开证人,其保兑相当于代表开证人开立独立的备用信用证。因此保兑人与受益人之间的关系等同于开证人与受益人之间的关系。其四,开证人与通知人之间的关系以及开证人与保兑人之间的关系,这两种法律关系在本质上是一致的,都是民法上的委托代理关系,因此,其权利义务均可适用民事代理的一般规定来调整。

备用信用证的运作一般按照以下程序进行:

(1)开证申请人根据基础合同的规定,向其所在地的开证人(银行或其他机构)申请开立备用信用证,经开证人审核同意后,该申请书构成申请人与开证人之间的合同;申请人通常要提供押汇等担保,有义务支付开证费;开证人有义务根据申请书的指示开证,并承诺首先向受益人付款。

(2)开证人开证后,通常通过与受益人同地的通知人向受益人通知或转交信用证。通知人无义务必须为之,若该通知人不欲履行通知义务,则需及时通知开证人;若该通知人欲履行通知义务,则在开证人与通知人之间形成一种合同关系,通知人有义务核验备用信用证的表面真实性,有权利从开证人处取得报酬。当然,信用证也可由开证人或申请人直接寄交受益人,但在较大金额的交易中,受益人通常会要求通过通知人的专业核验来防止信用证欺诈。

(3)在大宗交易中,受益人也可以要求对备用信用证进行保兑,开证人通常请求通知人提供保兑。通知人无义务必须进行保兑若该通知人不提供保兑,则需及时通知开证人;

若该通知人对备用信用证进行保兑,则成为保兑人,它对受益人承担与开证人同样的义务和责任。

(4)受益人获得信用证后,即可发货或为其他履约行为,如果开证申请人也按承诺或基础交易合同的规定履行了义务,那么备用信用证就自动失效,受益人应将备用信用证退还给开证人。至此,备用信用证的全部交易程序即告结束,这也是大多数正常情况下备用信用证的运作程序。

(5)如果开证申请人未能按照承诺或基础交易合同的规定履行其义务,受益人即可向开证人或保兑人提交符合备用信用证规定的索偿要求以及与备用信用证相符的单据,向开证人或保兑人索偿。这里涉及受益人究竟是向开证人还是向保兑人索偿的问题,根据 ISP98 的规定,当备用信用证存在保兑人的情况下,在未明确规定将单据应提交给开证人还是保兑人时,交单人可任意选择,就必须按约定向受益人支付信用证金额。

当然开证人或保兑人也可指定一家银行或其他机构替它向受益人付款。指定人无义务必须为之,如指定人同意为之,则必须履行审单义务,以确定其表面真实性。因指定人自己的过错导致的错误付款行为将使它丧失对开证人的索偿权。指定人作出付款后,将单据寄交开证人索偿已付款项,并取得相应报酬。

(6)开证人或保兑人如果没有任何过错作了最后偿付后,可以向开证申请人要求赔偿,若申请人不付款或不能付款,则开证人或保兑人可以从押汇等担保中获得偿付;若开证人或保兑人因没有履行谨慎审单义务而错误地向受益人付款,则丧失对申请人的求偿权;若单证相符而受益人交货与基础交易合同不符,申请人不能对开证人拒付,而只能依据基础交易合同向受益人索赔。

二、备用信用证的法律性质

通过考察备用信用证在实践中的运用,并结合目前调整备用信用证的几个国际法律文件的有关规定,可以将备用信用证法律性质概括为如下几个方面:

(一)备用信用证的不可撤销性

备用信用证的不可撤销性是指在没有明确指明的情况下,备用信用证及其修改书自脱离开证人控制时起,在未征得有关当事人同意的情况下,开证人即不能修改和撤销。《联合国独立保证和备用信用证公约》规定,担保的修改若要生效,必须是修改要求为受益人所接受,除非担保中另有相反的规定。① ISP98也明确规定了备用信用证的不可撤销性,即"除非备用信用证中另有规定或经相对人同意,开证人不得修改或撤销其在该备用信用证下之义务"。② 这一规定与UCP500将信用证分为不可撤销信用证和可撤销信用证两种类型不同。可撤销信用证是指可由开证行随时修改或撤销,而不需事先通知受益人的信用证。虽然开证行的承诺不确定,但有关银行在收到修改或撤销通知前,根据表面相符的单据所作的任何付款、议付或承兑,开证行必须偿付。不可撤销信用证是指信用证一经开立,未经受益人同意,不能进行任何修改或予以撤销的信用证。③ 实践中,由于可撤销信用证对受益人缺乏保障作用,因此受益人

---

① United Nations Convention on Independent Guarantees and Stand-by Letters of Credit. Article 8.
② 国际备用信用证惯例(ISP)[Z]。
③ 曹建明:《国际经济法学》,中国政法大学出版社1999年版,第131页。

一般都不愿意接受这种信用证。但是，国际贸易实践中，是否接受某种条件在相当大的程度上取决于当事人的谈判实力，因此受益人有时也会被迫接受可撤销信用证。UCP500 为了避免当事人对未明确表明是否可以撤销的信用证发生争执，在其第 6 条规定："信用证应明确注明是可撤销的或是不可撤销的，如无此项注明，应视为不可撤销的。"作为一种担保形式的备用信用证如果允许开证人随意撤销，将会使其担保功能丧失殆尽，受益人的权益也就无从获得保障，因此受益人无论处于何等的劣势也不会接受这种形同虚设的"担保"，所以，ISP98 规定所有的备用信用证均为不可撤销信用证。这一点上使备用信用证与独立保证相比具有了不同的特性。

(二) 备用信用证的独立性

信用证的独立性原则是信用证制度的基石与支柱，它是指信用证的法律效力不受申请人与受益人之间的基础交易、申请人与开证人之间的委托开证合同关系以及开证人与受益人之间信用证以外的其他交易关系的影响，而是完全取决于信用证条款本身的规定，银行仅依信用证条款和卖方提交的单据自主地作出付款规定。备用信用证的独立性与一般商业信用证的独立性含义一样，因此，即使是受益人与备用信用证开证人/申请人之间的基础交易关系无效，开证人必须对备用信用证进行支付。① 有关备用信用证的国际惯例和国内立法均对这一原则作出了明确规定，如 UCP500 第 3 条规定："就其性质而言，信用证与可能作为其依据的销售合同或其他合同是相互独立的交易，即使信用证中含有对此类合同的任何援引，银行也与该合同毫不相关，并不受其约束。因此，一家银行作出的付款、承兑和支付汇票或议付和/或履行信用证项下其他义务的承诺不受申请人与开证行或与受益人之间的关系而提出的索赔或抗辩的约束。""受益人在任何情况下均不得利用银行之间或申请人与开证行之间的合同关系。"《联合国独立保证和备用信用证公约》也在其第 3 条界定了独立保证和备用信用证的独立性，该条明确规定："根据本公约的目的，担保 (undertaking) 是独立的，保证人/开证人对受益人的义务：(a)不取决于基础交易的存在或有效，或不取决于另外一个担保 (undertaking) 包括备用信用证或反担保的存在或有效；或 (b) 不服从担保 (undertaking) 规定之外的条款或条件，或任何将来的不确定的行为或事件，除了提交的单据或其他类似的在保证人/开证人业务范围之内 (sphere of operations) 的行为或事件。"《美国商法典——信

---

① Savage v. First National Bank. 466 So. 2d 1130 (1985).

用证篇》(1995年修订本)也在第5~108条(f)款中对"独立性原则"作了明文规定,强调信用证义务独立于基础合同义务,信用证一经开立即构成一项自主文件并确定独立的交易关系。

ISP98作为专门调整备用信用证的国际惯例,对备用信用证的独立性本质更是作了详尽的规定。根据ISP98的规定,备用信用证的独立性具体表现在备用信用证下开证人的义务履行不取决于:(1)开证人从申请人那里获得偿付的权利和能力。也就是说银行的付款义务独立于申请人和开证人之间的开证委托合同关系,即不管信用证是否经申请人授权、开证人是否超越申请人的授权范围,也不管开证人是否收取了申请人的保证金和手续费以及开证人付款之后是否能够从申请人那里获得赔偿,甚至信用证的开立是由于申请人的欺诈行为导致的,都不能免除开证人对受益人的付款义务;(2)受益人从申请人那里获得偿付的权利、在备用信用证中提及的任何偿付协议或基础交易以及开证人对任何偿付协议或基础交易的履约或违约的了解与否。① 这是说备用信用证独立于受益人与申请人之间的基础交易合同,基础交易合同是备用信用证赖以产生的前提,它在实践中可以表现为货物买卖关系、工程承包关系以及预付款的支付关系,等等。基础交易关系虽然是备用信用证产生的原因,但是它对备用信用证的法律效力不发生任何影响。开证人不对任何基础交易的履行或不履行、备用信用证下提示的任何单据的准确性、真实性或有效性负责。开证人的义务完全由备用信用证中的条款和受益人提交的与备用信用证条款表面相符的单据来决定,而不介入确定申请人是否违约的事实。这样,就使信用证交易双方均不得对基础交易合同加以利用,即开证人不能利用申请人根据基础交易合同对受益人所拥有的索赔和抗辩对抗受益人,而只能以单证不符来作为对受益人的抗辩,以达到拒付的目的;受益人也不能以已经履行基础交易合同项下义务为依据要求开证人付款。

(三)备用信用证的单据性

备用信用证的单据性是指备用信用证项下必须有一定的单据要求,并且保证人/开证人在面对一项付款要求时,其义务被限制在审查付款要求和支持付款的单据,并确定付款要求与提交的其他单据在表面上是否一致,与备用信用证中规定的条件是否相符。ISP98对此有明确规定,即"开证人的义务取决于

---

① 国际备用信用证惯例(ISP)[Z]。

单据的提示，以及对所要求单据的表面审查"①。UCP500 也对信用证的单据要求作了详尽的规定，但是它主要规定的是提单、保险单、货物检验证书等代表物权或证明卖方履约的商业运输单据，因而并不能完全适用备用信用证，因为备用信用证并不要求提供这些商业运输单据，而要求提供的单据一般只是由受益人出具的关于申请人违约的声明证明文件。而且备用信用证的单据要求与商业信用证的单据要求并不相同，例如，对商业信用证，开证行必须合理谨慎地审核单据之间表面是否一致，若不一致，即视为表面与信用不符。这就是通常所说的"单单相符"原则。之所以要规定该原则，是由于商业信用证下的单据需要由第三人签发，受益人有可能自己或与第三人串通伪造单据来骗取货款，这就需要加强开证人对单据的审核义务。然而，单单相符原则对备用信用证并不是必要的，因为备用信用证下的单据即申请人违约的证明书是由受益人自己提供的，单据是否伪造全凭受益人的良心和诚实，即使规定开证行对单据的严格审核义务，也难以避免受益人伪造单据的问题，因此为了改善开证申请人的不利地位，只能由申请人在与受益人进行谈判时，规定除了应提交一份简单的违约声明外，还应提交最好由无利害关系的第三人出具的证明，证实备用信用证的兑付条件已经成立。此外，在有些情况下单单相符原则对备用信用证是不可能的，因为单据之间的不一致有时恰恰是申请人违约的证明，从而成为交单付款的理由。因此 ISP98 规定，开证行或其指定的人应只在备用信用证规定的限度内审核单据之间是否一致。②

ISP98 一方面明确确立了备用信用证的单据性，另一方面还明确指出备用信用证项下的非单据条件必须不予考虑，不管其是否会影响开证人接受相符提示或遵守已开立、修改或终止的备用信用证义务。所谓非单据条件是指：未要求提交单据以证明条款内容，并且开证人无法通过自己的记录或自己正常业务范围内确定备用信用证是否得到满足的条款。所谓通过开证人自己的记录或在其正常业务范围内的审查，包括确定以下内容：(1)何时、何地、如何向开证人提示或以其他方式交付单据；(2)何时、何地、如何向开证人、受益人或任何指定人发送或接受有关备用信用证的通讯；(3)从开证人的账户里转进或转出的金额；(4)根据一个公布的指数可以决定的金额，例如，如果一份备用信用证规定根据公布的利率来决定产生的利息金额；③ 除此之外，ISP98 还详尽

---

① 国际备用信用证惯例(ISP)[Z]。
② 国际备用信用证惯例(ISP)[Z]。
③ 国际备用信用证惯例(ISP)[Z]。

地规定了备用信用证下需要提示的单据类型以及审单付款的标准程序。

(四) 备用信用证的强制性

备用信用证的强制性是指无论申请人是否授权开立，开证人是否收取了费用，或受益人是否收到或相信备用信用证或修改，备用信用证和修改对开证人都具有约束力。① 这一规定是为了克服英美法中合同对价这一传统理论而特别作出的。因为，如果将备用信用证视为一种担保合同，按照英美法的合同对价理论，就会因缺少对价而无法在英美国家获得强制执行。英美法系国家为了摆脱传统理论的束缚，纷纷在司法实践确立了"信用证无须对价"的原则，以此推动信用证在商业活动中的运用。有鉴于此，ISP98明确规定了备用信用证一经开立，即对开证人具有约束力。

三、备用信用证与银行独立保证和跟单商业信用证的比较

备用信用证最初是以银行独立保证的替代形式出现的，在普通法系国家甚至认为银行独立保证与备用信用证在法律上没有什么区别。② 晚近的发展，尤其是直接付款备用信用证的出现，使得备用信用证已经不再仅仅发挥传统的担保作用，而且也像商业信用证一样充当了支付工具，这就使得人们一方面不得不改变过去将备用信用证在很大程度上等同于银行独立保证的观点，另一方面，直接付款备用信用证由于其直接的支付功能使得它与商业信用证的界限变得更加模糊。这样，就使得人们对备用信用证、银行独立保证和跟单商业信用证三者之间做出明确的区分确实产生了相当大的困难。因此笔者在本文只以充当担保功能的备用信用证作为研究对象，将其与银行独立保证和跟单商业信用证作一番比较。

(一) 备用信用证与银行独立保证的比较

备用信用证与银行独立保证都是银行(备用信用证的开证人可以不是银行)因申请人的违约向受益人承担赔付的责任，都是一种银行信用，都充当着

---

① 国际备用信用证惯例(ISP)[Z]。
② Kevin Patrick McGuinnexs. The law of Guarantee. Seconal Edition Carswell Thomson Professional Publishing 1996：775.

一种担保功能而且作为付款唯一依据的单据,都是受益人出具的违约声明或有关证明文件银行在处理备用信用证和银行独立保证业务交易时都是一种单据交易,都只审查单据表面是否相符,而不对单据的真伪以及受益人与申请人之间的基础交易是否合法有效进行审查。所以从法律观点看,两者并无本质上的区别。但在实务上,正如国际商务会所指出的那样,由于备用信用证已经发展到适用于各种用途的融资工具,包含了比银行独立保证更广的使用范围,而且备用信用证在运作程序方面比银行独立保证更像商业信用证,有许多备用信用证中的程序在银行独立保证中是不具备的,如保兑程序、以开证人自己的名义开出备用信用证、向开证人之外的其他人提示单据的情形等等。① 所以两者还是有较大的不同,具体表现在以下几个方面:

1. 兑付方式不同

备用信用证可以在即期付款、延期付款、承兑、议付四种方式中规定一种作为兑付方式,而银行独立保证的兑付方式只能是付款。相应地,备用信用证可指定议付行、付款行等,受益人可在当地交单议付或取得付款;银行独立保证中则只有担保行,受益人必须向担保行交单。

2. 开立方式和生效的条件不同

备用信用证的开立,开证行通过受益人当地的代理行(即通知行)转告受益人,通知行需审核信用证表面真实性,如不能确定其真实性,是有责任不延误地告之开证行或受益人。

银行独立保函的开立可以采取直接保证和间接保证两种方式。如果采取直接保证方式,担保行和受益人之间的关系与备用信用证开证行和受益人的关系相同,但《见索即付保函统一规则》对通知行没有作出规定,因此银行独立保函可由担保银行或委托人直接递交给受益人;如果担保行通过一家代理行转递,则按常规这家转递行就负责审核保函签字或密押的真实性。

如果采取间接保证的方式开立银行独立保函,委托人(即申请人)所委托的担保行作为指示方开出的是反担保函,而作为反担保函受益人的银行(受益人的当地银行)再向受益人开出保函并向其承担义务,开立反担保函的指示方并不直接对受益人承担义务。

按照英美法的传统理论,提供银行独立保证必须要有对价才能生效,但开立备用信用证则不需要有对价即可生效。②

---

① Uniform Rules for Demand Guaranteesl. c. c Publishing S. A. 1992 Publishing 458.
② 笪恺:《国际贸易中银行担保法律问题研究》,法律出版社 2000 年版,第 116 页。

3. 融资作用不同

备用信用证适用于各种用途的融资：申请人以其为担保取得信贷；受益人在备用信用证名下的汇票可以议付；以备用信用证作为抵押取得打包贷款（Packing Loan）①；另外，银行可以没有申请人而自行开立备用信用证，供受益人在需要时取得所需款项。而银行独立保函除了借款保函的目的是以银行信用帮助申请人取得借款外，不具有融资功能而且不能在没有申请人（委托人或指示方）的情况下由银行自行开立。

4. 单据要求不同

备用信用证一般要求受益人在索赔时提交即期汇票和证明申请人违约的书面文件。银行独立保函则不要求受益人提交汇票，但对于表明申请人违约的证明单据的要求比备用信用证下提交的单据要严格一些。例如，受益人除了提交证明申请人违约的文件外，还需提交证明自己履约的文件，否则，担保行有权拒付。

5. 付款依据不同

银行独立保函与履约相联系，其付款依据是有关合同或某项承诺是否被履行，因此保函赔付的审查较为复杂，往往易使担保人被牵扯到申请人与受益人的基础交易纠纷中去。而备用信用证与单据相联系，只要受益人能够提供符合信用证规定的文件或单据，开证行即验单付款，而不去理会基础交易是否履行。正因为如此，银行独立保函担保人的风险较大且不易控制，而备用信用证开证人的风险较小且易于控制。

6. 遵循的规则不同

目前可适用于备用信用证的国际规则主要有三个：其一是《国际备用信用证惯例》（ISP98）；其二是《跟单商业信用证统一惯》（CUP500）；其三是《联合国独立保证和备用信用证公约》（United Nations Convention on Imdependent Guarantees and Stand-by Letter of Credit）。如果备用信用证中指明同时适用 ISP98 和 UCP500，根据 ISP98 第 1.20 条（b）项："在备用信用证也受其他行为规则制约而其规定与本规则相冲突时，以本规则为准"的规定，ISP98 的条款应优先适用。就 ISP98 与上述《联合国独立保证和备用信用证公约》的关系而

---

① 打包贷款是指受益人以信用证作为抵押，从银行得到相应额度（我国银行规定最高为信用证金额80%）的短期贷款用以备货。货物出运后，受益人将单据交贷款银行办理议付或承兑，贷款行向受益人议付或付款时扣除贷款本息，或在承兑贴现后的款项中扣除贷款本息，将余额付给受益人。

言,由于 ISP98 在制定时已经充分注意到与《公约》的兼容,① 而且,《公约》的适用不是强制性的,因而二者一般不会有冲突。当然,如果备用信用证中规定同时适用《公约》和 ISP98,那么,ISP98 并不能优先适用,因为对于缔约国的当事人而言,《公约》相当于法律,根据 ISP98 第 1.02(a)项"本规则对适用的法律进行补充只要不被该法律禁止"的规定,《公约》应该优先适用。

银行独立保证可适用的国际规则主要有:国际商会制定的《见索即付保函统一规则》和联合国国际贸易法委员会制定的《联合国独立保证和备用信用证公约》。但前者尚未被世界各国广泛承认和采纳,而后者也只能对参加公约的国家生效。

(二)备用信用证与跟单商业信用证的比较

1. 功能不同

跟单商业信用证只是一种供受益人使用的付款机制,② 在跟单商业信用证下,受益人发运货物取得提单后,首先向银行交单索款,因而,跟单商业信用证一般以清偿货物价款为目的,属于买卖合同的结算方式之一,是在受益人履行交货义务后银行付款。银行在此承担了债务人的义务,而不是承担保证人的义务。可见,跟单商业信用证首先充当的不是担保合同履行的手段,而是充当合同价款支付的手段,③ 它常常作为货款收付形式出现在基础合同的支付条款之中。

备用信用证则一般用来作为货款收付的保证手段,并且作为贸易合同所规定的托收、汇款、寄售等商业信用的结算方式的一种信用补充手段和额外担保形式载入基础合同。货物发运后,受益人不会、也不应该首先去动用备用信用证来完成货款的收付,而只能根据基础合同规定,通过汇款、托收等形式来收取货款,只有在这种商业信用的支付方式未能奏效时才能回过头来寻求备用信用证的收款保护。由此可见,备用信用证一般以融通资金并起到担保作用为目的,它是在申请人未能履约时银行赔款,备用信用证充当的不是支付手段而是发挥了一种担保的作用。

2. 适用范围不同

跟单商业信用证主要适用于国际货物买卖领域,跟单商业信用证从其产生

---

① 国际备用信用证惯例(ISP)[Z]。
② 沈达明:《美国银行业务法》,对外经济贸易大学出版社 1995 年版,第 151 页。
③ Pringle Associated Mortgage eorp. v. Southern National Bank of Sattiesburg. Miss 1978: 571.

那天起就与国际贸易领域紧密相连。① 而备用信用证不仅大量使用在国际贸易领域，而且在国内商业交易中也广为运用，已发展到适用于各种用途的融资工具，包含着比跟单商业信用证更广泛的领域，它适用于货物买卖以外的多方面交易，例如，投标业务中，可利用备用信用证向招标人提供投标保证或履约保证；在赊销业务中，可利用备用信用证向赊销人提供赊销保证；在借款业务中，可利用备用信用证向贷款人提供还款保证。可以说凡是需要提供担保的场合都可以使用备用信用证这种担保手段。

3. 付款责任不同

在跟单商业信用证业务中，开证行的付款责任是第一性的，只要受益人提交了与信用证相符的单据，开证行就必须立即付款，而不管此时申请人能否付款，可见跟单商业信用证是受益人履行交货义务后银行付款。而备用信用证则是在申请人未能履行其义务时由开证人赔款，可见，尽管备用信用证的开证人形式上承担着见索即付的第一付款责任，但其开立意图实质上是第二性的，具有银行担保的性质。

4. 二者所要求的单据不同

跟单商业信用证下，一般要求正本货运单据，此种货运单据是一种物权凭证，它代表货物的所有权，开证行在支付货款后便控制了该物权凭证，申请人必须付款赎单，才能提货。因此，跟单商业信用证能切实保障开证行取得偿付的权益；而在备用信用证下，要求的单据既可以是货运单据，也可以不是货运单据，通常仅仅为受益人可任意出具的书面声明（Written Statement）加附汇票、发票或简单的收据（Simple Receipt）等。即使需要货运单据，一般也只要求提交副本单据或者单据影印件即可。② 这些单据与跟单商业信用证下受益人提供的物权凭证不同，它们并不代表货物的所有权，因此对申请人来讲，这些单据几乎毫无价值，开证人在付款后无法掌握物权凭证，故备用信用证不能较好地保障开证行取得偿付的权益。正因为如此，银行开立备用信用证的风险会比开立跟单商业信用证的风险大得多。实践中，银行一般只给具有良好信誉的客户开具备用信用证。

5. 二者的转让要求不同

信用证的转让实际上是信用证项下支款权的转让，根据 UCP500 的规定，除非信用证另有规定，可转让信用证只能转让一次。但是只要信用证不禁止分

---

① J. M. Holden. Chorley's Law of Banking 6thed London Sweet&Marwell 1974：223.
② 张磊：《涉外担保法律实务》，中国经济出版社 1977 年版，第 140 页。

批装运/分批支款,可转让信用证可以分为若干部分分别转让,其总和不得超过信用证金额,这称为"分割转让"。允许分割转让,使得受益人在作为中间商时可以直接将信用证用作几个供货商获得付款的保障,而不必向银行另行申请开出信用证,受益人在让供货商直接参与和买方的交易的同时,又保留了对整笔交易的控制权。供货商可以凭其受让的信用证支款权直接向银行交单支款,而受益人(转让人)则可以最终收取信用证下剩余的金额。与此相反,在备用信用证交易中,信用证转让通常是多次的全部转让。由于受益人并不需要申请人履行义务,因而多次转让对申请人并无不利。而分割转让在备用信用证中是极为罕见的,因为多个第二受益人各自凭其受让的部分支款权向银行支款将产生诸多问题。所以,ISP98 规定,若备用信用证中只写明其可转让而未有进一步规定,这表明支款权可以整体多次转让,但不能部分转让,并且只有在开证人(包括保兑人)或指定的人同意并实施转让时才能转让,① 当然,备用信用证中另有规定的除外。可见,备用信用证下提款权的转让限制较多,并且赋予开证人较大的决定权。这主是为了保证开证人和申请人的利益,因为开证人开立备用信用证给受益人是基于对其信赖,若允许任意转让就会削弱备用信用证存在的基础,增加开证人的风险。

此外,根据 ISP98 的规定,备用信用证还可以"因法律规定而转让",而 UCP500 对跟单商业信用证并无此规定。所谓因法律规定的转让,是指当那些声明根据法律规定继受受益人利益的继承人、私人代表、清算人、受托人、破产财产管理人、继承的公司类似的人,以其自身名义提示单据时,视为受益人授权的人,当然他们应额外提交由公共机构签署的法律文件。②

---

① 国际备用信用证惯例(ISP)[Z]。
② 国际备用信用证惯例(ISP)[Z]。

无效婚姻制度设计的反思*

人们通过婚姻组成家庭,形成一张亲属关系网,一旦某种婚姻生活被法院判定无效或可撤销,会直接对个人身份、财产、子女、亲属等社会关系产生极大影响。因此,无效婚姻制度设计得如何,能否很好地对婚姻家庭关系进行调整,能否有力地保护好当事方——特别是无过错方、弱势方的应有权益免受恶意方的进一步侵犯。这从一定程度上讲,关系到婚姻法的一些基本原则能否切实得到贯彻,也关系到社会的稳定,所以应从各个角度对此加以仔细考虑以尽量完善该制度。

一、我国无效婚姻制度的设计

1980年颁布的《婚姻法》未明确规定有"无效婚",但根据第二章中"符合本法规定的,予以登记,发给结婚证。取得结婚证,即确立夫妻关系"似可从中推导出,未取得结婚证而同居的,不能确立夫妻关系,属无效婚,不受法律保护。1994年民政部的《婚姻登记管理条例》首次明确提出"无效婚"概念。第24条规定:"未到法定结婚年龄的公民以夫妻名义同居的,或者符合结婚条件的当事人,未经结婚登记以夫妻名义同居的,其婚姻关系无效,不受法律保护。"2001年4月28日修正的《婚姻法》正式规定了无效婚姻制度,第十条规定:"有下列情形之一的,婚姻无效:(一)重婚的;(二)有禁止结婚的亲属关系的;(三)婚前患有医学上认为不应当结婚的疾病,婚后尚未治愈的;(四)未到法定婚龄的。"第十一条:"因胁迫结婚的,受胁迫的一方可以向婚姻登记机关或人民法院请求撤销该婚姻。"第十二条:"无效或被撤销的婚姻,自始无效。当事人不具有夫妻的权利和义务……"另外,2001年12月17日生效的《最高人民法院关于适用〈中华人民共和国婚姻法〉若干问题的解释(一)》(以

---

* 本文为李双元、王海浪合著,刊载于《浙江社会科学》2003年第1期。

下简称《解释》)包含的34个条文中就有16条涉及婚姻无效。

后二者在我国婚姻法中第一次比较系统地规定了无效婚姻制度,是一个很大的进步。它有利于法官判决此类案件时有明确的规定可加遵循,有利于当事方在较早阶段参照法条推知自己的诉讼结果而减少讼累,有利于调整婚姻秩序、通过判决不合法婚姻无效的方式来维护法律的威严,它也是许多国家婚姻法中的一项相同制度。另外,该制度并不只是简单地规定婚姻本身无效,《婚姻法》第12条还规定了同居期间所得财产自主处分,协议不成的由人民法院根据照顾无过错方的原则判决",体现了对无过错方的保护。在婚姻中,无过错弱势方往往是女方,所以这实际上是"保护妇女、儿童和老人的合法利益原则"的贯彻。但是,这一原则并没有在无效婚姻制度中得到彻底地贯彻。在某些特定情况下,按照该无效婚姻制度处理,则自始无效婚和被撤销婚都从婚姻成立之初不具有任何法律效力。由于双方当事人不是夫妻,双方均无权依法继承对方的无遗嘱死亡财产;一方没有义务扶养一直与他共同生活并深信他们已婚的另一方。但是在现实生活中,新婚姻法所归纳为无效婚姻的几种情况里面,存在着恶意当事方采取种种手段对善意当事方的欺诈、利用以及对责任的逃避等现象。在此情况下,新婚姻法所规定的双方不存在任何婚姻关系这种制裁方式并不能真正达到对恶意方的制裁,反而实际上让恶意方可推托应承担的责任,而善意方却无辜受害。同时,也并不能很好地保护无过错方及弱势当事人(往往是女方)的应有权益。

二、无效婚姻的几种情况及其存在的问题

(一)疾病婚。《婚姻法》规定"婚前患有医学上认为不应当结婚的疾病,婚后尚未治愈的",婚姻无效。这主要是一些治疗难度特别大且会遗传的疾病。把这种情况作为禁止结婚的要件,其目的是为了下一代及其配偶生命健康权考虑,让配偶摆脱困境。但这只从客观的角度来考虑,而没有考虑到主观上善意和恶意的因素。比如甲和乙之间有着极其浓厚的感情,在准备结婚之前,甲被发现有某种医学上认为不应结婚的疾病。然而,为了有利于甲的治疗并让其度过幸福的后半生,乙自愿与甲结婚,承担起照顾甲的责任,并自愿不要孩子。这对于甲来说,无论从心理还是生理上的病情治疗来说,都是极其有益的。而且,对于乙,可以从对爱人的照顾与生活当中得到幸福;反之,乙可能在以后的生活中会感到悔恨和遗憾。这也有利于社会的稳定,不会损害到任何第三方的利益。再如甲故意隐瞒其犯病的事实,在和乙一起生活了多年后死去。而根

据《解释》第7条规定，有权申请宣告婚姻无效的主体"包括婚姻当事人及利害关系人"，后者以"婚前患有医学上认为不应当结婚的疾病，婚后尚未治愈为由申请"的"为与患病者共同生活的近亲属"。因此，在以上这两种情况下，如果甲的亲属以"疾病婚"为由要求法院裁定婚姻因不符合法定要件而自始无效。那么，在乙付出了大量的心血、财物而甲死亡后，乙却不能以配偶的身份继承甲的遗产，不能以配偶的身份向第三者追偿对甲的侵权。

而在上述情况下，如甲未死亡，乙因照顾甲而身心疲惫以至重病缠身，反需甲的照顾时，甲却可以弃之不顾，不给乙治病。原因很简单，他们的婚姻是无效的，甲没有法定义务照顾乙。所以这种笼统的规定虽体现了立法者的制裁理念，体现了法律的形式逻辑和形式正义，却无法达到法律所应该追求的实质正义精神。这无论从伦理道德、法理的实质正义还是从民法的保护私权的精神来看都是不公平的、非正义的。

如果不把这个案例作自始无效处理的话，则在婚姻被法院撤销之前，甲和乙之间的关系按夫妻的权利、义务处理，甲和乙有互相扶养的义务，且双方均可以配偶的身份继承对方的遗产。但是，这么一来，有医学上认为不能结婚的人结婚就和普通人结婚的后果是相同的了。如甲有后代的话，则他们的下一代可能会给社会带来负担和危害，所以简单地同意这类结婚也不可行。故未尝不可以在当事方自愿同意不生孩子的前提下允许结婚，并规定一系列的针对违反此前提的惩罚措施。应该认为，在承认现实的基础上，把婚姻撤销前这段当事人间的关系视为通常婚姻夫妻间的权利、义务关系，似更有利于更好地保护当事人的权益，有利于社会的稳定，有利于实现对实质正义法律精神的追求。

(二)无合意婚。无合意婚包括欺骗婚、虚假婚、胁迫婚、不适龄婚等。自改革开放以来，我国的人口流动越来越大，在双方准备结婚后，因为双方户口所在地相隔太远，所以实际情况往往是甲方从自己的户口所在地开来婚姻情况证明之类的材料，到乙方户口所在地办理结婚证，如甲制造一个假的材料，乙在不知情的情况下和甲结了婚，而后甲却以其材料是假的、双方无合意为由主张婚姻无效，这属于欺骗婚。现在很多工作单位都在分房等方面给予已婚者和未婚者以不同待遇，有不少人就合谋假借结婚的形式得以享受分房等待遇，这是虚假婚的例子。还有进行人身荣誉、财产威胁以达到结婚目的的，这是胁迫婚的例子。除虚假婚、不适龄婚外，其他几种中至少一方当事人是无过错的，且往往是被侵权的结果，如胁迫婚、欺骗婚等。他们往往是女方，被迫尽配偶的义务。如果把这些全部做自始无效处理，不保护无过错方应享受的配偶权利和向恶意方追偿的权利的话，则无法体现法律的实质正义。

这也可以从契约的角度加以论证。纵观世界婚姻史，婚姻越来越具有契约特征。① 婚姻的成立需当事人的合意，双方可以协议财产的处理，许多国家还设有"别居制"作为当事人对法定权利、义务的更改；还可协议离婚，协议对子女、财产的教育和分割等。总之，法律赋予当事人的意思自主权越来越大。我国《合同法》第45条规定："当事人之间对合同的效力可以约定附条件。当事人为自己的利益不正当地阻止条件成就的，视为已成就，不正当地促成条件成就的视为条件不成就。"虽然《合同法》不适用于调整婚姻关系，但是，通过对不正当行为当事人的制裁，来达到对正当行为当事人的保护这种法律精神却很显而易见的不应被排除于婚姻法应体现的精神之外。同样，在欺骗婚、胁迫婚中，一方通过欺骗、胁迫等不正当手段达到和另一方结婚（即达成契约）的目的。但是《婚姻法》第11条只是规定："因胁迫结婚的，受胁迫的一方可以向婚姻登记机关或人民法院请求撤销该婚姻。"第12条："无效或被撤销的婚姻，自始无效。当事人不具有夫妻的权利和义务……"其中没有规定对欺骗婚的救济，也没有明确规定保护欺骗婚、胁迫婚中受欺骗、受胁迫一方在婚姻被撤销之前的、作为普通配偶应享有的权利。若规定当无过错方为自己正当权益要求判决婚姻有效，让过错方承担配偶应尽的义务时，法院可根据受害方的要求，判决婚姻自始无效或婚姻从判决生效后才开始无效，并让过错方尽婚姻撤销前其作为配偶应尽的义务，这样，就能通过对过错方的制裁来达到保护无过错方的目的。另外，《解释》第10条规定："婚姻法第11条所称的'胁迫'，是指行为人以给另一方当事人或者近亲属的生命、身体健康、名誉、财产等方面造成损害为要挟，迫使另一方当事人违背真实意愿结婚的情况。因受胁迫而请求撤销婚姻的，只能是受胁迫一方的婚姻关系当事人本人。"这明显剥夺了受胁迫方的近亲属申请撤销婚姻的权利。依《解释》第7条，当事人近亲属可以重婚、近亲婚、疾病婚、未至婚龄为由申请法院宣告婚姻无效，可为什么在当事一方和(或)其在名誉、财产甚至人身方面受到胁迫时，受胁迫方的近亲属都不能申请法院救济呢？

关于不适龄婚《婚姻法》第10条规定了"未到法定婚龄的婚姻无效"，《解释》第8条规定"申请时，法定的无效婚姻情形已经消失的，人民法院不予支持"。很明显，未到婚龄结婚的当事人或其近亲属申请法院宣告婚姻无效之时，如双方当事人已满婚龄，则其婚姻为有效，法院不得宣告自始无效。反过来，如"申请时"有一方未至婚龄，则法院应宣告婚姻自始无效，即使女方已

---

① 夏风英：《论婚姻是一种契约》，载《法学家》2001年第2期。

怀孕甚至已有子女并共同生活多年。而实际上在不适龄婚姻中，如女方已怀孕，则各方的申请宣告无效权归于消灭是世界各国的通行做法。孩子的出现使得各方不可能再恢复原状、视为婚姻从未存在过，这一点亦应仔细、重新考虑，并宜把已至婚龄和怀孕均作为消灭申请宣告无效权的诱因更为妥当。

（三）事实婚姻。对于事实婚姻，新婚姻法第八条仅规定应补领结婚证。《解释》第5条进一步加以具体化称："未按婚姻法第八条规定办理结婚登记而以夫妻名义共同生活的男女，起诉到人民法院要求离婚的，应当区别对待：（一）1994年2月1日民政部《婚姻登记管理条例》公布实施以前，男女双方已经符合结婚实质要件的，按事实婚姻处理。（二）1994年2月1日民政部《婚姻登记管理条例》公布实施以后，男女双方符合结婚实质要件的，人民法院应当告知其在案件受理前补办结婚登记；未补办结婚登记的，按照解除同居关系处理。"依该《解释》，起诉到法院后，法院应告知补办结婚登记。补办后，则按有效婚姻处理；如未补办，按解除同居关系处理，即视为从未存在过婚姻关系。但是，当事双方有了争议需要起诉到法院才能解决，说明双方已经无法通过协商解决。而其中的恶意方往往想逃避责任，如何还会去补领结婚证呢？所以，这一以"补办结婚登记"为条件承认诉前事实婚姻效力的规定，不但现实意义很值得怀疑，也不符合生活逻辑。另外，《解释》第6条规定："未按婚姻法第八条规定办理结婚登记而以夫妻名义共同生活的男女，一方死亡，另一方以配偶身份主张享有继承权的，按照本解释第五条的原则处理。"而按第5条第2款，当法院告知其补办结婚证书时，按《婚姻法》第8条规定，男女双方必须亲自到结婚登记机关进行婚姻登记。但是此时一当事方已死亡，另一方当事人怎么能单独进行登记呢？

《解释》的第6条规定，实际上是绕了个大圈子按"解除同居关系处理"。从以上可看出，在1994年2月1日以前不符合婚姻实质要件，2月1日后才符合实质要件但不符合形式要件的，在补办结婚登记的前提下，确认为有效婚姻。但一方面双方争议严重到需要法院解决，说明补办登记的可能性已是非常微小；另一方面，补办登记后就有了结婚证，不再是典型的事实婚姻了，可是，我国婚姻法又是不承认事实婚姻的。

事实上，我国目前未婚同居现象呈上升之势，其中既有受教育程度较低的一般青年，也有受过高等教育的知识分子。事实婚姻在我国（也在世界）是一种广泛存在的社会现象，这种社会现象所形成的社会关系直接对个人身份、财产、子女、亲属等都有影响，而新婚姻法中却给这种重要的社会关系留下了空白。

《婚姻法》第 12 条规定:"无效或被撤销的婚姻,自始无效……当事人所生子女,适用本法有关父母子女的规定。"据说,这也是为了贯彻"保护妇女、儿童和老人的合法权益"原则,对子女的权益进行的保护。但是不对其父母中善意方的应有权益进行保护是不可能真正做到保护子女权益的。所以有学者指出:"根据我国的历史、现状以及世界各国婚姻法制度的发展变化,应当有条件地承认事实婚姻的民事效力。如果对事实婚姻的民事效力完全否认,从形式上看有利于维护法律的严肃性,对违法行为将会起到一定抑制作用,但事实上显然行不通。当法律的规定与实施情况严重脱节时,法律的规范性与指导性作用就难以发挥,当事人的实质性权利自然也得不到保护……对于已具备婚姻实质关系的当事人,予以承认与保护,这不仅无损于法律的严肃性,更体现了民法尊崇个人价值的权利本位理念。"①

另外,《婚姻法》第 3 条规定:"……禁止重婚。禁止有配偶者与他人同居。"对于后者,《解释》第 2 条加以具体规定为:"……'有配偶者与他人同居'的情形,是指有配偶者与婚姻外异性,不以夫妻名义,持续、稳定地共同居住。"很明显,这其中不包括以夫妻名义同居的事实婚姻。而如前所述,我国法律不承认以夫妻名义同居双方间存在婚姻关系,即"以夫妻名义同居"这种情况没有被《婚姻法》规定在重婚当中。可是,"以夫妻名义同居"这种现象未被《婚姻法》所禁止,相反却明文禁止了"不以夫妻名义同居"这种在"违法情节"上比"以夫妻名义同居"轻得多的情况,很令人费解。

(四)重婚。重婚一般被认为是严重违背伦理道德、社会公益的。比如甲与乙结婚后,甲又与丙结婚。丙会被认为是第三者插足,与甲的婚姻会被判决无效,其权益得不到婚姻法的保护,甲、丙还会受到刑法的惩罚,尤其是当甲属于现役军人的妻子时情况更是如此。我国刑法第 258 条规定:"有配偶而重婚的,或者明知他人有配偶而与之结婚的,处二年以下有期徒刑或者拘役。"第 256 条规定:"明知是现役军人的配偶而与之同居或者结婚的,处三年以下有期徒刑或者拘役。"但是,如果甲采取种种方法欺骗丙、隐瞒其与乙已婚的事实,而丙又处在一个智力正常的人在正常情况下无从知道,或不可能知道甲、乙已婚的事实、并深信自己与甲的婚姻是合法婚姻的状态中,则简单地判决丙与甲的婚姻自始无效,致使丙与其子女处于生活困境之中,无法从甲处得到丙作为配偶已尽的义务相称的补偿,显然对丙是不公平。无法切实有效地对

---

① 夏吟兰:《澳门"事实婚"与大陆"事实婚姻"之比较研究》,载《台、港、澳及海外法学》2001 年第 8 期,第 21~22、25 页。

甲给丙造成的侵权损害予以制裁,这样的法律规定实质上充当了保护侵权者的角色。在丙知道自己与甲的婚姻属重婚以前其单方合法的权利、义务在遭受损害的情况下,不能一概制裁而不加以保护其应有的向对方追偿的权利。

另外,如前所述,既然《婚姻法》不承认事实婚姻,因而有配偶者与他人以夫妻名义同居就不能算是重婚了,这不是典型地以表面形式规避重婚之名而行重婚之实吗?

(五)近亲婚。各国一般都绝对禁止近亲婚,并认为近亲婚一律无效。这条禁律古已有之,其产生缘由不外如下:(1)古时人们虽不知避孕,但是懂得近亲结婚的危害性,即所生后代往往会不正常,给家庭和社会增加负担;(2)生产力不发达,需要多繁殖后代以维护继续生产,"养儿防老"的观念根深蒂固;(3)这方面往往无伦理道德方面的要求。在现代世界,一方面人口飞速膨胀;另一方面随着科技、生产力的发展和社会保障制度的完善,人们的观念发生了很大变化,越来越多的人倾向于不要孩子。所以禁止近亲婚产生的缘由之前两条正渐趋消失,只剩伦理道德的限制了。在这方面各国并不一致。

我国《婚姻法》禁止"直系血亲和三代以内的旁系血亲"结婚,但是并没有对有血缘关系的自然血亲和无血缘关系的拟制血亲明确加以区分。在养子女相互间、养子女与养父母之婚生子女之间,属于无血缘关系的拟制血亲,他们的婚姻是不存在遗传障碍的。如果解除收养关系,那么也不存在伦理道德的障碍了。除有违尊卑名分、明显和伦理观念不相容的以外,允许其结婚,并不会损害他人及社会利益。《婚姻法》第7条规定"直系血亲和三代以内的旁系血亲禁止结婚"。这一规定对婚姻关系确立以前的结婚行为作出禁止,但如这种婚姻关系已经确立,那么则可根据该法第10条中"有禁止结婚的亲属关系的婚姻无效"为理由,申请法院判决该婚姻自始无效。而《解释》第8条规定:"当事人依据婚姻法第10条规定向人民法院申请宣告婚姻无效的,申请时,法定的无效婚姻无效情形已经消失的,人民法院不予支持。"从中可以看出,如前所述的通过收养等方式形成的具有拟制血亲关系的当事人间,如其婚姻关系被当事人的近亲属以婚姻法第10条"有禁止结婚的亲属关系的婚姻无效"和《解释》第7条"当事人的近亲属可以以有禁止结婚的亲属关系为由申请宣告婚姻无效"为理由,申请法院判决婚姻无效时,婚姻当事人双方通过解除收养关系等方式而使得双方间不再具有亲属关系。那么,按照《解释》第8条的规定,法院应判决其婚姻有效。同样,当事人可通过这种方式使得其不违反婚姻法第7条关于禁止近亲结婚的规定而可以结婚。

值得反思的是,在我国婚姻法并没有把自然血亲和拟制血亲区别开来的情况下，按以上所述条文规定，具有自然血亲关系的亲属间是否也可以通过某种方式解除其亲属关系，而使得其可以结婚或使其已结婚姻为有效呢？

（六）申请宣告婚姻无效的主体问题。《解释》第7、10条规定了申请主体的范围除胁迫婚外只能为当事人及利害关系人。在胁迫婚中，已如前述，申请主体除受胁迫当事方外，应扩大到受胁迫方的近亲属。第7条把"利害关系人"限定为某一方或双方的近亲属。这个范围过于狭窄，因为现实中可能存在着明显利用婚姻恶意逃避债务的情形。比如甲欠乙大量债务，但甲不愿偿还，于是甲与未到婚龄或与其有禁婚亲属关系的丙通过某种方法拿到结婚证，但并不过实质的婚姻生活，以待到将来适当时机再以未到婚龄、禁婚亲属关系为由申请宣告婚姻无效。因《解释》仅规定婚姻当事方及其某一方或双方近亲属有权申请法院宣告婚姻无效，所以乙无权提出申请。于是丙可以在隐藏、处理好自己的财产后，和甲协商好留下证明双方同意把各自的财产当作婚姻共同财产的书面证据，通过这种方式，乙因婚姻关系取得甲一半财产，而甲偿债时却仅仅以甲在婚姻财产中的份额为限，这样大大减少了甲的偿债能力，从而严重损害了乙的债权。所以，在某些特殊情况下，如某当事方很明显地有着利用婚姻形式恶意逃避义务之目的，对有权申请婚姻无效的"利害关系人"应作扩大解释。

三、对无效婚姻制度的理论思考

在民法理论中，不合法的民事行为分为无效民事行为和可变更、可撤销民事行为。无效民事行为的法律后果是自始无效、恢复原状；撤销事由包括欺诈、胁迫、乘人之危、重大误解和显失公平，撤销权人对可变更、可撤销的民事行为是请求撤销还是变更，由撤销权人自由选择。而婚姻关系的双方当事人身份事实及子女切身利益，不可能恢复原状。所以，《婚姻法》把无效婚姻的几种情况都纳入到自始无效范畴的做法不能很好地符合社会现实的需要，不能最大限度地体现社会公正和人文关怀。应该只把严重违反社会公益的几种情况归入自始无效婚，而把其他的归为可撤销婚，不具有追溯力，即把当时双方在婚姻撤销宣告生效前的关系作为普通婚姻中夫妻间的关系处理。

婚姻法是私法，是民法的必要组成部分。私法是以规范私人之间基本生活关系、保护当事人民事权益为目的的法律，是权利之法、是平等之法。因而，婚姻法应以保障私权，在民事权利体系中确立亲属权的应有位置，作为其基本价值取向。其主要目的不在于制裁，而在于解决纠纷，分清责任，保护无过错方、弱势方的权益,调整社会秩序。而且,规定的制裁也应为保护无过错方、弱势方的权益而行使。正如博登海默认为:"法律的主要作用并不是惩罚或压制,而是为人类共处和为满足某些基本需要提供规范性安排。使用强制性制裁的需要愈少,法律也就更好地实现了其巩固社会和平与和谐的目的……正如药物效用的最佳状态乃是人体不再需要它,法律的最大成功也在于当局对公民的生命、自身和财产所进行的令人讨厌的干涉被降到最低限度。"①孟德斯鸠也认为:"写这本书为的就是要证明这句话:适中宽和的精神应当是立法者的精神……"。②"以想象的某种至善境域为借口,而对一件不是坏事加以禁止,这很少有必要。"③所以,立法应以保护为重,制裁应服务于保护。体现在无效婚姻制度中,应尽量减少自始无效婚种类的范围;而在可撤销婚中,也应以实现法律的实质正义精神为目标,强调对善意的已尽配偶义务的无过错方、弱势方作为配偶应享有的权利以及向恶意对方追偿之权利的保护,这将使得可撤销婚的结果渐渐趋同于离婚的结果。英国学者甚至作出了无效婚姻制度已日益消亡的判断。美国学者哈里·D.格劳斯也认为:"当代法律的这一趋势,由《统一结婚离婚法》直接推动。它不但正在加速模糊无效婚与可撤销婚的界限,也使它们与有效婚的界限变得不清了,使得不管建立在何种基础上的婚姻与近似婚姻的同居关系的最终法律后果相等同。"④

四、其他国家、地区对无效婚姻制度的规定

英国现行有关婚姻无效的法律是1973年的《婚姻诉讼法》,其第13条之(1)规定:如果被告提出下列事实之一的,法庭将不作出撤销判决:(a)申请人明知有结婚的障碍,仍与被告结婚,致使被告有理由相信他(她)不会提出申请,并且(b)如果作出判决对被告将是不公平的。以前,自始无效婚不具有任何法律效力。近些年,为了避免当事人生活陷于困境,在无效婚的判决中,

---

① [美]E.博登海默:《法理学:法律哲学与法律方法》,邓正来译,中国政法大学出版社,第345~346页。

② [法]孟德斯鸠:《论法的精神》,载《西方法律思想史资料选编》,北京大学出版社1983年版,第264、266~267页。

③ [法]孟德斯鸠:《论法的精神》,载《西方法律思想史资料选编》,北京大学出版社1983年版,第264、266~267页。

④ 参见薛宁兰:《婚姻无效制度论》,载《环球法律评论》,2001年夏季号,第210~215、214~215、219页。

法院赋予它具有了有效婚的某些法律后果。现在，如果一方无收入，成为靠另一方"供养的亲属"（liable relative），法庭在认定婚姻无效的同时，还有权作出给予她（他）及孩子经济救济的判决，就如同他们曾合法地结过婚。通过提起法律程序使根本不存在的婚姻，产生属于结束有效婚姻的法律后果，虽然不符合逻辑，但有利于对无生活来源的一方及其子女的保护。①

美国1892年"州法律全国统一委员会"成立，在1970年通过了美国《统一结婚离婚法》并于1971年修订。到20世纪80年代，已有一半以上的州采用了这一法律。该法律将自始无效婚限定为重婚和近亲婚，并相应地扩大了可撤销婚姻的范围。在早期普通法中，未达法定婚龄的婚姻被当作是无效婚姻，从颁布《统一结婚离婚法》开始，现在大多数州都将它视为可撤销婚姻。美国法没有禁止结婚疾病的规定，只是把当事人一方精神不健全作为可撤销婚姻的原因。此外，还存在着两种使无效婚姻部分具有合法婚姻效力的做法：一是普通法上的婚姻效力推定，即当事人只要能证明两人以夫妻名义共同生活，其婚姻即被推定为有效。对这一推定持异议方应负举证责任；二是推定配偶原则（Putative Spouse Doctrine）。如无效婚姻的配偶双方或一方善意相信该婚姻是合法的，那么它就成为推定婚姻；善意配偶作为推定配偶，享有与法定配偶几乎一切的权利。法律对推定配偶的保护，一直持续到认识到其婚姻乃非法性时为止。②

《澳门民法典》第1471条将事实婚界定为："两人自愿在类似夫妻状况下生活者，其相互关系即为事实婚关系。"第1472条进一步作了限制性规定，即"具有事实婚关系者要产生法律效力须符合三个条件：一是双方均为十八岁以上；二是无明显精神错乱以及因精神失常而导致禁治产、无配偶、非直系血亲关系及二亲等内旁系血亲关系；三是在类似夫妻状况下生活至少二年。""如开始同居时，事实婚关系之一方或双方尚未成年，则有关期间须自年龄较轻之一方成年之日起计算。如事实婚关系中之任一方为已婚，则有关期间须自其与配偶事实分居起计算（第1472条2款）"。③

还在几十年前，有些国家就对无效婚姻制度作了比较具体、详细的规定：

---

① 参见薛宁兰：《婚姻无效制度论》，载《环球法律评论》2001年夏季号，第210~215、214~215、219页。

② 参见薛宁兰：《婚姻无效制度论》，载《环球法律评论》2001年夏季号，第210~215、214~215、219页。

③ 夏吟兰：《澳门"事实婚"与大陆"事实婚姻"之比较研究》，载于《台、港、澳及海外法学》2001年第8期，第21~22、25页。

如《罗马尼亚人民共和国家庭法典》第 20 条规定"凡属违反法定婚龄的规定而缔结的婚姻,在结婚者达到法定年龄后或妻子已生育、怀孕时,应承认其有效"。《南斯拉夫塞尔维亚社会主义共和国婚姻法》第二章第 24 条规定:"如果婚姻以前不知道使婚姻不能存在的缺陷,而且对这个婚姻伴侣来讲,宣布婚姻不存在,又会引起取消婚姻的后果,则这种情况是例外(即不认为婚姻根本不存在——笔者注)。《德意志民主共和国家庭法典》第二章第二节第 36 条规定"婚姻无效的后果:(1)无效婚姻所生子女的法律地位和离婚的子女相同。(2)对于夫妻的扶养和共同住宅的决定,适用有关离婚的规定(第 29 条至第 34 条)。结婚时已了解婚姻应属无效的配偶一方,无权要求抚养。(3)了解婚姻应属无效的配偶一方,无权根据第 40 条要求赔偿……"[①]

从以上可以看出,减少原始无效婚的种类,尊重当事人既成婚姻的事实,使得可撤销婚姻日益取得和离婚同等的后果,着眼于保护善意无过错方、弱势方的当事人,追求法律的实质正义精神已成为世界范围内的时代潮流。

五、我国无效婚姻制度的改革方向

新婚姻法中的无效婚姻制度从无到有的确立是一大进步,但简单地规定无效或被撤销婚自始无效,当事人不具有夫妻的权利和义务,无法充分保护善意无过错方、弱势方的权益,且无法与世界通行的保护和制裁并重的立法理念相一致。特别是在全球化的时代中,涉外婚姻大量增加,会引发种种的法律适用冲突以及承认与执行的问题。在国际私法中,一般认为,支配婚姻有效性的法律也可适用于无效婚姻和可撤销婚姻。[②] 那么,同一种情况的不同当事人在不同国家结婚、在不同国家起诉而适用不同国家法律,则可能产生完全不同的判决结果,善意无过错方、弱势方受到的保护,得到的赔偿大不相同,即使分别在大陆和澳门提起关于事实婚的诉讼,都会产生完全不同的判决结果,这极易造成当事人"挑选法院"的做法,也容易因国内判决被以"当事人的正当权益得不到保护"的理由而在域外得不到承认与执行。

其实,在封建社会里,我们的祖先就意识到需要保护婚姻关系中的善意无过错方、弱势方了,如针对妇女的"七出"、"三不去"制度。"七出"是允许男

[①] 《婚姻法教程》编写组:《婚姻方法资料选编》,法律出版社 1986 年版,第 180~183 页。

[②] 李双元:《中国国际私法通论》,法律出版社 1998 年版,第 449 页。

子休妻的七种理由。《大德礼记·本命篇》云，妇有七出："不顺父母出，无子出，淫出，妒出，有恶疾出，多言出，盗窃出"。"三不去"则是男人不可以休妻的三种情况，指"无娘家可归的、给公婆服过三年丧的、曾与丈夫同甘共苦现在富贵的妻子，不能被休弃"。"七出"体现了丈夫制裁妻子的专权制度。"三不去"则体现了保护善意无过错、弱势方的法理意识。①

笔者认为，在以后的婚姻法改革中，要尽量缩小自始无效婚的范围，且一般仅适用于双方都不是善意的婚姻，而且做出自始无效判决，对当事人不致使不公平。比如假借结婚名义达到非法、不道德目的的虚假婚等。法律还应考虑某些婚姻障碍(如年龄、疾病等)可变性的特点，设立适当程序，使可撤销婚在法院宣告判决之前转化为有效婚。另外，可撤销的后果要尽量做到保护善意无过错方、弱势方。可借鉴欧美法中的婚姻效力推定原则，推定配偶原则。总之，不仅要考虑到法律的威严，更重要的是要在承认婚姻事实的基础上，切实保护好无过错方、弱势方的应有权益。

上文所列我国婚姻法的各种欠妥之处，问题在很大程度上均源于我国"宜粗不宜细"的立法指导思想。当然，在我国目前立法技术还不很高、法律的制定和修订还不及时的情况下，法律规定得粗一点，有利于通过《解释》的方式随时对变化的情况作出反应。但是，事物都是相对而言的，法律规定得过粗、过于抽象甚至在应该具体规定的地方也"宜粗不宜细"，则可能造成善意者无法得到充分保护、恶意者反有空子可钻，法官判案时无所适从(特别是我国目前法官整体素质还不很高的情况下)的后果，甚至也达不到立法的预期目的。

《婚姻法》刚于2001年修订过，并已颁布了《最高人民法院关于适用〈中华人民共和国婚姻法〉若干问题的解释(一)》，针对以上问题在短期内对婚姻法再行修订可能比较困难。所以，要抓住以后制定民法典的机会，在将来的民法典中或通过再次颁布《最高人民法院关于适用〈中华人民共和国婚姻法〉若干问题的解释(二)》的方式，把这些问题妥善地加以解决，以进一步完善我国的无效婚姻制度。

---

① 巫昌祯：《婚姻与继承法学》，中国政法大学出版社1998年版，第137~138页。

国家破产——主权债务重组研究*

本文讨论的问题，反映了眼下国际社会的新发展对国际法所提出的新课题，其意义可能会招致种种议论，但我们国家现在在联合国国际组织中的地位已大幅度提升，在国际政治经济等领域正发挥着越来越大的作用。为此，我国的国际法研究的视野和范围自当更积极地适应这种变化，从而保证我们国家对任何重大的国际法律问题都有自己的发言权，更何况本文所涉及的内容，还直接关系着欠发达国家和最不发达国家的主权和利益，关系着在不远的将来我们国家一旦成为重要的债权国时的权益。

破产，原本是国内法的一个概念，是商品经济社会发展到一定阶段必然出现的法律现象。破产法是商品经济社会法律体系的重要组成部分，对商品经济的运转与发展起着重要的保障作用。破产法可作广、狭两种涵义的理解。狭义的破产法，专指与破产清算有关的法律制度；广义的破产法，则包括除破产清算之外的各种以避免破产为目的的和解、重整等法律制度。① 在本文中所称的破产法律制度是指广义的破产法。

破产法的目的就在于当债务人由于天灾人祸、经营管理不善、承担担保责任等等而在经济上陷入崩溃时，通过合法的破产，来维护全体债权人和债务人的合法权益，保护社会利益，保障正常的经济秩序。大多数国家的破产法规定债务人是自然人或者法人，也有的国家只限于法人。相比之下，美国的破产法比较特殊，各级政府机构也可以提出破产申请。② 但如果国家陷入同样困境时，是否可以并应如何运用破产制度？该怎么处理？换言之，当国家无力偿还贷款时，是否也可以宣告破产？尽管这个问题乍听起来几乎匪夷所思，但当前一些发展中国家无力偿还贷款的现象却时有所见，尤其是最近的阿根廷金融危机不仅导致严重的经济动荡，甚至还引发了政治危机，在10天之内就发生四

---

* 本文为李双元、曾伟合著，刊载于《时代法学》2003年第1期。
① 王欣新：《破产法专题研究》，法律出版社2002年版，第2页。
② 潘琪：《美国破产法》，法律出版社1999年版，第9页。

次总统更迭,① 而阿根廷或者国际社会面对这场灾难般的危机却几近束手无策。如果应对失当,不仅会导致阿根廷经济全面崩溃,而且由于世界经济全球化的发展,还可能将其他的国家拖入金融危机的泥潭。因此妥善解决国家债务危机,对全球经济健康、持续和快速发展具有深远而积极的影响。国内法中的破产法律制度在解决债务方面已经非常成熟,积累了相当丰富的经验,无疑对解决当前的问题具有重要的借鉴意义。但是国家毕竟是与自然人和法人截然不同的主体,具有特殊的性质,因此国家破产(Sovereign State Insolvency)是一个全新的课题,不仅需要理论上有所创新,更需要在实践中不断探索和完善。

一、国家破产法的必要

1. 背景

金融市场一体化的加深和辛迪加贷款转向交易安全,对新兴市场国家融资的方式产生了深远的影响。越来越多的国家在其法律权限范围内,采用种种不同的措施,向各类债权人发行了种类繁杂的债券。不同债权人的投资偿还期限不同,而且对主权国家遇到债务偿还危机时反应也各异。这是一个积极的发展,不但扩大了国家融资的来源,也分散了风险。

但是,当债务国的债务偿还义务超过其偿还能力时,这种权利主张和利益的多样性也使所有债权人采取集体行动更为困难,这加剧了债务国延迟债务重组的趋势,直到最后可能的时机,并且增加了这一程序伴随的不确定性和资产名义价值损失的可能性,从而损害债权人和债务国的利益。

迄今为止,陷入危机的发展中国家通常采取寻求外援的办法,重组经济和金融秩序,以期走出困境。但一般的情况是一些债务负担极重的国家,即使能从国际货币基金组织(International Monetary Fund, IMF)和世界银行(World Bank Group)等国际金融机构得到紧急援助贷款,这些贷款的大部分也常常只够他们还本付息,剩余部分即便对他们积弱的经济能起一点作用,也不过是杯水车薪。不仅如此,举债的发展中国家经济遇到困难时,债权人担心他们赖账,通常会拒绝将债务延期,或者将债权出售给第三方,以此保护自己的利益。其结果,无论债务国是否真的濒临破产,债权人这种类似于银行挤兑的行为都会把债务国逼上绝路。而债权人在这种危机状态下的自救行动往往导致了危机的恶化。

---

① 徐滇庆:《阿根廷怎么了?》,中评网,2002年第19期。

全球著名信用评级公司标准普尔在2002年9月底发布的《全球主权债务不履行报告》中指出,在对全球70多个国家和地区的主权债务履行情况进行调查后,全球共有6个国家①在2002年前三个季度里不能按时偿还到期的债务,总共欠债达1330亿美元,几乎比此前一年同期的740亿美元翻了一番。虽然这个数额相对于1990年的最高峰3350亿美元仍属较低,但使全球无力偿还债务的国家总数达到了28个。所谓主权债务不履行,就是指国家欠债到期无法偿还,甚至无力偿还利息。值得注意的是,2002年世界经济的不景气和发展中国家债务状况的恶化,这种状况在今后一段时间内可能会进一步加剧。②

2. 概念

针对这一状况,国际社会进行了广泛的讨论并提出了许多建议,其中最为完整和系统、相比之下也较为成熟的一个方案就是国际货币基金组织的"主权债务重组机制"(Sovereign Debt Restructuring Mechanism,SDRM)。这是由IMF第一副执行总裁安妮·库鲁依格(Anne O. Krueger)在华盛顿发表演讲时提出的,库鲁依格说,如果一个国家觉得自己已经处于无力偿还贷款的地步,就应该有一种机制来保护债务国,使其在一定期限内避开与债权国的法律纠纷,而通过谈判实现债务重组。③ 究其真实含义,笔者认为称之为国际公法上的国家破产法(Public International Insolvency Law)也许更为恰当,因为它虽是处理国家无力偿还债务(换言之就是国家破产)的一种制度,但与国内法中的破产法极为相似,而且主权债务重组机制的许多制度都是从国内破产法中借鉴过来的,国外也有学者持类似的观点。④ 在下文中为了行文方便就简称为国家破产法。

国家破产法是指由于主权国家负债过多而无力偿还或出现无力偿还的危险时,为了保护债务国和债权人的利益,并促使债务国和债权人之间迅速和有序地达成平等的债务重组协议,以促进债务国经济复苏、防止债务危机扩大并最终解决债务危机的一种国际法律制度。这一机制旨在给债务国一个喘息的机会,还可以防止债务国为了照顾某些债权人的利益,而牺牲其他债权人的利

---

① 新增加的6个国家是阿根廷、加蓬、印度尼西亚、马达加斯加、摩尔多瓦和瑙鲁。
② 《国际金融报》,2002-09-27。
③ 钟伟:《IMF的国家破产机制》,http://www.lawsky.org。
④ Clmstoph G-Paulus: Towards International Rules on State Insolvencies, Saggi, Conferenze Semiruui, 2002, p. 2.

益。不但可以同时也可以避免债权人不惜一切代价追索债务，并通过法律手段来占取债务国的资产，引起国家之间的冲突，最终使负债国无力进行债务重组。此方法还可以防止金融危机的蔓延，按照"破产保护机制"方案，债务国一旦申请了"破产保护"，如果必要就可以迅速实施严格的外汇管理，并通过谈判来重组债务，这样就可以隔断金融危机的传染。

3. 性质

尽管国家破产法与国内破产法有千丝万缕的联系，但两者仍存在许多区别。这是由于它们主体性质的差异引起的。首先，在国内破产法中，可以对债务人进行清算，但毫无疑问国家是不能被清算的，而只能实施国内法中类似的重整程序。其次在国内破产中，既可以由债权人提出破产申请而无须债务人首肯，同样债务人也可以独立提出破产申请，而在国际破产中很难想象债权人在没有债务国同意的情况下能够启动国家破产程序。这是由国家主权的特殊性质决定的。反过来，如果没有和债权人（至少大多数债权人）达成重组协议，债务国的破产计划也难以实现。再次，由于没有凌驾于国家之上的国家破产法庭，即使就债务国破产达成种种协议，也不具有国内破产法庭裁决的强制执行力，这与国际法的"弱法"性质密切相关；另外，国家破产的复杂性不仅表现在债务国庞大的债务上，还表现在债权人的多样性和分散性上，几乎世界上每一个角落中都有可能存在债务国的债权人，在这种情况下要协调所有债权人的立场极其困难，对于国家破产来说是一个非常大的障碍。总之，由于国家破产与国内自然人或法人破产截然不同的特性，无论是讨论还是制定国家破产法律制度，都必须给予充分的重视。

4. 目的

国家破产法的目的，在于促进无力偿还贷款的国家的债务能够有序、可预见和迅速地重组，同时保护资产的名义价值以及债务国和债权人的利益。如果这样一种制度能被适当地设计和实施，将有助于减少债务国和债权人重组主权债务的代价，并提高国际金融市场的效率。

启动国家破产程序是应债务国的要求，而不是经 IMF 或债权人提出。如果在破产程序之前，债务国和债权人之间能够就债务重组达成协议，那么他们当然可以自由地这样做而不必启动这样的程序。其实，可预见的国家破产法的目的，就在于其存在本身将帮助债权人和债务国达成债务重组协议。

当然，国家破产程序只有在非常有限的情况下才能启动，特别是当债务国的债务负担明显无法偿还时。换言之，如果没有切实可行的一系列的可持续的宏观政策能够解决债务国迫在眉睫的金融危机并恢复其经济活力，除非债务国当前的债务能得到重大的减少，那么这一程序才会启动。在这样的情形中，相关的国家可能已实行了正确的政策，但是如果没有实质性的债务负担调整，仍不能恢复经济活力。有时被认为有能力偿还主权债务的国家也可能需要和其债权人就预定义务的调整进行协商，但这并不意味着在这种情况下将援用国家破产程序。

对成功地设计和实施国家破产程序面临两个关键的挑战，首先，必须鼓励无力偿还贷款的债务国以保存资产的名义价值和恢复经济活力的方式迅速解决他们的困难，同时避免鼓励滥用这一机制。其次，设计这样一种机制，一旦被采用，债务国和债权人扮演的角色就是如何促使所有各方迅速达成关于重组条件的协议以促使债务国经济持续增长和发展。在债务国寻求债重组之前、之中和之后，IMF 关于其资源的有效性的政策在形成这些激励中发挥关键的作用。

设计和实施得当的国家破产程序拥有许多的优点。首先，债务国将早早地从他们不能偿还贷款的负担中解放而获益，从而避免耗尽国家储备金和导致严重的经济混乱。其次，债务国还将由于这一机制而具有更大的能力解决集体行动的困难，如果这一困难得不到解决，将可能阻挠迅速和有序地重组主权债务。再次，如果债务国在其储备金被耗尽之前采取措施，大多数债权国也将获益并从解决集体行动困难中获益。另外，债权国将从创造一个可预见的重组机制中获益，这一机制保证债务国不会采取措施减少债权人权利的价值。最后，如果一个国家的破产程序具有足够的可预见性，还有助于债权国对重组将如何进行和债务的收回价值作出更好的判断。这样，主权债务作为资产类型将更具有吸引力，增加了国际金融市场的效率并促进全球金融资源更好地配置。

5. 障碍

尽管国家破产法有上述种种优点，但目前国际社会也存在一些反对的意见。其中最重要的一种反对观点认为国家破产会侵犯国家主权。持这种观点的人从国际法传统的主权观念出发，认为主权是国家的一种特殊属性，并且不容分割和转让。但这种对主权概念的理解已经过于陈旧，绝对的主权观念并不符合现代国际社会的实践。大多数国际法学者认为，主权主要是国内宪法权力和权威的问题，这种权力和权威被认为是国内最高的、原始的权力，具有国家内的排他性职权。一般地说，没有一个国家对其他国家拥有最高的法律权力和权威，而各国一般地也不从属于其他国家的法律权力和权威。不少国家在他们的宪法中为了国际合作的利益而明文规定国家的某些主权权利和权力在有关国际组织的情况下可以受到限制，或者可以授予或转移于国际组织，因此，比较可取的意见是坚持切合实际的认为主权是可分的。① 事实上自纽伦堡审判以来，博丹关于独立和自治的主体是国际公法唯一主体的思想已逐渐动摇，现在国际刑法正在关注个人问题诸如皮诺切特和米洛赛维奇就是最好的例证。而且，前面已经提到过美国的破产法允许政府机构破产，70年代中期，纽约市就依据破产法进行了破产。当然，由于这一案件的特殊性，破产法作了适当的调整。洛杉矶市的奥兰治县也曾依同样的程序申请破产，② 美国发生的政府机构的破产也为国家破产法律制度带来了希望。另外，最关键的是国家破产法应规定只有在债务国自愿提交破产申请时才可以启动破产程序，并对破产程序加以修改以适应国家破产的特性。总之，要在维护主权和国家破产程序之间进行严格的平衡，兼顾债务国和债权人的利益，就可以保证主权不再成为国家破产的障碍。

二、国家破产法的核心原则

国家破产法应具有什么样的原则才能保证债务国和债权人达成一个迅速、有序和可预见的债务重组协议？尽管既存的国内破产法为在破产的情况下解决集体行动的困难提供了重要的保障，但由于主权国家独特的性质，在国家破产的情况下这些保障受到了限制。

1. 国内法中的重整及其局限性

当一个受财政困扰，根本不能运行的公司发现其再也无力偿还债务时，该公司与其债权人一般不会把向国内政府求助作为解决危机的途径。相反，国内破产法因为规定了重整条件而为克服协调的困难提供了必要的框架。破产法中的重整制度为达成债务重组协议（通常包括实质的债务豁免）提供了必要的激励。从某种程度来说，国内的破产法律制度已非常完善，大多数债务重组都发生在破产法的范围之内。破产法一般具有如下的原则：

（1）在重整谈判过程中冻结债权人的强制执行；

（2）在冻结期间采取措施保护债权人的利益；

（3）促进债务人在破产程序期间获得新的资金；

（4）有资格的大多数债权人同意的重整条件，约束所有相关的债权人。

---

① ［英］詹宁斯、瓦茨修订：《奥本海国际法》，中国大百科全书出版社1995年版，第94~95页。

② 潘琪：《美国破产法》，法律出版社1999年版，第9页。

所有这些原则都是通过保存破产公司的价值而为债权人的利益最大化服务，对国家破产法的制定也具有启发意义。值得注意的是，在主权背景下，国内破产法的应用，在许多重要方面是有限的：

首先，也许是最重要的，公司重整的规定只是在债务人潜在的可能被清算的背景下实施。这既由于国家不能被清算，因而不能适用于国家破产的情况。另外，潜在的公司清算也将限制任何重整建议的条件。大多数国家的破产法规定，如果重整计划的条件低于清算条件，那么不能强迫债权人接受该条件。

其次，重整制度的目的之一是通过企业的继续经营以保证债权人利益最大化。各国的破产法一般允许债权人单方面启动重整程序，重整计划包括债权转换成股权。在有些情况中，也可能使股权持有者的全部所有权利益归之于消灭。同样，这一原则不能适用于主权国家。

最后，为保障债权人的利益，在重整程序中对公司债务人的活动加以限制。但很难想象，这些限制能用来合法地约束主权国家，特别是关于国家主权的运用，例如主权国家的财政权。

美国的破产法第 9 章有关政府机构的破产，在许多方面与主权国家的情况很类似，因为它适用于一个履行政府职能的实体。尽管包括公司重整制度的许多核心因素，但在很多方面与在公司的情况下有所不同，例如，只有政府机构（而不是其债权人）才可以启动重整程序并提出重整计划；而且，破产法庭不得干涉政府机构任何政治或管理的权力以及对财产或税收或任何收益的使用或安排。最后，属于第 9 章的案件不能转换为清算案件。所有这些因素可以适当地吸收到国家破产法律制度当中去。

但是，在政府机构和主权国家之间还是有许多重大的区别，因此在设计主权债务重组机制时必须考虑这些差异。与主权国家不同，政府机构不是独立的。美国破产法第 9 章承认而且没有削弱重整中政府机构继续行使其包括财政支出的各种权力。为什么许多国家没有将破产法用来解决当地政府面临财政危机的原因之一，就是政府机构缺乏独立性。

2. 主权债务重组

尽管对上述国内破产法在主权背景下的适用进行限制非常必要，但它们的许多特征——如果经过适当的调整——在制定国家破产法律制度时将提供有益的指导。如果记住国家破产法律制度的目的，就为有序、可预见和迅速地重组主权债务提供一个框架，从而维护债务国和债权人的利益，那么就可以发现这一机制应包括如下的核心原则：

(1) 多数债权人重组原则

有资格的多数债权人同意的债务重组协议条件对少数不同意的债权人有约束力，这应是国家破产法最重要的原则之一。从债权人的角度来看，这种机制可以提供信任，防止在大多数债权人同意债务延期之后，少数搭便车者(free rider)可能在债务重组协议达成之后要求债务人完全清偿而滥用重组机制。对于大多数债权人，"搭便车"这种分裂行为不仅导致了债权人之间的不平等问题，还削弱了债务国偿还重组后债务的能力。而在债务国看来，解决这些集体行动问题，将使其更有可能早日和债权人就债务重组达成协议。而且，这还排除了不同意的债权人在重组完成后威胁使用诉讼的可能。

(2) 冻结债权人诉讼原则

如果在债务国停止清偿之前还没有达成债务重组协议，那么，在延期支付之后但在达成重组协议之前临时冻结债权人的诉讼，将有助于多数债权人重组原则的有效实施。在公司破产的情况下，通过冻结诉讼防止债权人竞相向法院提起诉讼和瓜分债务人的财产而可能损害破产公司继续运营的能力，从而危害债务人和债权人的利益(当破产公司继续经营时，债权人的权利主张价值将最大化)，旨在迫使债权人采取集体行动。分布广泛的债权人诉讼的可能性在主权国家的情况下比在公司的情况下要小得多，主要由于在外国法院管辖权范围内相对缺乏可供支配的资产来满足债权人的清偿要求。但也可能会因诉讼而拖延谈判进程。

(3) 保护债权人利益原则

在冻结期间，国家破产法应给予债权人足够的保证，以确保债权人的利益受到充分的保护。这种保障措施包括两种补充因素。首先，要求债务国不得向无优先权的债权人清偿，以避免消耗通常能用来向债权人清偿的资产；其次，有利于保证债务国采取保存资产名义价值的政策。例如在冻结过程中，如果债务国正在实施一项IMF支持的计划，或正在密切地和IMF合作，以制定能够合理使用IMF资金的政策，可以视为提供了上述的保障。除了对那些促进经济恢复活力的财政、货币和汇率政策，对于债务国其他的一些政策，债权人显然也非常关注，这些政策包括国内支付体系的继续运行，国内的破产制度和债务国的任何外汇管制的性质等。在许多情况下，债权人可能对防止资金外逃的金融管制措施的有效实施是非常关注的。

(4) 优先融资原则

在冻结期间，促进私的债权人提供新的资金的机制也能支持多数债权人重组机制。适当地提供新的资金有利于私的债权人和债务国的利益。如果有良好的政策，这样的融资能够减缓债务国经济混乱的程度，并且因而帮助债务国利用这些资源增强偿债义务的能力。在主权国家的情况下,新的资金有助于满足债务国贸易信贷的需要并且还能够清偿优先债权人。但是根据既存的法律制度,在这种情况下,对于单个债权人不存在提供新的资金的激励因素,因为回报利润要在所有债权人中分配,不能保障新的融资将不受重组的影响。国家破产法可采用保障措施以吸引新的融资,保证在冻结之后为支持债务国的计划而提供的任何融资,优先于所有早先存在的私的债务。这种保证可以由有资格的多数债权人通过决议作出。

除了上述的四项核心原则,国家破产法还应包括主权原则。因为主权原则是国际法最重要的一项基本原则,其在国家破产法中的地位和重要性是毋庸置疑的。如果把上述所有的原则结合起来,就可以建立一个有序且有效率的国家破产法律制度。最重要的是,这一法律制度可以减少集体行动导致延迟重组可能给债务国和债权人造成的巨大损失,能够帮助债务国和债权人更加迅速地达成条件平等的重组协议,从而促进债务国经济的复兴。上文中已指出,这一法律制度有助于在债务国停止偿还债务之前达成重组协议。而且只要这一法律制度具有足够的可预见性,将会鼓励债务国和债权人达成协议。例如,投票的规定将鼓励及早成立债权人机构,从而为债务国和债权人之间的谈判奠定基础。这样的制度也可使促使又维持反对的债权人明白,除非他们采取足够灵活的态度,否则债务国和大多数债权人将很快通过这一机制用协议的条件约束他们。

更普遍地来说,某种程度上国际破产重组法律制度的制定将为债权人和债务国建立一种更稳定的谈判制度,并可能提高主权债务作为一种资产类别的价值。在过去的几年中,大量新兴市场国家的债权人抱怨没有可预见的和平等的法律制度来指导主权债务重组谈判,这使新兴市场国家吸引长期投资更加困难。为了给谈判提供更完善的制度,应考虑在制定国家破产法时给予债权人委员会在重组程序中明确的作用,就如大多数国家的破产法一样。20世纪80年代,债权人委员会在主权债务重组中发挥了重要的作用,考虑到在过去的20年里金融市场已发生了深刻的变化,因此,在促进债权人委员会的组成和运作方面,还可以作出更大的贡献。

三、国家破产法的主要制度

1. 国家破产法庭

如果没有一个公正和中立的国家破产法庭,那么很难说国家破产法是完善和健全的。假如让债务国或债权人所在国的法庭负责国家破产,无论是公正性还是可操作性都颇值怀疑。因此中立的国家破产法庭与国家破产能否公平和有序的进行息息相关,并能增强国家破产程序的透明度和可预见性。

但如何设计国家破产法庭制度,国际社会仍没有一致的看法。目前的主要争论是破产法庭应设立在国际货币基金组织之内还是其之外如国际法院(International Court of Justice-ICJ)。持前一种观点的主要是 IMF,在其最近提出的一个方案中,认为应修订国际货币基金协定以解决设立国家破产法庭的问题,并主张应在拟议修订后的协定中详细规定出任法官的资格、法官的选举、任期和解职等事项。①

但反对者指出,IMF 不仅是债权人,而且是由许多国家组成的一个国际机构,在 IMF 中,富裕的成员大多往往同时也是债权人,并在 IMF 的表决中常常起着决定性的作用。从法律规则的基本要求来看,这样的职责和利益的冲突使 IMF 没有资格在破产程序中发挥重要的作用。因而反对者倾向于在 ICJ 增加一个新的法庭——国家破产法庭。②

客观地说这两种观点各有优劣,后一种观点的长处在于能较好地保证司法的公正,但其缺陷也非常明显,就是国际法院现有的法官几乎不能胜任这一新的任务,因为在这里讨论的工作与法官通常解决争端的任务相当不同。国家破产的复杂性质不仅要求法官具有丰富的经济、政治和法律知识,还需要有控制各当事方之间谈判的能力,而不仅仅是裁决当事方之间的争端。而这恰恰是国际货币基金组织所擅长的,IMF 作为战后世界上最重要的国际经济组织之一,是国际货币和金融体系中的主要监管机构,在促进国际货币合作、维护国际金融秩序等方面发挥了重大的作用。事实上,IMF 目前已经成为各国讨论解决国家金融危机的一个论坛,并对主权债务重组进行了卓有成效的工作。不过其缺陷也诚如反对者所指出的那样可能缺乏独立性。这一缺陷似乎可以通过修订 IMF 协定而加以弥补,如在 IMF 协定中规定破产法庭无须服从 IMF 任何其他机构的审查,具体来说,破产法庭的法官不受 IMF 理事会、执行董事会或总裁及任何成员的干预或影响,同时也不得接受其所属国政府的任何指令。这一点也许可以借鉴世界贸易组织(WTO)争端解决机制的成功做法。

2. 债务人和债权人

在国家破产中谁有资格作为债务人呢?毫无疑问只限于国家。这就排除了

---

① Anne O. Kmeger: A New Approach to Soven: Debt Restructuring, http://www.ird.org.

② CFmstoph G-Paulus: Towards International Rules on State Insolvencies, Sagei, Conferenze E Senunari, 2002, p. 10.

作为国家组成一部分的地区成为国家破产债务人的资格。但是当一个相当大的地区单方面主张其独立性时,是否应承认它的债务人地位呢?从法律制度的严谨性来讲,以及为了防止法律规避,不应使地区有资格成为债务人,因为如果这样做,将有导致滥用国家破产法的危险。

对于债权人资格问题,看起来似乎非常简单,但要给个圆满的答案却极其困难。当然,对债务国拥有法律权利主张的自然人、法人和一些国际经济组织以及其他国家都是债权人。但是哪些债权人将参加破产程序呢?无疑,相关的国家、国际经济组织(如 IMF、世界银行等)和其他类似的实体都有权参加,当私的贷款者是债券持有者时,无论他们是内国人还是外国人,同样也应参加。

但是如果债务国的个人虽然不是债券持有者而是主张税收返回权利的债权人,这一问题就变得非常复杂。若将这一部分人也作为债权人包括进来,这样,债务国的领导人出于政策或竞选策略的需要而不愿启动破产程序,从而损害了债务国自身的利益。究竟该如何解决这一问题,目前还没有较好的办法,也许交给中立的国家破产法庭根据当时的具体情况来决定似乎更为恰当。

3. 申请破产的权利

从国内破产法来看,债权人和债务人都有权提出破产申请,这是因为只有这样才能使破产法充分发挥约束作用。但是也存在某些例外:有的情况中只有债权人才有权提出申请,还有些情况中则只有债务人才能提出申请——美国破产法对政府机构破产申请的规定也许是这种情况最适当的例子。如果政府机构唯一有权提出破产申请,那么在国家破产时,国家无疑是唯一的申请者。如果任何其他机构或个人有这种权利,债务国的利益肯定会受到损害。如果债务国对申请的提出毫无制约作用,那将意味着债务国必须随时改变其政策,因为债权人有可能勒索债务国而损害该国的利益。显然这都违反了国家破产法的宗旨和目标。

必须注意,如果债务国对提出申请享有排他的权利,对于债权人来说可能是很不公平的。只有债务国才能中断在巴黎或伦敦俱乐部的谈判。

4. 破产申请的批准

对破产申请的管理应由国家破产法庭来实施。除了法律专长,破产法庭的法官取得 IMF 或世界银行的支持往往是必要的。申请必须和重组计划一起递交给国家破产法庭,债务国必须说明国家债务将如何重组。尽管申请的最终接受取决于债权人的同意,但法官将承担大略地审查计划的可行性的任务。如果不这么做,债务国将非常容易地"逃避"进入这一程序——仅仅是为了赢得时间。

法官的进一步工作是审查申请是否被滥用,虽然很难以抽象的条件来界定什么样的情况构成滥用。如果债务国在遭受损失惨重的战争后提交破产申请,以解除部分或全部的战争赔偿义务,这会被认为是"滥用"。但如该国现在由完全不同的政府领导,且寻求目的不在于解除战争赔偿义务的债务重组,情况可能就不同了。类似的假设非常多,因此法官的专门知识是不可或缺的。

但是有一种类型的滥用,即反复申请。当前这种制度的破产程序只能每 2 年、3 年、5 年、8 年或任何其他几年发起。这样的原则,将鼓励债务国以使至少大多数债权人可以接受的方式制定债务重组计划,以起到上述的平衡债务国关于启动破产程序的排他性权利的作用。

法官的职责还包括审查债务重组计划是否符合最低程度的实质性要求。例如:改善教育体系,放弃某些昂贵的声誉性目标,等等。这样的例子——至少在一定程度上——可以在 IMF 和世界银行的限制性条件中可以找到。

尽管目前具有这样的实质性要求特征的债务重组计划的观点显得过于雄心勃勃,但是债务国在任何情况下必须保留国内破产法中所称的最低收入水平却应是一致同意的。因为这里所建议的国家破产程序,并不是一个以清算债务国为目的,恰恰相反,这一程序将起到使债务国重新回到金融和经济健康的国家行列之中的作用。

5. 破产程序

在国内破产法中,开启破产程序最重要的结果就是从那时起,禁止任何债权人对债务人的财产提起诉讼,因为这可能对全体债权人和他们的债务偿还的机会产生不利的影响。当然,对债务人的交易也会产生同样的影响。这种所谓的"自动冻结"在国家破产法中,就如在国内破产法中同样重要,因此,也应成为方案的一部分。

一旦破产申请被批准,就应开始由中立的破产法庭主持的债务国和债权人之间的谈判,以讨论债务国提交的债务重组方案,并在谈判过程中作出适当的改变和修订。破产法庭在债权人和债务人之间起到仲裁人的作用,并通过提出自己的建议以推进谈判的顺利进行。

根据目前拟议中的破产程序,并不排除债务国和债权人在巴黎和伦敦俱乐部谈判。但是,这些谈判将有不同的含义,因为它们不再是最后的程序而仅起到国内破产法中所谓"庭外和解"的作用。谈判既在所有的破产程序之前,因而债务国和债权人有可能设法努力达成解决金融、经济和结构等方面问题的协议,以避免破产程序的到来。但是,破产程序之外的这种协议,需要全体一致同意以约束所有相关的各方，而在破产程序中，全体一致同意的要求则被多数投票所取代。

显而易见，在国家破产的情况中，放弃一致同意，而以多数同意取代才能够使债务重组计划得到接受。至于多数如何组成，这是一个技术性问题，这里没有必要非常详细地讨论。但是，一般来说，具体的决定应和对参加方的约束程度相一致。多数越接近51%，债务人的地位就越得到加强，反之亦然。

如果在破产程序开始之前，债务国转让的金钱或资产被认为损害了债权人的利益，那么是否可以考虑撤销债务国的行为，而使转让的金钱或资产回归债务国，这在目前看来似乎尚不成熟。这一机制就是所谓的"撤销权"，实质上是所有国内破产法的一个基本部分。因而有人认为可以将这一机制移植到国家破产法中，从而授予破产法庭收回债务国向某些特殊的债权人所作的清偿。

但界定债务国什么样的行为可以撤销以及在什么样的情况下撤销，需要仔细的考虑。如果债务国的元首为其夫人购买了大量的鞋子，或者如果他建造了一栋豪华的办公楼而没有任何合理的商业计划，或者在某个几乎无人使用的地方建造了一个大型的机场，等等，这些是否可以撤销呢？显然类似这样的问题，并非可以简单地用"是"或"不是"来回答。毫无疑问，国家元首在其权限范围内可以自由处置属于国家的财产而不容外国干涉，否则就有侵犯国家主权之虞；但另一方面，如果不对国家元首任意处置财产的行为加以适当的限制，那么就会减少债务国实际可以清偿的财产的价值，而损害债权人的利益。因此，需要在两者之间画出一条合理的"界限"。

四、结语

过去，由于缺乏健全的法律制度，无力偿债的债务国和债权人很难就主权债务重组迅速地达成满意的协议，当债务国最终选择重组时，这一程序可能会拖延得太久，对债务国的经济和债权人的利益造成更大的损失，甚至危及全球金融市场的稳定和繁荣。

因此，为了使面临危机的国家能够及时地恢复经济健康发展和保护债权人的正当权利，以及防止金融危机这种灾难性的后果，制定一部调整主权债务重组的国际法律制度——国家破产法已势在必行。国家破产法的根本宗旨在于维护债务国和债权人的利益，这就需要在债务国的国家主权和债权人的利益之间进行严格的平衡，防止任何一方滥用这一机制。为实现这一目的，公正和中立的国家破产法庭必不可少；同时为了防止为数众多的债权人因在债务重组的条件上的分歧而阻止重组协议的达成或者避免出现"搭便车"现象，国家破产法至少应包括约束所有债权人的多数债权人原则，即有资格的多数债权人同意的债务重组协议对所有债权人哪怕是持反对意见的债权人都有约束力。另外，冻结债权人诉讼的原则、在冻结期间保护债权人利益的机制和新融资的优先地位的规定，也是国家破产法的重要组成部分。最后，国家主权原则作为国家破产程序的基础，是理应值得再次强调的。

尽管国家破产对中国的影响甚微，因为目前中国外债的规模、结构以及风险指标等均相当稳健，在标准普尔的《全球主权债务不履行的报告》中，中国的外债偿还能力处于BBB级，是8个等级中的第四级，这表明中国在近期内不会出现偿付债务的能力问题。但从总体上讲，国家破产机制一旦实施，可能使得发展中国家吸引外资的势头有所削弱。而且，在加入WTO之后，中国的经济已日益融入全球化的浪潮之中，不仅越来越多的外资涌入中国，同时中国也正在逐步扩大对外投资的规模和范围，如何保证海外投资的安全，正逐渐引起人们的重视。此外中国作为IMF的重要成员，同时以一个正在迅速崛起的大国姿态出现在世界舞台，在解决发展中国家的债务危机中理应发挥更大的作用。因此，加强国家破产法律制度的研究对于中国也具有重要的实际意义，不仅有利于防止金融危机的发生，促进国际经济的交流与合作，而且对于提升中国的大国地位也不无裨益。当然，由于国家破产是一个全新的领域，如何设计和完善健全的国家破产法律制度将面临许多难题，但眼前最重要的不是回避这类挑战，而应进行一些有益的探索。随着国际社会对解决主权债务危机需要一种新的方法的认识已越来越广泛和深入，可以相信一部公正、有效的国家破产法，将在防范及解决主权债务危机、完善国际金融体系和促进全球经济健康与快速发展中发挥举足轻重的作用。

略论国际私法的研究方法[*]

对国际私法的研究方法问题,本文第一作者在20世纪80年代初同国际私法研究生进行讨论时,曾有过一些论述,当时主要归结为历史的方法与比较的方法,并在1987年的《国际私法(冲突法篇)》①中作了阐述。其中的许多观点或论断今天仍然是适用的、科学的。但时代和社会在20多年来确实发生了非常大的变化,国际私法也随此正在发生质的飞跃。② 这首先表现在更多的国家与更多的学者承认:冲突法方法和实体法方法都是国际私法解决法律冲突的方法,③ 国际私法已不仅仅是冲突法,而是包含着以冲突规范为主兼具多种规范④的法律部门。其次,国际私法已不仅仅着眼于个案法律适用上的冲突的解决,而应转换到构筑有利于经济全球化、有利于追求实现实质正义的国际民商新秩序为基本功能上来的观点,不管是否公开采纳"国际民商新秩序"的提法,但多数进步的学者或学说或从事国际私法统一化运动的国际组织,几乎都是自觉地为实现这一转换辛勤地工作着。再次,对国际私法问题的处理,或者说对涉外民商事关系的调整,已不能仅仅依靠某种学说由法官临时的随机处理,而是必须通过系统的成文法(或系统的成文的判例法编纂或重述)来加以规范,

---

* 本文为李双元、欧福永合著,刊载于《政法论坛》2003年第3期。

① 李双元:《国际私法(冲突法篇)》,武汉大学出版社1987年版,代序;第50~52页。

② 参见李双元:《国际私法正在发生质的飞跃》,载李双元主编的《国际法与比较法论丛》第5辑,中国方正出版社2003年版,第369~456页。

③ 塞缪尼德斯先生在1998年第15次比较法国际大会上所作的总报告中,根据许多国家的理论与实践,已明确实体法方法和冲突法方法都是国际私法解决法律冲突的方法,它们并存共处,相互补充。目前很少有国家的法制仅倾向于其中的一种方法。See Symeon C. Symeonides, Private International Law at the End of 20th Century: Progress or Regress? (2000), pp.20-21. 另可见李双元、金彭年、张茂、欧福永:《中国国际私法通论》(第二版),法律出版社2003年版,第10页。

④ 如外国人民事法律地位规范、统一实体规范、国际民事诉讼与国际商事仲裁程序规范。

这已成为潮流。因而近20年来，相继制定其国内成文国际私法法典的国家与日俱增，从事冲突法和实体私法统一的国际组织也在加倍努力之中。最后，近20年来出现的新国际私法立法中，双边冲突规范、选择性冲突规范大量增加，直接规定适用法院地法的单边冲突规范相应减少；同时认为本应适用于有关法律关系的国家的法律中的强行性规范(或曰公法规范)不应以自己的冲突规范已指定别的法律为由而加以排除；在改造传统冲突规范时采用结果选择或利益导向的规则以保护弱方当事人或特定当事人的利益的方法已被广泛使用。这些进步无疑主要因经济以至整个社会生活的许多重要领域的国际化或全球化进程不断加强而产生的客观上的迫切需要的推动。在这种新形势下，我们认为国际私法的主要研究方法有：比较的方法；理论研究与实证分析相结合的方法；历史的方法。

一、比较的方法

国际私法主要是解决不同国家民商法的适用冲突的，不同于一般的国际法，也不是一般的国内法，因为它有自己的方法论。而这种方法论的客观根据，就是它所调整的社会关系涉及许多平行而又相互不同的法律制度，国际私法的理论与实践，常常需要对各有关国家的实体民商法进行比较，从而找出它们之间的差异和发生法律冲突之所在；同时，还需要比较研究有关各国的冲突法，从而判定是否需要采用某项一致的冲突原则以寻求判决结果的统一，以及是否需要采用反致制度等。而就立法工作来说，这种比较研究也能提供有益的借鉴。因此，比较的方法对于国际私法来说，是与生俱来并具有特殊意义的，从其诞生起，它就直接建立在比较法的基础上。用比较的方法，广泛研究外国法，是它自身得以存在和发展的根基。比较的方法在国际私法的研究中具有特别重要的意义。① 正是基于这一特性，一些外国学者甚至称比较研究的方法为"国际私法之母"。在论及比较法在国际私法中的重要地位时，巴迪福还曾指出：既然国际私法的国内法渊源还具有决定性的作用，从而每个国家都(应)有自己的国际私法立法、判例和学说，这就不但产生了对各国不同的国际私法制度进行比较研究的必要，而且也有进行比较研究的条件。他还指出了比较国

---

① 参见[美]阿瑟·范麦伦著：《比较法对国际私法理论与实践的贡献》，陶德海译，载《法学译丛》1987年第1期；[德]伯恩哈德·格罗斯菲尔德著：《比较法的力量与弱点》，孙世彦、姚建宗译，清华大学出版社2002年版，第33~40页。

际私法和其他比较法分支目的的相似性,以及比较国际私法较之比较民法或比较商法更有其特殊的地方。①

我们曾以海牙国际私法会议制定《关于死者遗产继承的法律适用公约》的过程来说明比较的方法在国际私法的国际统一中的作用。② 该实例说明比较法以及比较法方法贯穿于公约制定的全过程;而且,尤其是公约草案起草前的准备工作基本上就是收集比较法研究的第一手材料,并在此基础上比较各国法律,得出继承冲突法国际统一的答案的比较法研究过程。德国一学者曾把从事国际私法统一工作的国际组织进行具体的统一工作的全过程划分为四个阶段,即一般性考虑阶段(或研究具体统一项目的阶段)、项目准备工作阶段、评估阶段及起草草案的阶段。他指出,所有这些阶段都离不开比较法的研究、比较法方法的运用以及比较法的知识。不但统一的冲突法公约的制定如此,实体私法的国际统一也是绝对离不开比较法研究和比较法方法的运用的,而且国际统一私法的其他成文的渊源,如国际统一立法和国际组织的立法等的制定也必须依赖比较法的研究。此外,比较法研究以及比较法方法对诸如国际贸易惯例、一般法律原则等不成文的国际统一私法的形成与适用也具有非常重要的意义。

近些年来,我国国际私法方面的比较法论著,虽已有一些,但因受外文资料不足和部分研究人员外语水平的限制,应该说比较法研究还是颇为滞后的。必须认识到,对国际私法的基本理论、基本制度、基本规则进行比较,进而对有关国家的民商实体法进行比较,并从立法、司法实践和学说等角度,多层次地进行全方位比较研究,从而揭示各国国际私法和有关国家的民商法的一些共同点和发展趋势,是加强国际私法基础理论问题研究的有效途径。因此,今后应加强有重大理论和实用价值的比较国际私法课题的研究。一百多年的历史告诉我们:法律的现代化就是要认真学习、分析、研究、剖析国外先进国家的法律制度,择其优者为我所用,决不保守;法律的现代化就是从封闭走向开放,从立足于国内走向立足于国际;法律的现代化就是法律顺应历史的潮流,更加走向政治的民主化和经济的市场化。③ 因此,我们要反对在全球化时代下谈法学的研究方法问题时过分强调"东方"与"西方"法律文化的对立与冲突,并继

---

① 参见[法]巴迪福尔、拉加德著:《国际私法总论》,陈洪武等译,中国对外翻译出版公司1989年版,第26~27页。

② 参见李双元主编:《中国与国际私法统一化进程》,武汉大学出版社1998年修订版,第342~344页。

③ 江平先生为其主编的《比较法在中国》(第一卷)所作的序,法律出版社2001年版。

续以防止掉进"西方中心主义的泥淖"来进一步禁锢学术研究的思想,更不宜把各国法律制度的相互借鉴的现象,人为地用"中心"与"边缘"、"中心"与"依附"、"主动"与"受动","内发型"与"外发型"等近乎形而上的或者繁琐的范畴,来束缚法律的借鉴与移植以及加入国际社会法律统一化运动的手脚。法律既然也是一种文化,而先进的文化,其先进性就在于它所具有的超越"东西南北"的普遍性质。在全球化时代我们排除或接受某种学说或法律制度,只应主要看它是否能使我们国家的法治建设适应全球化的挑战和充分利用全球化提供的机遇。总之,现在正处在全球化的时代,我国也是一个在对外开放中求发展的国家,我们既需要以开放的眼光积极参与处理人类社会面临的各种共同的国际法律问题,也需要以开放的眼光妥善处理我们国内的法律事务,因而在法学研究中坚持开放性的思想,乃当然之理。

二、理论研究与实证分析相结合的方法

长期以来,国际私法学理论主要分为大陆法学派与英美法学派。表现在研究方法上,大陆法学派主要采用演绎法(一种从一般到特殊的推理方法),比较侧重于从法理学的探讨出发,由冲突法的一般原理推演出各种具体、特殊的法律关系应该适用的冲突规范,与此相适应,在这些国家成文法占主导地位。而英美法学派则主要采用归纳法(一种与演绎法相对应的逻辑推理方法,即从具体到一般的推理方法),以研究分析判例材料为主,试图归纳出一些带共同性的冲突原则,与此相适应,在这些国家判例法占优势。前者最著名的代表如德国的萨维尼(Savigny),后者最著名的代表如美国的斯托雷(Story)和英国的戴西(Dicey)。这种研究方法上的差异到目前仍未消失。

这两种不同的研究方法既各有自己的长处,也各有缺陷。这是因为法学首先是一门实践科学,它来源于实践,并且是为了进一步指导实践。就法律的发展史来看,任何一项行为规则都不是从某种先验的理性或纯逻辑学中产生出来的,而只能是在各种社会力量的折冲和社会生活的实践中逐渐形成的。在国际私法中,各项冲突原则的产生和发展也是如此。因此,国际私法学就不能离开对各国特别是对本国的实践即判例材料的研究与分析。但是,国际私法的研究,也离不开法哲学的指导,而且这种研究的目的,也在于把实践中的东西上升为理论,从而抽引出各种具有普遍意义的规则。因此,依据马克思主义的观点,这两种方法实际上是不可分割的。只强调前一种方法,过多地强调先验的理论、抽象的原则,对实践中千变万化的具体案件缺乏重视,可能摆脱不了历

史唯心主义的束缚；而只强调后一种方法，轻视理论对实践的指导作用，常常一叶障目，不能通观全貌，不能对归纳出的一些原则作理论上一贯的解释，会陷入狭隘的实用主义的泥淖。① 若能兼取理论研究与实证分析方法之长，则可收到相辅相成之效。故理论研究与实证分析相结合的方法在国际私法研究中占有重要的地位。

我国的法学研究，包括国际私法学在内，理论分析的方法占统治地位，通过案例结合进行实证分析则甚显不足。由于国际私法涉及广泛而复杂的生活领域，并容易受到国际政治和经济活动的影响，因此，不管成文法如何发达完备，都不可能完全消除法院或法官造法（judge—making law），更何况我国的国际私法立法还很不完善。因此判例的作用在我国国际私法学研究中是不可或缺的。我们必须通过大量的调查研究，系统总结和归纳我国法院的司法实践，并着重探讨国际私法上各种制度、规则和理论在我国法院是如何地运作以及应该如何运作，从而不断加强和丰富中国国际私法领域内的实证研究。

三、历史的方法

在国际私法的研究工作中，历史的方法无疑也是十分重要的。这一方法能使我们正确了解国际私法产生和发展的历史条件，揭示出不同制度与理论产生的社会背景和它们的历史作用，使我们能透过似乎是纯粹抽象的公式，了解不同的立法处理都具有特定的生活内容和社会职能。国际私法之所以自 13—14 世纪在意大利北部城邦国家之间发展起来，就是反映了当时对自由贸易的需要。而此后的一个停滞时期，则是因为欧洲的封建统治阶级企图保护他们自己的利益以对抗正在崛起的资产阶级而造成的。16 世纪法国的杜摩兰（Dumoulin）提出"意思自治"说，反映了法国南部比较发达的资产阶级的利益；而同时代的另一个法国人达让特莱（D'Argentré）则特别强调法律的适用应与其制定者的主权管辖范围一致，便纯粹出于保护北部封建势力的需要。此后的发展，也无不表现出各个时代、各个国家的政治、经济对国际私法学说与制度的直接影响。因此，研究国际私法的历史的方法，要求我们必须把国际私法作为一定经济基础的上层建筑对待，它的各种学说与制度，必须到当时的社会物质生活条件中去探求它的根源。研究国际私法的历史的方法，还有助于我们通过了解国际私法的过去和现在，预见它的未来的发展道路和前景。

---

① 李双元：《国际私法（冲突法篇）》，武汉大学出版社 1987 年版，代序。

对于我国国际私法的理论工作来说，无疑还应该以马克思主义作为总的指导思想，运用辩证唯物主义和历史唯物主义的观点和方法。坚持从我国顺应时代的潮流和国家的全面振兴的实际出发，密切关注人类社会的进步和时代的发展，为适应加入 WTO 后进一步完善有关法律制度的需要，不断总结我国和国际社会处理涉外民商事关系的实践经验，比较研究和借鉴外国国际私法的理论与实践，从而建立起具有我国特色和创新内容的国际私法理论和立法体系。要善于抓住面向 21 世纪的国际私法的重大理论与实践问题，进行深入、系统的研究；要善于把国际私法的宏观方面的问题和各种具体问题的研究与剖析结合起来；还需要在认真理解、掌握国内国外前人已有成果的基础上，以科学而严肃的态度，去进行开拓性的思考和探索。

公共健康危机所引起的药品可及性问题研究[①]

据世界卫生组织的报告,全球每年有1400万人死于传染性疾病,主要的死因为艾滋病、呼吸传染、疟疾和结核病。目前,艾滋病是撒哈拉沙漠以南非洲地区的第一死因,而在全球范围内,它是第四位的杀手。20年来,全球有6000万人感染了艾滋病,其中2000万人已被夺去生命。联合国的报告警告人类:如果不采取切实有效的预防措施,在未来的20年内,艾滋病将夺去6800万~7000万条生命。报告在分析亚洲地区流行趋势时指出,中国和印度两个大国正面临着艾滋病的挑战。[①]

艾滋病药品价格已成为贫穷患者接受治疗的最大障碍有生存才有发展,在没有购买力的药品市场即使开发出了新药又有何意义?面对疾病的危险,并不是所有人都能买得起药品的。专利在给发达国家药品生产商带来高额利润的同时,发展中国家的许多艾滋病感染者却因无法支付昂贵的药品费用放弃治疗而死亡。为防止疾病的继续蔓延,患者获得所需的药品即药品的可及性或称可获得性(access to drugs)成为了解决问题的关键,这就要求人们思考在知识产权制度下将药价降到平民百姓均能支付的价格来保证获得药品的系列措施;对此,发展中国家强烈呼吁,人命大于天,为解决公共健康问题,必须降低药品价格,在不违反TRIPS基本原则的基础上,采取灵活措施救助艾滋病等重大传染病患者。许多非政府组织也不断呼吁修改TRIPS协议,力求在保护知识产权和企业利润与WTO成员的公共利益之间取得平衡。而以美国为首的发达国家则力推通过TRIPS及各国的国内法充分保护本国强大的制药产业与专利权人的利益,以鼓励新药的研发和获取高额利润,这就在TRIPS框架下不可避免地发生了药品专利与药品可及性之间的冲突。可以预见,在若干年内,TRIPS中这一严重问题很有可能成为WTO谈判最受关注的焦点之一。

[①] 本文为李双元、李欢合著,刊载于《中国法学》2004年第6期。

[①] 联合国艾滋病规划署世界卫生组织报告:《艾滋病流行进展》,载《WTO经济导刊》2003年3月号,第14页。

一、TRIPS 协议下发展中国家药品的可及性

TRIPS 协议第 7 条强调了其目标是保证专利权人与专利使用人的权利义务平衡,所以协议在对专利权人予以有效的保护外,还规定了对专利权人权利的限制。总的来说,TRIPS 这方面的规则也并不能完全阻止发展中成员方以维护公共健康为由防止滥用知识产权所带来的消极影响和难以获取廉价药品的途径。在实践中,WTO 成员中发展中国家在维护公共健康问题上却也面临着前所未有的压力,这表现在:

1. 生产通用药品(generic drugs)

通用药品通常是指不受专利保护的药品,往往是专利已经到期或者根本就没有专利。在 TRIPS 协议之前,没有国际条约规定必须对医药产品和方法授予专利,发展中国家和最不发达国家多采用制造和进口通用药品的方式向其国民提供廉价药品。但是,后来因 TRIPS 协议规定了国际知识产权保护的最低标准,将传统的保护客体范围扩大到一切技术领域的发明,包括医药产品和方法,这使得专利药品价格大幅上扬,通用药品的范围缩小。根据 TRIPS 协议,发展中国家自 2005 年 1 月 1 日起,最不发达国家自 2006 年 1 月 1 日起,均有义务实施 TRIPS 协议,对医药产品提供专利保护,从而极大地限制了通用药品的制造和进口。但有不少人仍非常看好通用药,认为通用药还能起到非常关键的作用。其实,通用药对相关疾病的药效正不断下降,需要研发新的更有效的药品来治疗患者。①

2. 实施强制许可(compulsory license)

强制许可自 1883 年《保护工业产权巴黎公约》起就是通过行政措施限制专利权人滥用独占权的一种有效手段,TRIPS 第 31 条"未经权利持有人许可的其他使用"仍是关于强制许可的规定。它虽是 TRIPS 谈判中最受专利大国极力反对的制度,但却是发展中国家获得可支付药品、解决公共健康危机的有效途径。该制度本身是对专利权人垄断其专利技术的一种限制,有了强制许可后,当国家利益需要时,即可以抛开专利权人而自行生产、定价。

根据 TRIPS 第 31 条的规定,发展中国家可以在国内立法中规定强制许可,但仍需遵守第 31 条中为保护专利持有人合法利益的 12 种限制条件。其中包括:授权强制许可只能一事一议;在许可之前,拟使用者已经按合理商业条款和条件努力从权利持有人处获取授权,若此类努力在合理的时间内未果时,国

---

① 冯洁菡:《全球公共健康危机、知识产权国际保护与 WTO 多哈宣言》,载《法学评论》2003 年第 2 期。

家方可准许强制许可(国家出现紧急状态或者其他极端紧急的情况下或在公共非商业性使用的情况下,可豁免此要求,但仍应迅速通知权利人);强制许可只能是非独占性的;必须向专利持有人支付适当费用,同时考虑授权的经济价值;该强制许可下的药品只能用于国内市场,而且此种强制许可的任何决定的效力及就此种使用提供报酬的决定均应通过司法审查等。① 可见,条件与程序相当苛刻,其第31条f款就限制了强制许可生产的药品只能"主要供应国内市场",即强制许可下生产的药品供应国内市场的比例必须达到51%以上,② 即使国内市场需要少,亦不得用于出口。而一部分艾滋病、肺结核疫情严重的国家却又是最穷的,他们的药厂没有生产能力,无法通过强制许可仿制药品,但是其他国家在强制许可下生产的仿制药又不能卖到这个国家,穷国还得向有专利权的大企业购买药品,那些持有专利的大企业还是会形成垄断,以致该限制条款使强制许可方法对WTO成员方中许多没有制药能力的发展中国家来说形同虚设。对于TRIPS的这一缺陷,国际社会已经有所认识并正在商订一系列制度。至于这些制度的效力如何,笔者将在后面的分析中进一步讨论。当前,只有少数的发展中国家,如阿根廷、中国、埃及和印度(另外两个是现已被纳入OECD的韩国和墨西哥)拥有强大的国内制药部门,可以运用强制许可通过反向工程生产和开发药品。

3. 平行进口专利药(parallel import)

平行进口是指同一专利权人就同一项发明创造在两个国家获得了专利权,专利权人或者其被许可人在其中一个国家售出其专利产品后,购买者将购买的专利产品进口到另一个国家。平行进口的理论基础是"权利用尽原则",③ 其

---

① 转引自张娟、文香平:《药品专利强制许可问题浅析》,载《中国知识产权报》2004年3月12日。

② Frederiek M. Abbott(September 8, 2001)"The TRIPS Agreement, Access to Medicines and the WTO Doha Ministerial Conference" p. 13. http://www. ballchair. org/downdocs/tripps-agree. pdf.

③ 专利药平行进口是否构成侵权与专利权是否国际用尽原则紧密相关。权利用尽的理论分三种:(1)权利国际用尽。指某专利药品被合法售出之后,专利权人就不再对该专利药的使用和销售享有控制权,专利权人对他们的"独占权"已"用尽",他人转售行为不构成专利侵权。在此原则下,专利药品的平行进口是合法的,不构成专利侵权。(2)权利国内用尽即"地域性理论"。指同一专利权人依各国立法,分别于各国取得专利,其适用与效力仅在该领域内得到承认。该理论侧重于对专利权人的保护,认为专利产品在出口国投放市场,不能以此推论进口国授予的专利权也已被使用而用尽。在此原则下,专利药品的平行进口是非法的,构成专利侵权。(3)默认许可。认为专利权用尽是专利权固有的属性,因而也确定专利权国际用尽为一般原则,但它又允许有合同约定的例外。发达国家通常适用国内或地域性的权利用尽原则,而发展中国家多主张宽泛意义上的权利用尽原则,即权利国际用尽原则。

中权利用尽的国际性原则是支持平行进口合法的理论依据,该原则意味着不论出口国是谁,权利人均无权阻止在该国经其同意投放市场的产品的平行进口。由于跨国制药公司在世界各地的定价并不相同,从价格较低的国家平行进口专利药能够使贫困国更多的病人获得药物平行进口还可以阻止专利权人在全球分割市场和进行价格歧视,同时不会限制专利持有者为其专利发明从原始销售国获得必要酬劳,而且有利于进口商通过平行进口来赚取这部分差价,患者也能获得廉价药品,但高价位药品国家的专利权人会因此失去一定的市场份额,于是他们要求国内立法阻止平行进口。

TRIPS 没有直接讨论平行进口是否合法的条款,但协议第 6 条强调只要遵守了它的相关规定,则"本协议的任何规定均不得用以处理知识产权权利用尽问题"。据此,政府可以采取平行进口措施来平衡公共健康与专利权人的利益,解决对药物的迫切需要。但是,对于这一涉及社会公共利益至关重要的条款,发达国家却采取狭义的解释,限制采取这些措施的范围,从而导致对 TRIPS 缺乏明确一致的理解目前,南非、巴西等国已经允许通过专利药的平行进口来降低药品价格。印度、泰国等国则长期推迟执行 TRIPS 协议过渡期,以获得廉价药品和期待国际立法对平行进口更明确的解释,不过,迄今为止,平行进口问题在国际上一直未得到彻底解决。

二、《TRIPS 协议与公共健康多哈宣言》及相关《决议》通过后药品的可及性问题

(一) 对《TRIPS 协议与公共健康多哈宣言》的评价

经过发展中国家和发达国家双方的妥协,WTO 第四届部长会议最终于 2001 年 11 月 14 日通过了《TRIPS 协议与公共健康多哈宣言》(以下简称《多哈宣言》)。

1.《多哈宣言》的重大进步

《多哈宣言》明确了 WTO 成员政府采取措施维护公共健康的主权权利:《多哈宣言》声称 TRIPS 协议不会也不应阻止成员方采取保护公共健康的措施,并就 TRIPS 协议与公共健康领域的相关问题进行了澄清:(1)TRIPS 协议中的每一条款,都应按照其目标和原则进行解读;(2)每一成员方都有实施"强制许可"的权利,并且有权决定实施"强制许可"的理由;(3)每一成员方都有权认定何种情况构成"国家处于紧急状态或其他极端紧急的情况",各方认为艾

滋病、结核病、疟疾等传染病造成的公共健康危机构成这种"紧急状态";(4)允许成员国在遵守最惠国待遇和国民待遇条款的前提下,构建自己的"权利用尽"制度。同时,对于有些 WTO 成员方因制药工业落后,缺乏实施"强制许可"的生产能力的问题,TRIPS 理事会将负责寻求一个快捷有效的解决办法,并于 2002 年年底以前向总理事会报告,最后,各方重申,按照 TRIPS 协议第 66 条第 2 款之规定,发达国家应促进和鼓励其企业和组织向最不发达国家转让技术。此外,各方同意最不发达国家对于药品提供专利保护的时间推迟到 2016 年。①《多哈宣言》的积极意义在于它不仅确认了公共健康应优先于私人财产权,保证生命健康的基本权利应得到尊重和保护,而且大大降低了 TRIPS 协议对国家促进和改善健康的努力的限制,给予发展中国家更强的信心使用 TRIPS 协议中的弹性条款来保护本国公共健康,而不会受到发达国家法律诉讼或贸易制裁的威胁,同时也为今后知识产权立法提供了重要的标准。

2.《多哈宣言》的法律效力及局限性

《多哈宣言》是代表 WTO 各成员的部长们经协商所达成的协议,实质上是对 TRIPS 协议的澄清可以在未来的 WTO 争端解决程序中得到适用。但是《多哈宣言》的政治意义更胜于实际作用,因为它仍未解决 TRIPS 协议与保护公共健康之间的根本冲突:(1)尽管最不发达国家可从《多哈宣言》第 7 条延长的过渡期中受益,但在 WTO 的 146 个成员中只有 30 个这样的国家,仅为世界总人口的 10%,而面临公共健康危机的绝不仅仅只有这 30 个最不发达国家。同时,过渡期也只限于延期履行根据第 5 节(专利)和第 7 节(未披露信息的保护)所应承担的义务,并且还不包括医药方法专利。(2)《多哈宣言》除了对发展中国家维护公共健康的权利予以正式承认外,实质上并未改变 TRIPS 协议所确定的权利和义务,甚至根本未提及如何防止知识产权滥用的问题。(3)通用药生产和出口问题依然悬而未决。自 2005 年 1 月 1 日起有生产能力的发展中国家不能再生产受专利保护的药品,同时也切断了那些没有生产能力的国家进口廉价通用药品的途径,TRIPS 协议仍会使跨国医药公司受专利保护的药品的价格居高不下。《多哈宣言》并未对所涉相关条款作任何解释,仅要求 TRIPS 理事会探求问题的解决办法,在 2002 年年底之前向总理事会汇报。

---

① Carlos M. Correa (June 2002) "Implications of the Doha Declaaration on the TRIPS Agreement and Public Health" http://www.gefoodalert.org/library/admin/uploadefiles/Implications-of-the-Doha-Declaration-on-the-TR,htm.

(二)对《关于 TRIPS 协议与公共健康多哈宣言第六段的执行决议》及相关声明的评价

依据《多哈宣言》，WTO 成员方启动了包括 TRIPS 协议与公共健康问题在内的新一轮共五个议题的谈判。围绕《多哈宣言》第六段强制许可问题，发达国家和发展中国家之间进行了激烈的争论，原计划在 2002 年底达成的协议，直到 2003 年 8 月 30 日才达成了《关于 TRIPS 协议和公共健康多哈宣言第六段的执行决议》(以下简称《决议》)及 WTO 总理事会主席的一份补充声明(WT/GC/M/82)。

《决议》规定，发展中成员和最不发达成员因艾滋病及其他流行性疾病而发生公共健康危机时，可在未经专利权人许可的情况下，在其内部通过实施专利强制许可制度，生产、使用和销售有关治疗公共健康危机疾病的专利药品。印度、巴西及其他有制药能力的国家将首次被允许生产来自美国和其他国家制药公司的专利药品，条件是只能将药品出口到急需药品的发展中国家。该补充声明主要是对《决议》中有关技术性问题的进一步解释与澄清，所涉的技术性问题没有超过《决议》所涉范围，更为关键的是该声明只是以 WTO 总理事会纪要的文件形式散发的，未将其称为 WTO 法律文件的一个组成部分，故其法律效力的欠缺自不待言。

《决议》在宏观上是对 TRIPS 协议涉及专利制度的若干限制的一个重要突破，反映了发展中成员要求防止滥用知识产权阻碍社会经济发展的愿望，但仍有许多具体适用上的限制性规定或障碍。不过无论如何，《决议》还是反映了 TRIPS 协议在对发展中成员权利义务规定的不平衡和对这种不平衡进行重新谈判的可能性与现实性。① 英国药业协会主席特维沃也承认"虽然该决议并没有彻底解决问题，但表明了大家通过寻求各种办法来解决疾病所引起的人道问题的普遍愿望"。② 微观上看，发展中国家不再局限于美国对疾病范围的狭义解释，可以使用该制度获得药品来维护公共健康，再也不必担心 TRIPS 协议中某些条件的限制。而且《决议》第 1 条第 2 款明确说明了某些国家只能在紧急情况下使用这一体制，那么从逻辑上讲，其他国家在非紧急情况下也可适用该

---

① 荣民：《WTO"公共健康"最后法律文件简评》，载《世界贸易组织动态与研究》2004 年第 1 期。

② Sian Claire Owen (October2003) "WTO and Compulsory Licensing in the Developing World". http://thomsonderwent.com/ipmatters/ipdc/8199223/wto-licensing.pdf.

制度，因此，最不发达国家理论上有权出于维护日常公共健康的需要来启动这一制度，而不仅仅是在极端危急的情况下。

由于《决议》设立的限制条件过多，这项旨在解决药品可及性问题的《决议》并没有提供一个可行的方法。主要表现在两个方面：

其一，程序要求繁多累赘。《决议》与补充声明提出了一系列复杂的程序性要求，只有满足了这些要求，国家才能依据强制许可制度获得廉价药品。例如：进口国须履行通知与审议程序后方可进口药品，它必须证明他们的制药能力(确认"制药能力不足"、"健康危急情形"还有待进一步解释与说明，很可能产生争议)，同时将实施该制度的决定通知 TRIPS 理事会；在急需药品时仍须先与专利权人寻求自愿许可，只有不可行时方能实施强制许可，生产国也须实施强制许可才可出口这类药品；而且还要将出口的药品的情况详细地在相关网站上公布等。这些显然不符合《多哈宣言》第 6 条所称的"快捷便利的方法"。① 对于出口国来说，这个复杂的程序可能还有一定的政治风险，例如美国就有可能趁机向出口国施加新的压力，② 一些国家怕遭到可能的政治报复或潜在的经济制裁而不愿实施这种强制许可(出口药品至穷国)。

其二，实质要求难以实现。《决议》的一些要求会导致通用药的生产成本提高，不利于生产与竞争不少西方医药组织指出，最有效降低药价的方式不是仁慈地施予，而是通过市场竞争。③ 通用药的竞争也可使专利药品价格下降，但一般制药商必须达到一定的经济规模或成本效益才能生存下来。为了防止药品销往中等或高收入国家，《决议》通过了苛刻的反分销标准(要求每批药品生产的形状或颜色不同)，无形中增加了生产通用药的成本而引起药价的上扬，这使公共利益和商业利益难以达成平衡。《决议》规定出口或进口仿制药只能出于"公共健康"考虑，而不能"追求产业和商业利益"，这两者间的分野不可能那么清晰。这是否也会引发一些争端，从而大大拖延解决公共健康危机的时间呢？尽管该补充声明还进一步确认了各成员方对《决议》应真诚地用于保护

---

① Rudolf Van Puymbroeck, GHAP October 3, 2003 "Exportation of Drugs under Compulsory Lisenses: The WTO Decision on Implementation of Paragraph 6 of the Doha Declaration on the TRIPS Agreement and Public Health" p. 8 http://www.iipi.org/activities/forums/IP%26Public-Health papers/rovira pdf.

② Scott Sinclair "Rough Trade: A Critique of the Draft Cancun WTO Ministenal Declaration" p. 9 http:/www.polievalternatives ca/publications/brief4-3.pdf.

③ 邱海旭：《WTO 救命药协议的道德成本》.hltp://www.li[eweek.com.c:n/2003-09-23/000556671.shtml.

公共健康的目的,而不会用于工业或商业政策目标的共同理解,但这恐怕只是纸上的表述而已。

基于以上种种,TRIPS 的公共健康协议的象征意义是远大于其实际意义的。不过也应该肯定,《多哈宣言》与《决议》毕竟朝前迈进一步,明确了 TRIPS 机制应有利于可持续发展,发展中国家未尝不能借此绕开 TRIPS 的相关义务来制定自己的知识产权法,并最大限度利用 TRIPS 的灵活性。但这些文件离真正实现各方的利益平衡还有很大的距离,尤其是《决议》只代表了《多哈宣言》中预防急需药品昂贵价格之广泛框架中的一个方面,仅仅是 TRIPS 协议与公共健康若干冲突中的一个问题,并不意味着 TRIPS 协议与公共健康之间全部矛盾的终结。① 为此,TRIPS 理事会在 2003 年年底之前开始启动了修改 TRIPS 的准备工作,争取在其后 6 个月内通过该修改。这也表明《决议》的达成只是通向最后解决问题的一个阶段。但到发稿时为止,仍迟迟不见有关的新修改内容出台。一要通过修改 TRIPS 协议使相关制度达到有效地被发展中国家(尤其是最不发达国家)用来对付公共健康危机的目的,短短六个月是不可能如期完成的。发达国家在公共健康问题上向发展中国家的让步究竟有多大,TRIPS 之路在何方,尚需拭目以待。

三、中国面临的问题及解决思路

目前的我国现状是:一方面,我国已明确接受 TRIPS 协议的要求对药品专利予以保护;另一方面,我国低收入人口众多,如何在保护药品专利权人的权利的同时又能保障药品的可及性呢?这还有待找一条有效的渠道或方式。一位无国界(一非政府组织)医生说:《多哈宣言》无疑给予世人一个很强的政治信息,但如果各国不加以实行或制定有利公共健康的知识产权法,并开始使用强制许可以获得可支付的药品,则《多哈宣言》不过是一张废纸。② 从目前来看,我国还没有充分利用 TRIPS 协议的有关条款和《多哈宣言》的积极成果,在解决公共健康危机所引起的药品可及性问题上,我们的思路是否已经整理得十分清晰,都是值得研究和思考的。

---

① Juan Rovira(December 2, 2003) "Generics Policies and Access to Drugs in Developing Countries", http://www.iipi.org/activitis/forums/IP%26Public-Health/papers/rovira.pdf.

② 曹玲玲编译:《TRIPS 与公共健康多哈宣言进程步履维艰》http://www.acpaa.c-n/trends/030503-08.htm.

根据《TRIPS 协议与公共健康多哈宣言》所具有的普适性，作为发展中国家成员，我国同样能享受切权利。我们可根据具体国情并借鉴其他国家的做法，使用正确措施来解决药品的可及性问题。印度的做法值得我们借鉴。印度是艾滋病较严重的国家，其政府已于 2004 年 1 月提出《印度 2003 年专利法修正案》，并依照新《决议》，拟引入以下条款：允许颁发强制许可，向无药品生产能力或生产能力不足以应付突发性公共健康危机的国家出口药品；缩短专利申请的审批时间，修改《专利法》的相关条款，简化和优化有益于用户的程序。① 我国也应建构对公共健康很敏感的专利法所必须的适当制度和行政框架，以利授予有关公共健康的强制许可，还可使用与 TRIPS 一致的其他措施，包括使用平行进口条款及用来减轻药品专利效果的专利条款例外情况。

1. 设计科学的专利授权标准

要使知识产权致力于解决公共健康危机引起的药品可及性问题，首先得为相关的立法提供适当的标准，立法的适当性取决于各国国情和发展水平。由于多数发展中国家的研究能力不强，为了鼓励研究往往授予大量技术专利权，无异于"饮鸩止渴"，反而导致药价上升。相反，我国应当制定科学的专利授权标准，避免给对本国健康水平价值有限的技术授予专利权，而这恰好是国内认识的大误区。其次，专利制度应当以促进竞争为目标，并防止专利制度的滥用而威胁到药品的可及性。

2. 制定具有操作性的强制许可制度

强制许可是防止专利权人滥用市场独占权的一种应急措施，其存在必然对专利权人产生潜在的压力，该制度的设计价值在于整合个人利益与社会利益，使两者达成平衡。在我国肯定药品强制许可制度，既符合我国利益，同时也是享受 WTO 赋予的权利的一种表现。根据《多哈宣言》及其后续文件，每一成员有权决定发放强制许可，并有权决定发放此类许可所依据的理由。在发展中国家实施强制许可的一个重要障碍在于缺乏立法和行政程序使其付诸实施。

《中华人民共和国专利法》肯定了强制许可制度，其第 49 条规定：国家出现紧急状态或者非常情况时，或为了公共利益的目的，国务院专利行政部门可以给予实施发明专利或者实用新型专利的强制许可。针对强制许可的具体实施问题，2003 年 6 月 13 日公布的《专利实施强制许可办法》作了专门规定，为我国实施专利药品的强制许可提供了依据。但这一强制许可的实施办法还规定得

---

① 《印度 2003 年专利法修正案》简介，http：//change.finance.sina.com.cn/sm/2004-01-21/196837.shtml。

不够细致，主要体现在两个方面：首先是强制许可实施的时间，如果许可期太短，难以促使第三方要求实施或接受国家给予的强制许可；其次应考虑的是对专利权人的补偿问题，强制许可虽然是一种非自愿许可，但也是一种有偿许可，法律往往规定在实施强制许可时，专利权的使用人要为此向专利权人支付一笔相应的费用。我国的法律对专利权人的补偿问题也只是规定给予"合理补偿"，没有一个明确的参考标准。这种法律上的模糊性，难免与WTO要求的"透明度原则"相抵触，从而在紧急情况下导致现实操作产生争端。一些发达国家的这项补偿介于2%~8%，联合国发展计划署(UNDP)的报告则建议补偿定为仿效产品平均价格的4%。① 本文认为这一标准完全可以在我国将来的有关强制许可的立法制定中加以采用。

我国目前还未实施过强制许可，这类措施不应作为僵化的教条在药品的可及性问题上使用，在更多的时候应仅被看作是一种谈判时施压的策略。值得注意的案例是，2001年"9·11事件"后不久，美国曾一度出现炭疽病恐慌。德国拜耳公司的抗炭疽药物环丙沙星是在美国批准的唯一用来治疗炭疽病毒的药品，美国卫生部就成功地将强制许可作为谈判砝码，同时与印度企业谈判平行进口仿制药，最终迫使德国拜耳公司降低了抗炭疽药物的价格。② 可见，强制许可的威慑作用足以达到"不战而屈人之师"的目的。

3. 明确规定药品专利权的权利用尽原则

如前所述，按照TRIPS第6条规定，在发生争议时，只要符合国民待遇原则和最惠国待遇原则，就可以采取任何权利用尽的措施。显然TRIPS协议并未排除允许平行进口的可能性，也就是说，如果一成员适用了权利用尽原则，其他成员不得按照TRIPS协议提起申诉。而且，《多哈宣言》也肯定了成员平行进口的权利，对TRIPS中与"知识产权权利用尽"有关条款的效力，允许每一成员自由确立自己的权利用尽制度，只要不违反TRIPS协议所规定的最惠国待遇原则和国民待遇原则。这些条款是我国在药品专利上适用权利用尽原则的主要依据。南非政府已于1997年通过了医药法，允许平行进口药品；而欧美国家为了促使国外的先进技术产品进口到本国，多数对平行进口问题采取"默认许可"原则，即只要专利权人在外国销售其专利产品时没有明确提出限

---

① 胡美云：《争取药品大众化——药丸、专利和利润》，http://www.twnchinese.org.my/iprs/pillspatents.shtml.

② 孙凡、孙国平：《发展中国家药品平行进口和药品可及性问题初探》，载《世界贸易组织动态与研究》2003年第11期。

制条件,就不能够禁止他人将出售后的专利产品进口到本国来,也不能禁止进口后的专利产品在本国的进一步使用和转销。日本最高法院1997年7月1日在"BBS铝制车轮"侵权诉讼案中就肯定平行进口未构成侵权。这一判决可视为一个折中的平行进口判例,其理论依据就是"默认许可"①,即如果购销双方未作保留的话,专利权视为国际用尽;虽然目前我国缺少专门明确关于专利药品的平行进口的规定,但在对待药品平行进口问题上不妨借鉴这一方法,在特殊的药事法规中规定允许平行进口以便从价位低的国家合法地平行进口所需药品。实行平行进口,进口国既不用颁发强制许可,也无须补偿专利权人。

4. 通过规定专利权例外情况,加快国内药品的研发

在TRIPS的谈判中,一些发展中国家成员曾建议对专有权规定具体的权利限制,由于发达国家的反对,最终TRIPS文本还是没有采纳这些建议,只是在第30条规定了对专利权的一般权利限制:"各成员可以对专利所赋予的专有权规定有限例外,只要在顾及第三方合法利益的前提下,该例外并未与专利的正常利用产生冲突,也并未不合理地损害专利权人的合法利益。"根据1991年世界知识产权组织关于补充巴黎公约有关专利规定的条约草案,TRIPS第30条应包括未在专利期满以后销售产品而获取主管机关的批准所进行的试验等七种情形。这无疑是给各国为公共利益立法以广阔的空间。由于专利药的保护期一般为15年到20年,但其实一种专利药需要经临床试验等一系列复杂程序,真正上市时保护期大约只剩六七年,而六七年之后,往往正好是此药物的旺销期。在美国,1984年的药品价格竞争和专利期恢复法案引入了现在被人们称为"Bolar例外"(或者称为"提前实施例外")的法规,推翻了一个具有里

---

① 该案中德国公司(BBS Kraftverzueg Techmik AC)拥有一铝制车轮产品在日本和德国的专利,此后德国制造这种车轮销至日本,而日本的一家进口商则直接从德国购买这种合法的专利产品并返销日本。由于德国公司在日本出售该产品的价格远高于德国的价格,致使该德国公司在日本无法与日本的进口商竞争,于是该德国公司指控日本进口商侵犯了其专利权东京地方法院对该案的一审判决认为日本进口商的行为已构成专利侵权,并责令停止进口。二审中,法官推翻一审判决,认为平行进口并不构成专利侵权。原告不服一审判决,于是向日本最高法院提起上诉。最高法院维持二审判决。

程碑意义的法律判决(1984年的Roche诉Bolar案)。① 该法案使通用药制造商可以在专利期满之前合法地进口、制造和实验专利产品,以便满足国家法律所规定的通用药的上市条件。WTO在2000年欧盟与加拿大的争端解决案中,就认定这种例外是合法的。② 对于发展中国家来说,该例外对确保低价通用药在专利保护期过后能够立即进入市场非常重要。但在审查的63个发展中国家中,仅有8个国家的法律中包括Bolar例外。③

我国目前在总体上仍是以仿制型为主的药品生产国。欧美的非专利药市场份额已达50%左右,未来5年国内有50多亿美元销售额的专利药到期,④ 如果在专利法或相应的行政管理条例中引入"提前经营"例外或规定类似加拿大专利法中的强制审查例外,我国企业可提前合法地研究药物的成分和制药工艺,一等专利过期立即生产销售,以节约不必要的时间,为患者及时提供廉价药品。由于我国是一个低水平的仿制大国、专利小国,除了国家立法政策的扶持外,医药产业也急需提升仿制与创新相结合的核心竞争力。在研发艾滋病药物这个方面,我国和西方国家的差距更是十分明显,国内现在还没有研发能力,没有拥有独立知识产权的药物。所以,对于我国来说,现在最重要的是根据我国的国情在模仿和复制的基础上去实现技术的创新与进步。药品的研发可以分三步走:第一步是完全仿制,第二步是模仿创新,第三步才是实现自主创新。我国药企应努力在第二步上抢得先机。此外,对于未在我国申请专利的国外新药,我国企业也可以抢先申报专利;而外国新药如果已经申报了国内专

---

① 1984年Roche公司诉Bolar公司(733F.2d858.(Fed.Cir.1984))一案中,原告以被告已进行数种与美国食品及药物管理局检测无关之行为,远超出专利法免责范围,且从事临床试验数年,从而构成对原告专利侵权,因此向联邦地方法院起诉美国上诉法院对此案作出判决:当药品的制造商在上市前为了通过美国食品及药物管理局检测标准而对该药品做试验时,该试验并不在法定专利免责的保护范围内。在法院判决之后,相关制造业者组成游说团体,希望国会针对专利免责的保护范围加以立法,对该项商品做试验性用途之行为给与了法定保护他们希望一旦该项专利权期限届满,马上可将已通过美国食品及药物管理局检测的新商品上市,由于这一判决不利于公共健康的保护,故美国国会立即在当年补充制定了专利法第27条第5项第1款,即著名的Bolar例外条款。

② "Canada Patent Protection of Pharmaceutical Produccs" WTO Document No. WT/DS114/R.

③ Thorpe, P. (2002) "Implementation of the TRIPS agreement by Developing Countries". CIPR Background Paper 7. CIPR, London, p 20. http://www.iprcommission.org.

④ 古元:《公共健康:怎一个穷字了得》,载《WTO经济导刊》2003年3月号,第16页。

利，国内企业仍然可以在其基础上"加以改良创新"，申报自己的专利。通过仿制与创新相结合的思路，我国才能在医药知识产权发展的特定阶段逐渐形成核心竞争力，以切实解决药品的可及性问题。

作为一个处于经济快速发展的大国，防治包括艾滋病在内的各种重大传染病是我国社会可持续发展的重要保障，也是全面建成小康社会的必然要求。我国既应积极地参与 TRIPS 协议的修改工作，同时还要选择与 TRIPS 公共健康协议相一致的政策，制定相关的法律制度。但要彻底解决公共健康带来的药品可及性问题，包括中国在内的发展中国家的根本出路是提高技术创新能力，使自己的药品的生产与研发水平不断提高，从而通过生产自主的专利产品参与国际竞争，更好地运用知识产权制度来保护本国的利益。

从"外国法的查明"谈解决
"外国法的适用"的困境*

一、"外国法的适用"的困境

国际私法产生的前提和基础之一就是承认外国法①的域外效力,即确认外国法在调整特定涉外案件时具有同本国法一样的法律属性,这是主流国际私法的基本观点。外国法的查明作为国际民商事案件独具特色的审理环节,其所涉问题解决的好坏直接关系到我国现行国际私法的立法目的在多大程度上能够通过审判实践得以实现,进而直接影响到国际民商事案件的审判质量。因此,对与外国法的查明有关的基本问题进行探讨无疑对于我国国际民商事审判具有积极意义。

外国法的查明是外国法得以适用的前提条件之一,因为法院不可能适用自己不知道的外国法律规则。如果外国法的查明遇到了阻碍,那么必将影响对外国法的适用。对于这么重要的理论与实践问题,目前我国理论与实务界探讨得均有不够,而外国法的查明又往往会遇到两个困境:

一个困境是,其重要程度和艰难程度常常被国际私法学者低估了。② 司法实务界对此也颇多抱怨。③ 出现这种情况的原因可能很多。其一,法院在遇到国际私法案件时,本来应该启动法律选择程序,但囿于法院自身和其他诸多原

---

* 本文成于 2005 年,但一直搁置未外送发表。

① 此处"外国法"的含义应作最广义的理解,是指依据法院地的冲突规则或其他国际私法规则而适用于案件争议的域外某一国家或地区的法律,或者某一国际私法或国际惯例。

② 参见宋晓:《当代国际私法的实体取向》,武汉大学出版社 2004 年版,第 328 页。

③ 如有法官认为:"域外法的查明问题,在学术界似乎已不是一个值得研究的问题,但在目前的审判实践中,却是一个亟待研究和解决的问题。"见詹思敏、侯向磊:《域外法查明的若干基本问题探讨》,载吕伯涛主编:《中国涉外商事审判热点问题探析》,法律出版社 2004 年版,第 111 页。

因而有意无意地避开不熟悉的外国法等,最后径直适用了法院地法。理论与实务两张皮的现象使得学界的研究工作找不到实践需要的动力。其二,学界在研究工作中一般也都是纠缠于外国法是"事实"还是"法律"的形而上的理论自洽,虽然能详尽地讨论普通法系与大陆法系的各自理论与实践,但与我国自身的理论构建与实践需要相脱节。国际与国内两张皮的现象使得理论界与实务界各说各话,难以融合。因此,人们在指责法院歪曲当事人意思不适用外国法时也应该躬身自省,我们是否真的为法院查明外国法提供了很合用的途径了呢?

外国法的查明其实关乎国际法私法的生死存亡。其重要性有国外学者正确地指出:"外国法的查明问题虽然具有程序性和附属性,但是在国际私法中,几乎没有什么比它更重要的了……更进一步说,外国法的查明的程序的功效,尤其关涉冲突法自身的生死存亡。如果英国法在此方面不能令人满意,那么国际私法中的法律选择方法就失去了基础;如果任何法律体系都不存在有效地查明外国法的方法,那么冲突法孜孜以求的理想就会宣告破产。在此情形下,对于这个学科而言,后果令人深思。这意味着法院根本就不应该审理涉外国法的民事案件,或者法院在一般情况下应该直接适用法院地法,或者应面对世界范围内的多元法律体系,致力于实体私法规则的统一才是唯一的可行之道。"①事实上,当代国际私法实体取向的主要特征之一,就是要求在法律选择过程中探明竞相适用或可能适用的法律的内容、立法政策或目的,甚至要求在法律选择过程中直接促进特定的法律结果或法律目的的实现。因此,外国法的查明问题的价值和意义越来越重要了。②

另一个困境是,我国法院在审理国际民商事案件时十分普遍的一种取向就是尽可能都适用中国法,适用外国法的案例难得一见。导致这种情况出现的原因很多,但是外国法的查明方面的问题无疑应该是其中最重要的原因之一。有学者统计,2004 年我国法院受理的国际民商事案件进一步增多。全国各级法院共受理各类涉外、涉港、涉澳、涉台案件和执行案件 17066 件,同比上升 8.38%。其中,涉外案件 7151 件,同比上升 12.83%,涉港案件 5987 件,同比下降 0.93%,涉澳案件 555 件,同比上升 5.11%,涉台案件 3373 件,同比

---

① See Fentiman: English Private International Law at the End of the 20th Century: Progress or Regress? In Symron C. Symeonides, Private International Law at the End of the 20th Century: Progress or Regress? (2000), Kluwer Law International, pp. 187-188.

② 参见宋晓:《当代国际私法的实体取向问题》,武汉大学出版社 2004 年版,第 330~331 页。

上升 18.89%。可见，涉外案件的比重在加大。但与此不相协调的是，并没有带来外国法适用的比率的相应增长。据对国际民商事案件的抽样统计表明，在国际民商事案件审判的法律适用中，适用中国法律的 94%，分别适用中国法律和国际公约(惯例)的占 4%，分别适用国际公约和惯例的占 2%，从中还可以看出，不论适用中国法律的理由为何，适用作为法院地法的中国法占了绝大多数。另外，从国际民商事案件的法律选择方法来看，我国法院应用的最多的是"最密切联系原则"的占 22%，"重叠适用意思自治原则和最密切联系原则"的占 4%，"以外国无法查明为由适用中国法的"占 4%。"没有说明适用中国法律的理由却适用中国法"的占 22%。可以看出，虽然我国法院的法律选择方法在增加，但仍然很是单一。其中，最密切联系原则占明显重要的地位，但很多的判决对此的论证与说理依然不够，乃致将在中国的国际民商事案件适用中国法律视为当然。①

从上述抽样统计看不出有一例是适用外国法的，至少表明在我国目前的国际民商事审判实践中，适用外国法的情况实不多见。随着我国法院受理国际民商事案件的逐年增加，相应地，适用外国法的情况也必会有一定数量的增长。而事实却并非如此。因此，我们必须认真考量产生这种不对称的原因，并采取适当措施予以纠正。其中一个重要的方面就是，我们必须重新构建外国法的查明制度。否则，当前国际私法所面临的这一方面的困境就难以得到很好的解决。

二、对审判理论和实践中有关"外国法的查明"的检讨

我国法院在国际民商事审判实践中极少适用外国法的原因有很多，比如，我国目前尚没有一部国际私法典，对有关问题没有系统的规定，为准确适用外国法造成一定的困难；② 或者通过公共秩序保留、识别等排除了外国法的适用。但是，由于外国法的查明方面所带来困难和问题造成外国法的适用的国际私法规定起不到应有的作用。恐怕是一个首要的原因。在审判实践中，法官们

---

① 参见黄进、李庆明、杜焕芳：《2004 年中国国际私法司法实践述评》，载《中国国际私法学会 2005 年年会发言代表论文集》，中国国际私法学会、复旦大学法学院 2005 年 10 月，第 275~286 页。

② 参见李继：《涉外民商事审判中外国法证明问题浅析》，载吕伯涛主编：《中国涉外商事审判热点问题浅析》，法律出版社 2004 年版，第 127 页。

以外国法的查明方面的原因排除外国法的适用的理由各式各样。

首先一个理由就是，从法理上认为，我国法院在查明外国法时，不将外国法视为"法律"，而将外国法视为"事实"。就算不能将其视为"单纯的事实"的话，也会将其视为"特殊的事实"，因为依照普通法的观点，如果把外国法看作是"法律"，那么尽管困难很多，依然由法官依职权去查明；如果把外国法看做"事实"，就应当由当事人举证查明。因此，如果将外国法理解为某种事实，那么就应当由当事人提供法律的证明了。有的法官坚持"特殊事实说"，认为在司法实践中要求外国法由当事人举证乃理所当然，法官在查明外国法的过程中充其量只能发挥积极引导作用，并只是在特殊情形下才依职权直接去查明外国法。其理由主要是：从司法实践的角度考察，将外国法作为特殊的事实来查明是世界绝大多数国家的通常说法。而且，将外国法定性为特殊的事实就可以克服"法律说"和"事实说"的缺陷，有利于国际民商事案件获得及时公正的解决。[1]

众所周知，将外国法视为事实而由当事人举证查明是英美普通法系国家的做法。这一做法反映了英国审判制度的传统。英国历史上长久以来实行陪审团制度，陪审团的成员是从法院附近地方生产出来的，他们一般只对当地的事实熟悉了解。所以在17世纪以前，凡是碰上案件当事人以外国法作为自己某项权利的根据，陪审团便不能发挥作用，所以总是把案件推了回去，不予受理。到了18世纪初，英国虽然已经开始受理含有外国因素的案件，但仍然坚持这一传统，即外国法的内容要由陪审团认定，始终把它当做事实看待。到了1925年，英国颁布了《最高法院整顿巩固条例》(Supreme Court of Judicative Consolidation Act)，它的第102条规定，在当事人提出外国法的内容与证明之后，应由法官认定。这样就承认了外国法不是一般的事实，而是"特殊的事实"。[2] 即使在英国，在外国法的查明过程中，法官在某些情形下也可以积极地发挥主观能动性，主动和积极地查明外国法，甚至不经双方当事人质证，直接将查明的法律适用于案件争议。[3] 20世纪中期后，随着国家对社会生活的干预加强，在司法上法院的职权主义在民事诉讼中有复苏的趋势。1995—1996

---

[1] 参见詹思敏、侯向磊：《域外法查明的若干基本问题探讨》，载吕伯涛主编：《中国涉外商事审判热点问题探析》，法律出版社2004年版，第111~115页。

[2] 参见李双元：《国际私法（冲突法篇）》武汉大学出版社2001年修订版，第297~298页。

[3] 参见詹思敏、侯向磊：《域外法查明的若干问题探讨》，载吕伯涛主编：《中国涉外商事审判热点问题探析》，法律出版社2004年版，第113页。

年的美国和英国司法改革方案也对法官在民事诉讼中的超然地位进行了反省,强调法官对程序的干预。在冲突法上,英美国家也并非完全否定法官依照职权主动查明外国法。在美国,有些州已经能够采用1962年的《统一州际和国际诉讼程序法》(Uniform Interstate and International Procedure Act),也应允许把外国法(外州法)当作法律看待,并且法院在确定法律的内容时,也应考虑任何有关的资料的来源,而且不管是否由当事人提供,或按证据规则是否能够接受。① 可见,以英美为代表的"事实说"也不是一成不变的,而是逐渐朝着与传统相反的方向发展的。

故而可以认为,我国法院在实践中将外国法看作"事实"或"特殊的事实"颇多不妥之处。首先,我国并不属于英美普通法系,这一点应该是没有疑义的。若完全把普通法系的理论和实际做法移植过来,恐怕容易产生"排异"反映。也许具体的某一个制度和做法很好,但移植到一个完全不同的法制环境和文化氛围当中来,难免产生"橘生淮北则为枳"的结果。更何况早有学者一针见血地指出:法院对于它受理时"事实"适用的是"法律",而不仅仅是"事实",如果说把一些"事实"适用于一些"事实",那是毫无意义的。②

另外,把外国法律作为"事实"看待在实践中还会造成一个逻辑错误。有法官在论述其"特殊的事实"理论时,似乎是支持英国的一个司法传统的,那就是:在对外国法进行确认时,如果双方当事人对外国法达成一致意见,法庭一般不再要求当事人进一步证明外国法,而直接按照当事人达成的对外国法的理解的一致意见对相关外国法的含义予以确认。即使当事人对外国法理解不正确,法院也不会主动加以纠正。所以,该法官承认,在我国的司法实践中,如果法院按照"当事人对外国法的错误的一致理解而将该外国法适用于涉外争议后,若当事人事后以外国法适用错误提起上诉,则二审法院对此不应支持。随后,该法官在论述当事人对涉案争议适用外国法的哪一规则有不同意见或对外国法的某一规则理解不一致而应当说明理据时,认为用以说明理据的可以是法律条文或判例,也可以是外国法著述,甚至可以是受案法院或其上级法院以往

---

① 参见李双元:《国际私法(冲突法篇)》,武汉大学出版社2001年修订版,第299页,或者见杜涛:《国际经济贸易中的国际私法问题》,武汉大学出版社2005年版,第73页。

② [英]马丁、侯向磊:《国际私法》,李浩培、汤棕舜译,法律出版社1998年版,第319页。

适用有关外国法的判决书。① 这样，问题就来了：前面的支持者认为，对当事人对外国法的不正确理解不予纠正，势必在判决书中会有所体现；而这样的判决书又会在日后作为解决当事人对有关争议的理据，岂不是可以这样理解：当事人对外国法错误理解的先前判例也可以作为拒绝日后其他当事人对法律正确理解的理据？

其次，从法院本位主义出发，将法院自己的困难作为把外国法的查明的义务加于当事人的理据。有法官认为，将外国法定性为特殊的事实就可以克服"法律说"和"事实说"的缺陷，有利于国际民商事案件获得及时、公正的解决。其出发点还是为由当事人来举证的主张辩护。因为在案件多、法官工作量大的情况下，若将查明外国法的义务加于法官，则客观上可能产生两种后果：一是法官可能为查明外国法而在某一个案件上耗费大量的时间和精力，从而影响到对其他案件的及时审理，不有利于提高审判效率；二是法官为了提高办案效率，在查明外国法时，未能恪尽职责，动辄草率地认定外国法不能查明，而适用法院地法解决争议，造成法律适用的错误，影响案件的审判质量。这两种后果都不利于案件及时公正地得到解决。所以，"在这种司法状况下，让法官承担过重的域外法查明的义务是不现实的"。② 确实，如果法官审判案件时出现上述两种后果，无疑义地会严重影响案件的及时解决，但只是问题的表面。我们也许应该承认，尽管案件确实很多，法官的工作量确实很大，但也绝不应成为法官推卸外国法查明义务或者降低办案质量的理由。

公允地讲，中国人目前还不能算是好讼的。虽然中国的对外经济贸易交流已获得了很大发展，国际民商事纠纷也在不断地增加，但应该还没有达到法院无法承受的地步。因为国际民商事审判力量也得到了相应的同步增加，而且肯定还要再增加。虽然我们也许无法忍受像我国香港、美国那样有的案件的审理需要持续四五年甚至十多年的"马拉松"，但片面地追求所谓审判效率也应该是不可忍受的。司法应该以追求法律的正义与公平为价值目标，提高审判效率不能以牺牲法律的正义与公平为代价。不能因为法官的工作量大就把查明外国法的义务向当事人一推了之，也不能动辄草率地认定外国法不能查明，而应该通过司法制度改革求得解决，切实提高法官素质，提供配套制度，应该是能够

---

① 参见詹思敏、侯向磊：《域外法查明的若干基本问题探讨》，载吕伯涛主编《中国涉外商事审判热点问题探析》，法律出版社2004年版，第129~121页。

② 参见詹思敏、侯向磊：《域外法查明的若干基本问题探讨》，载吕伯涛主编《中国涉外商事审判热点问题探析》，法律出版社2004年版，第114~116页。

实现的，这也是司法改革的应有之义。

在论述应该由当事人来承担外国法查明的义务时，有法官指出："在进入民事诉讼程序后，在外国法证明问题上仍应坚持当事人的意思自治，既然法律是当事人自己选择的，我们为什么不能让其自己去提供法律证明呢？"①按照这种逻辑，我们是不是可以这样说：既然法院是当事人自己选择的，我们为什么不能让其自己去进行审判呢？该法官还继续指出：法官在诉讼中是居于中立的裁判者地位，要使其不从个人好恶或自己的利益观念出发去判断是非，就应当强化当事人在程序上的主导性。② 这也是似是而非的说理。要避免法官从个人好恶和自己的利益观念出发来判断是非，这是绝对没错的，要让裁判者做到这一点也有很多方法，诸如强化庭审的辩论作用、加强律师的作用、进行必要的司法程序与制度改革，包括强化当事人在程序上的主导性等。但如果只是在外国法的查明这个问题上强化当事人的主导性，则显得不够周严，且强化当事人查明外国法的义务跟法官保持中立地位之间到底有多大的关联性呢？

该法官进一步指出：实际上，在通常情况下对于外国法的依职权查明而适用并不会给国家带来利益，何况国家在此问题上原本就不具有什么利益，真正有利益的是当事人。③ 这句话的逻辑性更加值得商榷。既然没有国家利益，那为什么国家的法律依然要规定在某些情况下法院得受理有关国际民商事案件，并得适用外国法进行判决呢？即使真正如其所说没有国家利益，那当事人选择了我国法院，就是对我国法院的信赖，这不也是国家利益的一种表现吗？司法追求利益的价值，应该内在地包含两个方面，一个是国家的利益方面，即国家应充分发挥司法的作用，同时应尽量节省司法资源；一个是当事人的利益方面，即解决当事人间的纠纷实现其特定的利益。顾此失彼，都不是应然之理。

再次的是，从我国有关法律法规中寻找应该由当事人承担举证义务的理据。在外国法的查明问题上，我国《民法通则》未作规定，但最高人民法院关于贯彻执行民法通则若干问题的意见第193条规定：对于应当适用的外国法律，可通过下列途径查明：当事人提供；由与我国订立司法协助协定的缔约对方的中央国家机关提供；由我国驻该国使领馆提供；由该国驻我国使领馆提

---

① 参见李继：《涉外民商事审判中外国法证明问题浅析》，载吕伯涛主编：《中国涉外商事审判热点问题探析》，法律出版社2004年版，第131页。

② 参见李继：《涉外民商事审判中外国法证明问题浅析》，载吕伯涛主编：《中国涉外商事审判热点问题探析》，法律出版社2004年版，第131页。

③ 参见李继：《涉外民商事审判中外国法证明问题浅析》，载吕伯涛主编：《中国涉外商事审判热点问题探析》，法律出版社2004年版，第131~132页。

供；由中外法律专家提供。通过以上途径仍不能查明的，适用中华人民共和国法律。所以，有法官据此提出：就该司法解释的规定而言，它并没有授予法院依职权查明外国法的权利，法院至少在当事人没有申请的情况，既没有权利、也无义务去主动查明或委托查明外国法。在此前提下，当事人既可通过自力查明（含自己委托中外法律专家查明），也可申请人民法院委托查明，这五种途径是并列关系而非递进关系，不是惟有用尽五种途径而无法查明时才适用本国法，否则既不合理，也不现实，其结果只会导致案件久拖不决的讼累，这对他方当事人也是极不公平的。① 接着，还有法官申明："在法院应依职权查明港澳台法律的情形下，若法院已尽勤勉义务仍不能取得港澳台法律的，可以认定港澳台法律'不能查明'。"②

从上述司法解释可以认为，"可通过下列途径"的"可"意味着可以通过这些途径，亦可通过其他途径来查明外国法，这不是一种穷尽的列举方式，事实上，在实践中还可通过民间组织、法律服务行业自律性组织、国际组织等机构和组织提供。从该司法解释亦应能看出，它同时要求当事人和法院均可依照上述途径来查明外国法，并没有规定只能单独由法院来查明。但在我国司法实践中极少有适用外国法来作判决的案例，亦似不能将之都归结于当事人没有申请由法院来查明外国法。既然法官非常强调当事人在这其中的利益，恐怕很难理解当事人不会为了自己的利益而提出这种申请的。一种可能的理解只能是：即使申请也将得到相同的结果，即不会导致外国法的查明与适用。至于"法官应尽勤勉义务"查明外国法，那也得解决如何认定法官"已尽了勤勉义务"的问题；是否只要以法官穷尽司法解释所规定的所有途径或几个途径就可算尽了勤勉义务呢？还是还有其他具有可行性的标准？在我国目前司法审判实践中，以外国法未能查明而导致外国法极少适用的情况，是否可以理解为法官均未尽勤勉义务？还是法官确实已经尽了勤勉义务，而适用外国法的情况本来就应该如此罕见的呢？

有法官进一步指出，可通过立法或司法解释对该规定作如下进一步的明确：当事人查明外国法可通过以下五种途径，如果当事人在合理期间既未能通过这些方式查明外国法，也未申请人民法院委托查明的，人民法院可直接适用

---

① 参见李继：《涉外民商事审判中外国法证明问题浅析》，载吕伯涛主编：《中国涉外商事审判热点问题探析》，法律出版社 2004 年版，第 134~135 页。

② 参见陶凯元：《广东法院涉港澳台商事审判的实践、探索与展望》，载《中国国际私法学会 2005 年年会发言代表论文集》，2005 年 10 月，第 49 页。

中国法审理。可喜的是，正在起草的《中华人民共和国民法(草案)》的规定，在一定程度上突破了最高人民法院《关于贯彻执行(中华人民共和国民法通则)若干问题的意见(试行)》第 193 条的规定，而反映了笔者的这一思路。该草案第九篇第一章第 12 条规定：依照本法规定应当适用的法律为某外国法律，中华人民共和国法院、仲裁机构或者行政机关可以责成当事人提供该外国法律，也可以依职权查明该外国法律。当事人不能提供或者法院、仲裁机构、行政机关无法查明该外国法律，可以适用中华人民共和国相应的法律。①

我们认为，要求当事人依照《关于贯彻执行(中华人民共和国民法通则)若干问题的意见(试行)》第 193 条的规定通过五种途径来查明外国法显然勉为其难。应该说，法院作为拥有公权利的机关，在查明外国法方面具有更大的优势和便利，尤其是通过各使领馆和有关国家机关等官方途径来查明外国法时应该具有比当事人更大的天然便利。由于法律不存在唯一正确的"答案"，当事人有权寻求对自己最有利的"答案"，因此，当事人也有权聘请专家证人，对外国法作出最有利于自己的证明和解释。但是，专家证人的高昂费用常令当事人望而却步。加之专家证人常要接受交叉询问，外国法的"真相"事实上最终还是要委身于证据取舍规则。相比之下，如果可以由法院聘请中立的专家证人，而专家证人又能从一个相对稳定的团体中产生(如德国马普比较法研究所)，并能提供出色服务，那么外国法查明的费用就可以大大降低，诉讼程序就可以快捷许多。而且，中立的专家证人不受双方利益的牵制，也能更加客观、科学地对待外国法。② 这应该是颇有道理的。

而且，从该法官提供的新的民法草案的有关规定来看，也得不出对已有的民法通则司法解释有何突破。该草案的规定依然未能单独授予当事人或者单独授予法院来查明外国法，而仍是同时授予这二者(即当事人和法院)都具有查明外国法的权利或责任，并未对法院在司法实践中偏向自身利益和便利等原因拒绝查明外国法进而拒绝适用外国法作出约束。

再次的理由是，以法律趋同化的理论来为适用内国法作辩护。有法官在论述外国法无法查明的情况下法院如何适用法律的问题时，认为主要有三种做法：适用内国法；驳回原告之诉或不采纳被告的抗辩；根据连结点重新确定应适用的法律。在该法官看来，最可取的当属第一种，法院适用本国法解决纠纷

---

① 参见李继：《涉外民商事审判中外国法证明问题浅析》，载吕伯涛主编：《中国涉外商事审判热点问题探析》，法律出版社 2004 年版，第 135 页。

② 参见宋晓：《当代国际私法的实体取向》，武汉大学出版社 2004 年版，第 334 页。

是最直接最现实的;如果撇开案件的涉外性不谈,也最有利于实现司法公正:一方面,法官最熟悉本国法;另一方面,在国际经济一体化和法律趋同化的大背景下,各国的涉外民商事立法与国际统一实体法就总体而言,已经开始了较好的整合,比如在中国,当国际公约与国内法不同时,国际公约优先适用于涉外案件。此外,还有用国际惯例来填补法律空白,其内容与适用本国法时的具体规定也是大同小异,因此,第一种无疑是最现实而合理的选择。①

应该说,这位法官正确地看到法律趋同化是当今全球化形势下法律发展的重要趋势,看到了法律趋同化下各国法律逐渐走向协调、接近甚至部分一致的趋势。但有必要强调的是,法律趋同化是以各国法律制度的差异性或多样性为逻辑前提的,我们必须清醒地认识到法律趋同化不可能是法律在全球范围内的完全统一,各国法律现在还远远没有达到天下大同的境界,估计将来也很难有这种可能性。② 因此,只是运用法律趋同化理论从宏观上推理,就认为各国法律之间的差异性已经消失或者可以忽略不计,从而适用内国法与适用外国法没有区别,那就大错特错了。这既不符合法律趋同化理论的初衷,在司法实践中也是极为不妥的。

除了上述法官们的主要认识和在审判中的通常做法之外,最高人民法院有关负有业务指导责任的领导的认识也对法官们的实践产生莫大的影响。比如,在2000年10月28日全国民事审判工作会议上,一位最高人民法院的副院长发表讲话,认为:"人民法院审理涉外民事案件,要注意以下问题:……三是要根据我国法律和我国缔结、参加的国际公约、多边和双边条约,对中外当事人给予平等的保护。应当明确,凡是在我国注册登记的外国投资企业都属于中国法人,如果他们和国内的企业发生纠纷时,应当适用我国法律。"③从国际私法的角度看,这段讲话存在两个明显的问题,一是并非凡是在我国登记注册的外商投资企业都是中国法人,一个显然的例证是,合伙式中外合作企业即不具备法人资格,二是中国法人之间也可能发生涉外民事纠纷,如某外商投资企业将其在美国的房产转让给另一中国企业,因此发生的纠纷当然具有涉外的因

---

① 参见李继:《涉外民商事审判中外国法证明问题浅析》,载吕伯涛主编:《中国涉外商事审判热点问题探析》,法律出版社2004年版,第133~134页。

② 关于法律趋同化理论,可以参见李双元、李赞:《全球化进程中法律发展理论评析——"法律全球化"和"法律趋同化"理论的比较》一文,载《法商研究》2005年第5期。

③ 参见李国光:《当前民事审判工作中亟待明确的法律政策问题——在全国民事审判工作会议上的讲话》,载《中华人民共和国最高人民法院公报》2000年第6期,第189~190页。

素。因此，只看主体，而不论纠纷的性质，而一概"应当适用我国法律"是不能接受的。

正是由于法官们基于上述各种理由而拒绝适用外国法，导致我国国际民商事审判中适用外国法的比例严重偏低。在审判实践中有各种各样的表现。

在重庆力帆实业(集团)进出口公司、重庆中旅运贸有限公司诉广东永邦经贸国际货运代理有限公司、茂霖运通(香港)有限公司、广东中外黄埔仓码有限公司海上货物运输合同货物交付纠纷案中，当事人约定适用香港法；① 美亚保险公司上海分公司诉香港尔航船务有限公司、民生轮船有限公司上海分公司海上货物运输合同货损货差代位求偿纠纷案中当事人约定适用英国法，② 但上述两个案件法院最后都依《关于贯彻执行(中华人民共和国民法通则)若干问题的意见(试行)》第193条的规定拒绝适用外国法，最终都适用了中国法。

另外，在常州市武进经纬纺织有限公司诉北京华夏企业货运有限公司上海分公司、华夏货运有限公司海上货物运输合同无单放货赔偿纠纷案中，③ "虽然当事人选择适用《1936年美国海上货物运输法》，但是，法院认定，"由于主张适用该法的被告华夏货运有限公司未在指定的举证期限内递交该法，致使该法的相关内容未能以庭审的方式查明。因此，根据国际私法原则中的最密切联系原则，适用中华人民共和国的相关法律审理本案。"事实上，在当今通讯十分发达，各国之间交流甚多，世界绝大多数国家与中国建交的情况下，法院依职权查明应该是可以做到的。而依有关案件的判决情况来看，法院似乎对依最密切联系原则而选择适用中国法律有某种特别的偏好。这不知是不是法官对适用外国法有一种天生的恐惧和拒斥的反映？

---

① 广州海事法院(2004)广海法初字第10号一审判决。判决认为，在本案中，提单法律适用条款中明确约定适用香港特别行政区法律，本案当事人并未向本院提供香港特别行政区相关法律以供查明，参照《关于贯彻执行〈中华人民共和国民法通则〉若干问题的意见(试行)》第193条的规定，本案应适用中国法律。

② 上海海事法院(2003)沪海法商初字第207号一审判决。判决认为，当事人约定适用英国法，法院认定该约定合同有效，但同时认为，当事人有义务提供约定的英国法律，本案原告和被告上海民生没有提供，被告香港东航仅提供了一英国律师的意见，不能作为英国法的证明。因此，本案应适用中华人民共和国法律作为处理本案的准据法。

③ 上海海事法院(2003)沪海法商初字第195号一审判决。判决认为，当事人选择适用《1936年美国海上货物运输法》，但是，由于主张适用该法的被告华夏货运未在本院指定的举证期限内递交该法，致使该法的相关内容未能以庭审的方式查明。因此，根据国际私法原则中的最密切联系原则，适用中国的相关法律审理本案。

在南华夏海运公司诉塞浦路斯澳菲尔提斯航运有限公司船舶碰撞案中,①"尽管二审法院认为一审法院没有按照我国有关规定查明泰国法的内容,属于程序上的错误,并予以纠正。但二审法院并没有认真纠正该错误。其实,鉴于泰国跟我国之间的广泛交流,泰国法律的查明对我国法院来说并非难事,完全可以通过我国有关司法解释所规定的方式予以查明。虽然否认适用外国法的理由各不相同,但最终结果都是适用法院地法。

即使在少数案件中适用了外国法,但往往也都是避重就轻,采用适用外国法律的基本原则来审判案件。如在荷兰商业银行香港分行诉深圳中华自行车(集团)股份有限公司贷款担保合同纠纷案中,"②在当事人双方均未提供相关的香港法律,也没有提供法律专家意见的情况下,法官直接适用了香港法律的基本原则,认为"香港地区的法律属英美法系,崇尚契约自由,意思自治","其内容是当事人的真实意思表示",并据此认定担保合同有效。应该说,法院依职权查明香港的法律是不具有太大难度的,但最终法院只是依据香港的法律原则判案,显得颇为草率。一般而言,在国际民商事法律的许多领域,是否存在一般的法律原则是有争议的。一般认为,可以作为一般法律原则的,也只有"公序良俗"和"约定必须遵守"等少数几个原则。所以,上述案件是否有滥用外国一般法律原则之嫌,值得商榷。

三、从"外国法的查明"谈"外国法的适用"的解困之道

在我国民商事审判实践中,造成外国法的适用比例极低的重要原因之一,就是由于在外国法的查明问题上存在着上述诸多认识上的模糊和实务操作上的困难。解决这个问题的重要性自不待言,关键是要如何着手来解决。上面我们在有关论述中其实已经包含了我们对解决此问题的部分主张。我们认为,宏观上还可以从以下几个方面考虑。

首先,在新的形势下有必要重新审视萨维尼的有关学说。萨维尼认为,外国法与习惯法及内国成文法一样,都是行为规范,它们的存在不能被看作是一个私人利益问题;它们与内国法的唯一不同之处是,法官不一定能够像通晓内

---

① 参见杜涛:《国际经济贸易中的国际私法问题》,武汉大学出版社2005年版,第78页。

② 参见吕伯涛、李琦、陶凯元:《涉外商事案例精选精析》,法律出版社2004年版,第137~142页。

国法那样通晓外国法或习惯法，这种区别导致了它们在程序上与内国法不同，但对待外国法在程序上绝不应等同于对待事实的程序规则。总之，萨维尼的观点可以总结为：外国法也是法律，内外国法律应该得到平等对待，但在适用外国法的程序上可以与适用本国法不同。所以，在萨维尼的学说的基础上建立起来的德国等许多国家的相关法律，均要求外国法由法官负责查明，也就是法院依职权查明外国法。

当前，全球化和一体化趋势加快发展，各国之间相互依赖和相互融合的需要日益深化，个人和国家为法律行为或行使法律权利，都应考虑不损害国际社会的不同利益和他方的有关利益。① 人们普遍认为，不同国家的法院在一定程度上把外国法律与本国法律平等对待并予以适用，是出于"平等互利"的愿望，是国家之间相互交往和发展的需要。在国际民商事纠纷中适用外国法律应该也是这种需要的体现和要求。我国作为一个非英美普通法系国家，萨维尼的理论及相关国家的许多实践经验应该具有某种天然的亲和力。

其次，我们主张在我国的有关法律中明确规定：法院必须主动依职权查明并适用外国法。作为辅助性手段，法院也可要求当事人提供关于外国法的资料。这是我们的一贯主张。② 既然外国法的适用，是内国国际私法规则所要求，法院当然应该遵循；加之，要获得对外国法的内容的了解也非易事，有时并非当事人所能解决，故应主要依法院的职权予以查明。正如1999年突尼斯国际私法典第32条所规定的：在其所知的范围内，法官可依职权主动就外国法的内容提出证明，但不得超过合理的期限；当法官不能提供时，可要求当事人协助。在其他情况下，当事人有义务提供有关外国法的内容的证明。所以，我们早就在书中指出："我们认为，上述种种做法是比较正确合理的。"这也是大多数学者的共同主张。有学者在论述比较法在20世纪的巨大发展已经积累了异常丰富的外国法知识，普通法的立场逐渐失去了它的基础时强调指出：我

---

① 我们把这种观念称为"国际社会本位理念"，可参见李双元、李赞：《构建国际和谐社会的法学新视野——全球化进程中国际社会本位理念探析》，载《法制与社会发展》2005年第5期。

② 对此问题，我们也曾有略为中庸的提法：对于查明的问题，我们曾主张应持一种灵活的态度，即在一定条件下适用听讯原则，由当事人证明外国法的内容，同时，亦不排除法官采取必要措施依职权来确定外国法内容的义务（参见李双元、徐国建：《国际民商新秩序的理论建构——国际私法的重新定位和功能转换》，武汉大学出版社1998年版，第247页）。在《国际私法（冲突法篇）》中就已经得到了修正（李双元著，武汉大学出版社2001年版，第300~301页），从而更符合我们今天的观点。

们的基本立场应是，法官应依职权适用本国的冲突规则，外国法是冲突法则指引的"法律"，即使当事人没有请求适用外国法，也应该以合理的方式去证明外国法。这种观点应是很有代表性的。

  这也是我国立法所明确要求的。在对待外国法的性质上，我国法律显然是将外国法当作法律看待的。《关于贯彻执行〈中华人民共和国民法通则〉若干问题的意见（试行）》第178条第2款明确指出："人民法院在审理民事关系的案件时，应当按照《民法通则》第八章的规定来确定应适用的实体法。"依据该规定，我国法官是必须适用我国法律中的冲突规范来确定涉外案件的准据法的，一旦我国冲突法指引适用外国法，法官也是必须要适用该外国法的，而不是像英美普通法系国家和"任意性冲突法理论"所主张的那样，外国法的适用取决于当事人的请求。根据我国的诉讼制度，法院在审理涉外民事案件时，不管是"事实"还是"法律"，都必须查明。我国《民事诉讼法》第50条和第64条规定，当事人有权收集、提供证据；当事人及其诉讼代理人因客观原因不能自行收集的证据或者人民法院认为审理案件需要的证据，人民法院应当调查收集。因此，当依据我国冲突法规范的指定，应当适用的法律为外国法时，当事人固然负有举证责任，人民法院也有责任依职权查明外国法的内容。尽管我国立法对外国法的查明方法没有明文规定，但最高法院在《关于贯彻执行〈中华人民共和国民法通则〉若干问题的意见（试行）》第193条中规定了五种途径，实践中也还发展了其他一些有效的途径。所以，"在外国法不能查明时，硬性规定适用内国法有时并不恰当或不可能。"①

  归根到底，法院必须主动依职权查明并适用外国法，作为辅助手段，法院也可要求当事人提供关于外国资料的主张，是实现法律和司法的价值目标的必然要求。我国法院一贯不重视对外国法的查明，对外国实体法的一无所知，如何保证司法的公平与正义？在天津市冷藏食品有限公司诉福勒有限公司和爱丽尼克斯国际有限公司管辖权异议案中，② 最高人民法院虽然确定应适用仲裁地香港的法律，但似乎完全忽视了如何查明香港法律这个国际私法的基本问题。从本案可以看出，最高人民法院的裁定是错误的，原因在于没有适当查明香港法律的内容。

---

  ① 韩德培：《国际私法问题专论》，武汉大学出版社2004年版，第83页。
  ② 参见李建：《中国法院在国际商事仲裁中的地位和作用》，载北京市法学会国际私法学会1998年度学术研讨会"交流论文集"，第372~373页。亦可参见韩德培：《国际私法问题专论》，武汉大学出版社2004年版，第59~60页。

最后，学术界与实务界应该有更良好的、更充分的互动，切实解决理论与实务两张皮的问题。比如，审理国际民商事纠纷的有关法院应当将更多的司法裁判文书公之于众，在方便学术研究的同时，也为法院改进自身工作，提高审判质量提供机会。[①] 学术界应努力克服照搬他国理论，不注意结合我国实际展开研究的不足的缺点，切实解决国内与国外两张皮的问题。实务界也应该加强对国际私法理论的学习，努力克服司法实践中的某些具体困难，朝着司法公平与正义的目标不懈努力。

[①] 参见黄进、李庆明、杜焕芳：《2004年中国国际私法司法实践述评》，载《中国国际私法学会2005年年会发言代表论文集》，2005年10月，第275页。

论世界儿童立法的趋同化

——兼对完善中国儿童立法的几点思考*

儿童①立法的趋同化②，是19世纪末20世纪初以来在各国广泛出现的一种立法倾向。这种倾向除了表现为各国的国内儿童立法在目标、原则、措施和手段方面的趋同化外，还表现在国内儿童立法与国际儿童立法在法律体系、法律结构以及法律规范上的协调与趋同。这种倾向的出现，与世界人权思想的广泛传播有着密切的联系。随着人权观念的深入人心，人们发现对作为弱势群体的儿童予以特别的保护，应该是人权保护的应有之义。由于儿童占到了人类社会的1/3以上，他们是明日世界的真正主人。因此，他们的问题没有解决好，则整个世界的问题得不到解决；他们的人权得不到尊重，则谈不上世界人权的发展和进步。当前世界各国儿童权利保护的严峻现实，促使我们不得不重视他们的问题，不得不倾听他们的声音，不得不了解他们的需要，不得不研究其解决之道。

一、世界儿童立法趋同化发展阶段的科学划分

（一）1899年美国伊利诺伊州的《少年法庭法》掀起了世界儿童立法趋同化的第一轮高潮

世界儿童立法趋同化肇始于19世纪末20世纪初，以1899年美国伊利诺

---

* 本文为李双元、黎平合著，刊载于《湘潭大学学报（哲学社会科学版）》2005年第3期。

① 本文中的儿童是指所有18岁以下的人。以18岁作为儿童年龄的上限是国际社会的普遍共识。1989年《儿童权利公约》第一条规定：儿童系指18岁以下的任何人，除非对其适用之法律规定成年年龄低于18岁。其他国际公约，如《保护被剥夺自由少年规则》、《确定准许使用未成年人为扒碳工或司炉工的最低年龄公约》、《关于禁止和立即行动消除最有害的童工形式公约》等，以及许多国家的立法，都规定18岁以下的人为儿童。

② 法律的趋同化是指：不同国家的法律，随着国际交往日益发展的需要，逐渐相互吸收、相互渗透，从而趋于接近甚至趋于一致的现象。有关法律趋同化的论述可参阅李双元《走向21世纪的国际私法：国际私法与法律的趋同化》，法律出版社1999年版。

伊州《少年法庭法》的颁布为标志。虽然在此之前，英国早在1808年就制定了《少年法》并先后于1874年和1886年制定了《未成年人救助法》和《未成年人监护法》但这些法律对世界其他各国产生的影响远不及1899年《少年法庭法》。1899年《少年法庭法》所体现的一些基本原则和思想，成为后来各国儿童立法的基础，开始了儿童立法史上的新篇章。

1899年《少年法庭法》所确立的思想和原则迅速为法律界普遍承认，美国各州纷纷仿效。到1920年，美国几乎所有的州都制定了各自的少年法庭法并建立起少年法庭。世界上的许多国家也先后仿效美国的少年法庭法确立了自己的儿童立法。首先是英国于1908年制定了《儿童法》并成立少年法庭。德国于1908年在柏林建立第一个少年法院并于1923年制定《少年法院法》。1912年法国颁布《青少年保护观察法》、1912年比利时制定《儿童保护法》、瑞典1924年制定《儿童福利法》。其他国家如丹麦(1907年)、荷兰(1921年)、西班牙(1929年)、日本(1923年)、印度(1920年)等许多国家纷纷制定了自己的儿童专门法。

这一轮世界儿童立法趋同化的高潮一直延续到第二次世界大战以后。日本于1947年到1949年3年间，先后制定了《儿童福利法》、《少年法》、《少年院法》和《少年审判规则》共四部法规，并从1950年开始，日本各都道府县制定了"健康培养青少年条例"。1950年新加坡制定《儿童与少年法》。其他国家如斯里兰卡、菲律宾、马来西亚、埃及、古巴等都先后确立了自己的儿童立法。这些国家的儿童立法都深受1899年美国《少年法庭法》影响，甚至在词句上都完全雷同。

以1899年美国伊利诺伊州《少年法庭法》为标志的世界儿童立法趋同化的第一轮高潮被西方法学家们称之为自英国自由大宪章以来的又一个重大变革。他们说："对于少年违法行为，一般社会和国家的态度，进入本世纪(指20世纪——笔者注)已有了根本性的变化"。"少年法庭诞生以来，一贯为了保护少年福利，而且其所采取的手段可以说接近于科学性"，① 但是，这一轮世界儿童立法趋同化的高潮是在世界儿童犯罪问题日益严重的社会背景下，围绕着治理儿童犯罪而展开的，在思想认识上具有时代的局限性。

(二) 以1989年《儿童权利公约》为代表的一批国际儿童立法催生了世界儿童立法趋同化的第二轮高潮

第二次世界大战以后，《联合国宪章》宣布，对人类家庭所有成员的固有

---

① 康树华等：《青少年法学》，北京大学出版社1986年版，第295页。

尊严及平等和不移的权利的承认，乃是世界自由、正义与和平的基础。《世界人权宣言》也明确表示：儿童有权享受特别照料和协助。基于上述认识，1959年11月20日，联合国大会通过了《儿童权利宣言》提出各国儿童应当享有的各项基本权利。但是，儿童工作者指出，宣言不具有法律约束力，不能起到更大的作用。随着人权的发展，许多国家呼吁制定一项全面规定儿童权利、具有广泛适用意义并具有监督机制的专门法律文书，以促使国际社会在保护儿童权利问题方面能够普遍承担义务。在这种背景下。1978年第三十三届联大会议通过决议，决定成立《儿童权利公约》起草工作组。自1979年至1989年用10年时间完成了起草工作，并于1989年11月20日第四十四届联大第44/25号决议协商一致通过，并向各国开放供签署、批准和加入①。迄今为止，世界上几乎所有的国家都批准履行《儿童权利公约》。该公约中被提到的儿童权利多达几十种。但其中最基本的权利可概括为4种，即生存权、发展权、受保护权和参与权。作为世界上加入国家最多的公约——《儿童权利公约》，包括该公约尚未生效的两个任择议定书，是国际间有关儿童权利保护的基础性法律文件，必将对儿童权利保护产生深远的影响。

除《儿童权利公约》外联合国还制定了三个有关儿童权利保护的公约。即1984年的《联合国少年司法最低限度标准规则》(《北京规则》)、1990年《联合国保护被剥夺自由少年规则》和1991年《联合国预防少年犯罪准则》(《利雅得准则》)。这些规则是国际有关儿童犯罪的指导性文件，它们是国际社会共同努力的结果，受到国际社会的广泛重视和支持。

各国签署、加入、批准上述有关儿童的联合国公约，通过各种方式使之在国内发生法律效力，并以此为参照，不断修改完善自己的儿童立法，从而推动世界儿童立法趋同化的深入发展。

二、世界儿童立法趋同化的现实基础及其发展现状

(一) 世界儿童立法趋同化的现实基础

世界儿童立法的趋同化不是偶然的，是建立在现实基础之上，通过对儿童权利保护的现状、国家发展的战略目标以及国际社会的普遍实践等方面的综合考量而作出的必然选择。

---

① 周振想：《青少年法规解读》，中国青年出版社2001年版，第316页。

1. 各国儿童面临着基本相同的生存现状

弱势群体的生存现状在世界范围内都不容乐观,而儿童的生存现状堪称是整个弱势群体中最为严峻的。正如1996年欧洲理事会咨询议会在有关欧洲儿童政策的第1286号建议案第3条中所指出的:"议会注意到,在富裕、发达的欧洲,儿童的权利还远未现实,儿童常常成为军事冲突、经济衰退、贫困和预算缩减的第一受害者。"①

不论是发达国家,还是发展中国家,儿童都面临着各种各样严重的问题。概括起来,这些问题主要包括:

(1)贫困,以及由于贫困而导致的饥饿、营养不良、儿童失学、童工等。贫困不仅存在于发展中国家,也大量存在于发达国家。

(2)疾病。目前,严重威胁世界儿童的疾病主要有小儿麻痹症、河盲症、麻风病、霍乱、麻疹、血吸虫病、艾滋病等。其中,艾滋病是儿童的最大杀手,其感染人数之多,传播范围之广,对人体侵害之大都远远超过其他疾病。据联合国统计,2001年有320万艾滋病感染者是儿童,60万15岁以下的儿童死于艾滋病。

(3)战争。在战争中,受伤害最重的往往是儿童,战争不但造成大量儿童伤亡,而且冲突各方往往招募大量儿童参军。据联合国有关方面统计,目前全世界有30万年龄在18岁以下的儿童兵在冲突前线作战。其中最小的只有7岁。战争给儿童造成极为严重的肉体与心灵的伤害。

(4)成年人针对儿童的犯罪行为。由成年人实施的或与成年人有关的直接侵害儿童权利的情况也十分严重,并且有愈演愈烈之势。成年人针对儿童的犯罪行为主要包括虐待儿童、拐卖儿童、儿童性交易、儿童器官交易等。

(5)儿童犯罪。目前儿童犯罪已被有关人士列为世界第三大社会公害②。儿童犯罪现象在世界上几乎所有国家都有不同程度的存在,而且儿童犯罪呈低龄化、智能化、成人化发展趋势,日益成为一个严重的社会问题。

(6)毒品对儿童的侵害。由于儿童生理和心理的不成熟,往往成为毒品的被动受害者。儿童使用毒品的情况与日俱增。

(7)环境污染对儿童的侵害。

---

① 李琛:《〈欧洲人权公约〉对儿童权利优先性的保障》,载《欧洲法通讯》2002年第3期。

② 师欣:《未成年保护:始于道德,落脚法律》,载《南方周末》2004年2月12日,B10版。

(8)儿童自杀。由于学校、社会等各方面的压力,严重影响了儿童的心理健康,造成大量儿童自杀的悲剧。已引起了社会各方面的重视。

2. 实现可持续发展成为各国的重大战略目标

"可持续发展"(Sustanable Development)这个概念最早见于1987年联合国"世界环境与发展委员会"发表的《我们共同的未来》报告中。该报告将"可持续发展"定义为:"能满足当代的需要,同时不损及未来世代满足其需要之发展"。

可持续发展的提出正是从包括人类当代和后代在内的全人类利益出发对实践主体——人的行为作出规范。以实现人与自然的协同进化。这种规范的必要性从根本上讲就在于人类共同利益的客观现实性和实践活动的负效应。可持续发展应该坚持经济发展与资源、环境保护相协调,应坚持以人为本。发展经济、保护环境,都要着眼于提高人民生活水平和质量,着眼于人的全面发展和长远发展①。社会发展追求的是以人为中心的全面发展,因为一个国家的真正财富是它的人民。社会应该保障每一个人都有机会施展自己的能力,对于每个人都能提供比较均等的参与政治、经济、文化等方面的机会,保障社会公平。② 由于儿童占到了整个人类社会的1/3以上,他们正在成长。他们是对可持续发展具有决定性影响的因素。不论是社会的发展、经济的繁荣,还是人类文明的进步,都离不开儿童的参与和支持。

可持续发展越来越受到各国高度重视,包括中国在内,许多国家都把实施可持续发展作为国家的重大战略目标。

3. 国际社会达成"儿童利益优先"的广泛共识

儿童权利之所以需要优先保护,乃基于儿童权利的特殊性。这种特殊性源于这样的事实,即:大多数儿童权利只有借助于其他主体(如父母、法定监护人、司法机构、教育机构等)才能够实现,而父母、监护人或其他机构也具有自身独立的利益。因此,儿童与父母、社会机构之间难免会产生利益冲突。为了保证儿童权利的行使,而不仅仅是保证儿童权利的存在,非常有必要确立"儿童利益优先"原则③。对此,国际社会也已达成了广泛的共识。

---

① 朱镕基:《在可持续发展世界首脑会议圆桌会议上的讲话》,2002年9月3日。

② 中国科学院可持续发展研究组:《2002中国可持续发展战略报告》,科学出版社2002年版,第167页。

③ 李琛:《〈欧洲人权公约〉对儿童权利优先性的保障》,载《欧洲法通讯》2002年第3期。

1989年《儿童权利公约》首先确立了"儿童利益优先"原则。该公约第三项第一款明确规定：关于儿童的一切行动，不论是由公私社会福利机构、法院、行政当局或立法机构执行，均以儿童的最大利益为一种首要考虑。除了全球性国际公约之外，区域性国际公约也采纳了上述相同的立场。在《行使儿童权利欧洲公约》的序言中，欧洲理事会主张："欧洲理事会的成员和其他签署本公约的国家……确信儿童的权利和优先利益应当得到推动……"作为该公约的提倡者，欧洲理事会咨询议会在1990年关于儿童权利的第1121号建议案中指出，儿童有权以独立的方式，甚至违反成年人意愿的方式行使自己的权利。除此之外，已由欧盟议会、欧盟理事会和欧盟委员会于2000年12月7日在尼斯签署的《欧洲联盟基本权利宪章》也在第24条第2款规定："涉及儿童的行动，不论是由公共权利机关或是由私人性机构实施，应首先考虑儿童的最高利益。"① 另外，在各国国内的法律法规中，"儿童利益优先"原则也得到了体现。比如，2004年1月1日生效新修订的《北京市未成年人保护条例》第六条明确规定：本市国家机关、学校、社会团体和社会福利机构处理与未成年人有关的具体事务，应该以未成年人的最大利益为一种首要考虑。新修订的《北京市未成年人保护条例》作为中国的地方立法，至少代表了未来中国儿童立法的发展趋势，也应该是世界各国的普遍趋势。正如Marie-Therese Meulders-klei1所说的："先是将儿童作为法律保护的客体，而后作为真正的权利主体，近来又作为平等的、甚至是优先的主体，这是20世纪的骄傲。"②

(二) 当代国际儿童立法与各国国内儿童立法趋同化的发展

1. 当代国际儿童立法实践为世界儿童立法趋同化提供了可供参考的模式

国际儿童立法的实践早在19世纪中期就已经开始了。其中，国际刑法与监狱会议在1847年布鲁塞尔会议上首次提出了对少年犯应特设监狱，对他们的处理要做到教养保护。实行附条件的赦免制，并且在他们刑期届满后应令其就业等。此后国际刑法与监狱会议的历次会议均将儿童的司法问题列为专门议题进行讨论，并通过了相关决议。但国际儿童立法的真正发展是进入20世纪后的事情。最重要的成就是国际劳工组织(ILO)先后通过了一系列保护儿童的

---

① 中国科学院可持续发展研究组：《2002中国可持续发展战略报告》，科学出版社2002年版，第239页。

② 李琛：《〈欧洲人权公约〉对儿童权利优先性的保障》，载《欧洲法通讯》2002年第3期。

国际公约,其中主要有:1919年《最低龄(工业)公约》、1919年《少年人夜间工作(工业)公约》、1920年《最低年龄(海上工作)公约)》、1921年《最低年龄(农业)公约》、1921年《最低年龄(扒碳工和司炉工)公约》、1921年《少年人体格检查(海上工作)公约》、1932年《最低年龄(非工业就业)公约》、1946年《年人体格检查(工业)公约》、1946年《少年人体格检查(非工业职业)公约》、1946年《少年人夜间工作(非工业职业)公约》、1965年《最低年龄(地下工作)公约》、1965年《少年人体格检查(地下工作)公约》、1973年《最低年龄公约》①以及1999年《关于禁止和立即行动消除最有害的童工形式公约》等。

上述国际劳工组织通过的大量公约对保护儿童权利起到了积极的作用,它们对加入了公约的国家具有法律约束力,并且是各国国内相关立法可供参考的文件。但是,由于加入国际劳工公约的国家十分有限,严重制约了它们在保护儿童权利方面所发挥的作用。

第二次世界大战以后,随着《联合国宪章》、《世界人权宣言》、《公民权利和政治权利国际公约》、《经济、社会、文化权利国际公约》等国际人权法律文件的制定,国际儿童立法也得到了长足发展。先是1959年联合国大会通过的《儿童权利宣言》。进入20世纪80年代,国际儿童立法实践有了全面的发展。1984年制定了《联合国少年司法最低限度标准规则》(《北京规则》),其宗旨要求会员国采取的社会改革应努力促进少年的福利,尽量减少司法干预,对触犯法律的少年给予有效、公平、合乎人道的处理。既保护少年的健康成长,又维护社会的安宁秩序。1989年联合国大会又通过了《儿童权利公约》,公约指出,儿童一出生,就享有公约所赋予的各项权利。无论他多么弱小、稚嫩,都具有与成年人一样的独立的人格。儿童是权利主体。社会中的所有成年人,都必须尊重儿童,并负有保护儿童权利的责任。1990年通过了《联合国保护被剥夺自由少年规则》要求少年司法系统应维护少年的权利和安全,增进少年的身心福祉,监禁办法只应作为最后手段加以采用。1991年又通过了《联合国预防少年犯罪准则》(《利雅得准则》),它对世界范围内预防儿童犯罪、保护儿童健康成长具有普遍意义,为各国统一保护儿童健康发展提供了权威性的准则。为保护儿童权利提供了具体的措施和方法,对推动各国形成和完善儿童法律保护体系有积极的实践意义。

《国际法院规约》第38条把国际条约列为各项国际法渊源的第一项,表明

---

① 爱德华·劳森:《人权百科全书》,中国人权研究会译,四川人民出版社1997年版,第1842~1849页。

国际条约在国际法渊源中的重要地位。按照"约定必须遵守"的国际法原则，条约对于国家有约束力，国家必须遵守条约。① 以1989年《儿童权利公约》为代表的一批国际儿童立法应该得到有关各国的普遍遵守。无疑为世界儿童立法趋同化提供了新的更高水平的可供参考的模式。

2. 各国国内儿童立法的趋同化发展及其与国际儿童立法的协调

"常常是由于对本国制度的解决办法感到不满，于是驱使人们探究别国的法律制度是否产生过较好的解决办法。"②这就使得各国在推动世界儿童立法趋同化方面具有了内在的动力。正如清末修律大臣沈家本所指出的："我法之不善者当去之。当去而不去，是之为悖；彼法之善者当取之，当取而不取。是之为愚。"并主张"参考古今，博稽中外"，"择善而从"。③ 当前各国国内儿童立法的趋同化发展正是为了取他山之石以筑牢本国儿童权利保护的法律大厦。

儿童立法的趋同化主要表现在各国国内法的创制过程中，通过理性的考量。有选择地，有时也是大量地吸收或移植外国的相关法律或把国际实践中那些已被公认的普遍法律实践吸收入自己的国内法。各国的和国际的儿童立法是一个互相学习、互相借鉴、互相渗透的过程。因此，各国的儿童立法将会从旧的观念和法律制度中解放出来，继承往昔那些适应新时代需要的法律观念和法律制度，淘汰那些不适应新时代需要的法律观念和法律制度，并在实践中形成各种与时俱进的新的法律观念和法律制度。④

在世界儿童立法趋同化的第一轮高潮中，各国都以1899年美国的《少年法庭法》为模式创制自己的儿童立法，因此，出现各国儿童立法在思想和原则，篇章和结构，甚至具体的遣词造句上都完全雷同或极为相似，从而推动了世界各国国内儿童立法的快速发展。当前世界各国国内儿童立法除了互相学习、借鉴他国的成功经验以外，主要地是以《儿童权利公约》等国际儿童立法文件为参照模式，实现各国国内儿童立法与国际儿童立法的协调。当前，世界儿童立法趋同化主要表现在以下两个方面：

（1）各国国内儿童立法在原则、目标、措施、手段等方面趋于一致。各国国内儿童立法大都秉承"儿童利益优先"的原则，实现儿童权利的充分、有效

---

① 王铁崖：《国际法》，法律出版社1995年版，第11~12页。
② [德]K.茨威格特、H.克茨：《比较法总论》，潘汉典等译，法律出版社2003年版，第46页。
③ 张晋藩：《清律研究》，法律出版社1992年版，第218~221页。
④ 李双元：《再谈法律的趋同化问题》，载《国际法与比较法论丛》2003年第4期，第634页。

的保护。尊重儿童所享有的生存权、发展权、受保护权、参与权等各项权利；尊重家庭在抚养儿童方面的作用，并支持父母、其他保育人员和社区对儿童的养育和照料；努力制定方案，减少文盲，提供教育机会，通过职业培训，让儿童在一个支持性的、培育性的文化和社会环境中长大成人；动员社会各方面的力量，采取各种措施，从而使所有儿童享有一个更为安全健康的未来。

（2）各国国内儿童法律体系的结构趋于一致。衡量一国是否具备有完备的儿童法律体系，最核心的标准在于是否有自成体系的、不同于成年人法律的程序法、实体法和组织法。目前世界各国国内的儿童立法大都朝着这一个目标发展。像日本，建立起了以《儿童福利法》、《少年法》、《少年院法》、《少年审判规则》等法律为主干的儿童法律体系，并辅之以儿童津贴、防止儿童卖淫、防止虐待儿童等方面的法律，形成了一个实体法、程序法、组织法具备的较为完善的儿童法律体系。台湾也形成了包括《儿童福利法》、《少年事件处理法》、《少年管训事件审理细则》等法律在内的较为完善的儿童法律体系。英国、德国等许多国家也大都如此。

三、对完善中国儿童立法的几点思考

（一）顺应世界儿童立法趋同化的历史潮流，实现中国儿童立法的跨越式发展

由于本国实在法素材的狭窄性，使自己坐井观天，看不见几乎每一个法律问题都会有大量的可能存在的解决办法，从而使人们没有能力从内心投入并且运用批判态度对待法律现象①。众所周知，当代中国法律制度完全是以西方法制为借鉴。对此我们大可不必忌讳。因为我们学习和借鉴西方法律，并非完全否定自身的传统，而是改造、发展和丰富我们的传统，是为了更好地认识和实现我们自身。况且，就法律所反映的内容来说，大部分都是人类共同具有的，它们都是社会中业已存在或应该存在的关系及相应的行为规则②。当前完善中国的儿童立法，不光可以借鉴吸收别国的成功经验，更可以直接以《儿童权利公约》等国际儿童立法为参照，顺应世界儿童立法趋同化的历史潮流，实现中

---

① 李双元：《再谈法律的趋同化问题》，载《国际法与比较法论丛》2003年第4期，第46页。

② 江平：《澳门民商法（序）》，中国政法大学出版社1996年版。

国儿童立法的跨越式发展。在这方面，中国已经迈出了实际的步伐。如新修订的《北京市未成年人保护条例》就首次明确体现了《儿童权利公约》中的平等原则、参与原则和最大利益原则。由于它只是中国的地方儿童立法，其作用与效力范围十分有限，应该把它们上升到国家统一立法的高度。

(二) 解放思想，更新观念，贯彻"儿童利益优先"原则

在保护儿童权利观念方面的落后，也是阻碍完善中国儿童立法的重要因素。主要表现在：

1. 把儿童立法等同于儿童犯罪的法律

不少学者认为，儿童立法就是为了对付儿童犯罪，治理和预防儿童犯罪。完全无视作为弱势群体的儿童，其权利需要予以特别保护的特殊性。我们应该确立起儿童法律就是保护儿童权利的法律的观念，即使是治理儿童犯罪的法律，也不是为了惩罚、报应儿童，而是为了"教育、感化、挽救"儿童。犯罪儿童其实也是社会的受害者，我们应该努力创造条件，让失足儿童回归社会。

2. 不要过多强调儿童立法的中国特色

以法律而言，中国、西方法律虽文化传统各异。然毕竟都是人类社会的法律，必然有其共同的人性内涵。所以，考察法律，应着眼超越地域、国度和民族，甚至超越时空的人际层面，努力发现本来属于整个人类的理念和规范。儿童立法尤其如此。因此我国应大胆借鉴吸收国外的成功立法经验，以国际儿童立法为参照，多用"拿来主义"的方法，加快完善中国儿童法律体系的步伐。

3. 把儿童当作真正的权利主体而不是仅仅作为法律保护的客体，贯彻"儿童利益优先"的原则，树立"实现儿童权利就是谋求全人类的最高利益"的观念。以往人们不注意倾听儿童的声音和了解儿童的需要，往往以保护儿童的名义侵犯儿童的权利。应该切实保障儿童享有关系到自身利益的参与权。

(三) 加快制定、修改与完善中国儿童立法的步伐

第一，修改旧法。目前，我国的儿童立法主要是《未成年人保护法》和《预防未成年人犯罪法》。其中，《未成年人保护法》已颁布实施了十多年，由于指导思想和立法技术等方面的原因，许多规定已不适应当前的情况。有些规定过于原则，缺乏法律责任追究条款，不具有可操作性。而《预防未成年人犯罪法》也有待改进。比如，该法第四十四条第二款规定："司法机关办理未成年人犯罪案件。应当保障未成年人行使其诉讼权利。保障未成年人得到法律帮助。"但司法实践中仍有一部分在押未成年犯罪嫌疑人在侦查和审查起诉阶段未得到法律援助。有的未成年人拒绝人民法院为其指定的辩护人,然而根据最高人民法院的有关规定,对于少年被告人拒绝辩护的要求人民法院应予准许。这有悖于《联合国少年司法最低限度标准规则》第七条规定的"在诉讼各个阶段,应保证未成年人基本程序方面的保障措施。"①可见,《预防未成年人犯罪法》也有修订的必要,以切实保障儿童的诉讼权利。

第二,制定新法。由于目前我国的儿童立法缺乏系统性,没有配套的规定和执行部门加以细化,难以充分发挥法律规范的作用。我国应该尽快建立起一个包括实体法、程序法、组织法和非刑罚处理方法的法律体系,使各法律之间彼此协调、相互匹配。首先,由于我国目前对儿童犯罪定罪处刑适用的是成年人犯罪也适用的同一部《刑法》,因此,有必要尽快制定单独的《少年刑法》,明确儿童犯罪的处罚原则和具体适用的刑法种类。扩大缓刑的适用范围,放宽减刑和假释的条件,增加消除儿童刑事污点的规定等,切实把儿童犯罪与成人犯罪分别处理。其次,对儿童犯罪案件的侦查、起诉及审理程序,也都规定在同一部《刑事诉讼法》中,因此,有必要在现有诉讼法律法规的基础上,制定《少年案件处理法》规定公、检、法各机关的权限和职责,规定儿童及其法定代理人、诉讼代理人的诉讼权利等。再次,应制定《少年法院法》,规定少年法院的设置和组织,少年法官和陪审员的资格、案件管辖、审理程序、审理方式等。最后,有必要建立非刑罚处理方式的法律制度,借鉴国外预防、惩戒、代替监禁刑等措施,制定《少年保安处分法》设置社区服务裁决、监护监督裁决、罚款补偿赔偿、中间待遇和其他待遇的裁决、参加集体辅导和类似活动的裁决、寄养、生活区或其他教育设施的裁决等非刑罚的处理方法。此外,还有必要借鉴日本等国的做法,针对儿童中存在的严重问题,诸如抽烟、吸毒、儿童卖淫、儿童色情等,制定专门的法律对儿童权利予以保护。

第三,完善儿童司法制度。从上个世纪 80 年代开始。在上海等经济发达地区开始建立少年法庭。但是少年法庭存在着机构和人员不稳定的问题,有的基层少年法庭名不副实,对儿童被告的法律援助多数难以落实②。由于儿童是犯罪嫌疑人中的特殊群体,他们大多缺乏社会经验和自我保护能力,因此,在刑事诉讼过程中,他们相对于成年犯罪嫌疑人,处于更加劣势的地位。法律是

---

① 朱沉沉:《试论健全预防未成年人犯罪的法律制度》,载《青少年犯罪问题》2001年第 3 期,第 26 页。

② 顾秀莲:《中国未成年人保护成效显著——全国人大常委会执法检查组关于检查〈中华人民共和国未成年人保护法〉实施情况的报告》,载《人权》2003年第 5 期,第 15 页。

保护儿童合法权益不受侵害和预防其犯罪的最有效的手段,而公正科学的司法则可强化法律制度并保证其正确地实施①。因而,我国应该完善儿童司法制度,促进建立符合充分保障儿童权利的复原式司法原则的单独的儿童司法系统,更普遍地设立少年法庭甚至专门的少年法院,以实现儿童权利的最充分、有效的保护。

(四)营造非政府组织(NGO)发展的法制环境,重视并利用其在儿童权利保护领域发挥作用

事实上,世界各国的非政府组织在儿童权利保护领域一直发挥着积极而重要的作用。许多非政府组织已进入中国开展工作,其中,英国救助儿童会、香港乐施会等非政府组织的工作卓有成效。但是,由于中国目前尚没有适合非政府组织发展的法制环境,不论是境外的非政府组织,还是国内的非政府组织,其发展都受到了诸多限制,严重制约了他们发挥其应有的作用。2004年初,在湖南省的政协会上,政协委员史铁尔提交了一份《关于大力支持NGO介入和参与湖南省帮助和解决弱势群体问题的建议》的提案。提案作者认为,弱势群体问题的解决不能靠政府大包大揽,这对政府既是一个很大的压力,也不符合"小政府,大社会"的发展原则。该提案建议引进国际、港台的NGO组织,为弱势群体服务②。当前,中国的非政府组织尚处在"只要你给我一个机会,我就还你一个惊喜"的期待之中,我们应该大力营造非政府组织发展的法制环境,支持非政府组织和社区组织的工作并建立有关机制,以便利民间社会成员参与儿童工作。民间社会行为者可以发挥特殊作用,促进和支持积极的行动和创造有利于儿童福利的环境。发展非政府组织,同包括非政府组织在内的民间社会建立新型的伙伴关系,重视并利用其在儿童权利保护领域发挥其应有的作用。

(五)加强儿童立法的学术研究和人才培养工作

推动立法与学术之间相互影响、相互促进的关系不断向前发展,在儿童立法实践中,尊重人才,培养人才,造就人才。目前,中国少年法庭法官资格的取得及其教育与其他法官无异,缺乏专业认识和训练,对担任少年法庭法官的

---

① 顾秀莲:《中国未成年人保护成效显著——全国人大常委会执法检查组关于检查〈中华人民共和国未成年人保护法〉实施情况的报告》,载《人权》2003年第5期,第27页。

② 章敬平:《社会自治的萌芽》,载《南风窗》2004年第19期。

积极性不高，工作热情似有不足，专业水平培育的缺失导致办案质量还难尽如人意。因此，为健全中国儿童法律体系，包括健全少年法庭的组织和有效运作，有必要着意培养专业的少年法官和社会各个领域的儿童法律工作者。

从 WTO 和 EU 法律制度谈全球经济一体化与区域经济一体化的关系*

一、全球经济一体化与区域经济一体化关系各论

全球经济一体化与区域经济一体化是当今世界经济发展的两大潮流，是国际经济一体化在两个不同层面上的发展形式。其中，区域经济一体化的发展尤为迅速。目前世界上的绝大部分国家都是不同的区域经济一体化组织的成员。而且，一般情况下，区域经济一体化组织内部所实行的优惠待遇不论在广度还是深度上都超过全球经济一体化组织如世贸组织的标准。许多区域经济一体化安排涵盖了迄今被排除在世贸组织多边谈判之外或多边谈判没有充分讨论的问题，如政府采购、环保标准、投资与竞争政策、劳工标准等。总之，区域经济一体化与全球经济一体化并存的局面将长期存在。它们之间是一种什么样的关系？是长期并存、互相促进、互为补充，还是南辕北辙、势同水火？这引起了人们的广泛关注并深入探讨。

探讨全球经济一体化与区域经济一体化的关系。其核心其实就是区域经济一体化对促进全球经济一体化、推动全球贸易自由化的影响问题。对此，人们的观点主要可分为泾渭分明的两派。一派是区域经济一体化的反对者或曰怀疑论者，一派是区域经济一体化的赞同者或曰鼓吹者。各说各的理，莫衷一是。

先来看区域经济一体化的反对者的观点。他们认为，区域经济一体化是一种新型的集团式贸易保护主义，与传统的单边贸易保护主义相比，其方式因为有了合法的外衣而变得更为隐蔽，因而其对全球贸易自由化的危害性更大；随着区域经济一体化的繁衍及其活力的与日俱增，多边贸易体制势必走向崩溃，甚至全球经济与政治稳定将受到威胁。因此，区域经济一体化是推动全球经济

---

* 本文为李双元、李赞合著，首次刊载于《湖南师范大学社会科学学报》2005 年第 6 期。

一体化、实现全球贸易自由化的"阻碍物"(Stumbling-blocks)。① 更有学者在题为《区域化：全球化的阻力》的文章中直截了当地指出："分析全球各国区域合作的动因和效应，不难发现，区域化未必能真正推动全球化的合作，恰恰相反，区域化已经成为全球化的阻力。"②并认为，北美自由贸易区、欧盟、亚太经合组织等区域经济一体化组织的逐步形成与完善，彻底改变了世界经济贸易往来的格局，各国对区域内经济依赖的加强和各区域对外合作谈判能力的提升。无疑将给世界经济发展带来更加剧烈的竞争局面。区域合作的增强，还在相当程度上加剧了全球经济发展的不平衡性。近年来南北经济发展差异进一步扩大就是明显例证。从长远看，支离破碎的全球经济格局将意味着全球性经济福利的减少，并可能导致政治冲突。③ 而且，区域化创造了新的贸易壁垒。还认为，就在世界贸易组织为消除全球贸易壁垒进行积极努力的同时，区域化则以区域合作为名为贸易保护提供了一种新的手段。区域化在强化内部利益的同时，对其他国家或地区的产品采取了更加严格的防范政策和措施，不惜采取一切手段建立贸易壁垒，阻止他国产品进口。最后，更是从意识形态角度担心，一旦欧盟实现了政治一体化目标，北美自由贸易区及东盟、非盟等走向政治一体化将不可避免。届时，各区域之间将由经济合作与较量转向政治合作与较量，而规模更大的政治较量和利益冲突必将给全球政治、经济发展带来意想不到的后果。总之，不管是从区域化的动机和内部协调机制分析，还是从区域化对全球化的影响程度分析，区域化对全球化的发展并不能具有多数人所想象的促进作用，其结果将是数量更多的、规模更大的、更加难以协调和处理的冲突。④ 不难看出，上述的许多忧虑不过是硬币的两面，换一个角度思考，也许其正是区域经济一体化的独特优势。还有人通过经济研究的方法得出结论：区域经济一体化逐渐提高。但各个区域之间经济联系逐渐减弱，导致全球经济一体化程度减弱。他同样认为，全球贸易往来、资本流动的迅速扩展，并没有带来如同人们预期的全球经济一体化程度的提高，而是恰恰掩盖了全球化进程中

---

① 曾令良：《欧共体对多边贸易体制的影响》，载邵沙平、余敏友：《国际法问题专论》，武汉大学出版社2002年版，第110页。
② 薛誉华：《区域化：全球化的阻力》，载《人大复印资料：世界经济导刊》2003年第4期。
③ 薛誉华：《区域化：全球化的阻力》，载《人大复印资料：世界经济导刊》2003年第4期。
④ 薛誉华：《区域化：全球化的阻力》，载《人大复印资料：世界经济导刊》2003年第4期，第12页。

愈发突出的区域经济一体化趋势。① 很明显，这种观点忽视了各区域经济一体化组织日益加强开放性，朝跨洲、跨区域发展，相互渗透和融合的事实。

与此完全相反，区域经济一体化的赞同者认为，区域经济一体化的最基本的目标是通过建立自由贸易区实现贸易自由化，这与全球经济一体化所要建立的多边贸易体制的基本目标是一致的，而且区域经济一体化无不将实现全球贸易自由化作为其最高宗旨；在全球经济一体化不可能在短时期内实现的情况下，区域经济一体化是一种务实的选择，并可为全球经济一体化积累经验。因此，区域经济一体化是推进全球经济一体化和实现全球贸易自由化的"营造物"（BuilcFing-blocks）。② 更有学者乐观地预期，区域经济力量很可能代替为数众多的主权国家，构筑起国际经济结构的新框架，从而向着全球经济一体化的方向不断迈进。③ 应该说，目前赞同或者支持区域经济一体化的观点占主流，在一定程度上反映了区域经济一体化与全球经济一体化的现实状态。

鉴于当前区域经济一体化与全球经济一体化相伴而生、蓬勃发展的现实，以及区域经济一体化安排作为世贸组织法律制度的重要内容的法律事实，探讨它们之间的关系，有必要从世贸组织对区域经济一体化的态度和作为区域经济一体化组织成功典型的欧洲联盟（EU）与世贸组织（WTO）的法律关系两个方面来加以分析，才可望能得出较为客观、更符合实际情况的结论。

二、从 WTO 的区域一体化安排看全球经济一体化与区域经济一体化的关系

世贸组织（WTO）意义上的区域经济一体化制度反映了世贸组织对区域经济一体化的态度。而这一态度则取决于区域经济一体化对世贸组织多边体制的影响和区域经济一体化发展的现状。区域经济一体化安排有促进多边贸易和多边贸易体制发展，从而推动全球经济一体化进程的作用，但也的确存在对多边贸易体制造成损害的威胁。然而，许多国家由于难以舍弃区域经济一体化带来的巨大经济利益。因而在全球范围内区域经济一体化蓬勃发展。面对这一现

---

① 马春林等：《全球经济一体化还是区域经济一体化——经济全球化的发展趋势分析》，载《人大复印资料：世界经济导刊》2004 年第 2 期，第 33 页。

② 曾令良：《欧共体对多边贸易体制的影响》，载邵沙平、余敏友：《国际法问题专论》，武汉大学出版社 2002 年版，第 110 页。

③ 张幼文等：《世界经济一体化的历程》，学林出版社 1999 年版，第 187 页。

实,世贸组织需要具备应有的灵活性。因此,区域经济一体化是世贸组织在现实条件下不能不接受的经济一体化形式,并希望其有助于推动全球经济一体化。这决定了世贸组织会允许区域经济一体化的存在。同时尽量避免和防范其对世贸组织多边贸易体制造成损害。世贸组织首先肯定了区域经济一体化对多边贸易体制的积极影响,承认成员有权缔结区域经济一体化协定和作出区域经济一体化安排,不阻止成员订立在彼此间实行区域经济一体化的协定或成为该协定的成员,①《关贸总协定》第24条第4款、第5款和《服务贸易总协定》第5条第1款都有类似的规定。

区域经济一体化对全球经济一体化和世贸组织多边贸易体制的影响,一直是一个备受关注也充满争议的问题。众多的区域协定形成了覆盖全球的复杂的贸易网络。因此一个不可回避的问题是区域经济一体化安排是有助于还是有损于世贸组织多边贸易体制的发展。1995年世贸组织在一项研究中得出结论认为,区域经济一体化与多边经济一体化的行动在追求更加开放的贸易方面是相互补充的,而非二者必择其一。得出这个结论的一个重要理由是,区域性协定使得有关国家能够商定在当时多边范围内无法达成的规则,作出在当时多边范围内不能作出的承诺。而其中的一些规则如服务贸易和知识产权的有关规则反过来又为乌拉圭回合有关协定的达成铺平了道路或提供了经验。例如,面对一些国家变换出口策略。欧共体于1988年7月11日公布了第2423/88号反倾销反补贴规则,规定将含有进口零件或原材料而由共同体厂商生产的产品也纳入应受反倾销调查的范围,而且可以对此类产品征收反倾销税。乌拉圭回合谈判所形成的"关于执行《关税与贸易总协定》第6条的协议"就吸收了欧共体的做法,规定将"旨在进口国进行加工装配的进口产品的那些零部件包括在适用现有的最终反倾销税的范围之内"。② 另如,美、加、墨达成的北美自由贸易协定的有关规定和欧共体在服务贸易方面所做的探索为《服务贸易总协定》的达成提供了重要借鉴。又如,有些区域组织在环境保护、劳工标准、投资和竞争政策等问题上达成了协议,而这些问题日益受到重视,正在世贸组织的新一轮谈判中得到回应。

世贸组织承认区域经济一体化对多边经济一体化的互补性的原因还在于世贸组织一向宣称以促进贸易自由化并以此提高人类福利为己任。而区域性安排

---

① 韩龙:《世贸组织的区域经济一体化制度刍议》,载《国际贸易问题》2003年第3期,第9期。

② 刘世元:《区域国际经济法研究》,吉林大学出版社2001年版,第526页。

特别是那些在组织内部取消或削减贸易壁垒的组织是在现实条件下增进国际经济合作、为成员国带来利益的有效形式,因而符合世贸组织通过追求贸易自由化提高公众福利的目的。因此,尽管区域经济一体化安排如建立关税同盟或自由贸易区,违反世贸组织的最惠国待遇原则,但世贸组织允许区域贸易协定和组织的存在,并将其作为最惠国待遇的例外来处理。但是,作为一种特殊的例外,必须符合某些严格的标准。尤其重要的是。这些安排应该帮助贸易在集团内国家间自由流动,不增加对集团外国家的贸易壁垒。换言之,区域经济一体化应该是多边贸易体制的补充,而不应对其造成威胁。① 因此,世贸组织的一位副总干事曾表示,区域经济合作将促进世界贸易组织系统的改善,促进区域内国家的贸易自由化,世贸组织完全支持区域贸易协议。区域贸易协议与世贸组织协议,两者之间可以互相补充,可以促使世界市场的更加开放。②

在肯定区域经济一体化的积极作用的同时,世贸组织也承认在一定条件下区域性的贸易安排也可能损害其他国家的贸易利益和多边贸易体制,进而损害全球经济一体化的发展。如果区域一体化安排的伙伴所达成的关税减让导致贸易主要来源于其内部即发生贸易转移效果,那么,第三方就会丧失市场份额。此外,区域经济一体化安排中的原产地规则等对来源地的要求也会把本来可能流向第三方的贸易与投资转移到区域经济一体化安排的伙伴。另外,由于区域性组织的成员并不是将经济面对所有的国际竞争,而仅对其区域内的成员开放经济,引入竞争,而区域内成员的货物或服务的提供者可能不是有效率和最有效率的,从而限制了全球资源的有效配置,损害福利的最大化。因此,不仅妨碍参加区域经济一体化安排的成员方的自身利益,而且影响国际贸易和国际竞争的公平开展,对其他国家的贸易利益造成损害。③

从区域经济一体化安排对多边贸易体制的影响来看,区域经济一体化安排通常包含的管理程序可能导致对非成员歧视的增加,从而损害多边贸易体制。尤其值得注意的是,对区域性贸易组织若缺乏有效的约束,则会构成国际贸易的严重壁垒,威胁国际贸易多边体制的存在,进而出现区域经济一体化反对者

---

① 程信和、呼书秀:《东盟自由贸易区的发展模式及其启示》,载《人大复印资料:国际法学》2004年第5期,第39页。

② 韩龙:《论WTO与区域经济一体化》,载《中外法学》2003年第2期,第211~212页。

③ 韩龙:《论WTO与区域经济一体化》,载《中外法学》2003年第2期,第212页。

所担心的那样：最终将强化国际政治对抗。① 第二次世界大战前各贸易集团相互封闭和争斗就是前车之鉴。此外，由不同的区域经济一体化安排而建立的贸易组织之间的摩擦也可能在多边层面上导致贸易谈判复杂化。在用于贸易谈判的资源十分稀缺的情况下，如若这一资源被用于区域经济一体化层面，多边谈判将会遭受损失。②

三、从 EU 与 WTO 的法律关系看全球经济一体化与区域经济一体化的关系

在讨论欧洲联盟(EU)与世贸组织法律关系时，有必要首先澄清一下欧洲联盟与欧共体的关系问题，虽然目前人们普遍习惯地不将欧共体与欧盟作严格的区分，但实际上它们具有不同的法律含义。欧盟是在三个共同体的基础上建立起来的，原来的三个共同体各自依然是独立的法律人格者，而目前欧盟并不具有法律人格。三个共同体是作为欧盟的三大支柱之一而存在的。所以，尽管欧盟在组织结构上实现了一体化，但并没有完全取代欧共体的法律地位。而且从《建立世界贸易组织协定》第 11 条的规定来看，享有世贸组织正式成员资格的也是明确为欧共体。所以有学者主张在阐述欧共体与世贸组织的法律关系时不可用欧盟作替代。③ 鉴于欧盟是在欧共体的基础上发展起来的和欧共体依然是作为欧盟的三大支柱之一的事实。此处作者讨论欧盟与世贸组织的法律关系时，其实也即是侧重于欧共体与世贸组织的关系。

《建立世界贸易组织协定》第 11 条明确规定："凡是在本协定生效之日已是 1947 年关贸总协定的缔约方和欧共体。接受本协定和各项多边协定，并在 1994 年关贸总协定中附有承诺和减让表以及在服务贸易总协定附有具体承诺表者，均为世贸组织的创始成员。"借此世贸组织取代关贸总协定的契机，欧共体终于取得了该组织的正式成员资格。而此前，欧共体在关贸总协定体制中是逐步取代其成员国并发展为关贸总协定的一种"事实成员"，而其各成员国是一种"法律形式上的成员"④从关贸总协定体制时期开始就采取了对欧共体

---

① 薛誉华：《区域化：全球化的阻力》，载《人大复印资料：世界经济导刊》2003 年第 4 期，第 12 页。
② 韩龙：《论 WTO 与区域经济一体化》，载《中外法学》2003 年第 2 期，第 212 页。
③ 曾令良：《欧共体及其成员国在 WTO 中的双重地位及其对中国的影响》，载《法学评论》1999 年第 2 期，第 135 页。
④ 曾令良：《欧洲共同体法与现代国际法》，武汉大学出版社 1992 年版，第 260 页。

的包容和务实的态度。

自 1960 年狄龙回合谈判以来,均由欧共体委员会代表其成员国与其他各缔约方举行多边或双边谈判。自肯尼迪回合以来,历次回合所产生的多边协定,绝大多数由欧共体单独签字和缔结。只有个别协定(如东京回合的技术性壁垒协定和航空贸易协定)由欧共体与其成员国一起以混合缔约方的形式缔结。除预算委员会等个别机构外,欧共体几乎行使了其成员国在关贸总协定的所有权利。而且,凡涉及欧共体成员国的争端,不论其是原诉方还是被诉方,在 1974 年以前绝大多数将欧共体作为争端方,此后则均将欧共体作为争端方。①

可以看出,在欧共体还不是关贸总协定的正式成员的时候,它在实际上就在绝大部分领域和活动中取代了其他成员国。而在其正式结束"事实成员"状态成为世贸组织的缔约方之后,就更可以与其他正式成员一起以平起平坐的身份全面参与世贸组织的活动。而它的成员国(目前欧盟的成员国已增至 25 个)并不因此而丧失它们在世贸组织中的正式成员地位。② 不难认为,关贸总协定/世贸组织的多边贸易体制对欧共体/欧盟的区域经济一体化组织的包容和务实远远超出了其本身有关条款如关贸总协定第 24 条、服务贸易总协定第 5 条的规定。

根据世贸组织的规定。世贸组织成员方有义务将其所参加的区域一体化协定通知世贸组织。世贸组织成员方若决定建立关税同盟、自由贸易区或加入为此目的而达成的协议,或决定建立服务贸易的经济一体化组织,或对以上计划或日程进行重大变动时,应立即通知世贸组织,并提供相关信息以便世贸组织能够提出其认为适当的报告或建议。世贸组织收到有关通知后,根据 1994 年关贸总协定、关于解释 1994 年关贸总协定第 24 条的谅解和服务贸易总协定等进行审查,并作出适当的建议。③ 世贸组织的审议与监督制度是关贸总协定的继承与发展。在关贸总协定的历史上,对欧共体的审议与监督也一再表现了其务实与宽容的态度。

1951 年《欧洲煤钢共同体条约》签署后即通知关贸总协定进行审议。由于

---

① 胡瑾、王学玉:《发展中的欧洲联盟》,山东人民出版社 2000 年版,第 247~248 页。

② 曾令良:《欧共体及其成员国在 WTO 中的双重地位及其对中国的影响》,载《法学评论》1999 年第 2 期,第 39 页。

③ 韩龙:《论 WTO 与区域经济一体化》,载《中外法学》2003 年第 2 期,第 216 页。

该条约只涉及两项主要产品而非"实质上所有贸易",故关贸总协定认为它符合 1947 年关贸总协定的第 24 条。当然。最后关贸总协定全体缔约方还是根据第 25 条的规定对煤钢共同体作出了免责决定。① 后来,罗马条约的签署、欧共体的历次扩大、欧共体与其海外国家和领地间建立优惠贸易制度的联系协定等,往往与关贸总协定有不一致的地方,但考虑到有关历史与经济的因素,关贸总协定没有采取行动,而把宽容与务实态度发挥到了极致。值得注意的是,1996 年 2 月世贸组织总理事会对审查各区域贸易协定的各工作机构的力量进行了整合和集中,建立了区域贸易协定委员会(Committee on Regional Trarle Agreement,RTA),由其负责世贸组织整个框架内区域贸易协定的审查监督。原来分别由货物贸易理事会、服务贸易理事会、贸易与发展委员会对区域经济一体化实施监督的职能也转移到了区域贸易协定委员会。它一方面对区域贸易协定进行核查,评判其是否符合世贸组织规则,另一方面对区域性安排对多边贸易体制所可能产生的影响以及区域安排与多边安排之间的关系进行审视和探讨。② 这些措施无疑是对审议监督机制的完善,有利于提高审议工作的效率,但出于利益的权衡与考虑,世贸组织对欧共体等区域经济一体化组织的包容与务实恐怕将成为一项"基本国策"。

四、构建全球经济一体化与区域经济一体化协调、共同发展的法律制度

在国际经济一体化的进程中,人们关于区域经济一体化与全球经济一体化的关系的争论一直都没有停止过,这种争论恐怕也会贯穿于整个 21 世纪之中。从表面上看,区域经济一体化似乎是与全球经济一体化背道而驰的,因为它把世界经济分割成一块块相对独立的区域,而不是整合世界。但实际上,区域经济一体化与全球经济一体化是矛盾统一体,既有相互矛盾的一面,也有相互促进的一面。③ 从近 20 多年来,全球经济逐步走向一体化的发展情势可以看出,离开了区域经济一体化也就不可能有全球经济一体化。区域经济一体化是全球经济一体化的基础和动力,是追求全球经济一体化过程中的次优选择和阶段性准备。事实表明,区域性的经济一体化的深度和广度都大大高于全球性的经济

---

① 邵沙平、余敏友:《国际法问题专论》,武汉大学出版社 2002 年版,第 113 页。
② 韩龙:《论 WTO 与区域经济一体化》,载《中外法学》2003 年第 2 期,第 217 页。
③ 李彩英、竺培芬:《当代国际关系》,上海交通大学出版社 2001 年版,第 86 页。

一体化。没有区域经济一体化的推动,就不可能出现今天如此发展势头的全球经济一体化趋势。① 从欧盟、北美自由贸易区、亚太经合组织等区域经济一体化组织的正常运行和向深度、广度的扩展,形成了一定程度的区域经济一体化向全球经济一体化趋同的趋势,减少了全球经济一体化的困难,推动了全球经济一体化的进程。但即使这种趋同性长期存在,却没有迹象表明全球经济一体化在目前和可预见的将来完全取代区域经济一体化。

从理论上分析,现实世界中区域经济一体化比全球经济一体化表现更加显著的原因是,在特定区域内的和有共同利益关切的各国之间比全球范围内各国之间更容易达成经济一体化协议,因而经济融合程度更高。在区域外看就表现为一定程度的封闭性,这其实是一体化造成区域内福利的增长高于区域外的反映。② 区域内各成员因数量较少、经济实力相当、经贸利益互补性强、法律制度较容易协调等原因使得这些国家形成协调的意志相对容易,所以国际经济一体化在区域范围内的推进要比在全球多边体制下推进更快。③ 这种差异导致经济一体化在区域层面和全球层面上表现为不同步性。近年来,随着跨国公司的发展,国际贸易、国际金融和国际化生产的规模不断扩大,国际分工的深化加速推进,同时世贸组织的建立与其他各领域的协议、制度的实施,使世界上更多国家之间经济关系中的障碍得以更快消除,从而使彼此间经济融合的程度更加深化。因此,全球范围的经济一体化发展也在不断推进。

从世界范围来看,区域经济一体化与全球经济一体化并存的局面的另一个原因是世界经济发展的不平衡。这种不平衡包括发达国家与发展中国家在经济体制、发展水平方面的不平衡以及发达国家之间的不平衡。在这样的国际经济环境下,要求各国同等程度地消除经济障碍是困难而不现实的。而在发展水平接近和有共同利益诉求的国家间开展经济一体化运动则成为现实选择。④ 而且,发达国家与发展中国家的不平衡现象在 21 世纪将十分突出,如何促进和加快发展中国家特别是最不发达国家的发展,仍将是各国政府、各种国际体制和人类面临的最棘手的问题之一。从法律和政策的角度看。继续坚持和贯彻世

---

① 伍贻康等:《三足鼎立:全球竞争体系中的欧美亚太经济区》,上海社会科学院出版社 2001 年版,第 394 页。
② 伍贻康、张幼文等:《全球村落:一体化进程中的世界经济》,上海社会科学院出版社、高等教育出版社 1999 年版,第 33 页。
③ 邵沙平、余敏友:《国际法问题专论》,武汉大学出版社 2002 年版,第 118 页。
④ 伍贻康、张幼文等:《全球村落:一体化进程中的世界经济》,上海社会科学院出版社、高等教育出版社 1999 年版,第 34 页。

贸组织的区域经济一体化安排。实现对发展中国家的优惠待遇和对最不发达国家的特别优惠待遇仍然是这一难题的解决之道。① 实践证明，多边贸易体制在解决这一问题时显得是"语言的巨人，行动的矮子"，而以欧盟为代表的区域经济一体化组织则采取了一些实际的步骤，如历次"洛美协定"以及欧盟2000年签订的打算用自由贸易区协定替代"洛美协定"的"科托努协定"②等。可以认为，各种区域经济一体化组织，特别是发达国家与发展中国家之间的优惠贸易安排和特别优惠措施，将是解决发展问题的重要途径之一。

从经济目的来看，区域经济一体化与全球经济一体化的根本动因都是经济主体在市场自发力量驱动下追求利益的最大化。两者实现各自目标的基本要求都是消除各经济主体之间的贸易投资障碍。现实情况是，至今没有数据表明任何一个区域经济一体化组织在组成一体化组织后加大了对外经济壁垒。实际上，一国在经济一体化进程中，与它所参加的经济一体化组织伙伴国之间的经济一体化程度要高于它与非伙伴国。③ 因此有学者认为，不能因为区域经济一体化所呈现出的集团排他性倾向而对其推动世界经济一体化的贡献加以否定。事实上，呈现出的所谓集团排他性在一定程度上不过是由于区域经济体制形成使成员国的向心力增强，这正是一体化所引致的系统优势的表现。④ 关税联盟或自由贸易区，在其成员间相互贸易中消除壁垒，是朝着普遍的贸易自由化迈出的一步，因此只要其特惠安排无损于非成员的贸易，就应得到允许。只要自由贸易原则正确实施，由一个区域内自由贸易所产生的增加生产的福利裨益。完全能增加对从其非成员方面的购买力。⑤ 而且，区内贸易限制减少或取消，不仅使区内外的贸易机会增加，而且也为全球范围内抵御贸易保护主义作了示范。从这个意义上说，贸易集团化能促进总协定下多边贸易的发展，它将成为实现全球贸易经济一体化的重要阶段。⑥

---

① 邵沙平、余敏友：《国际法问题专论》，武汉大学出版社2002年版，第118页。

② 李向阳：《全球区域经济合作发展趋势及其对策》，载《求是》2004年第7期，第62页。

③ 伍贻康、张幼文等：《全球村落：一体化进程中的世界经济》，上海社会科学院出版社、高等教育出版社1999年版，第34页。

④ 张幼文等：《世界经济一体化的历程》，学林出版社1999年版，第186页。

⑤ John H. Jackson & William J. Davey. Legal Problems of International Relations, 1986：455.

⑥ 金祥荣：《世界区域经济一体化浪潮及其影响》，载《国际贸易问题》1995年第6期，第22页。

从区域经济一体化的发展来看，北美自由贸易区和亚太经合组织的成功否定了早期一体化理论中不同类型国家间无法结成经济一体化组织的论断。亚太经合组织首创的"开放的地区主义"是区域经济一体化的一个新特色。所谓开放的地区主义，是指成员之间的所有优惠性的措施或安排，也适用于非成员。这既有助于区域内部各国之间的合作，也有助于全球各国之间的平等经济交往。① 同早期区域组织具有排他性相比较，这使得区域经济一体化组织的开放性表现得更加鲜明。跨国公司作为各区域经济一体化组织间渗透的主角，其全球化经营促进了区域经济一体化组织间的交流。以致现在很难指出哪一个一体化组织是纯粹的排他性集团。相当部分国家同时成为多个区域经济一体化组织的成员，如美国既是北美自由贸易区的成员，又是亚太经合组织的成员。在拉丁美洲和非洲这样的例子就更为普遍。这都是否定区域集团排他性的直接证据。另外，一体化安排的跨区域性进一步淡化了区域经济一体化的"区域性"色彩。如欧盟同非洲马格里布国家和东盟国家的联系国关系、与地中海国家、中东欧国家、以色列、南非、墨西哥、智利等缔结自由贸易区协定；北美自由贸易区与其下一个成员——秘鲁在空间上的分离状态以及北美自由贸易区向整个南美洲的拓展以期建立一个完整的美洲自由贸易区；以及美国与以色列、约旦、新加坡、澳大利亚、巴林、新西兰、东盟、非洲国家已经或正在商谈缔结自由贸易区协议并于伊拉克战争后提出的与中东国家于2013年建立自由贸易区的建议；以及种种亚太区域经济一体化方案在空间上的大跨度，都反映出一体化进程中区域藩篱的淡化和向全球经济一体化的渐变。目前，区域经济一体化发展呈现出的开放性、交叉性、扩展性和全方位性等新特点告诉我们，区域经济一体化的参与国家在不断增多，而且区域经济一体化组织间在对外经济政策、经济活动规则等领域中积极谋求共识，这种被已经扩大了的成员国整体接受的经济规则和运行模式将成为全球经济一体化内在运行机制的雏形。从这个意义上说，区域经济一体化在走相互融合的道路，这将成为全球经济一体化持续、加速发展的重要推动力。②

总之，国际经济一体化不可能是一个直线发展的过程。在其发展进程中出现各种矛盾、挫折甚至反复都是正常的。无论人们能够举出多少事实来说明一

---

① 姜桂石、刘会清：《经济全球化、区域化与发展中国家的对策》，载《人大复印资料：世界经济导刊》2004年第7期，第14页。

② 伍贻康、张幼文等：《全球村落：一体化进程中的世界经济》，上海社会科学院出版社、高等教育出版社1999年版，第35页。

体化过程中的矛盾,也无论这些矛盾如何尖锐,如何在短时期内看不到解决的希望,都不能否定国际经济一体化在不断推进这一事实。"青山遮不住,毕竟东流去。"实际上,当前世界经济中存在的各种矛盾,不是与一体化相反的发展趋势,而恰恰是一体化进程中产生的矛盾和由一体化新的运行机制所引起的矛盾,即是发展中的矛盾而不是一体化的倒退。正是因为各国国民经济之间高度的相互依存,才产生利益摩擦;正因为有一体化不断向前发展提出的要求,才产生了与之不相适应的现行制度的矛盾。① 而且,有学者预言,区域经济一体化与全球经济一体化双轨并行的局面只是历史性的过渡形式。多边这条"大鱼",终归会吃掉各个区域这类"小鱼"的。② 区域经济一体化对全球经济一体化的影响任何人都不可轻易断言是绝对的积极或是绝对的消极,应该说是利弊并存,利大于弊,关键是要研究如何扬其利、避其弊,其核心就是要构建一个区域经济一体化与全球经济一体化协调共同发展的法律制度。

一要加强国际法制建设,尤其重要的是要争取在世贸组织新一轮多边谈判中修订其协定,明确规定世贸组织规则的效力应优先于各成员方的国内措施和相互间达成的各种区域贸易协定。另外,要完善世贸组织区域一体化安排的制度设计。其中包括:建立统一的区域一体化审议规则和程序,改变目前不同的区域贸易安排分别依照不同的协定或规定进行审议的混乱状态,以提高审议速度、效率和质量;尽快研究制定界定区域经济一体化是否阻碍多边贸易体制的一般标准,以便及时断定拟议中的或已通知世贸组织的区域经济一体化安排是否符合多边贸易规则;加强世贸组织体制对区域经济一体化的审议力度,改变其"审而不决、决而无果"的局面,切实解决区域贸易协定委员会审议难、执行难问题,树立起世贸组织对区域经济一体化审议的权威和信心。③

另一方面是国内法制建设。各国必须摒弃过去那种画地为牢、各行其是的思维模式,顺应国际经济一体化趋势和推动这种趋势健康、稳步发展的法律趋同化趋势,以国际社会本位理念来对待国际国内的经济发展政策和法律制度建设。具体说来,就是要废除或修改国内已存的不适合国际经济发展要求的法律或法律内容,按照世贸组织等的法律制度的要求制定一套新的法律制度,以适应国际经济一体化的发展趋势,推动国际经济合作和自身的经济发展。各国必

---

① 金祥荣:《世界区域经济一体化浪潮及其影响》,载《国际贸易问题》1995年第6期,第18页。
② 赵维田:《世贸组织(WTO)的法律制度》,吉林人民出版社2000年版,第100页。
③ 邵沙平、余敏友:《国际法问题专论》,武汉大学出版社2002年版,第119页。

须认识到,当前没有哪个国家能够完全脱离与世界经济的联系而实现繁荣与发展;融入了世界经济体系的各国经济从此与整个世界经济形成了一种唇齿相依、你中有我、我中有你的关系,在很大程度上将是唇亡齿寒、一损俱损、一荣俱荣的局面。因此,加强国内法制的建设既是发展本国经济的需要,也是推进国际经济一体化进程的需要。

论和解合同[*]

翻开大陆法系各个国家和地区的民法典，不难发现和解合同是各个国家和地区普遍规定的典型合同之一[①]。我国现行法对和解合同没有规定，和解更多的是作为民事纠纷的解决方式而被强调（《合同法》第 128 条）。最高人民法院 2002 年发布的《最高人民法院关于审理涉及人民调解协议的民事案件的若干规定》第 1 条明文规定人民调解协议为合同。[②] 由于人民调解协议大部分为和解，因此可以说该司法解释间接承认了和解的合同性质。近年的民法典立法活动中，中国人民大学王利明教授领衔起草的民法典草案建议稿和厦门大学徐国栋教授提出的《绿色民法典草案》均在合同法分则中对和解合同设置了专章规定[③]。但学界迄今尚无对和解合同进行系统研究的论文或专著，和解合同在我国民法上尚属陌生事物。和解是人们自治解决民事纠纷最常用、最典型的方式，和解合同的立法与研究对于规范并充实诉讼外民事纠纷的解决机制具有重要意义。本文拟参考大陆法系成熟的立法例，借鉴我国台湾地区民法学界的研究成果，对和解合同的概念、要件、性质与效力进行探讨，以期能对我国和解合同的立法有所裨益。

---

[*] 本文为李双元、黄为之合著，刊载于《时代法学》2006 年第 4 期。

[①] 参见《法国民法》第三卷第十五编第 2044 条至 2058 条，《意大利民法》第四编第三章第二十五节第 1965 条至 1976 条，《德国民法》第二编第七章第十九节第 779 条，《日本民法》第三编第二章第十四节第 695 条、第 696 条，我国台湾地区"民法"第二编第二章第二十三节第 736 条、第 737 条、第 738 条。

[②] 该司法解释第 1 条规定："经人民调解委员会调解达成的、有民事权利义务内容，并由双方当事人签字或盖章的调解协议，具有民事合同的性质。当事人应当按照约定履行自己的义务，不得擅自变更或解除协议。"

[③] 参见王利明：《中国民法典学者建议稿及立法理由·债法总则编·合同编》，法律出版社 2005 年版，第 793～794 页。徐国栋：《绿色民法典草案》，社会科学文献出版社 2004 年版，第 702～703 页。

一、和解合同的概念及要件

(一) 和解合同的概念

民法上的和解为合同，引据合同自由原则，顺理成章。所谓和解合同，是当事人约定互相让步，以终止争执或排除法律关系不明确之状态的合同①。试举两例说明：(案例一) 饲料销售商甲长期向养鸭专业户乙供应饲料，双方不定期结算。后甲打算转行，遂与乙就全部欠款进行结算。经结算，甲认为乙尚欠货款 10000 元，乙则认为仅欠 5000 元，双方为此发生争议。后双方协商确定，乙欠甲货款 8000 元，甲则将积压的 15 包饲料送给乙。(案例二) 甲家阳台上的花瓶坠落，砸伤行人乙，于是乙根据《民法通则》第 126 条之规定，向甲请求侵权行为损害赔偿 1000 元，但甲表示最多赔偿 500 元，双方为此发生争执。最后甲与乙协商一致同意，甲对乙的损害赔偿 750 元。

由上述典型案例可见，当事人为和解，第一须有争执或法律关系不明确之状态的存在；第二须有终止争执或排除法律关系不明确状态的意思；第三须有相互让步。

(二) 和解合同的要件

1. 和解合同的客体——有争执或不明确的法律关系

(1) 法律关系为和解合同的客体

和解合同的客体为法律关系。凡法律关系，无论其种类，均得为和解的客体，因此，债权关系、物权关系、准物权关系、知识产权关系、亲属关系、继承关系，乃至公法法律关系以及刑法上的法律关系，都可成为和解的客体，惟和解的内容须在法律所允许的私法自治的范畴之内，才能为有效的和解。由于和解合同在我国合同法上尚属陌生事物，对于作为其客体的法律关系，有以下几点须进一步讨论：

其一，关于不起诉合意。现实生活中，就已有纠纷进行和解时，常有一方

---

① 黄立：《民法债编各论(下册)》，中国政法大学出版社 2003 年版，第 830~831 页。大陆学者的表述，参见王利明：《中国民法典学者建议稿及立法理由·债法总则编·合同编》，法律出版社 2005 年版，第 793~794 页。丁南：《论民法上的和解》，载《政治与法律》2004 年第 3 期，第 133 页。

当事人以不起诉换取对方给付上让步的做法。不起诉合意,诉讼法学者称之为不起诉契约,为诉讼契约之一种。① 我国现行民事诉讼法对不起诉契约没有规定,但这并不意味着不起诉合意无效。依据意思自治的原则,当事人既得就自己的民事权利为自由处分,且其在权利救济方式上有选择的自由,那么和解合同中当事人不起诉的承诺就应对当事人有法律约束力。作出不起诉承诺的当事人嗣后如就已为和解的争议提起诉讼,乃是违反和解合同的行为,对方当事人可要求其承担违约责任。应当注意的是,不起诉合意不能剥夺当事人的诉权。法院不得因原告有不起诉的承诺而对其提起的诉讼不予受理,但被告得以原告不起诉的承诺为诉讼上的抗辩。

其二,对依法院判决确定的法律关系的和解。已由法院判决确定的法律关系,当事人就判决的解释或执行上的困难,可以进行和解。但该和解不能除去判决的效力,如和解之后,胜诉当事人仍就判决申请执行,被执行人仅得以执行异议提出抗辩(《民事诉讼法》第 208 条)。

其三,为避免刑事起诉的和解。为避免刑事责任的追究,除有背于善良风俗的以外。对于刑事自诉案件应允许当事人为和解。因为法律既然将对自诉案件的起诉权交由被害人行使,诉与不诉取决于被害人的意志,那么对自诉案件诉权的行使属于被害人意思自治的范围。被害人对此为和解自然应当允许。如当事人在和解中做出不起诉承诺,嗣后仍为告诉时,对方当事人有权要求其承担违约责任,但在诉讼程序上不得以和解为排除刑罚的抗辩。

(2)须存在争执或法律关系不明确的状态

如上所述,作为和解之客体的法律关系,须在法律所允许的私法自治的范畴之内。但私法自治范畴内的法律关系具备何种特征方得作为和解的客体,尚须进一步讨论。对此,大陆法系各个国家和地区民法有不同的立法例。根据《德国民法典》第 779 条的规定,得成为和解之客体的法律关系有三种情形:一是就法律关系存在争议;二是法律关系存在不明确的状态;三是请求权的实现不确定。日本民法仅明文规定第一种情形,② 因此法律关系虽存在不明确的状态而未发生争执者,不能为和解之客体。但就此种法律关系为处理的合同并非无效,而是非典型合同,可准用关于和解合同的规定。《法国民法》第 2044

---

① 关于诉讼契约,参见张卫平:《论民事诉讼的契约化——完善我国民事诉讼法的基本作业》,载《中国法学》2004 年第 3 期,第 81~82 页。

② 《日本民法典》第 695 条规定:"和解,因当事人约定相互让步,终止其间存在的争执,而发生法律效力。"

条第 1 款规定："和解系指诸当事人用以终止已产生的争议或防止发生争议的契约。"解释上认为单纯法律关系之不明确，不得为和解。我国台湾地区"民法"第 736 条仿自法国民法第 2044 条，但在解释上与德国民法相近①。由上可见，当事人有争执的法律关系得为和解的客体，为各国和我国台湾地区民法所共认，其余情形则有争议。我国素有重视诉讼外纠纷解决机制的传统，因此未来民法典关于和解合同的立法，宜尽量扩大和解合同解决纠纷的功能，借鉴德国立法，将《德国民法》第 779 条规定的三种得为和解的法律关系都纳入和解合同的客体范围。

其一，存在争执的法律关系。这里所谓"争执"，乃当事人对于某种法律关系之成立、内容与效力等为对立或相反的主张。争执是当事人主观上的问题，只要主观上有所争执即可，不问该争执的法律关系客观上是否已明显而确定，也不问当事人是否确信其主张的真实性②。简言之，这里所谓"争执"完全取决于当事人的主观判断。

其二，存在不明确之状态的法律关系。法律关系有欠明确但并无争执的，当事人亦得就其成立和解。这里法律关系是否不明确，同样取决于当事人的主观判断。只要当事人主观上认为不明确即可，甚至仅有一方当事人认为不明确的也是如此。至于客观上是否明确，在所不问。也就是说，尽管法律关系客观上不明确，但当事人主观上认为已经明确，也不是此处所谓的"不明确"。而客观上法律关系已经明确，但至少于一方当事人主观上不明确的，却仍为此处所谓"不明确"。在德国法上，请求权的实现不确定时，视同法律关系存在不明确的状态③。依德国学者的解释，权利人若对其义务人是否自愿履行，或强制履行是否得以实现其权利有疑虑的，即为权利实现的不确定④。我国台湾地区"民法"在解释上也将请求权的实现不确定纳入法律关系不明确的情形⑤。本文同之。前文所述我国民事诉讼法上的执行和解，通常是由于被执行人存在

---

① 陈自强：《民法上和解之效力》，载《政大法学评论》第 61 期，台湾三民书局 1999 年版，第 283 页。史尚宽：《债法各论》，中国政法大学出版社 2000 年版，第 858~859 页。

② 郑玉波：《民法债编各论（下册）》，台湾三民书局 1981 年版，第 803 页。黄立：《民法债编各论（下册）》，中国政法大学出版社 2003 年版，第 832 页。

③ 《德国民法》第 779 条第 2 款规定："请求权的实现不确定时，与法律关系的不确定状态相同。"

④ 关于《德国民法》第 779 条第 2 款的解释及德国学者的见解，参见陈自强：《民法上和解之效力》，载《政大法学评论》第 61 期，台湾三民书局 1999 年版，第 282~283 页。

⑤ 黄立：《民法债编各论（下册）》，中国政法大学出版社 2003 年版，第 833 页。

支付困难或其他有碍执行兑现的情事，申请执行人权利之实现与否不确定，当事人就此为和解，即属于请求权的实现不确定的情形。

其三，争执或不明确的样态。当事人对于作为和解客体的法律关系，只要存在争执或法律关系不明确之状态，原则上即得就此成立和解合同，至于该争执或不明确的状态存在于该法律关系的全部或一部，在所不问。因此，就法律关系的存在、内容或其衍生的个别请求权，甚至给付方式、抗辩权之有无等，均得成立和解[①]。

2. 当事人相互让步

（1）让步的意义

和解合同上之所谓"让步"，是指当事人为相对人的利益，而抛弃自己的利益或承认负担损失而言[②]。这里的"让步"，应当作广义的理解，当事人既可以就所争执或不明确的法律关系，限缩或放弃自己原来的主张，也可以以其他利益换取对方当事人对自己主张的承认。这里，双方当事人的让步无须客观上等值，当事人为相对人所作的牺牲，纵然微不足道，只要相对人主观上认为其与自己的让步等值，则应解释为有"让步"的存在。此外对是否构成"让步"，也应从当事人主观认知上加以判断。例如当事人抛弃一个客观上并不存在的权利，但主观上双方均认为该权利存在，也构成"让步"。

（2）互相让步

和解以相互让步为要件，因此仅因一方让步而终止争执或排除法律关系不明确状态的合同，根据情况可能为债务承认、债务免除、债务内容变更、权利抛弃或赠与等合同，不属于和解。

3. 和解合同的本质要件——终止争执或排除法律关系不明确之状态的意思

以相互让步终止争执或排除法律关系不明确之状态而使诉讼程序为无用，方有和解之成立。因此，双方当事人终止争执或排除法律关系不明确之状态的意思，为和解合同的本质要素。换句话说，终止争执或排除法律关系不明确之状态，一方面是和解导致的结果，另一方面又成为和解合同成立要件之一。据此，仅防止起诉的合同不属于和解。但当事人可就部分争点进行和解，而就其

[①] 黄立：《民法债编各论（下册）》，中国政法大学出版社2003年版，第833页。

[②] 史尚宽：《债法各论》，中国政法大学出版社2000年版，第859页。黄立：《民法债编各论（下册）》，中国政法大学出版社2003年版，第834页。

他争点仍为诉讼①。

二、和解合同的性质

关于和解合同性质的争议,主要集中在和解合同是否为纯粹的债权合同,其能否包含处分行为的意思表示,在这个问题上不同的观点,将决定和解合同是否为双务合同,并进一步影响对和解合同效力的分析。此外,和解合同是否为要式合同,有不同的立法例。对上述问题,以下分述之。

(一) 和解合同不必定为债权合同

通说认为,和解合同为债权合同。只是对和解究竟为纯粹的债权合同,还是除债权合同之本质外,包含有一定程度处分行为意思表示在内,存有争议。学说上有三种不同的见解②:

见解一:认为和解属于纯粹的债权合同。也就是说,当事人如以债务免除、债务承认或物权之转移或设定为让步而成立和解,和解合同仅使当事人双方负有依和解内容为该等履行行为之意思表示的义务,履行行为的意思表示与和解合同虽可能同时成立,但概念上应加区别。此见解为早期德国通说。

见解二:此说认为和解合同固然为债权合同,但如根据和解的内容,当事人应为一定处分行为之意思表示时,和解合同亦包含此等处分行为之意思表示在内。这里所说的处分行为,不仅包括债务免除和债务承认的意思表示,同时也包括物权行为和准物权行为的意思表示在内。只是在依据和解合同当事人应为一定物权行为或准物权行为的场合,和解仅包含物权行为或准物权行为的意思表示,为达成权利变动的效果,当事人还须另为债权让与通知、不动产物权登记或动产交付。持此见解者有我国台湾地区学者史尚宽先生③,在德国也有少数学者持类似见解。

见解三:此见解认为和解合同既属债权合同,若依据和解合同的内容,当事人负有为一定物权行为或准物权行为意思表示的义务时,当事人自然须另为

---

① 史尚宽:《债法各论》,中国政法大学出版社 2000 年版,第 859 页。黄立:《民法债编各论(下册)》,中国政法大学出版社 2003 年版,第 834 页。

② 以下三种见解,参见黄立:《民法债编各论(下册)》,中国政法大学出版社 2003 年版,第 836~837 页。

③ 史尚宽:《债法各论》,中国政法大学出版社 2000 年版,第 869 页。

此等物权行为或准物权行为的意思表示。但如果依据和解合同的内容，当事人应为一定债务免除或债务承认的意思表示时，和解合同本身即包含此等免除或承认的意思表示。此一见解为德国现行通说。黄立主编的《民法债编各论》亦采此说①。

笔者认为，在采物权行为理论的背景下（笔者赞同我国未来民法典采物权行为理论，不承认物权行为无因性理论的立法思路，但是否承认无因性理论对和解合同性质的讨论没有影响）。以上诸见解似乎都忽视了一种案型，即仅为处分行为的和解。兹举一例说明：

（案例三）分别为甲、乙所有的两块山林相毗邻，双方对土地疆界没有争议，但对位于分界线上的两颗新生树木的归属发生争执，甲乙双方均认为这两棵树属己方所有，后经双方协商，一致同意其中一棵归甲方所有，另一棵归乙方所有，并申明以后不得再为争执。

本例中，甲乙双方就所有权归属关系进行和解，直接以物权之归属主体为内容，且由于林木所有权之登记，一般以林地疆界为准进行，系争树木原本就在双方林地范围内，仅因其位于分界线上而起争执，甲乙双方为和解之后，无须另行登记即产生确定物权归属的效力。因此在这种情况下，该和解并未使双方另行负担债务，而属于直接发生物权法效果的法律行为——物权行为。也就是说在这种情况下，双方当事人订立的和解合同为物权合同。其与其他物权合同不同之处仅仅在于一般物权合同，如所有权转移合意，所有权的归属主体在物权行为成立时，于当事人之间并无争执。而这里的物权合同所处分的标的，其权利归属在当事人之间并不明确。对此一案型，依照郑玉波的见解，甲与乙分别取得请求对方不得为与和解合同内容相反之主张的请求权，该请求权为债权，该和解合同本质上仍为债权合同②。但依我国台湾学者陈自强教授的研究，和解合同以确定效为其典型内容，当事人不得向对方提出与和解合同内容相反的主张并非是基于和解合同所负的债法上的义务，而是基于和解合同对法律关系的确定效力③。

综上所述，和解合同不必定为债权合同，其有可能为物权合同。和解合同既然有可能为物权合同，自然也能为准物权合同，或包含处分行为因素的债权

---

① 黄立：《民法债编各论（下册）》，中国政法大学出版社2003年版，第838~841页。
② 郑玉波：《民法债编各论（下册）》，台湾三民书局1981年版，第813页。
③ 陈自强：《民法上和解之效力》，载《政大法学评论》第61期，台湾三民书局1999年版，第315页。关于和解合同的确定效力，参见下文关于和解合同效力的论述。

合同。

(二) 和解合同不必定为双务合同

通说认为，和解合同为双务合同①。和解合同既属双务合同，那么双务合同的有关规定，如同时履行抗辩等，于和解合同当然有其适用。认为和解为双务合同，乃是采前述第一种见解的结果。因为如认为和解属纯粹的债权合同，同时和解合同又是双方当事人互相让步，即互有为对价关系之给付义务，和解自然为双务合同②。但笔者所持的见解认为和解合同不必定为债权合同，其有可能为物权合同、准物权合同，也可能为包含处分行为意思表示的债权合同或纯粹的债权合同。根据这一见解，属于物权合同或准物权合同的和解合同自然不可能为双务合同。至于后两者是否为双务合同，则应根据各个和解合同的具体内容具体判断：

(1) 和解合同仅为确认双方当事人间债权债务关系之内容的情形。如案例二，甲与乙之间的和解合同仅在于确定彼此间债权债务为750元，其所必要的债务免除或债务承认的意思表示，即包含在和解合同之中。虽然甲与乙为成立该和解合同有相互让步的情形，但其相互让步在这里并未创造新的给付义务，自然不存在对价关系的给付义务发生，所以不属于双务合同。实际上在这种情况下，甲乙双方的让步仅仅是双方借以终止争执成立和解合同的方法。

(2) 基于和解合同，使双方当事人各负担新的给付义务的情形。试举一例说明：

(案例四) 甲与乙为兄弟，其父死后遗有古画一幅，存放于甲处。分割遗产时双方为该古画的继承发生纠纷，为此乙向法院提起诉讼。后双方于诉讼外协商达成和解，一致同意，古画归甲所有，由甲向乙支付50000元，乙则承诺撤回诉讼。

本例中，甲与乙因古画所有权的归属发生争执，和解的结果，甲因和解而负有向乙支付50000元的义务，乙则有撤回诉讼的义务。两人所负担的义务是基于相互让步的结果，皆为因和解合同而产生的新义务，存在对价关系。因此，在这种情况下，和解合同属于双务合同。

---

① 史尚宽：《债法各论》，中国政法大学出版社2000年版，第857页。郑玉波：《民法债编各论(下册)》，台湾三民书局1981年版，第807页。王利明：《中国民法典学者建议稿及立法理由·债法总则编·合同编》，法律出版社2005年版，第794页。

② 黄立：《民法债编各论(下册)》，中国政法大学出版社2003年版，第841页。

(3)基于和解合同,仅一方负有新给付义务的情形。如案例一,仅甲方负有转移 15 包饲料所有权给乙方并为交付的义务,而甲方放弃 2000 元债权之主张以及乙方承认 8000 元债务的意思表示包含于和解合同之中,双方不再负有为抛弃或承认的意思表示的义务。但双务合同上的对价关系重点在于当事人承担给付义务的动机关系,① 甲方之所以愿意送给乙方 15 包饲料,是基于甲方愿意承认 8000 元的债务。因此,此时甲方承担该给付义务的动机上存在着对价关系,从而这种情形下,和解合同构成双务合同,应适用双务合同的有关规定。

(三)和解合同属要式合同还是不要式合同

关于和解合同属要式合同还是不要式合同,有两种立法例。德国、日本以及我国台湾地区民法对和解合同的订立未做形式上的要求,原则上和解为不要式合同。法国民法第 2044 条第 2 款规定:"此种契约应以书面形式写成。"据此,学者认为在法国法上和解为要式合同②。但法国最高法院的解释认为,"和解协议之有效性,并不要求采用第 2044 条规定的书面形式。此种协议的存在得以《民法典》第 1341 条在合同方面规定的证据方式证明之。"③"在存在书证之端绪的情况下,和解证据得以证人证言或者依推定提出。"④根据法国民法第 1347 条第 2 款的规定,出自被告或其代表人所立的任何文书,倾向于证实原告所主张的事实者,即成为书证之端绪。显然,法国民法第 2044 条第 2 款,在法国法院的实务中被解释为证据规则的适用(法国民事诉讼法奉行书证优先的原则),如某和解合同因缺乏书面形式而在诉讼上被判为不成立或无效,并非是缺乏和解的形式要件所致,而是适用证据规则的结果。因此笔者认为,在法国法上,和解为不要式合同。意大利民法第 1967 条规定:"和解应当有书面形式的证明,并且应当符合第 1350 条第 12 项的规定。"该条文似乎与法国民法第 2044 条一样,也是关于证据规则的规定,但综合分析该法典第 1967 条、第

---

① 黄立:《民法债编总论》,中国政法大学出版社 2003 年版,第 29 页。
② 参见史尚宽:《债法各论》,中国政法大学出版社 2000 年版,第 858 页。郑玉波:《民法债编各论(下册)》,台湾三民书局 1981 年版,第 810 页。王利明:《中国民法典学者建议稿及立法理由·债法总则编·合同编》,法律出版社 2005 年版,第 794 页。
③ 法国最高法院第一民事庭,1986 年 3 月 18 日。参见《法国民法典(下册)》,罗结珍译,法律出版社 2005 年版,第 1492 页。
④ 法国最高法院第一民事庭,1986 年 3 月 18 日。参见《法国民法典(下册)》,罗结珍译,法律出版社 2005 年版,第 1492 页。

1350条、第1325条的规定①，书面形式是和解合同的生效要件。因此在意大利法上，和解为要式合同。《绿色民法典草案》仿意大利民法，其第1477条规定："和解应采书面形式，否则无效。"人民大学草案则参考德国和我国台湾地区"民法"，对和解的形式未做要求。

将一项法律行为规定为要式行为还是不要式行为，是立法者基于价值判断的立法政策问题。和解合同以纠纷的解决与法律关系不明确之状态的排除为目的，自然以书面形式为之更能实现其目的，否则由于证明上的困难，容易再生纠纷。从这一点来看似乎将其规定为要式合同较为合适。但现实中存在大量的小额纠纷，当事人达成和解之后即时清结，无须订立书面合同。而有些纠纷中当事人为节省时间和精力，虽然纠纷的金额不小，也往往为即时清结而不订立书面合同。将这些和解合同一概做无效处理，显然不现实。因此笔者认为，我国未来民法典宜借鉴《法国民法典》立法例以及法国法院的做法，将和解合同规定为不要式合同，同时对以书面形式订立和解合同做出倡议性规定，并以证据规则促使当事人慎重考虑和解合同的形式问题。这样既贯彻了合同自由原则，又有利于和解目的的实现。

三、和解合同的效力

和解的法律效果是确认原来的法律关系使之继续，即仅具有认定的效力，还是发生新的法律关系，从而具有创设的效力，为民法上和解最具争议性的问题。② 我国大陆学者在论及和解合同的效力时，继受台湾地区学说上的争论，存在不同观点。③ 但近年有台湾地区学者研究认为，前述学说争论并无实益，无助于实际问题的解决，并提出和解合同典型内容为确定效的观点，认为和解

---

① 《意大利民法典》第1325条规定："契约的要件包括：（1）当事人的合意；（2）原因；（3）标的；（4）法律规定的必须采取的不可缺少的形式。"第1350条规定："下列行为应当以公证书或者私证书的形式进行，否则无效：（1）转移不动产所有权的契约……（12）以前述各项的有关法律关系的争议为标的的和解……"

② 陈自强：《民法上和解之效力》，载《政大法学评论》第61期，台湾三民书局1999年版，第268页。

③ 参见王利明：《中国民法典学者建议稿及立法理由·债法总则编·合同编》，法律出版社2005年版，第796页。丁南：《论民法上的和解》，载《政治与法律》2004年第3期，第137页。

合同属于确认合同。① 以下从介绍有关学说争议以及对该学说争议的批评入手,对和解合同的效力进行讨论。

(一)和解合同认定效与创设效之争

1. 学说关于和解合同认定效与创设效的争论

法国学者大多认为,和解合同原则上仅具有认定的效力,但并不排除当事人基于和解合同创设新债权或转移权利。法国最高法院认为,"除另有意图之外,当事人之间实现和解并不引起债的更新"。② 德国学者认为,和解合同为排除过去不确定的法律状态而为将来创作确定的法律状态,和解含有对有争执或不明确的法律关系所生权利的处分,各当事人此后不得援用其明示或默示所抛弃的请求权或抗辩对抗和解合同上的义务。原法律关系,除依和解合同的内容当事人另有反对意思的除外,仍继续存在,原有的保证及担保物权也不受影响。但当事人以独立的债务约束或债务承认或以他种法律关系代替原有的债权债务关系,则发生创设的效力,此时原有的保证及担保物权消灭。日本的判例及通说认为,和解合同的效力为创设的或认定的,应根据当事人的意思,即依合同的内容确定③。我国台湾地区学者中,郑玉波认为,根据台湾地区"民法"第737条,④ 和解合同发生创设的效力⑤,此为台湾地区学界的多数观点。但和解是否一律发生创设的效力,学者间意见不一。有学者认为,如所争之权利为当事人间的债权,通常有创设的效力,原债权视为因和解而消灭,新债权因和解而取得。如为对物权或其他权利,则依其情形或仅具有认定的效力或有转移的效力⑥。梅仲协主张:"就普通之情形而言,法律关系虽经和解,但与和解之结果同时并存。故若该法律关系本附有保证或担保者,此项保证或担保,尚不因和解之成立而消灭。然若因和解契约之订立,致原有法律关系,有

---

① 陈自强:《民法上和解之效力》,载《政大法学评论》第61期,台湾三民书局1999年版,第268页。
② 参见《法国民法典(下册)》,罗结珍译,法律出版社2005年版,第1497页。
③ 史尚宽:《债法各论》,中国政法大学出版社2000年版,第865~867页。
④ 我国台湾地区"民法"第737条规定:"和解有使当事人所抛弃之权利消灭及使当事人取得和解契约所订明之权利的效力。"
⑤ 郑玉波:《民法债编各论(下册)》,台湾三民书局1981年版,第812页。
⑥ 薛祀光:《民法债编各论》,转引自史尚宽:《债法各论》,中国政法大学出版社2000年版,第867页。

所变更,……则原有之保证或担保,即不复存在。"①史尚宽虽主张就和解所确定的权利,日后纵有与事实不符的确切证据也不得推翻这一点来说,均应认为和解有创设的效力,但又认为,和解所确认者如与真实法律关系相符,则仅有确认的效力;且和解"以向来之法律关系为基础而为和解者,于不超过原法律关系之范围,应认为不失其债权之同一性"。②

2. 对认定效与创设效之争的批评

对于以上关于和解合同认定效与创设效的争论,我国台湾地区学者陈自强教授所撰《民法上和解之效力》一文指出,该问题的争论与所谓和解的本质无关,根本无讨论的实益与价值③。其理由如下:④

(1)学说继受的错位。我国台湾地区"民法"虽深受德国法影响,但关于和解合同认定效与创设效的争议,主要是继受日本学说的结果。日本关于和解合同的立法继受的是德国法,而对这一问题的争议却并非单纯的和解效力规定解释上的争论,乃是受到法国学说的影响。之所以如此,根据日本学者的见解,与日本民法在物权变动模式上采法国法的债权意思主义有关。台湾地区民法采物权形式主义,在这一背景下就此等争议也开避相同的战场,未免"略嫌囫囵吞枣"。

(2)"认定的"或"创设的"概念的多义性。"认定效"与"创设效"的概念至少在三种意义下理解:一是新的法律关系是否创设;二是法律关系是否仍有其同一性;三是和解是否反于真实。每一种不同的意义对应着不同问题的提出,从而认定效于创设效的争议不单纯为法律概念的多义性。作为法学理论,更显现出在同一件外衣下,该理论试图解决数种法律问题,即:和解是否为新的法律关系发生的原因;如和解得发生新的法律关系,则该新的法律关系是否得取代原有法律关系,从而后者的担保及其他从属权利归于消灭,原有法律关系所生的抗辩也不得主张;和解所确定的法律关系如与真实的法律关系不符时,其效力如何,有何救济方法。这三种不同问题的提出,是否有其内在关联性,非通过同一法学理论不足以解决?认定的与创设的效力理论是否得以正确而妥适地解决以上三者,"并非毫无疑问"。

---

① 梅仲协:《民法要义》,中国政法大学出版社1998年版,第500~501页。
② 史尚宽:《债法各论》,中国政法大学出版社2000年版,第868~869页。
③ 陈自强:《民法上和解之效力》,载《政大法学评论》第61期,台湾三民书局1999年版,第272~275、284~291、292~295、295~306、315页。
④ 陈自强:《民法上和解之效力》,载《政大法学评论》第61期,台湾三民书局1999年版,第272~275、284~291、292~295、295~306、315页。

(3)和解不必然创设新的债权。通过对"给付样态有争执之和解"、"契约给付数额有争执之和解"、"无因债务之负担"、"要因债务之负担"四种就债的关系的和解类型的研究,认为和解合同不必然使新的债务发生。因此和解是否足以使新的权利义务发生,应依个案认定,不可一概而论。

(4)和解所确定的法律关系是否反于真实,无从判断。民事权利是否存在,其内容为何,并非客观存在于一定之法律世界,任何人只要去探寻,结果皆无不同。当事人如就法律关系有争执,非依一定的权利形成过程,不足以使其确定。和解合同是当事人以诉讼外纠纷解决机制所共同形成的权利内容,原有法律关系如何,既无从判断,客观上也不得而知,则以和解是否反于真实为标准判断和解合同所发生的效力为认定的或创设的,乃无稽之谈。

(5)债权债务关系的同一性。和解因系当事人自主的私权形成过程,在债权债务关系的和解更系当事人以合同重新规整债权债务关系的全部或一部,其标的即为该债的关系本身,债权债务关系的统一性当然维持不变。德日判例学说也多倾向于认为和解前后法律关系仍继续保持其统一性,无论从属于原有债权的担保或抗辩关系,皆不受影响,只在极端例外的情形才认为原有债务消灭,因和解而创设新的债务。就此意义而言,和解为债务变更合同。

(6)和解合同的典型内容:确定效。台湾地区"民法"第737条的规范目的不在于将权利抛弃与创设的约定,连同"互相让步,以终止争执或防止争执之发生"并列为和解合同的类型特征,也就是说该条的目的并非解决认定效与创设效的争议,而在于规范成为和解合同典型内容的确定效。和解合同在性质上属于确认合同。

笔者认为,陈自强教授对于认定效与创设效之争的批评相当中肯,其观点对于学界的影响,从黄立主编的《民法债编各论》中关于和解一章的内容可见一斑,该书第二十五章(和解)在论及和解合同的效力时,不再提及和解合同的认定效与创设效之争,而之前的债法教科书无不以该争议作为讨论和解合同效力的核心问题。[①] 大陆学者目前在探讨和解合同的效力时,似乎忽视了该研

---

① 可对比黄立:《民法债编各论(下册)》,中国政法大学出版社2003年版,第844~851页;梅仲协:《民法要义》,中国政法大学出版社2004年版,第500~501页;史尚宽:《债法各论》,中国政法大学出版社2000年版,第864~869页;郑玉波:《民法债编各论(下册)》,台湾三民书局1981年版,第811~814页。

究成果，仍然围绕认定效与创设效之争展开讨论①。这恐怕不能说是明智之举。笔者认为，我们应以和解合同的确定效为中心，探讨和解合同的效力问题。

(二) 和解合同对法律关系的确定效力

1. 和解合同的确定效及其基础

所谓和解合同的确定效，通说认为是指和解合同一旦有效成立，双方当事人即应受到合同的约束，即使一方因此受到不利益，也属于让步的当然结果，不得反悔，更不能就和解前的法律关系再行主张权利。② 至于和解成立后，当事人何以不得依原有法律关系主张权利，通说以和解合同的创设效为其基础，以和解合同能对法律关系发生实体上变动的方式说明和解的确定效，可称之为"实体法律关系变动说"。③ 对此，陈自强教授认为，和解合同确定效的基础无法从实体法观点理解，而应从和解为诉讼外法律秩序所允许的私权形成过程的角度考察。依其见解，法律关系如在当事人之间有争执，不依照一定的权利形成过程不足以使其确定。和解是诉讼外确定私权的机制，其目的并不在确定真实的法律关系，而在于除去法律关系不明确的状态。和解前的法律关系既有待和解具体形成而确定，则和解不可能变更原有法律关系，也不可能创设新的债务取代原有债务。当事人之间的法律关系既因和解而具体形成，则在私法自治容许的范围内，其所共同确认的法律关系具有规范效力，拘束和解当事人。有争执的法律关系既已由当事人自行以合同确认，且由实体法赋予其法律规范效力，则除非有否认其法律拘束力的事由发生，否则无论从和解合同的目的，抑或从国家法律秩序的观点，再依其他权利形成过程确定法律关系，已失其必

---

① 大陆学者对于和解合同的效力，有两种见解，一种见解认为，在通常情形，和解合同具有创设的效力，但有如下例外：第一，和解所确定的债权，以原来的关系为基础的，和解仅具有认定的效力；第二，争执的权利为物权或其他权利的，和解确定归原权利人享有的，和解仅具有认定的效力。该见解显然来自我国台湾学者史尚宽先生。另一种见解则继受郑玉波先生的观点，认为和解合同一律具有创设的效力。以上两种见解参见王利明：《中国民法典学者建议稿及立法理由·债法总则编·合同编》，法律出版社2005年版，第796页。丁南：《论民法上的和解》，载《政治与法律》2004年第3期，第137页。

② 郑玉波：《民法债编各论(下册)》，台湾三民书局1981年版，第811页。

③ 陈自强：《民法上和解之效力》，载《政大法学评论》第61期，台湾三民书局1999年版，第310页。

要性与正当性，因此当事人已不得再依诉讼程序主张权利①。综上所述，关于何为和解合同的确定效，应根据陈自强教授的观点对通说见解予以检讨。笔者认为，所谓和解合同的确定效，是指和解合同一旦成立，当事人即不得就合同已确定的事项提出和解之前同样的主张，当事人如在诉讼上主张和解合同的确定效，法院应以和解所确定的法律关系作为裁判基础。也就是说，在和解合同纠纷案件的审理中，法院不得做出与和解内容相反的认定。同时要明确的是，和解合同的确定效不涉及认定效与创设效的争论。此外，和解合同既为当事人自主的私权形成过程，乃是以合同重新规整系争法律关系的全部或一部分。其客体即为该法律关系本身，该法律关系的同一性当然维持不变。而和解是否创设新的债权债务，应根据个案情况具体认定，不可一概而论。和解合同的确定效有其消极面与积极面，以下分别讨论。

2. 和解合同确定效的消极面

所谓和解合同确定效的消极面，即前述定义中所指的和解合同所具有的消极地排除和解前法律关系之主张的效力。② 和解合同成立后，当事人之所以不得再就合同所确定的事项依原有法律关系主张权利，就是基于和解合同确定效的消极面，并非是因为当事人因和解而相互负有不得主张原有法律关系的义务——因为如果这样理解的话，合同生效后当事人在诉讼中主张和解前的法律关系，即仅仅为违约行为，而违约行为所违反的义务是否存在，内容如何等等要经法院审查才能确定。这样一来，不但和解合同解决纠纷的目的不能贯彻，和解本身反而成了纷争之源③。此外，如前所述，当事人如在诉讼上主张和解合同的确定效，基于确定效的消极面，和解所确定的法律关系得迳行作为裁判的基础。

3. 和解合同确定效的积极面

和解合同确定效的积极面，是指基于和解合同，当事人不仅不得主张和解之前的法律关系，更得积极地依据和解合同的内容主张权利。④ 当事人依和解

---

① 陈自强：《民法上和解之效力》，载《政大法学评论》第 61 期，台湾三民书局 1999 年版，第 314~315 页。
② 陈自强：《民法上和解之效力》，载《政大法学评论》第 61 期，台湾三民书局 1999 年版，第 314~315 页。
③ 陈自强：《民法上和解之效力》，载《政大法学评论》第 61 期，台湾三民书局 1999 年版，第 315、321、322 页。
④ 陈自强：《民法上和解之效力》，载《政大法学评论》第 61 期，台湾三民书局 1999 年版，第 315、321、322 页。

合同的内容主张权利，因和解是基于债权债务关系的争执而成立还是基于物权及其他权利归属的争执而成立，有不同的特征，以下分述之。

(1) 对债权债务关系的和解。对债权债务关系的和解，有两种情形。第一种情形是和解仅对原有债权债务关系进行处理，并未创设新的债权债务。如前述案例二，甲乙双方就侵权行为赔偿产生纠纷，最后相互让步，甲赔偿乙750元。在这种情形下，乙当然得基于和解合同的确定效主张已经双方确定的人身损害赔偿额为750元。易言之，乙所主张的权利，是经和解所具体形成的人身损害赔偿请求权，而非和解所生的权利。如乙诉请甲给付该数额，则诉讼标的为人身损害赔偿之债本身。但在诉讼中，基于和解合同的确定效，乙仅须证明和解合同的成立及其内容，而无庸就侵权行为的成立要件及损害赔偿的内容举证。此外，该债权应适用《民法通则》第136条第1项规定的一年的诉讼时效，而非第135条规定的普通诉讼时效。第二种情形是和解创设了新的债权债务。前述案例一中甲方向乙方给付15包饲料的义务，以及案例四中甲向乙支付50000元的义务与乙撤回诉讼的义务，均为和解合同创设的新债务。在这种情形下，和解为债的发生原因，当事人如诉请履行，唯有以和解合同为其主张的依据，依据原有法律关系无法获得胜诉判决。其诉讼时效自然应适用《民法通则》第135条的规定。

(2) 对物权和其他权利归属的和解。对物权和其他权利归属有争执而成立的和解合同，视和解所确定的权利归属是否与其表征一致，既有可能为物权合同、准物权合同，也有可能为包含处分行为意思表示的债权合同。其一，当和解确定的权利归属与权利表征一致时，该和解合同为物权合同或准物权合同。如前述案例四，甲乙双方达成和解时，系争树木的所有权归属即行确定，根本不存在履行的问题。在这种情形下，基于和解合同确定效的消极面，双方当事人对确定归对方所有的树木不得再为所有权主张。其二，当和解确定的权利归属与权利表征不一致时，该和解为包含处分行为意思表示的债权合同。如：甲与乙就现由乙占有的某动产（或乙为登记名义人的不动产或乙持有的债权）所有权的归属发生纠纷，和解的结果一致同意归甲所有。则乙不仅基于和解合同确定效的消极面不得对甲提出反于和解内容的主张，甲还因和解合同确定效的积极面取得请求乙交付该动产（或进行不动产所有权移转登记或为债权让与通知）的权利。在这种情况下，甲的权利乃是基于和解合同取得的债权。如甲诉请乙履行给付义务，只需证明该合同的成立及其内容即可，而无庸就权利的归属另行举证。

从世贸组织争端解决机制谈国际法效力的强化[*]

一般认为,传统国际社会没有一个统一的最高立法机关来制定法律。国际法是作为国际社会平等成员的各国在相互协议的基础上逐渐形成的。无论是国际立法还是国际习惯法,都必须有主权国家的明示或默示同意才能生效。国际社会,既没有一个处于国家之上的司法机关来适用和解释法律,也没有这样一个行政机关来执行法律。虽然过去的国际联盟和现在的联合国都设有国际法院,但它们对当事国并没有像国内法院对当事人那样的强制管辖权。从实质上分析,任何国家都不得被强迫违背其意志进行诉讼,各诉讼当事国的自愿是国际法院受理案件的基础。虽然联合国宪章设立的集体安全制度有助于对破坏和平及侵略行为进行制裁,但是宪章所规定的"执行措施"如若涉及大国利益,即可能在安理会遭到否决。因此,联合国不大可能对作为安理会常任理事国的大国实行制裁。国际法的实施,在很大程度上是凭借国家本身的力量。国家既是自己遵守的国际法规范的制定者,在一定程度上又是这些约束它们自己的规范的解释者和执行者。[①] 因此,传统国际法因对司法判决缺乏保证强制执行的手段或机制,常被称做"软法"(soft law)或"弱法"(weak law)。于是,制定一套有效的规定以保障世贸组织的法律规则具有强制约束力,成了人们注目的焦点。[②]

世贸组织法律制度是当代国际法律秩序中的一个新的分支。但它从一开始就是以"硬法"的形式出现的,并且实实在在地发挥着规范和调整世贸组织成员之间的贸易法律关系的作用。从严格法律意义上讲,乌拉圭回合最后文件中所包含的一系列部长宣言和决定以及世贸组织成立后历次部长会议发表的宣言

---

[*] 本文为李双元、李娟合著,刊载于《时代法学》2006年第6期。
[①] 梁西:《国际法》,武汉大学出版社1993年版,第13页。
[②] 赵维田:《WTO司法机制的主要特征》,载《北大国际法与比较法评论(第一卷)》,北京大学出版社2002年版,第146页。

或决定,似乎很难纳入"硬法"的范畴。因为它们不像协定那样需要经过各成员代表的签字甚至需要经过国内宪法规定的批准程序。但是,如果将它们划入"软法",似乎又委屈了这些部长宣言和决定,尤其是载入多边贸易谈判最后文件的那些宣言和决定。因为它们不仅仅具有政治上的感召力和对协定法的最终形成产生法律效果,而且直接对世贸组织及其成员具有法律拘束力。① 世贸组织作为根据各成员共同同意的条约而建立的国际多边贸易组织,其众多协定对各成员的拘束力首先来源于"有约必守"的国际法律观念,但更重要的就是依靠具有强制性的争端解决机制约束有关成员履行其义务。世贸组织和欧洲联盟的建立是经济全球化和一体化发展的巨大成果,同时又是推动这一进程不断深化的主要力量。这里只就世贸组织争端解决机制的问题予以分析论述,以进一步阐明在经济全球化和一体化进程中,国际法律制度的效力不断得到强化的发展趋势。

一、世贸组织争端解决机制的(准)司法性质是世贸组织法律制度的效力得以加强的制度保障

在关税与贸易总协定半个多世纪的实践中,争端解决机制所表现出来的两种倾向——外交倾向和司法倾向,或者说实力取向和规则取向,或者说法律主义方法和非法律主义方法,如潮起潮落,此消彼长,呈现出一种矛盾的态势。经过乌拉圭回合的艰难谈判,在最后形成的世界贸易组织争端解决机制中,司法裁决倾向已经完全压倒了外交解决的倾向,已经达到了一个司法性程序体制所要求的"度",即质的规定性。即世界贸易组织在国内法上表现为各国的法院诉讼体制,在国际社会则表现为国际法院和国际海洋法法庭的诉讼体制。② 所以,可以认为,世贸组织争端解决机制是一个司法性体制。但鉴于目前学者们对此问题的看法还不尽一致,以一种能为更多人接受的方式,可以认为它是一种准司法性体制。理由简要叙述如下。

第一,我们说世贸组织争端解决机制是一个司法性机制,是因为它包含了司法性机制所一般应具有的要件。首先,作为司法性机制,必须有确定的机构。这些机构应包含法律专家或全部由法律专家组成。而世贸组织争端解决机

---

① 曾令良:《WTO法在国际法秩序中的特殊性》,载张乃根:《当代国际法研究:21世纪初的中国与国际法》,上海人民出版社2002年版,第162~163页。

② 左海聪:《国际经济法的理论与实践》,武汉大学出版社2003年版,第118页。

制有专门的争端解决机构,即专家小组和上诉机构。专家小组成员由合格的政府或非政府人士,包括法律专家组成。每个具体案件的专家小组(一般为三人)中一般都有一个熟悉乌拉圭回合多边贸易协议的法律专家。上诉机构的七个成员则必须是经确认擅长法律、国际贸易和有关协议事项的公认权威人士。

第二,司法性的争端解决机构的职权应当是通过解释和适用某些法律规则来解决法律性质的纠纷或争端。在世贸组织争端解决机制内,专家小组的职能是调查、认定事实并依法作出裁定。具体而言,专家小组必须依据事实和法律对是否存在违法行为,以及如果存在时,该违法行为是否剥夺或损害了申诉方的利益进行裁定。如果作出了肯定的裁决,则应建议撤销该行为。上诉机构的职能则是对专家小组适用法律是否适当作出评审,它可以维持、修正或推翻专家小组的裁定。专家小组和上诉机构所适用的法律是体现为乌拉圭回合多边贸易协议的国际法。

第三,司法性的争端解决机构必须拥有某些专门的规则对所提交的纠纷或争端进行管辖的职权。世贸组织所有成员国承诺,在乌拉圭回合有关协议下产生的所有争端都应提交给世贸组织争端解决机制解决。而按照该机制的要求,提交的任何争端,如经协商未能解决,均交专家小组进行审查。也就是说,专家小组对乌拉圭回合有关协议下产生的争端拥有排他的管辖权。当然,如果上诉程序发生,则上诉机构自然也要行使对法律适用的评审权。

第四,司法性机构在适用法律解决争端时,必须有详尽、明确、具体的程序和规则。这些程序和规则应该能保证当事人有机会阐明事实,发表意见,保证机构正确适用法律。在世贸组织争端解决机制下,专家小组、上诉机构处理案件具有明确的规则和程序。这些规则和程序,由于成功借鉴了关贸总协定争端解决规则和程序近半个世纪演进的成果,具备了详尽、完备、明确、具体的特点,能够保证争端当事国充分陈述事实、阐明意见,也能够保证专家小组和上诉机构客观准确地认定事实,正确公正地适用法律。

第五,司法机构所作出的关于争端解决的决定,对双方当事人具有拘束力,当事双方应予以遵守或执行。在世贸组织争端解决机制下,专家小组和上诉机构的报告将自动获得通过(下文还将就"反向共识"的制度设计导致专家小组和上诉机构的报告自动通过的问题在后面部分进行阐述),并对当事国具有拘束力。如果当事国不执行,机制还可以提供报复的救济。①

---

① 左海聪:《论 GATT/WTO 争端解决机制的性质》,载《法学家》2004 年第 5 期,第 156~157 页。

第六，司法性程序的机构应当是争端方以外的"第三者"。这是司法性程序与政治性争端解决程序的根本区别。不论是国内法律制度还是国际法律制度，司法性程序的机构均有独立性，不受争端双方的制约和影响，机构本身没有争端各方的参与，因而争端各方也不能左右该机构对争端的处理结果。世贸组织的专家组和常设上诉机构符合这一要求。专家组的成员是由争端方之外的专家组成的，"专家小组成员的挑选应考虑到能确保其独立性，其政府作为争端当事方或第10条第2款规定之第三方成员的公民不得参加专家小组"，① 除非争端各方同意。常设上诉机构则是由固定的七名成员组成，他们不得参与任何将产生直接或间接利益冲突的争端的审议。而在1947年关贸总协定当初所设立的工作组，就不符合这一要求，工作组中既有争端各方的专家，又有第三方的专家，并不是一个独立于争端各方之外的第三者。在执行裁决和建议时，是由争端解决机构（DSB）———一个独立的争端解决机构去实施监督的。

第七，司法性程序的机构人员组成不是由争端方决定的。这是司法性程序与仲裁性程序的区别。世贸组织的专家组成员是由秘书处来决定的（在关贸总协定中是由总干事决定的），争端各方除非提出令人信服的理由，否则，不得反对秘书处的提名。如果争端各方提出反对，达不成一致意见，则专家组成员的组成由总干事最终指定。上诉机构的人选则由争端解决机构（DSB）来指定，七人之中应有三人参加受理任一案件。

第八，司法性程序的发起，是基于法定的管辖权和当事人单方的行为，而不是争端当事方的协议。世贸组织专家组的管辖权是自动的，一经申诉方提出，就应在DSB首次将该请求列入议事日程之后的最近一次会议上成立专家组。除非DSB一致同意不设立专家组。其管辖权的范围，就是申诉方根据具体适用协议向DSB投诉的事项。申诉方无须事先的协议，也无须对方的回应，即可自动进入专家组程序。而上诉程序也是如此，只要争端其中一方提出上诉，上诉机构就有对有关上诉的专家组报告中的法律问题进行审查的权利，而不论另一方是否同意。专家组的管辖权和上诉机构管辖权都是《关于争端解决规则及程序的谅解》（DSU）规定的。各成员方应以一揽子方式接受乌拉圭回合谈判所有成果的时候，已成为各成员的法定义务。执行程序主要是由DSB来实施监督的，亦完全具备以上特征。因此，世贸组织争端解决机制的执行程序

---

① DSU第8条、第10条第2款所指的第三方是指与争端具有实质利害关系的第三方。

也具有司法性。①

虽然目前国际法学界对世贸组织争端解决机制到底是不是一个司法性的机制还尚未达成完全的共识，比如，有人认为该机制是一种调解体制，② 也有人把世贸组织专家组的审议程序称为仲裁③等。但是，综上所述，我们不难看出，世贸组织争端解决机制不论从哪一个方面来讲，它都是一个司法性的机制。只是它所表现出来的司法性特征具有不同于以往的司法机制之处。因而是出于更便于被接受的缘故，可称其为准司法机制。而作为国际法律制度之一部分的世贸组织法律制度，由于有了这样一个司法机制来保障它的执行，无疑是国际法效力得到强化的重要体现和保障。

二、世贸组织有关法律文件的规定是世贸组织法律制度的效力得以加强的法律依据

世贸组织争端解决的国际法拘束力所依据的条约规定，主要包括：《关贸总协定》（GATT）第23条、《建立世界贸易组织协定》第2条第2款与第16条第4款、《关于争端解决规则与程序的谅解》（DSU）的有关条款。

(一) GATT 第 23 条的规定

GATT 第 23 条是世贸组织争端解决的宪法性条款，因为迄今为止，所有世贸组织争端解决的司法性程序，包括专家小组审理、上诉机构复审、补偿和终止减让，无不以此为最终根据。众所周知，1947年GATT原本只是拟订成立的国际贸易组织（ITO）所管辖的多边贸易协定，因此，GAIT本身并没有任何争端解决的体制性安排条款。"ITO宪章草案要求建立一个严格的争端解决程序，以便能有效地运用仲裁手段（尽管并不总是强制性的），甚至在某种情况下，争端解决还可以上诉到国际法院。"④ ITO 的不幸流产，导致1948年临时生效的GATT在实施过程中逐渐演变为一个准国际贸易组织，在实践中形成

---

① 李居迁：《WTO上诉程序简论》，载陈安：《国际经济法论丛（第5卷）》，法律出版社2002年版，第212~216页。

② P. Pescatore, The GATT Dispute Settlement Mechanism: Its Presentation and Prospects, Journal of World Trade Law, No. 1, 1993, pp. 17-18.

③ 易小准：《WTO也能仲裁中日贸易争端》，载《北京青年报》2001年11月14日。

④ 约翰·H. 杰克逊：《世界贸易体制》，张乃根译，复旦大学出版社2001年版，第126页。

并已法典化的 GATT/WTO 争端解决程序仍体现了当初设计 ITO 争端解决程序的特点：严格性、有效性、仲裁性与强制性相结合、可上诉性。如今。1947 年 GATT 已经被完全纳入世贸组织的一揽子协议。所以，应当在世贸组织法律框架下来探讨 GATT 第 23 条的规定。

首先，与 GATT 另一项争端解决的宪法性条款——第 22 条赋予缔约方在涉及任何与世贸组织协议有关的事项提起磋商的权利不同，第 23 条规定任何缔约方只有在其利益受到损害时才能诉诸正式的争端解决程序。

第 23 条第 1 款规定：如缔约一方认为，由于下列原因，它在本协定项下直接或间接获得的利益，正在丧失或减损，或本协定任何目标的实现正在受到阻碍：(a) 另一缔约方未能履行其在本协定项下的义务，或 (b) 另一缔约方实施任何措施，无论该措施是否与本协定的规定产生抵触，或 (c) 存在任何其他情况。则该缔约方为使该事项得到满意的调整，可向其认为有关的另一缔约方提出书面交涉或建议。任何被接洽的缔约方应同情地考虑对其提出的交涉或建议。①

在 GATT/WTO 的争端解决实践中，上述 a、b、c 三项被分别称为违约之诉、非违约之诉和情势之诉。从条约的拘束力来看，GATT 第 23 条第 1 款旨在约束各缔约方严格履行其协定项下的义务，避免违反条约义务或因其实施的任何措施而损害另一缔约方根据协定享有的权利。一旦某缔约方没有以之约束自己，其他缔约方有权启动争端解决程序，要求该缔约方履行或消除损害。这就是条约拘束力的作用。

其次，GATT 第 23 条为各缔约方提供了在磋商（或交涉）不成的情况下，诉诸具有强制性的多边争端解决的程序。第 23 条第 2 款规定：如在合理期限内有关缔约方未能达成满意的协调，或如果困难属于本条第 1 款 (c) 项所述类型，则该事项可递交缔约方全体。缔约方全体应迅速调查向其提交的任何事项，并应向其认为有关的缔约方提出适当建议，或酌情就该事项作出裁定。缔约方全体在认为必要的情况下，可与各缔约方、联合国经济与社会理事会及任何适当的政府间组织进行磋商。如缔约方全体认为情况足够严重而有理由采取行动，则它们可授权一个或多个缔约方对任何其他一个或多个缔约方终止实施

---

① 《世界贸易组织乌拉圭回合多边贸易谈判结果法律文本》(中英文对照)，法律出版社 2000 年版，第 457 页。

在本协定项下承担的、在这种情况下它们认定为适当的减让或其他义务。①

该条款在赋予世贸组织争端解决机构（原为缔约方全体）的调查、建议或裁决乃至采取授权行动的权限，类似《联合国宪章》赋予联合国安理会解决会员国之间涉及国际和平与安全的争端事项之权限。其中，调查和建议的权限委托给在 GATT 的争端解决实践中形成的专家小组行使，调查和建议的报告由缔约方全体决定是否采纳。如今世贸组织增加了上诉复审程序，不过该机构隶属于争端解决机构本身。该条款规定的采取授权行动的权限是争端解决具有国际法拘束力的最终后盾。

（二）《建立世界贸易组织协定》第 2 条第 2 款与第 16 条第 4 款的规定

由于特殊的历史条件，1947 年 GATT 本身没有任何关于该协定对各缔约方具有拘束力的明文规定，而是通过第 23 条在争端解决实践中保证了该协定的拘束力。但是，世贸组织完全不同。作为正式建立的国际贸易组织，其宪法性文件——《建立世界贸易组织协定》第 2 条第 2 款明文规定：世贸组织的一揽子协议为"本协定的组成部分，对所有成员具有拘束力"。② 这是该协定最重要的条款之一。基于这一条款，该协定第 3 条第 3 款、第 4 条第 3 款关于世贸组织争端解决机构的设立及其职权规定才顺理成章，因为该机构的全部工作就是为了保障这种拘束力的有效性。

与第 2 条第 2 款相配合，《建立世界贸易组织协定》第 16 条第 4 款从国际义务、国际法与国内法的关系角度进一步规定："每一成员应保证其法律、法规和行政程序与所附各协定对其规定的义务相一致。"③该条款与 GATT 第 23 条第 1 款（a）项的违约之诉息息相关。迄今为止，经世贸组织司法程序解决的争端无一例外地涉及某成员方的法律、法规或行政程序与其国际义务相抵触。世贸组织的争端解决就是为了消除这种抵触，使所有成员在有关协定的拘束力之下，严格履行其国际义务。

---

① 《世界贸易组织乌拉圭回合多边贸易谈判结果法律文本》（中英文对照），法律出版社 2000 年版，第 457 页。

② 《世界贸易组织乌拉圭回合多边贸易谈判结果法律文本》（中英文对照），法律出版社 2000 年版，第 4 页。

③ 《世界贸易组织乌拉圭回合多边贸易谈判结果法律文本》（中英文对照），法律出版社 2000 年版，第 14 页。

(三)《关于争端解决规则与程序的谅解》(DSU)有关条款的规定

作为世贸组织争端解决的程序法典，DSU 在第 3 条"总则"中首先确认了 GATI 第 23 条为其立法依据之一（第 1 款）；然后明确世贸组织争端解决机构（DSB）的职责所具有的司法性，即不能逾越其职权范围，涉足"立法"，其"建议和裁决决不能增加或减少适用协定所规定的权利和义务"（第 2 款）；并强调根据 GATT 第 23 条解决争端，"对 WTO 的有效运转及保持各成员权利和义务的适当平衡是必要的"（第 3 款）。这些条款界定了 DSB 在保障世贸组织各协定的拘束力之有效性方面所担负的职责，对于 DSB 行使其无可替代的职权，至关重要。

为了进一步细化这一职权，总则第 7 款规定："争端解决机制的宗旨在于使争端得到积极解决。"具体地说：（1）争端各方优先考虑达成均可接受且与适用协定一致的解决方案；（2）如不能达成双方同意的解决方案，则争端解决机制的首要目标通常是保证撤销被认为与任何适用协定的规定不一致的有关措施；（3）提供补偿的规定只能在立即撤销措施不可行时方可采取，且作为在撤销与适用协定不一致的措施前采取的临时措施；（4）由 DSB 授权采取对某一成员终止实施适用协定项下的减让或其他义务，作为争端解决的最后手段。①

可见，世贸组织争端解决方式是"递进的"，从双方和解（settlement）到建议或裁决撤销抵触的措施（withdrawal），然后自愿或请求的补偿（compensation），乃至授权报复（retaliatory suspension），② 最终目的都是为了促使世贸组织各成员切实履行其协定项下的国际义务，并且以最后可能采取的授权报复为世贸组织争端解决的强制性后盾。DSU 第 22 条第 8 款规定，授权报复是临时措施，一旦被建议或裁定与世贸组织协定抵触的有关国内法律、法规或行政程序已修改或取消，就必须停止授权报复。因此，授权报复是保障世贸组织诸协定拘束力的强制手段，而不是目的。

综上所述，世贸组织争端解决的国际法拘束力有着比较完整的条约依据，不仅大大加强了其争端解决的有效性，而且促使各成员能够履行其协定项下的国际义务，避免或减少争端发生。这如同在国内法的约束下，大多数人能够依

---

① 张乃根：《试析 WTO 争端解决的国际法拘束力》，载《复旦学报（社会科学版）》2003 年第 6 期，第 62~63 页。

② Chi Carmody, Compliance and Conformity under the WTO Agreement, Journal of International Economic Law, Vol. 5, No. 2, June 2002, p. 309.

法行事,诉诸司法的争端在社会生活中毕竟只是少数。①

三、世贸组织争端解决机制的制度安排是世贸组织法律制度的效力得以加强的组织保障

世贸组织 DSU 取得的一项最重大成果,就是确定了争端解决机构(DSB)对案件的强制管辖权(compulsory jurisdiction)。这是对国际法里"不得强迫任何国家违反其本身意志来进行诉讼"②规则的重要突破,现在除了海洋法法庭外,一般国际组织包括联合国国际法院在内,司法诉讼是经争端当事国"自愿同意",国际法院才有权受理。③ 世贸组织 DSU 中对强制管辖权的表述,主要表现为对"共识"(consensus)程序的变动,即采取了"反向共识"(negative consensus)。这是加强世贸组织法律制度拘束力的重要的制度设计。反向共识规则即以"不设专家组"或"不通过专家组/上诉机构裁决报告"为题。要大家表态,只要有一个成员方表示反对,就得设立专家组或通过裁决报告。即在决策时,只有当所有成员国协商一致表示不通过某项议案,该议案才能被否决;如果有一个成员国表示同意,该议案就应通过。这实际上是一种自动强制管辖权。世贸组织争端解决机制对这一规则的运用主要体现在专家组的设立、专家组的报告和上诉机构的报告的通过以及授权终止减让或其他义务的通过上。DSU 第 6 条第 1 款规定:经起诉方请求,则至迟在该请求第一次列入 DSB 会议议程的下次会议上设立专家组,除非在该会议上 DSB 以共识的方式决定不设立专家组;第 16 条第 4 款规定:从专家组报告散发给各成员方之日起 60 天内,该报告应在 DSB 会议上通过,除非争端的一个当事方将其决定上诉事项正式通知 DSB,或者 DSB 以共识决定不通过该报告。第 17 条第 14 款规定:上诉机关报告应在其散发给各成员方后 30 天内由 DSB 通过,并为当事方无条件接受,除非 DSB 以共识决定不通过上诉机关报告;第 22 条第 6 款规定:若发生第 2 款所说情况,于请求时 DSB 应于合理期限届满的 30 天内同意批准终

---

① 张乃根:《试析 WTO 争端解决的国际法拘束力》,载《复旦学报(社会科学版)》2003 年第 6 期,第 63 页。

② 劳特派特·奥本海:《国际法》(第一分册下卷),王铁崖、陈体强译,商务印书馆 1972 年版,第 37 页。

③ 赵维田:《世贸组织(WTO)的法律制度》,吉林人民出版社 2000 年版,第 465、503、509、510、513 页。

止减让或其他义务,除非 DSB 以共识决定拒绝该请求。① 这一规则的运用,使得世贸组织争端解决机制的所有程序从案件的受理到最后裁决的执行几乎畅通无阻。

正如世贸组织秘书处编写的一本《WTO 协议概要》中所说的:"因为请求成立专家组的成员永远不会同意不成立专家组,一般说,这种反向共识是无法达成的。因此,专家组的设立几乎是自动的。""这种(对专家组或上诉机关的裁决报告)反向共识一般说实际上是不可能的,因为这需要得到甚至受益方(胜诉方)的同意。因此,报告的通过实际上也是自动的。"②世贸组织司法体制的这个规定是对传统国际法的重大突破。从客观上说,随着国际经济一体化的日益加强,适应了历史发展的需要;同时也向人们展示了世界经济领域对传统国家主权这个观念,应作出适应性变通。③

反向共识规则形成的自动通过,使得世贸组织争端解决机构对成员国在世贸组织协议下发生的争端有了强制管辖权。这种强制管辖权是对传统的 GATT 争端解决机制自身痼疾的一种克服。首先。在专家组的成立方面,根据反向共识规则,专家组的成立是自动的,争端双方的争端接受专家组的管辖成了无法逆转的事实。因此,世贸组织争端解决机构对争端的管辖是强制性的管辖。其次,在专家组和上诉机构的报告方面,它们的通过也是自动的。败诉国家或其联盟国家的反对会因胜诉一方的"一票同意"而被否决。因此,世贸组织争端解决机制下的专家组的报告、上诉机构的报告类似于内国法院体制中的尚未签章的判决书,对其结果的预见性是不言而喻的。另外,在裁决的执行方面,只要有胜诉方或其他成员方一票同意,判决便可得到执行,保障了世贸组织争端解决机制的判决的有效性和权威性。可见,反向共识规则的运用,使得世贸组织争端解决机制具有很强的司法性、管辖权的强制性、判决和执行的强制性。这也为成员方之间的争端能够得到及时有效的解决奠定了基础。④

---

① 赵维田:《世贸组织(WTO)的法律制度》,吉林人民出版社 2000 年版,第 465、503、509、510、513 页。

② 赵维田:《WTO 司法机制的主要特征》,载《北大国际法与比较法评论》(第一卷),北京大学出版社 2002 年版,第 123 页。

③ Robert E. Hudec, Transcending the Ostensible: Some Reflection on the Nature of Litigation between Government, in Hudec: Essays on the Nature of International Trade Law, London: Cameron May, 1999, p. 120.

④ 蔡剑波:《WTO 争端解决机制的"反向协商一致"规则研究》,载《当代法学》2003 年第 1 期,第 53~54 页。

四、世贸组织争端解决报告的效力是世贸组织法律制度的效力得以加强的具体体现

世贸组织争端解决报告主要是指专家组的报告和上诉机构的报告。专家组的报告和上诉机构的报告对具体案件的效力及其判例效力都是世贸组织法律制度拘束力的具体体现。

(一) 专家组和上诉机构报告对具体案件的效力

根据世贸组织《关于争端解决规则与程序的谅解》)(DSU),在专家组对贸易争端的报告散发给全体成员之后,争端任何一方可以在60天之内提出上诉,上诉机构一般应在90天内作出上诉报告。此后,除非争端解决机构(DSB)经协商一致决定不通过报告,专家组和上诉机构的报告将在DSB的会议上通过。实际上是一种自动强制性通过,前面已经就此问题作了详细阐述。因此,由于世贸组织争端解决机制实行"反向共识"原则,在迄今所有这些案件中还没有一起因为全体成员一致反对而没有通过。

专家组和上诉机构报告一经通过,就成了世贸组织成员方的决议。然而,通过对某个案件处理报告的决议并不是争端解决机制的最终目的。根据DSU第21条的规定,"有效解决争端有利于全体成员,迅速遵守DSB的建议或裁决是重要的"。美国世贸组织问题专家约翰·H.杰克逊指出:"经通过的争端解决报告对有关成员构成国际法上的义务,它必须改变其做法,使其符合WTO协议及附件的规定。"[①]然而,DSB处理的是国家或地区之间的贸易纠纷,往往涉及一个国家的法律或法规,执行专家组和上诉机构报告需要一个成员修改自己的国内法或行政规章。这可不是一蹴而就的事情。且不说根据国际组织的决议修改国内法会产生所谓的"主权丧失感"问题[②],即使是在民族情感和法律上都不存在障碍,修改国内法也需要由国内立法机关进行,并要经过一定的程序,修改行政法规同样要经过一定的程序。这无疑需要花费很多时间。DSU规定,在无法立即遵守专家组和上诉机构的建议和裁决的情况下。允许

---

① John H. Jackson, The Jurisprudence of GATT and the WTO Insight on Treaty Law and Economic Relations, Cambridge University Press, 2000, p.163.

② 张向晨:《发展中国家与WTO的政治经济关系》,法律出版社2000年版,第9~11页。

在合理时间内执行。这一合理时间可以由有关成员提议，经 DSB 批准；如未获得批准，则争端双方在报告通过 45 天之内共同同意一个合理期限；如无法达成协议，则在报告通过 90 天内通过仲裁确定期限，这一期限一般不应超过 15 个月。

世贸组织成立之后 DSB 处理的第一个案件——美国汽油案。该案专家组认定：进口汽油和国产汽油属于"相同产品"。美国修改后的"汽油规则"对国产汽油实行企业单独基准，而对进口汽油实行法定基准，使进口汽油受到了低于国产汽油的待遇，违反了 GATT 第 3 条第 4 款。而且违反第 3 条第 4 款的"基准设定规则"不是"为保护人类、动植物的生命或健康所必须"的措施，也不是"为保证某些与本协定的规则并无抵触的法令或条例的贯彻执行所必须"，因此不属于 GATT 第 20 条所述的例外。上诉机构认为专家组认定基准设定规则不在第 20 条(g)及引言的范围内，犯了法律上的错误，但同时确认美国修改后的基准设定规则没有满足第 20 条的要求，因此不能依据第 20 条享受例外。① 上诉机构建议 DSB 要求美国修改其基准确定方法，使其符合 GATT 的规定。这一报告在 1996 年 5 月 20 日通过，1996 年 12 月申诉方中的委内瑞拉与美国达成协议，同意执行期限为 15 个月，另一申诉方巴西虽然对执行期限过长表示关注，但没有采取进一步行动。1997 年 8 月 19 日，在 15 个月期限即将到来时，美国通知 DSB，它已经履行了专家组和上诉机构的建议。修改后的"汽油规则"允许外国炼油商向美国环保署提出申请，根据其 1990 年出口到美国的汽油质量和数量设定"企业单独基准"，其要求与国内炼油商的要求相同。美国环保署表示：相信这样的修改既符合其保护美国公众健康和保护环境的职责，也符合美国政府应遵守 WTO 协议的义务。②

根据 DSB 的统计，经过专家组或上诉机构处理的案件，除了极少数外，专家组和上诉机构的建议都得到了执行。毋庸讳言，有极少数争端由于牵涉复杂的利益，特别是牵涉发达国家长期存在的矛盾，DSB 专家组和上诉机构的报告并没有以"执行建议"的方式得到执行。在这种情况下，DSU 第 22 条规定，可以采取补偿和中止减让的临时措施。补偿是自愿的，如双方在合理期限届满 20 天内无法就补偿达成双方接受的方案，则任何一方可以请求 DSB 授权中止对有关成员实施的减让或其他义务。中止义务的程度可以由一成员提出而

---

① 朱榄叶：《世界贸易组织国际贸易纠纷案例评析》，法律出版社 2000 年版，第 68~89 页。

② Federal Register/ Vol. 62, No. 167.

得到DSB批准，也可以由原专家组或总干事任命的仲裁人通过仲裁确定。在欧共体香蕉案中，美国要求DSB授权中止5.2亿美元的义务，经过仲裁，被授权中止1.914亿美元的义务。厄瓜多尔要求DSB授权中止4.5亿美元的义务，被授权中止2.016亿美元。在授权厄瓜多尔中止义务的裁决中特别指出，厄瓜多尔可以中止GATT（不包括投资产品和用于再加工的初级产品）、GATT中与批发贸易服务有关的义务，如果这样还不足以抵消其所受到的影响，还可以中止TRIPS协议下版权及邻接权、地理标识和工业品外观设计的义务。在这样的压力下，欧共体2001年5月3日向DSB报告，它已经与美国、厄瓜多尔和其他申诉方进行了长时间讨论，最终找到了解决纠纷的手段，即从2001年7月1日起，欧共体将逐步调整和修改其香蕉进口体制。直至2006年1月1日，对香蕉进口只实行关税，取消其他措施。

由此可见，在解决具体纠纷方面，专家组和上诉机构的报告是具有强制力的。正是这样的效力使争端解决机制成为多边贸易体制可靠性和可预测性方面的重要因素，成为维护世贸组织体制正常运转，促使各成员遵守世贸组织协议的有力保证。①

（二）专家组和上诉机构报告的判例效力

一般而言，专家组报告中的裁定和结论仅适用于特定争议的当事各方。在以往的GATT实践中，不存在遵循先例（stare decisis）的概念，严格说来，专家组的报告并不能作为法律上的先例，尽管在专家组的报告中经常提及并遵循着以前专家组作出的报告。② 事实上，DSB专家组和上诉机构的报告除了解决具体贸易纠纷之外，是否有解释世贸组织各项协议条文的作用，对随后的案件的专家组或上诉机构是否有拘束力，可以从不同的角度来回答。

从理论上看，DSB专家组和上诉机构的报告除了解决具体贸易纠纷之外，没有解释世贸组织各项协议条文的作用，对随后案件的专家组或上诉机构也没有拘束力。在世贸组织成立后，上诉机构在其第二个关于日本酒税案的报告中述及已经通过的专家组报告时指出："（专家组的报告）经常被后来的专家报告

---

① 朱榄叶：《WTO争端解决报告的效力》，载张乃根：《当代国际法研究：21世纪初的中国与国际法》，上海人民出版社2002年版，第273页。

② Debra P. Steger & Susan M. Hainsworth, New Directions in International Trade Law: WTO Dispute Settlement, From Dispute Resolution in the World Trade Organization, ed. By James & Karen Campbell, Cameron, May, 1998, p.38.

所提及，它们构成世贸组织成员在法律上的期待。因此，如果这些报告与某一特定的争议有关，这些报告就应当予以考虑。"①这就是说，DSB 通过的专家组和上诉机构的报告中的建议和裁定仅对该特定争议的当事方具有法律上的拘束力，对争议之外的第三方没有此项效力。但此类建议与裁定的确构成了 WTO 其他成员在法律上的合理期待：遇有类似案件并交由专家组和上诉机构解决时，将会适用相同法律并取得相同结果。②

《建立世界贸易组织协定》第 9 条第 2 款规定："部长会议和总理事会拥有通过对本协定和多边贸易协定所作解释的专有权力……通过一项解释的决定应当由成员的四分之三作出。"DSU 第 3 条第 2 款指出："各成员认识到该体制适用于……依照解释国际公法的惯例澄清这些协定的现有规定。"世贸组织将解释条约看作是一项非常严肃的事情，需要成员的四分之三同意才能对协议作出正式解释，而 DSB 的专家组只是具体运用解释国际公法的惯例，针对具体纠纷澄清一些规定的具体含义。

从实践上来看，随着世贸组织争端解决实践的深入，专家组和上诉机构的报告越来越多地在 DSB 通过，尽管从理论上来说，这些报告仅对相关争议的当事方具有国际法上的拘束力，后来的专家组也没有义务遵循这些先例，但上诉机构的报告事实上已经作为国际贸易普通法而存在了。③ 如果说专家组是为解决特定争议而设立的机构，上诉机构则是从属于 DSB 的常设机构，目的在于纠正专家组报告中对世贸组织规则的解释或适用法律中的错误。上诉机构在相同或者相似的案件中对某一特定问题作出的解释，应当是一致的。因此，上诉机构对以后发生的相同或相似的案件所作出的解释和审理的结果，应当是相同的。换言之，从某种意义上说，上诉机构所审理的案件，事实上对后来审理的相同或者相似的案件构成了先例。④

如果说判例就是为后来有着相同或非常相关的法律问题的案件提供权威或规定性原则的决定，我们可以毫不夸张地说，在世贸组织的实践中，判例已经大量存在。被通过的专家组的报告的影响力是很大的，可以视为"非约束性先

---

① WT/DS8/AB/R, WT/DS11/AB/R, adopted Nov. 1, 1996, p. 14.

② 赵秀文：《论 WTO 专家组和上诉机构的建议与裁定的效力及其执行》，载陈安：《国际经济法学刊》（第 11 卷），北京大学出版社 2004 年版，第 376 页。

③ Raj Bhala, The Myth about Stare Decisis and International Trade Law, American University International Law Review, Vol. 14, 1999, p. 850.

④ 赵秀文：《论 WTO 专家组和上诉机构的建议与裁定的效力及其执行》，载陈安：《国际经济法学刊》（第 11 卷），北京大学出版社 2004 年版，第 377 页。

例"（non-binding precedent）。① 据有关学者统计，在 DSB 公布的所有专家组报告和上诉机构报告中，每一个都引用了以前的专家组和上诉机构报告中的观点。其中，阿根廷鞋保障措施案、日本酒税案、美国汽油案、美国羊毛上衣案和欧盟荷尔蒙案在 40 个以上的报告中被引用，欧盟香蕉案和印度专利案被引用的次数也超过 30 次，而美国虾案、美国内衣案和澳大利亚鲑鱼案也被引用达 20 次以上。②

在世贸组织争端解决的实践中，关于判例的实际运用情况，还有几个值得一提的方面。一是美国汽油案是世贸组织成立后由 DSB 处理的第一个案件，由于此前不存在 DSB 的任何报告，其专家组和上诉机构不仅引用了大量 CATT 专家组的报告，包括 14 个已经获得通过的案件的报告和 3 个没有被 GATT 缔约方全体通过的报告。二是 DSB 专家组和上诉机构在自己的报告中经常引用 GATT 专家组的报告。以 DSB 通过的新西兰羊肉保障措施案为例，其专家组报告引用了 8 个 GATT 专家组报告，而上诉机构报告中也引用了 3 个 GATT 专家组报告。③ 三是在引用 GATT 案件报告时，不仅包括那些被 GATT 缔约方全体通过的案件，也包括没有被通过的案件。由此可见，不管是 GATT 专家组的报告，还是 DSB 专家组或上诉机构的报告，都为后来有相同或相似的法律问题的案件提供了权威或规定性原则。从这一意义上说，它们已经起到了判例的作用。

即使在法律上不承认专家组和上诉机构报告的判例作用，处理国际贸易纠纷的专家都清楚自己作出决定的重要性。巴西椰子干案的专家组指出："在相关情况下，专家组报告是有用和有说服力的指导。"日本酒税案的专家组提出，未通过的专家组报告在 GATT 或 WTO 没有任何效力。然而专家组可以从未通过的报告之分析中找到有用的参考，上诉机构赞同这一说法。④ 而且可以认为，如果 DSB 专家组和上诉机构的报告果真只对其处理的本案件有法律效力，在不改变结论所造成之实际后果的情况下，上诉机构没有必要花费大量的精力和时间来逐一纠正专家组报告中存在的法律错误，特别是这些错误并不涉及对

---

① David Palmeter and Petros C. Mavroidis, Dispute Settlement in the World Trade Organization: Practice and Precedure, Kluwer Law International, 1999, p.40.

② 朱榄叶：《WTO 争端解决报告的效力》，载张乃根：《当代国际法研究：21 世纪初的中国与国际法》，上海人民出版社 2002 年版，第 276、277、278、281 页。

③ WT/DS/177/R，WT/DS/178/R，WT/DS177/AB/R，WT/DS/178/AB/R。

④ 朱榄叶：《WTO 争端解决报告的效力》，载张乃根：《当代国际法研究：21 世纪初的中国与国际法》，上海人民出版社 2002 年版，第 277 页。

某个具体协议的理解时,更是如此。然而从上诉机构的报告来看,每一个报告都用了大量篇幅来分析和论证专家组报告中的错误之处。①

世贸组织争端解决机制中存在的另一个现象也能证明,世贸组织专家组和上诉机构的报告事实上具有判例的作用。DSU 允许任何对专家组审议的事项有实质利益的成员作为第三方参加争端解决程序。在争端处理过程中,第三方不仅可以提交书面陈述,而且专家组应当听取第三方的意见。从 DSB 处理过的案件来看,所有案件都有成员要求作为第三方介入,第三方最多的是欧共体香蕉案,有 21 个成员要求作为第三方;而美国是积极利用这一体制的成员,如果不是作为一个案件的申诉方或被申诉方,美国也在其所有案件中以第三方的身份介入。在 DSB 实践中,第三方总是积极参与,而且专家组和上诉机构都会逐一分析第三方提出的观点(在上诉程序中,不作为上诉方或被上诉方参与案件的称为"第三当事方")。所以可以说,如果专家组和上诉机构报告只对本案有拘束力,在程序中设立第三方就没有实际意义了。②

约翰·H. 杰克逊教授早在 1994 年就曾指出:"现存的 GATT 法律体系已经有近 200 个案例报告。可以说这是一个目标和适用范围广泛的重要多边条约所发展起来的判例法经验的最重要主体。"③可见,事实上的遵循先例制度(de facto doctrine of decisis)正在世界贸易组织的司法实践中使用,而将这种事实上的遵循先例制度上升为法律上的遵循先例制度(de jure doctrine of stare decisis)势在必行。因此,有学者主张,有必要对《建立世界贸易组织协定》和《关于争端解决规则与程序的谅解》进行修订,明确规定上诉机构的报告作为国际贸易法渊源的地位。④

五、结语

最后,我们也必须认识到,世贸组织争端解决机制虽然确实使国际法的效

---

① 朱榄叶:《WTO 争端解决报告的效力》,载张乃根:《当代国际法研究:21 世纪初的中国与国际法》,上海人民出版社 2002 年版,第 278 页。

② 朱榄叶:《WTO 争端解决报告的效力》,载张乃根:《当代国际法研究:21 世纪初的中国与国际法》,上海人民出版社 2002 年版,第 278 页。

③ John H. Jackson, The Jurisprudence of GATT and the WTO Insight on Treaty Law and Economic Relations, Cambridge University Press 2000, p. 120.

④ Raj Bhala, The Myth about Stare Decisis and International Trade Law, American University International Law Review, Vol. 14, 1999, p. 854.

力得到大大加强,但这种影响依然还是有限的。与国内法院相比,世贸组织常设上诉机构具有以下一些不同。首先,它没有专门的机构去负责执行,只是依靠当事方或其他成员进行报复,以自力救济的形式去维护判决,依然在某种程度上体现了国际法的"软法"特征。其次,国内法的最终上诉机构的判决是具有法律效力的。世贸组织常设上诉机构的最终复审报告,其效力有待于 DSB 通过之后才能够确认。再次,世贸组织上诉审的整个过程是保密的,只进行书面审理,根据所提供的资料和陈述作出裁决,上诉机构的成员不应署名。最后,世贸组织上诉审所审查的范围仅限于法律问题和专家组对法律的诠释。由此看来,世贸组织上诉机构在组织形式上具有国内法院体制分级审理的特点,而在处理结果的执行上,具有国际法院的非强制性特点。所以有学者认为,"它是一种崭新的处理争端机制"。①

世贸组织争端解决机制在国际法上是具有重要意义的,而且这个机制还在不断得到加强。2001 年 11 月,在世贸组织第四次部长级会议上,世贸组织成员决定在新一轮多边贸易谈判中列入改进争端解决机制的内容,并在 2003 年 5 月,也就是在第五次部长级会议决定谈判最后议程之前,先期结束有关争端解决程序修改的谈判。这表明世贸组织所有成员都希望进一步加强争端解决的国际法拘束力,使世贸组织协定得到更好的实施。②

---

① 周忠海:《论国际法在 WTO 体制中的作用》,载《政法论坛(中国政法大学学报)》2002 年第 4 期,第 6 页。
② 张乃根:《试析 WTO 争端解决的国际法拘束力》,载《复旦学报(社会科学版)》2003 年第 6 期,第 69 页。

关于起草我国国际私法法典的几点想法*

我国有关冲突法（法律适用法）的规定始见于1985年颁布的《继承法》和《涉外经济合同法》。在1986年通过的我国《民法通则》中又专设了一个关于冲突法的第8章共9个条文。1987年与1988年在最高人民法院《关于适用〈涉外经济合同法〉若干问题的解答》和最高人民法院《关于贯彻执行〈中华人民共和国民法通则〉若干问题的意见（试行）》中，增加关于如何适用这两个法律的20几项司法解释性意见，进一步扩大了我国法律适用法的调整范围。此后在相继出台的海商法、民用航空法、票据法、合同法等单行法中均设置有相关领域法律适用条文。由于1985年的"涉外经济合同法"因《合同法》的生效而废止，2007年最高人民法院又出台了一个《关于审理涉外民事或商事合同纠纷案件法律适用若干问题的规定》共12个条文。应该说，在条文所涉及的问题以及条文数量上均颇具规模。我国的司法或仲裁实践，在实行改革开放政策以后，随着涉外民事关系的不断发展，也为国际私法的运用，积累了大量的宝贵的经验。我国的国际私法教学与科研工作自1978年以后，也迅速得到了恢复，而且以很快的速度向前发展，在大学的法科教育中，国际私法一直占有主干课程的地位，从而使懂得乃至熟悉国际私法的人越来越多。现在全国能招收国际法硕士、博士研究生的法学院，每年均能向社会输送庞大数量的国际私法专门人才。因此，完全可以认为，只要全国人大常委会法制工作办公室将起草《中华人民共和国国际私法》的工作提上议事日程，在各方面的共同努力下，在总结已有成就的基础上，进一步吸取国外成功的经验，在可以预见的将来，是完全有可能拿出一个高质量的建议草案的。

为了使这一工作进行得更为顺利而富有成效，我们想就此说说自己对这一工作的若干想法或建议，或可帮助主持此项工作的机构得以获集思广益的效果，同时，也可引起学界对一些重要制度究应如何规定的思考和研究。

第一点：根据我们的考察，我们认为对整个国际社会来说，尽管20世纪

---

* 本文为李双元、蒋新苗、熊育辉合著，刊载于《时代法学》2008年第6期。

下半叶起国际私法的立法已有了蓬勃的发展，但它在相当大的程度上仍带有"学说法"的特点，它的体系的安排与范围的确定，它的各种制度的设计，它的指导理念的选择，都见仁见智，各有所取，亦各有所舍，优劣互见，从而几乎可以说，每一部即使是被我们肯定乃至称道的立法，都给"学说"留下了不同程度的活动空间。这主要是因它不是实体法，而是法律选择法——"间接法"所决定的。"间接法"的这个特征，造成了很难用某种确定的模式来解决所有那些复杂的问题。

例如，就国际私法所应包括的内容或构建的体系而言，在历史的最早期便曾从法则区别的角度，将全部法律区分为实体法与程序法，并认为程序法是只适用法院地法的，只有实体法才要解决"人法"、"物法"与"混合法"的域外适用的效力。而且一直发展到18世纪以后最早出现的国际私法成文法，包括经过1856年修订后的《希腊民法典》、1856年修订的《意大利民法典》，1890年的《日本民法典》……都只涉及涉外民事法律适用的冲突法规则，且最多也仅10几个条文，20几个条文而已，都不涉及程序问题。而且属于总则内容的条文，亦不过三数条。这种在国际私法典的体系中应包括的内容在20世纪虽有突破，尤其到20世纪下半叶，一些国家和地区新制定的国际私法已扩大到将涉外民事案件的管辖权与外国判决的承认与执行问题包括了进去，但仍有许多国家和地区不采这种做法。如我国台湾地区的2008年的有关修正案，日本2007年新法，我国澳门地区1996年民法典，韩国2001年修正案，越南1995年法，俄罗斯2002年法，白俄罗斯1999年法，奥地利1978年法，列支敦士登1996年法，路易斯安娜州1991年法，澳大利亚1992年法均未与国际民事诉讼法一并在国际私法中加以规定。

至于像识别、反致、先决问题、应适用法律的解释以及国际条约的适用、外国法的查明……是否必须在总则中加以反映，也都无一致的作法。请看下表（有规定的打√，无规定的打×）：

国别＼事项	识别（定性）	反致	先决问题	条约适用	外国法查明立法	解释
奥地利(1978)	×	√	×	×	√	×
瑞士(1987)	×	√	×	√	√	×
德国(1986)	×	√	×	√	×	×
美国(1971)	√	√	×	×	×	√

续表

事项 国别	识别 (定性)	反致	先决问题	条约适用	外国法查明立法	解释
意大利(1995)	×	√	√	√	√	√
突尼斯(1998)	√	×	×	×	√	√
委内瑞拉(1998)	×	√	√	√	×	×
规定的与未规定的比例	2:5	6:1	2:5	4:3	4:3	3:4

结论：a 在被抽样(抽样缘由是这几国的有关规定，在国际私法学界公认更为先进的)的这 7 个国家中没有一个国家全部都规定了这 7 个问题的。比如规定了识别依据的只有 2 个国家，规定了反致的有 6 个国家，规定了先决问题的只有 2 个国家，规定了外国法的查明的只有 4 个国家，规定了"解释"的也只有 3 个国家，未规定条约适用的有 4 个国家。

但并不能据此得出结论：凡是没有规定上述任一个问题的国家便都是不承认、不解决这些未规定的问题的，相反，应当认为，不在法典中明确规定，无非是它们或认为相关问题较难确定一个一致适用的标准。或认为相关问题，宜交由司法部门，依实际情况，按有关的理论或学说去作出处理。

例如在规定了识别制度的两个国家中，突尼斯的规定为："目的在于确定准据法之选择的冲突规则的识别，应依突尼斯法律上的分类进行"；"为了识别之目的，在分析突尼斯法律中不存在的……各项因素时，应依各该因素所属国法律"、① "在识别过程中，应考虑到有关因素在各国法律中所属的不同类别及其在国际私法上的特性"。"属于国际条约范围的识别问题，应依据条约对有关问题所作的分类予以处理。"因而至少表明，它不但不要求识别(定性或分类)必得用法院地法(国际条约范围内的识别除外)，而且还要求法官充分考虑有关因素在相关国家法律体系中所归属的不同类别及其在国际私法上的特性。这后一要求无疑至少包括以下几个方面：第一，最初的识别得依法院地法；第二，如果识别对象所涉乃是本国法律中不存在的制度或概念，得依各该相关因素所属国的法律；第三，识别不仅在确定对象是不是属于相关国家中的民法所规范(如身份法还是财产法，物法还是债法……)，还得考虑它是否属于相关国家民法中的强行法，或直接适用的法，或行政法等。这无疑又涉及国

---

① 国内现有译稿，此条用词的意义不太明确。

际私法学说或学理上的许多问题。

美国1971年第二次重述对识别的规定则与此存在很大的不同。其规定为："(1)本重述中，识别问题涉及对法律概念术语的分类和解释。(2)对冲突法的概念和术语的定性和解释，除第8条规定（即反致）外，依法院地法。(3)对本地法(local law)的概念和术语分类和解释，依支配有关问题的法律"。这条规定虽然没有如突尼斯法上述规定的详尽明确，但毫无问题，它也包括了在识别中要把相关的外国法概念和术语归属到不同性质的法律族类中去，否则，识别的任务便没有完成。但不同的地方也是明显存在的。如重述只涉及"冲突法中的概念和术语"的识别和解释，要用法院地法，而突尼斯法则认为，不但对冲突法中的概念和术语的识别要依突尼斯法，只有在突尼斯法不存在的概念和术语，才得依其因素所属国法。而重述则表明但凡对属于实体法(local law)中的概念或术语则必须都得依所属州的法律观点进行定性与解释。

此外，在突尼斯法中，"识别"与"解释"是分属两条的，而美国重述则对识别、解释均作同义解释，都置于"识别"一条中。突尼斯却认为它们是两个不同的问题，故除在其第27条中对识别作了规定外，另又在其第33条、34条对"解释"的规则作了规定，即："对冲突规则指定的外国法的理解，应依照包含于其正式渊源中应适用的准则的整体含义进行"（第33条）；"法官在适用外国法律时，应一并适用该国对它的解释。"而且进一步称：（突尼斯）最高法院对外国法律的解释享有最终决定权（第34条）。

第二点：关于国际私法就涉外民事法律适用应不应当设立总的指导原则，以及如应设立，当以什么作总的指导原则？以及所设立的具有抽象定义的总的指导原则如何落实到立法与司法的具体实践中去的问题。应当说，它们的学说色彩就更为浓重了。甚至可以说它始终是国际私法学中未解决的问题。

各国的理论与司法实践虽都承认冲突规范的作用，是把相关争讼问题的法律适用分配给不同国家的立法管辖。但是如何来分配同一争讼问题的立法管辖权，传统上多依属地法则、属物法则、属人法则、行为法则来进行。但是什么是运用属地法则、属物法则的根据，什么是运用属人法则或行为法则的根据，也是交由各国相关的学说或司法实践来决定的。

20世纪中叶以后，在冲突规则的制度上，"最密切"、"最重要"、"最强"、"最实质的"联系的理论在萨维尼的"本座说"基础上，于学说与实践中，迅速取得主导的地位。但是，不采此原则来分配立法管辖权的，或只在某些领域或只在法无规定时采用此原则的仍旧存在。如在1998年颁布的《突尼斯国际私法典》中，它在其作为准据法确定"通则"的第26条则是这样来表述它的选法指导思想的:"对于涉外法律关系,法官应依据本法典所定规则确定应适用的准据法,本法典未规定相应规则的,法官将根据连结关系在法律上的不同类别客观地确定应适用的准据法",竟只字不提"最密切联系"。

国际私法学说在国际上尤其在我国国际私法学界甚具影响的德国1986年和1999年的两部分国际私法立法中(一为"国际私法改革立法";一为"非合同债权关系和物权的国际私法立法"),也都未将"最密切联系"列为它们的总的指导原则,只是分别在前者的关于"契约之债"的第27条的第3款中规定:"如果与案件有关的一切因素集中某一国家,且该国不允许通过合同来违背其法律的,则当事人在选择外国的法律时,无论是否征得法院的许可,都不得违反该国法律的规定(强制规定)"。第28条"关于当事人未作选择时的法律适用,通过5个条款,规定了适用"最密切联系的国家的法律"的问题。同时在1999年关于非合同债权和物权的国际私法立法中,于规定了通常情况下,不当得利、无因管理应适用的国家的法律之外,又通过第41条规定了"实质性更密切联系"的例外情况,即如果某一国法律比该法第38条关于不当得利应适用的法律,以及比该法第34条第2款关于无因管理应适用的法律"存在实质性更密切的联系,可适用该国法律",并且规定了在上述变通情况下,"实质性更密切联系"特别产生于哪些情况之下①。同时在关于物权的第43条款规定(对物的权利),第44条规定(房地产侵权),第45条款规定(运输工具)通常应适用的法律之外,通过第46条规定了具备"实质性更密切的联系"例外情况下应适用法律。②

可见,这明明白白的表示到1989年和1999年,德国国际私法立法也未把"最密切联系"作为总的选择法律的指导原则。但这同时又并不能表明德国立法机构在制定这两部法律时,并无选择法律的总的指导原则,但可以肯定的是在这两个领域之外,其法律选择的指导思想应具有多种取向,绝非一个"最密切联系原则"可以概括得了的。

但是应当承认在当代立法中,明显以"最密切联系"作为总的指导原则的也不乏其例。

如早于突尼斯法的1978年奥地利国际私法,在第一条中就开宗明义地规

---

① ……特别产生于:A. 有关债权关系的当事人之间的特定法律关系或事实关系;或B……(在)法律事件发生时当事人在同一国家拥有经常居所……

② 该条规定:如果存在比第43~45条所规定的法律具有更加密切联系的另一国法律,则适用该国法律。

定:"(1)与外国有连结的事实,在私法上,应依与该事实有最强联系的法律裁判。(2)本联邦法规(冲突法)所包括的适用法律的具体规则,(均)应认为体现了这一原则。"就是说,它的整部立法,无一例外地都是"最强联系原则"的应用。但令人遗憾的是,首先,它并未提出判断最强联系的标准。其次,综观该法典的其他除"结束条款"以外的共47个条文,并不能找到这些条文共同一致地体现出判断最强联系的标准或依据。第三,该法第5条更称自己的冲突规则指定的外国法是"包括了它的冲突法在内"的,这表明,奥地利接受"反致",而且该条第二款还进一步规定应接受外国冲突法对第三国实体法的"转致"。它既接受反致,又接受转致,这还能说它的整部立法,"无一例外地"都体现了"最强联系原则"吗?

再说更早于奥地利法的1971年便倡导"最重要联系说"的美国学者里斯主持编纂的《美国冲突法第二次重述》,仔细加以考察,也不能说已经就他的主张在该重述中始终如一地加以贯彻并且提出了明确的判断何为有最重要的明确的标准。他在其第八条中也要求接受反致。但它在其第6条中规定:"1. 法院除受宪法约束外,应遵循本州关于法律选择的立法规定。2. 在无此规定时,与适用于选择法律的规则有关的因素"包括:"(1)维持州际与国际体制的需要;(2)法院地法的相关政策;(3)利益有关州的相关政策以及在决定该特定争讼时那些相关州的政策;(4)对公正期望的保护;(5)特定领域的法律赖以建立的基本政策;(6)结果的确定性、可预见性、与一致性;(7)适用法律的易于认定与适用。"可见第6条所要求考虑的7个方面的问题中,国家的国际政策、法院地以及其他相关或有利益的地方的相关政策及有关利益便占了4条,而且都是十分抽象的,只有对公正期望的保护、结果的确定性、可预见性和一致性,以及应适用法律的易于认定3条才是比较具体的,而且几乎仍然是关于"司法上的政策",故而颇有"政策"学派的口吻!

我们国家曾数十年受到法律虚无主义的侵害,因而要求不要"以政策代法"的呼声是十分强烈的。可就是参考美国这样法制很健全的国家,在国际私法领域,它的冲突性的选择原则,几乎在法无明文规定时,在很大程度上都得依相关的政策取向来作出决定。国际私法即使发展到了今天,要把像"指导原则"、"基本原则"这样的问题具体化到各项具体选法规则之中,仍然是一个尚待司法实践依据学说或学理去解决的问题。

更带有学说法特色的还在于1971美国冲突法重述在解释这个第6条时,进一步提出应从11个方面加以考虑,那就是:(a) statutes directed to Choice of law (b) intended range of application of statute (c) rationale (d) needs of the interstate and international systems(e) relevant polices of the state of the forum(f) relevant polices of other interested states(g) protection of justified expectations(h) basic polices underlying Particular field of law(i) predictability and uniformity of result(j) ease in the determination(k) reciprocity.① 而且在美国，解决纯州际之间的法律冲突时，还要求受到"联邦宪法"中"充分诚意与信任条款"（The full faith and credit clauses）、"适当程序条款"（The due process clauses）、"优惠与豁免条款"（The Privileges and immunities clauses）、"平等保护条款"（The equal protection clauses）等的限制。可见，如果简单地把美国第二个冲突法重述的基本原则，仅仅归结为"最重要联系原则"，那显然是很不够的。

在讨论最密切联系原则的问题时，我们还可以进一步讨论"特征履行说"的适用问题。因为目前国内对于这个问题似有失之过宽的理解。在1987年的瑞士国际私法典中，尽管在其第1编第3节"法律适用"的原则规定中，明确地说了："根据所有情况，如果案件与本法指定的法律，联系并不密切，而与另一（国）法律的联系明显地更为密切，则可作为例外，不适用本法所指定的法律"；它的第19条也进一步规定："当合法利益需要保护，并且诉讼显然与某外国法律存在非常密切的联系，而且有必要适用该项法律时，根据法律的立法旨意和法官的自由裁量权，可不适用本法指定的法律而适用该法律，"并不涉及"特征履行"，而是以"合法利益需要保护"作为最密切联系的判断标准。只是在该法第九编"债权"的第一节"合同"的第117条中才说："对于合同所适用的法律，当事人未作选择时，则合同适用依可知情况与其有最密切联系的国家的法律"（第1款）；然后再说："与合同有最密切联系国家，是指特征性义务履行人的习惯居所地国家，如果合同涉及业务或商务活动的，则指其营业机构所在地的国家"，并且随即规定了"赠与"、"财产使用"、"劳务"、"仓储"、"担保"五种合同的"特征履行方"。因此，即使"特征履行说"可以作为判断与合同最密切联系一方的法律的标准，也不能把它作为判断一切合同有最密切联系的标准。②

---

① 我们认为，法律是必然有其价值取向的，乃至可以说它也有其追求的社会目的的，冲突法或称国际私法亦概莫能外，假如里斯所提的前述第6条的7项要求和此处介绍的11个方面的考虑，不是纸上谈兵，那么我们早先曾提出国际私法应以构建国际民商新秩序为自己的目标，亦当全非虚妄之谈。

② 在我们国家，于相关立法或司法解释中，对适用特征履行方的法律的合同种类，可说是在不断增加之中。请对比最高法院对1995年涉外经济合同法的解释和它在2007年关于涉外民商事合同法律适用的"规定"。

就目前的发展情况来看，最密切(重要)联系原则，虽对法律选择有更为普遍的指导意义，但其他如历史上出现过的"法律关系重心说"，"结果导向说"，"重要连结因素更为集中的地方说"，"特殊利益保护说"……它们不但都起着最密切联系原则"具体落实到选法过程的参照标准的作用，而且我们乃至还得以更宽阔的视野，把国际私法史上曾出现过那些具有代表性的"学说"都纳入选择法律时可加采用的指导依据。我们从 1984 年起在归纳与解析法律选择的 7 种方法时，便曾强调地指出过，这 7 种方法，都"是可供利用的方法"。由于客观情况错综复杂，而且涉外民法关系也在不断发展变化，国际私法的历史已经证明，许多学者试图设计出某一种法律选择的方法或指导原则，并适用它去解决国际私法中碰到的一切问题是没有一个取得成功的。"历史还证明，过去那种对各种法律关系都只分别采用一个连结点来指导准据法的做法，也因新的复杂情况的出现而不断被打破。现实的民事关系是复杂多样的，以致必须运用多种不同的法律选择方法，考虑多种多样的因素"，乃至还得留下必要的让学说活动的空间"才不致使法院在处理涉外民事案件时，感到束手无策或迷失方向"。① 而这个议论本身也就是一种学说上的阐述。

国际私法的法律适用部分的总则中出现的这种种差异与复杂的情况，应该说基本上都是由于它具有"间接法"的特质所决定的。但是法律的重要特质，应该表现在结果的可预期性、确定性和一致性上。这对于作为"间接法"的法律适用法也当不应例外。因而目前出现的一个重要取向，就是除要求冲突法在追求冲突正义或立法管辖权分配上的正义的同时，要求进一步兼顾"实质(实体)正义"的重要动因。而要做到这一点，除了尽可能在属地法则、属物法则、属人法则及行为法则上尽可能采取国际上通行的做法之外，那就是在法典的编制上，把一些实践中较难处理的问题，作较为灵活的规定，如增加可替代的连结点的规则，适当增加附有免予适用条款的规则，增加含有灵活性连结点的规则，同时也可附加允许采用临时方法的规则等。

同时，对我们尚未深加研究、难有一致看法的问题与制度，不如暂缓纳入成文法典之中，更多地给学说、学理、实践……去进一步研究、探索。

从目前已见到的各国成文法典、判例的整理，以及理论与实践的重述来看，它们之间的繁简详略，差别是很大的。就任何一个国家的涉外民事问题的法律适用规则来看，即使如美国的重述，多达 400 余条，但已有案例支撑的究竟占其中多大的比例？在我们翻译出版的《戴西与莫里斯冲突法》中，它也多

---

① 参见李双元：《国际私法(冲突法篇)》，武汉大学出版社 1987 年版，第 164 页。

处表明,"规则虽已提出,却暂无判例支撑"。也就是说,即使在规定上片面追求其全面、详尽,也并不表明它条条是有的放矢,仍只不过是一种学术思想上的考虑而已。反过来看,在20世纪后半叶公布的新国际私法中,也有如突尼斯的70多条(还包括属于司法管辖权与外判承认与执行及国家豁免的24条)、奥地利的亦仅40余条,德国的两部改革法加起来实质性条文,也不过50多条。没有规定的问题应该说都还是不在少数的。那么没有规定的问题,如果在这些国家涉讼,他们的司法机构无疑是利用学说、学理去解决的。民事问题与刑事问题不同,后者是必须适用"罪刑法定"原则的,而前者,至少西方法治国家中,是不会允许以法无明文规定而拒绝审理裁判的。

这大体上就是我们在这里主张采用"成熟一条,规定一条"的原则,凡不成熟的、争论尚多的不妨给学说法留下活动的空间的主要理由。

第三点:建议在清点和检查我国已有法律适用法的规定基础上,进行新草案的起草、说明和论证。因为法律是讲究稳定性、连贯性的,立法工作是极其严肃的工作,不可今日一法,明日一法,更不可动不动推倒重来,自己否定自己。

我国国际私法的立法,始于1986年通过的《民法通则》,该通则第八章"涉外民事关系的法律适用"共9条规定(即第142~150条);1988年在《最高人民法院关于贯彻执行中华人民共和国民法通则若干问题的意见(试行)》(以下简称《民通意见》)中又提出了18条试行意见(即其第七部分的第178~195条)。1985年制定的《涉外经济合同法》设有3条(即第4~6条)冲突法的规定,随后于1987年最高人民法院又出台了《关于适用〈涉外经济合同法〉若干问题》的解答,共6条21款,其中,属于冲突法的占1条共11款。1985年《中华人民共和国继承法》第36条对涉外继承作了3款规定,1991年《中华人民共和国收养法》中的第21条对外国人在中国收养儿童的条件及程序问题作了3款规定(要求适用中国该收养法);1999年《中华人民共和国合同法》第125条关于涉外合同法律适用的共2款规定;1995年《中华人民共和国票据法》的第5章"涉外票据的法律适用"共8条规定(即第94~101条);1992年《中华人民共和国海商法》第14章"涉外关系的法律适用"共9条规定(即第268~276条);1995年的《中华人民共和国民用航空法》的第14章《涉外关系的法律适用》共7条规定(即第184~190条)等。由于《涉外经济合同法》已于1999年制定的《合同法》而失效,最高人民法院复于2007年出台一个《关于审理涉外民事或商事合同纠纷案件法律适用若干问题的规定》,共12条26款。

上述各项现有国际私法方面的条文或司法解释已涉及的内容,分别涵盖:

1. 属于国际私法总则的有：

(1)涉外民事关系的法律适用的法律，包括中华人民共和国缔结或参加的国际条约和国际惯例的适用(《民法通则》第142条)；

(2)适用外国法或国际惯例不得违反中华人民共和国共公利益(即公共秩序)(《民法通则》第150条)；

(3)民事关系何为"涉外"判定的依据(《民通解释》之178项)；

(4)法律规避的防止(《民通解释》之194项)；

(5)外国法查明的方法以及不能查明时的法律适用(《民通解释》之193项)；

(6)区际冲突之法律适用(《民通解释》之192项)；

(7)涉外民事关系的诉讼时效(《民通解释》之195项)。

2. 属于国际私法分则的有：

(1)中国公民定居国外的民事行为能力适用定居国法律(《民法通则》第143条)；

(2)不动产所有权的适用物之所在地法律(《民法通则》第144条)；

(3)涉外合同适用当事人选择的法律，但另有规定的除外。未作选择的，适用最密切联系的法律(《民法通则》第145条)；

(4)侵权行为适用侵权行为地法律。双方国籍或住所同在一国的适用该国的法律。对发生于中国之外并不被中国法认为侵权的，不得作侵权处理(《民法通则》第146条)；

侵权行为地包括行为发生地与结果发生地，如果二者法律不一致可选择其一适用(《民通意见》之187项)；

(5)中国公民与外国人结婚适用婚姻缔结地法，离婚适用法院地法(《民法通则》第149条)；

(6)扶养适用与被扶养人有最密切联系的法律(《民法通则》第148条)；

(7)遗产的法定继承，动产适用被继承人住所地法；不动产适用物之所在地法(民通第149条)；

(8)定居国外的我国公民在中国境内的民事行为能力，适用中国法；在定居国所为的，适用定居国法(《民通意见》之179项)；

(9)外国人在我国为民事行为，依其属人法不具备行为能力，而依我国法有行为能力，认定有行为能力(《民通意见》之180项)；

(10)无国籍人民事行为能力适用定居国或行为地法(最高院《民通意见》之181条)；

(11)有多重国籍之外国人以与之有最密切联系的外国法为其本国法(最高院《民通意见》之 182 条);

(12)当事人住所不明或不能确定者,以经常居住地为住所(《民通意见》之 183 项);

(13)外国法人以其注册地国法为其本国法,并依此定其行为能力,但在我国境内为民事行为,必须符合我国法律(《民通意见》之 184 项);

(14)当事人营业所积极冲突的,依最密切联系之营业所;无营业所的,以其住所或经常居住地为准(《民通意见》之 185 项);

(15)土地及附着于土地的建筑物及其他定着物建筑物的固定附属设备为不动产。不动产所有权、买卖、租赁、抵押、使用等,适用物之所在地法(《民通意见》之 186 项);

(16)2006 年最高人民法院发布的涉外民商事合同法律适用的共 11 条规定,内容涉及:

关于在涉外民商事合同纠纷法律适用拒绝反致的规定(最高院 2007 年新规定之第 1 条);

关于合同争议涵盖哪些方面的规定(最高院 2007 年新规定之第 2 条);

关于当事人选择或变更选择合同应适用的法律应明示作出的规定(最高院 2007 年新规定之第 3 条);

关于当事人未明示选择合同应适用的国家的法律,但在庭审终结前双方均援同某一国或地区的法律并且未提出法律适用异议的,视为已就合同应适用该法律达成一致的规定(最高院 2007 年新规定之第 4 条);

关于当事人无上述第 3、4 条规定的情事,适用最密切联系国家法律,并对 17 种合同依特征履行确定了何为最密切的联系之法律;以及如上述合同明显与另一国家或地区有更密切的联系,可改而适用该另一国法律之例外规定(最高院 2007 年新规定之第 5 条);

关于禁止规避中国法律以及如有发生得适用中国法律之规定(最高院 2007 年新规定之第 6 条);

关于公序之规定(最高院 2007 年新规定之第 7 条);

关于在中国履行的 8 种合同必须适用中国法律的规定(最高院 2007 年新规定之第 8 条);

关于当事人选择或变更选择合同争议应适用外国法律时应由当事人负责提供与证明该外国法的规定;人民法院依最密切的联系原则确定应适用外国法时,既可依职权,亦可责令当事人查明或提供该外国法的规定;关于人民法院

通过适当途径仍"不能查明该外国法的,可以适用中国法律的规定"(最高院 2007 年新规定之第 9 条);

关于当事人对查明的外国法律内容经质证无异议的,人民法院应予确认,当事人有异议的,由人民法院审查认定的规定(最高院 2007 年新规定之第 10 条);

关于涉港、涉澳民商事合同的法律适用参照本法的规定(最高院 2007 年新规定之第 11 条);

关于终止以前发布的与本规定不一致的规定的效力的规定(最高院 2007 年新规定之第 12 条)。

(17)我国受理的涉外离婚案件是否准许以及准许离婚时财产分割的应适用我国法律,以及婚姻是否有效适用婚姻缔结地法的规定(《民通意见》之 188 项);

(18)父母子女、夫妻及其他有扶养关系的人之间的扶养适用与被扶养人的有最密切联系的法律以及扶养双方当事人有共同的国籍、住所以及用于供养的财产所在国的法律,均可认为此种有密切联系的法律的规定(《民通意见》之 189 项);

(19)外国在中国收养子女得适用中国收养法(1991 年)的规定(《收养法》第 21 条);

(20)监护的设立、变更与终止适用被监护人本国法,但被监护人在我国的适用我国法律(《民通意见》第 190 条);

(21)外国人在我国境内死亡后留在我国境内的无人继承财产,除另有条约外,得适用我国法律(《民通意见》第 191 条)。

此外,尚有中华人民共和国 1992 年海商法的 9 条国际私法规定,1995 年票据法中的 8 条规定,民用航空法中的 7 条规定。但其中有的是完全重复《民法通则》的,有的是互相重复的。可以删除这些重复性的规定,并进一步将这 3 个法律中的国际私法规定分别概括收进物权(财产权)、合同和侵权的法律适用中去,是完全易行的。2007 年最高院出台的前述涉外民商事合同纠纷法律适用的 11 条规定,除了重复总则中的各条规定可加删除外,在起草新法典的时候需要重新加以思考的问题可能更多一些。

但总的来说,前面归纳出来的规定涉外民事法律适用的规定,已大体覆盖了各个基本的方面。

此外,中国国际私法学会经多年的努力研究,推敲,也在 2000 年出版了附有英译文的《中华人民共和国国际私法示范法》,其内容除去关于司法管辖权与外国判决的承认与执行等方面的内容，涉及涉外民事关系法律适用的条文也有 90 多条，覆盖了广泛的重要民商事关系。

不论早先这些官方的立法或司法解释或民间示范法的立法建议，因受当事者或当时群体认识水平的限制，存在这样那样的缺陷或不足，但即使在现在看来，可以直接采用或加以适当修改后即可改纳入未来的建议稿中的条文，应该还是不少的，并非必须全部推倒重来。在着手起草新的国际私法建议草案时，我们认为必须采取更加科学的态度，逐一比较其他国家的相关条文，进而再决定我们自己的取舍。这样既可提高我国国际私法学术与实践方面的普遍素养，也可提高新设草案的科学性。例如：在新法的首部，是否有必要一一列举哪些为"涉外因素"就是值得注意的问题。2000 年出版的《示范法》第 2 条曾采用这一模式，在新近有关单位提出的建议稿中也采用了这样的设计。① 但考察我们现在已有几十个国家或地区的国际私法，唯一作这种规定的是越南 1995 年民法典第 826 条。它规定为："本法所规定的涉外民事关系，是指一方当事人为外国自然人或法人，或者法律事实产生、变更或消灭于外国，或财产的标的位于外国的民事关系。"（按：该条疑译文有错）。

对一个案件是否真正构成一个涉及外国法的效力的案件，绝非只需比照教科书对何为涉外因素的标准，简单地对号入座即可决定，而是还得看它是否因为这种外国因素而使它与外国产生了"重要的联系"，从而导致相关当事人可据而主张他依该有重要联系的国家的法律所享有的权利。例如美国 1971 年《冲突法重述》的第 1 条、第 2 条都一再强调指出：冲突性是确定……可能与一个以上国家有着重要联系（significant relationship）的案件应如何适用法律的一整套制度。② 奥地利国际私法的第 1 条也含有这样的意思。其他一些国家则要求存在"实质的"（substantial）联系，而 substantial 在汉译中本也可译为"坚固的"、"重要的"。因为如果一个案件仅仅只有如教科书上所列举的各种涉外因素之

---

① 该稿称："有下列情形之一的，为涉外民事关系：（一）民事关系的一方是外国人、无国籍人、外国法人、国际组织、外国国家；（二）民事关系一方的住所，经常居住地或者营业所位于中华人民共和国领域外；（三）民事关系的标的在中华人民共和国领域外，或者争议标的物移转越出一国国界；（四）产生、变更或者消灭民事关系的法律事实发生在中华人民共和国领域外。"

② 其第一条为"世界……由拥有领土的国家组成，其法律制度彼此独立，相互差异，事件与交易的发生，问题的产生，可能与一个以上的国家具有重要联系，因而需要有一整套特别的规则和方法加以调整和确定"。其第二条为："冲突法……确定对有关事件可能与一个以上国家具有重要联系这一事实赋予何种效力。"

一或二项，而且不具重要的法律意义；则或者当事人并不欲寻因这种不重要的，或带有偶然性的"涉外因素"而主张国际私法上的保护，或者法院也并不认为它有了某一外国因素就一定涉及外国法的效力，那就都不会考虑法律适用上的冲突和选择外国法的问题。比如说如果两个中国人在法国旅游中因发生斗殴而致另一方轻伤或受辱，引起侵权之诉，如果向法国法院提起，它很可能认为这是一起与法国无关的案件而不予受理，而在返回中国后向中国法院起诉，中国法院很可能会认为这完全是一个内国案件，根本不会去考虑法国法有什么规定。我们还可以假定：如果两个中国人在法国旅游过程中，签订了一份回中国以后在中国履行的合同，如果他们因合同发生争议在国内提起诉讼，法院便会据此"涉外因素"而必须运用冲突规范来解决问题吗？

又如从1986年的民法通则起，我们就一再规定："中华人民共和国法律和中华人民共和国缔结或参加的国际条约没有规定的，可以适用国际惯例。"但如我们仔细核查已有中文译本的几十个其他国家或地区的冲突法，情况却大不相同：真正规定可适用国际惯例的，只有蒙古（1994）、越南（1995）、朝鲜（1995）、哈萨克斯坦（2000）、白俄罗斯（1999）。其他不作这样规定的国家或地区，至少有我国台湾地区、澳门地区、日本、① 泰国、韩国（2001）、约旦、阿联酋、土耳其、埃及、塞内加尔、布隆迪、突尼斯、前捷克斯洛伐克、波兰（1966）、前东德、前南斯拉夫（1982）、匈牙利（1979）、罗马尼亚（1992）、德国、意大利（1995）、葡萄牙（1996）、奥地利（1978）、英格兰、瑞士（1987）、列支敦士登（1996）、美国1971年重述、秘鲁（1981）、路易斯安娜州（1991）、魁北克省（1991）、委内瑞拉（1998）、澳大利亚（1992）。像对这样的问题，从比较法的角度出发，采取"从众"的实践，似乎在理论及可行性上更说得通一些。

对我国国际私法（法律适用法）的规模和体例，我们主张，控制在60~70个条文范围以内，不宜片面追求条文的数量；体例则仍分设总则、分则及附则三个部分。在内容上，宜尽可能浓缩、概括一些，不宜规定得过细、过繁。在总的指导思想上，建议能作一些新的反映目前时代进步的规定或要求。具体的初步的设计如下：

---

① 日本及个别阿拉伯国家的立法，均规定可适用习惯，但它们都是指"物权适用物之所在地法……"这类规则。尽管大多数学者都不承认已有普通约束力的这类肯定的冲突法规则。

一、总则

（具体条文的措辞当另行专门设计）

1. (1) 本法适用的对象与作用。

   (2) 对受中国加入的国际条约适用对象的事项得适用条约。

2. 关于对反致是否接受或不接受或仅在有限范围内接受的规定。

3. 区际冲突的解决。

4. 在本法无规定时的法律选择的指导理念建议设定为（我们倾向于以以下五点为选法标准）：

   (1) 基本人权的保护；

   (2) 国际民（商）事关系在平等、互利、协调基础上的开展；

   (3) 最密切联系的原则；

   (4) 实体正义的需要；

   (5) 司法程序的便捷与有效。

5. 识别及对外国法的解释的基本规则。

6. 先决（或附随）问题的法律适用。

7. 法律规避的防止。

8. 外国法的查明与适用。

9. 自然人属人法及自然人国籍或住所积极冲突与消极冲突的解决。

10. 法人国籍与住所的确定及法人属人法。

二、分则

（一）关于人的

1. 自然人行为能力有关问题。
2. 代理。
3. 监护与保佐。
4. 法人属人法的适用范围。

（二）关于财产的

（民用航空器、船舶、知识产权、有价证券等可分别归入以下不同权利类型如财产法、合同法、侵权法等集中处理）

1. 不动产物权。
2. 一般动产物权。
3. 权利财产。

（三）关于合同的

1. 意思自治原则（最高院 2007 年关于合同选法规定的"视为"一条不一定

允当)。

2. 特征履行的适用(如最高院2007年关于合同法律适用的规定最后规定的只准适用中国的合同,可依此概括为以一个条文解决,而不用另设8款),及依特征履行有必要单另规定的若干种(不宜过多)合同。

3. 当事人选择的法律不具有排除应适用于该合同的有关国家强行法的效力。

4. 合同准据法的适用范围。

(四)关于法定之债

1. 不当得利。

2. 无因管理。

3. 侵权行为：

(a)侵权行为地的确定；

(b)最密切联系、或最有利益需要保护原则的适用。

4. 几种特殊侵权行为(包括民航、船舶侵权)。

(五)关于婚姻亲属的

1. 结婚与离婚的条件与效力。

2. 夫妻财产制。

3. 子女的婚生、准正。

4. 收养。

5. 亲属间的抚养关系。

(六)关于遗嘱与继承的

1. 遗嘱。

2. 法定继承。

3. 无人继承财产的归属。

第四点：最后,我们特别建议在这次起草过程中,应当动员全国国际私法界的力量,组织更多的学人与从事涉外司法与仲裁研究的人直接加入修订工作,努力去搜集我国司法与仲裁工作处理涉外民商事案件的宝贵判例,广泛听取并采纳各方面的意见,切忌少数人闭门造车,既不重视运用比较法的方法,也不广泛收集学界及实务部门的不同意见,武断行事。

《武汉大学学报》创刊80周年感言*

在《武汉大学学报（哲学社会科学版）》（以1930年创办的《国立武汉大学文哲季刊》和《国立武汉大学社会科学季刊》为始，以下简称《学报》）创刊80周年之际，车英先生邀我写点感言在该刊上发表，近30年来，《学报》一直是我的良师益友，也想借此机会，表达我的庆贺。像我这样曾经历过共和国成立后前30年接连不断的政治、思想运动的知识分子，深深感到，要繁荣国家的科学事业，就必须要解除思想上的种种禁锢。尽管在这一过程中，个人的自我觉醒是决定性的，但言论自由的开放，学术自由的争鸣，各种学术刊物的支持，也是不可或缺的。

20世纪80年代初，我回到武汉大学法学院时，分配给我的任务是任国际私法教员。在解放之后立即开展的"司法改革运动"中，传统的法学理论和法律制度已被彻底否定。经过前苏联对法学的强制改造，在社会主义国家，不论哪一法律部门，都必须认为是"统治阶级意志的表现"，是"统治阶级专政的工具"，而且无论在科学、文化的各个领域，在"纵"的方向上完全无继承性可言，在"横"的方向上也绝无"借鉴性"可言。但在国际私法这门课程中，它的研究对象，本就是解决内、外国不同法律在涉外民商事关系中的适用问题；它的存在前提，就是必须承认内、外国民商法律的平等地位和同等价值，才得而根据"冲突规范"为选择的适用。因而，如果把前苏联的上述荒谬的关于法的本质和作用的"学说"贯彻到底，那么，"国际私法"这门已有七八个世纪历史的法学与法律部门，就只有"自我了断"完事。① 因为，即使保留下来，如果各国法院仍然对涉外民商事关系都只承认自己法律的效力，那也不过只是一种法律适用上"单边主义"的极端表现。但是，在我们国家，终究从80年代初已

---

* 本文首次刊载于《武汉大学学报（哲学社会科学版）》2010年第3期。

① 前苏联国际私法学，十分贬低传统冲突法的价值，主张提升统一实体法的地位与作用。这不但在前东欧"人民民主国家"中获得推广，在解放后乃至在改革开放之后的中国，也曾成为主流的观点。

决定从封闭开始走向开放,从计划经济开始走向市场经济。加之,此时的经济全球化也以日益强劲的走势向前推进,加强不同制度的国家之间的法律合作和法律的统一化进程,已显示出前所未有的生机。从而在我的思考中,逐渐形成了"国际私法趋同化走势正在加强"的观点,并在1989年11月,我在武大法学院举行的一次重要庆祝活动期间,应约向全院同学作了一个以此为题的报告。我青年时期就信奉马克思主义,曾特别热衷于马克思主义哲学,深知"趋同"这个观念的提出,是具有很大政治风险的。更何况,当时"八九风波"刚平息不久,因此报告虽已作了,却并无勇气立即将其形成文字送刊物发表——这时,国内学术界也再次陷入了颇为"沉寂"的时期。

这种"沉寂"状况的延续,也许终于引起了上层的注意,于是大约在1990年末(或1991年初),国家教委派出了一位主管社会科学的司长来武大进行调研。时任校长陶德麟先生为他召集了一个只有十来人参加的小型座谈会,司长说明了来意,希望大家畅所欲言。座谈期间,我也就自己的上述报告一直不敢形成文字公开发表的顾虑作了发言。座谈会结束时,陶校长发表了一个十分简短的讲话,他以颇为沉稳的口气说:我们搞社会科学的,还是得有一点理论勇气!

但一直到1993年,我才把上述思想向普适性方面作了进一步的推进,写成了《中国与当代国际社会法律的趋同化问题》一文,① 并寄送国内社科界最高权威的刊物,不久即收到编辑部决定采用的通知,并建议我在某些观点上作更加强调的论述。文章经过前后两次编辑会议审议通过并定在1994年第2期刊发,但最后在呈送总编室签字发排时,负责人不说明任何理由让责任编辑退了回来。责任编辑在退稿函中除一再表示歉意外,还特别说明:像这样经过两次编辑会议通过的稿件最后被退回,在该刊历史上尚属首例。于是,我再将此稿转送《学报》,获得了大力支持,很快在1994年第5期上刊发。《学报》在1998年又发表了我的《当代国际社会法律趋同化问题的哲学考察》一文,而这篇文章则直接检讨了"矛盾的同一性是相对的,斗争性是绝对的"这种在很大程度上给我们共和国造成极大影响的绝对化"哲学"理论。这是我一直对《学报》作为我的益友深怀敬意的一个重要的原因。

对于《学报》同时亦为我的良师方面,我想特别提到1995年该刊刊发的陶

---

① "趋同"、"趋异",本是描述生物进化过程中两种不同方向上的选择,但共和国成立之后,一直对西方已发展得颇为完善的法律制度和法治文化采取排拒态度,乃特别强调了趋同的问题。

德麟校长与欧阳康教授合写的《马克思主义哲学的当代视野》一文。文章提出，当代马克思主义哲学研究必须"面向当代的大实践"、"面向当代的大科学"和"面向当代的大哲学"。这无疑是对中国社会科学研究极具责任感和勇气的学术呼吁，是对当时已经到来的全球化时代要求的有力回应。而且，在15年后的今天看来，这一呼吁仍具有十分重要的现实意义。

本来，在严格的意义上讲，实践、科学、哲学这三者，是不需要用"大"或"小"这样的规模性辞汇来修饰的，因为这三者本属于全人类现实共同的相关的活动，但在极端化"阶级斗争"理论主导下的强力政治却导致了极端错误的理解，并要求这三者都得定于"一尊"的时候，马克思主义哲学自身也就被当成了"哲学的警察"而扼杀了中国社会在这三个领域中多少富于创新活力的思想。马克思主义也被演绎成了对马克思自己早期充满智慧的质疑的否定——"你们赞美大自然悦人心目的千变万化的无穷无尽的丰富宝藏，你们并不要求玫瑰和紫罗兰发出同样的芳香，但你们却为什么要求世界上最丰富的东西——精神，只能有一种存在的形式呢？"①

在陶德麟、欧阳康二位先生的上述论文《马克思主义哲学的当代视野》发表之后，我接连招收的几届博士生，都要求他们必读这篇文章，以求视野的进一步拓展。

---

① 对陶德麟校长和欧阳康先生的上述引文均属我自己的解读，如为误读，我个人应承担责任。引文见《马克思恩格斯全集》第一卷，人民出版社1971年版，第7页。转引自刘锦堂：《创建和发展中国学术流派的几点思考》一文，载李双元主编：《国际法与比较法论丛》第18辑，中国检察出版社2009年版，第133~152页。

再论起草我国涉外民事关系法律适用法的几个问题*

为了制定一部完整的"涉外民事关系法律适用法",在2002年,全国人大常委会主管机关即已启动初步工作,当时曾提出了一部包含94个条文的建议稿,并先后多次召开过不同规模的讨论会(包括2008年7月委托武汉大学国际法研究所在武大举行的讨论会)。最近(2010年6月)又提出了一份新的仅含56个条文的草案,并就这个草案接连召开了两次研讨会。参与制定我国一部堪与国际社会当代许多甚具代表性的立法比肩而立,同时又很切合我国重要的国际地位和我国国情的国际私法,也是我们多年从事国际私法研究工作的目标。本文的第一个稿子(初稿)已于此前呈报主管机关,供讨论会参考。这里发表的,又作了许多重要的补充。但成稿时间仍感仓促,提出的种种意见和建议很可能多属书生之见,亦可能与立法机关及国际私法学界的主流观点相悖,凡此种种,均请惠赐指教,亦盼读者不吝批评。

一、制定"涉外民事关系法律适用法"已具备充分条件

这次国际私法的立法工作,我们认为,应该在已有立法(包括司法解释)、2002年拟定的草案及中国国际私法学会制定的2000年的"示范法"的基础之上,结合若干部外国很有影响的立法,尽可能作细致的比较,从而进一步对2010年稿提出应予修改的条文的理由以及供比较之用的条文建议。

关于这个问题,在前年7月于有关机关委托武汉大学国际法所召开的仅有学界少数人参加的小型讨论会上和此后我们公开发表的相关论文中便提出了这个意见。① 我们的意见,大致包括以下几个方面:

---

* 本文首次刊载于《时代法学》2010年第4期。
① 题为《关于起草我国国际私法法典的几点想法》,作者为李双元、蒋新苗、熊育辉。参见《时代法学》2008年第6期,人大复印资料《国际法》2009年第1期。

(1)国际私法至今仍保留有相当程度的"学说法"的特色。在不少问题上，往往见仁见智、颇多歧异。但不可否认的是，在许多基本制度上，相同或相似的规定也越来越多，而究取其同或采纳其异，均宜尽可能建立在理论说明的基础之上，切不可凭一家之言即成定案。这次有关机关召开这样规模的会议，也充分体现了这方面的考虑。

(2)在一个稳定的政权之下和相对稳定的法律秩序之中，如果不是指导法律的方针政策和社会发生根本性的转变，应该讲究法律的相对稳定性，讲究法律制度的连贯性。而且，当社会前进了一两步之后，原来颁布的法律(包括司法解释)中个别乃至相当数量的条文只有被再三证明不适合现实生活，即使做扩充解释也解决不了当前的问题，国家立法机关在慎重、周详的考虑之后，才宜提出制定新法的动议。即使在这种情况下，也应先充分考证原有立法在哪些方面已经落后于时代，或已根本不切合当代国际私法的基本精神，或根本不符合已发展了的涉外民事活动的需要。不宜在没有这样详细说明的基础上，即否定原来的法律(司法解释)。这样才能体现出这次制定国家新国际私法中法律适用部分的严肃性。我们估计，对于我国国际私法原有立法中不切时宜的规定，有关机关当已有在案的研究与说明。

我们认为，这次制定新的法律适用法，却并不涉及涉外民事诉讼程序和商事仲裁等方面的制度，也可证明是考虑到了以上种种情况的。

(3)在 2008 年 7 月于武汉大学国际法研究所召开的小型讨论会之后，我们公开发表了相关文章，呼吁起草新法时应充分考虑的法律(司法解释)和立法建议当至少包括以下几种：

①1986 年通过的《中华人民共和国民法通则》第八章(共 9 条)；

②1986 年《最高人民法院关于贯彻执行〈中华人民共和国民法通则〉若干问题的意见(试行)》(共 18 项)；

③1985 年通过的《中华人民共和国继承法》(第 36 条)；

④在新合同法颁布时废止的 1985 年的《中华人民共和国涉外经济合同法》(共 3 条)；

⑤最高人民法院于 1987 年发布的《关于适用〈中华人民共和国涉外经济合同法〉若干问题的解答》的第一项"关于涉外经济合同法的适用范围问题"第 2 条第 14 款；

⑥1992—1999 年相继颁布的我国海商法(第 14 章)、《航空法》(第 14 章)、《票据法》(第 5 章)、《合同法》(第 10 条、126 条、129 条)；

⑦有关机关 2002 年起草的《第九编"涉外民事法律关系适用法"》(共八章，

计94条）；

⑧2000年由中国国际私法学会拟定的《中华人民共和国国际私法示范法》(第六稿)中关于涉外民事关系法律适用的部分；

⑨2007年《最高人民法院关于审理涉外民事或商事合同纠纷法律适用若干问题的规定》等文件。

根据前述观点，在工作程序上，我们主张：首先应该对前述国家立法（包括司法解释）按照国际私法（法律适用法）的体系，逐段逐条地加以归类、梳理，然后再把已有民事立法中的相关篇章、条文、司法解释，以及有关机关和中国国际私法学会所草拟的先后三个文本附于其后，以便一一对照比较，审视其中的异同，同时广泛参考当今国际社会中一些公认的比较先进的立法例，以定其取舍：或完全保留条文的内容与行文；或保留其内容而改订其行文；或部分保留，部分改订；或完全改订；或将司法解释上升为律条；或将各单行法中重复的内容合并为一条，类此，等等。

当然，不言自明。在清理现有立法、司法解释、有关机关2002年和2010年稿、2000年《国际私法示范法》的过程中，无疑我们只能采纳其中优秀的、有价值的规定或建议，并且抛弃其中明显的错误或似是而非或经不起推敲、或不符国际私法通行的观念之类的东西。同时，果断引进近30年来国际社会出现的不少先进的理念与制度。

二、回归国际社会公认的"法律适用法"的范围

在涉外民事关系适用法方面，从1986年的《民法通则》第八章来看，显然有着好些得加修订的道理。例如，它的第142条的内容就存在好几处不妥的规定：其第2款规定，"中华人民共和国缔结或参加的国际条约同中华人民共和国的民事法律有不同规定的，适用国际条约的规定，但中华人民共和国声明保留的除外"。第142条第1款本已明确地规定了"涉外民事关系的法律适用依本章的规定确定"。可是怎么一跳就在其第2款中跳到了实体"民事法律"了呢？这一跳可就完全跳出了"国际私法"——"涉外民事关系法律适用法"的范围，跳进民事实体法的领域了！

因而，在制定我国新的涉外民事关系法律适用法时，无疑必须首先澄清这个问题："涉外民事关系法律适用法"是否真正等同于"涉外民事关系适用的法律"？

对于这个问题，2002年有关机关起草的"第九编 涉外民事法律适用法"仍

未解决。它在其第 3 条中，也照样规定："中华人民共和国缔结或者参加的国际条约同中华人民共和国的民事法律有不同规定，应当适用国际条约的规定，但中华人民共和国声明保留的条款除外。"第 142 条第 3 款还规定："中华人民共和国法律和中华人民共和国缔结或者参加的国际条约没有规定的，可以适用国际惯例。"显然，这条既承接上文，毫无疑问，这个"国际惯例"当仍属实体法惯例，超出了"涉外民事关系法律适用法"的范畴了。而 2002 年前引草案中也收入了这一规定。

对上述 1986 年《民法通则》的规定，2010 年文稿似有意回避这个矛盾的提法，但又好像过了点头。例如，2010 年稿的第 2 条规定："涉外民事关系适用的法律，包括国内法和国际条约。国内法和国际条约没有规定的，可以适用国际惯例。"

这个条文，无疑存在以下有待明确或回答的问题：

1. 2010 年草案第一条和该法名称相一致

首先就称：本法是"为明确涉外民事关系的法律适用"的，所以法律直称为"涉外民事关系法律适用法"。这两个提法应该说都是指冲突法，都是解决依据"本法"（即法律适用法）的冲突规则，确定涉外民事关系应适用哪一国家的实体法律的问题。即使在受到我国参加的"法律适用公约"（"冲突法公约"）制约的情况下，它仍只确定涉外民事关系应适用哪一国家的法律，均只规定纯属"间接调整"的方法的冲突规范及其相关制度。

但是，2010 年稿或受 1986 年民法通则第八章第 142 条上引文的影响，一下子把第 1 条的"涉外民事关系的法律适用"用"涉外民事法律关系适用的法律"来置换了，从而又落入了 1986 年民法通则第 142 条后两款的混淆之中。

我们的看法是：这两个虽仅仅只是词组略有颠倒的短语，讲的却是以下两种完全不同的事情：

（1）"涉外民事关系的法律适用"——指在冲突法或国际私法中，只回答应适用何国实体民法的问题；而

（2）"涉外民事关系适用的法律"——则既可指冲突法，及经冲突法指引的法律，也可指直接适用的国内实体法，还可能指国家加入的民事实体法国际条约和国家接受的实体商事惯例。

2. 2010 年稿第 2 条的后半句"包括国内法和国际条约"

国内法和国际条约没有规定的，可以适用国际惯例，在相当大的程度上，不但没有摆脱我国国际私法 1986 年民法通则第 142 条第 2、3 款的"魔咒"，而且更增加了混淆与不清。

对于这个问题，中国国际私法学会 2000 年编定的《示范法》中的相应条文，不但亦未予澄清，反而更加深了误解或误读，那就是它在其第 6 条、第 7 条的标题中，明确提出"国际条约优先"和"国际惯例补遗"，而且都是明确指向"中华人民共和国的法律没有规定的"，而不是指向中华人民共和国的"法律适用法"（或"国际私法"或"冲突法"）没有规定的。这样十二字"箴言"式的一个"优先"，一个"补遗"，把中国近 30 年来的"大"国际私法观点推到极致的地步，并在理论上加深了混乱，从而也进一步挤压了中国"法律适用法"，或"国际私法"、或"冲突法"的生存与活动空间。而我们今日的观点则是只能回归到"冲突法"的公认的涵义，以前接受的以苏联学派为代表的"大"国际私法也必须回归到公认的"国际私法"①。

这可参看以下几部前苏东国家的现行国际私法立法：

（1）乌克兰（2005 年）《国际私法》第 3 条："如果乌克兰参加或缔结的国际条约规定有别于本法的规则，适用该国际条约的规定。"

（注：不提"民事法律"，而是提的"本法"，即仅指冲突法方面的国际条约。）

（2）保加利亚 2005 年《国际私法》第 3 条第 1 款：

"本法典各条款不影响已对保加利亚共和国生效的条约、其他国际法文书或其他法律中有关国际私法关系的规定。"

（3）《哈萨克斯坦冲突法与国际民事诉讼法》的"总则"第 1084 条"涉外民事关系准据法的确定"第 1 款：

"适用于……含有……涉外因素的民事法律关系的法律，依照本法典、其他法律文件、哈萨克斯坦共和国批准的国际条约或认可的国际惯例确定。"

（注：此处所提的国际条约和国际惯例，在行文上亦无疑仅指冲突法的国际条约和国际惯例。不过，我们并不认为冲突法有"国际惯例"存在。）

（4）阿塞拜疆共和国 2000 年《国际私法立法》第 1 条第 1、2 款：

"（1）涉外民事法律关系，适用本法之规定。

（2）适用于涉外民事法律关系的准据法，除依照本法规定外，可依照相应的其他法律、阿塞拜疆共和国缔结的国际条约、国际惯例法或者当事人的协议确定。"

---

① 这里未采用流行语"小国际私法"的提法。因为在科学的通行的意义上讲，国际私法就是国际私法，并不存在"大国际私法"和"小国际私法"的分野，所谓"小国际私法"本就是国际私法学界公认的"国际私法"。

(5)俄罗斯2001年民法典第六编《国际私法》第66章"总则"第1186条"涉外民事法律关系准据法的确定",内容有:

"(1)适用于有外国人参加的或具有其他涉外因素的包括民事权利的标的物处于外国的民事法律关系的准据法,依照俄罗斯缔结或参加的国际条约、本法典、其他法律以及在俄罗斯联邦境内被认可的习惯确定。

(2)若依照本条第1款无法确定准据法,则适用与民事法律关系有最密切联系的国家的法律。

(3)若俄罗斯联邦缔结或参加的国际条约含有适用于相应法律关系的实体法规范,将根据冲突规范排除适用完全由此实体规范调整的问题的法律规定。"

(注:其第三款译文颇为生涩,可能是由于译文是依其德文译本转译所造成的。不便妄加猜测,但大体已可确定,当已抛弃解体前以前苏联国际私法学者隆茨等所持的"大"国际私法观点①。)

为了澄清1986年民法通则第142条第23段和《示范法》第67条造成的混淆。建议将2010年稿第2条的条文修改为:

"第二条 涉外民事关系的法律适用,依本法确定。"

本法虽有规定,但中华人民共和国缔结或者参加的国际条约对法律适用有不同规定的;或本法虽无规定,但中华人民共和国缔结或者参加的国际条约对法律适用有规定的,适用各该国际条约的规定。

三、重视科学体系,明确选法基本原则

在涉外民事关系法律适用法的体系安排上,也应有一个指导原则,那就是除了国际私法中属于"一般规定"(即通常所称的"总则")的内容必须置于篇首之外,各编章的内容顺序也得讲究体系的科学性,而最关键的是大体得与国家民法体系相对应,而不可随意安排以至与民法的科学体系相悖。否则,也会损害立法科学体系的权威性。例如,2002年草案是按照以下五章的顺序安排的:

"第一章 一般规定

第二章 民事主体

第三章 物权

---

① 本文引用的好些外国国际私法的条文,多依由武汉大学国际法研究所邹国勇先生译出的文本,谨此表示谢意。

第四章　债权
第五章　知识产权
第六章　婚姻家庭
第七章　继承
第八章　侵权"

这一体系就存在以下问题：

1. "物权"是否宜置换成"财产权"，从而把知识产权涵摄进去，以免将本属于"财产权"内容的知识产权剥离出去，却又仅仅设有三个条文？

2. 2002年草稿将"债权"与"侵权"并列，显然也是不妥的，因为"侵权"也是产生债权的一方面的主要原因，所以这次草稿有鉴于此，已将"侵权"归入了"债权"之中，从而很自然的将"不当得利"、"无因管理"原本被独立于合同之债和侵权之债以外的两种"法定之债"涵摄了进来。故这次草案，其内容顺序改为：

"第一章　一般规定
第二章　民事主体
第三章　物权
第四章　债权
第五章　知识产权
第六章　婚姻家庭
第七章　继承
第八章　附则"

体系显然较2002年草案更为科学，但有些问题似乎仍值得再行斟酌。

3. 在各编章的命名与安排上，也应讲究其概念和体系的科学性。其一，"一般规定"中是否必须涉及法律适用的基本原则，识别，反致，法律规避，直接适用的法律，先决问题，外国法的查明，区际、人际、时际法律冲突，公共秩序和外国法被排除后的补救方法等方面的内容，因为这些制度是会牵扯到具体案件中每个冲突法的概念和冲突法的每项实际适用的。

但是，在2002年的草稿的"一般规定"部分前述依国际通行的做法所含有的好几个必须规定的制度，在这次2010年新稿中却舍去了或规定得不完全：

(1) "反致"，未见规定。但即使不接受反致，也得在这一立法中加入一条排除性规定"本法指定适用的外国法，不包括外国的冲突法"。如果不设置这个制度，遇有当事人提出反致这个要求，法院或者仲裁机构就无法回答和解决了。

(2)"法律规避",也未规定。但它也是一个法律适用中必须明确回答的问题,否则,实践中又如何去否定借法律规避所成立或解除的法律关系的效力,以维持法治国所追求的诚实信用和公平正义呢?

(3)直接适用的法,未见规定。国际私法发展到近期,几乎大多明确肯定,相关国家的直接适用的法(或强行法)是不得因冲突规范指引其他法律而排除,也不准当事人借意思自治而加以排除。它与法律规避的禁止性规定具有不同的性质和不同的作用。对这个问题,这次草稿只肯定了中国的直接适用的法的效力,却未回答如果碰上外国直接适用的法该如何处理的问题,从而把一个本应用双边冲突规范解决的问题单边化了。

(4)先决问题,也未规定。在涉外案件中,往往争讼的问题(或称"本问题"或"主要问题")的解决结果,往往会取决于另一个与之相关联的早先发生的问题的如何解决。而且这个得先行解决的问题固然大部分可能也是一个民事法律问题,还可能是一个公法上已经发生的问题。故不宜忽略不顾。

(5)关于外国法的查明途径,这次草稿未采用我国过去已适用多年的明文规定,即多种查明途径,也否定了2002年草稿中的建议。仅仅规定了司法机关"可以"依职权查明外,将查明的义务仅赋予主张适用该外国法的一方当事人。这在立法中,从查明方法上看,是否有阻却适用外国法之嫌?

(6)关于区际冲突、人际冲突、时际冲突的制度,在2002年稿中规定了其中的第一项和第三项,而2010年稿则俱付阙如。

凡此种种,都宜在新草案中补充作出规定①。

其二,在分则部分的安排上,先说体系,一些国家采用以下体系排列:如人法、财产法、债法、婚姻家庭法、继承法等。但也有不少国家贯彻"先人后财产"的观念,从而使"人本"主义更为突显。如多被称道的1978年的奥地利法、1980年的戴西和莫里斯整理的英格兰冲突法、1987年的瑞士法、1996年的列支敦士登法、1991年的加拿大魁北克民法典中的国际私法部分、1998年的委内瑞拉国际私法、1986年联邦德国国际私法改革法、1995年的意大利国际私法改革法……都是将"人"的一般法律问题及婚姻家庭关系法置于总则之后,优先于财产法而列于分则之首的。而几个前苏联集团的国家,则将婚姻家庭关系的法律适用问题不设于民法典的国际私法一篇之中,而另外规定于单行

---

① 对以上一些制度的规定,可参照《示范法》第8~13、16~17条的规定方式拟定相应问题的条文。

的"家庭法"①。

这是在设计分则的体系时,似乎也应进一步斟酌的问题。

其三,在"人法"中,这次的设计还有一个十分重要的问题,那就是不论于"民事主体"、"债权"、"婚姻家庭"及"继承"各章中,完全取消了"住所地法",并只采用"国籍国法"和"惯常居所地法"。并仅在无"惯常居所地"时,补充以"现居所地"或"法人的主营业地"或"行为地"法。这种理论,会不会与我国民商法的制度发生抵触?我国过去关于国际私法的立法是除国籍之外,"住所"也是属人法中十分重要的连接点的。在我国国际私法学界似亦无人倡导取消住所地法。

无论是自然人还是法人,除了他们的"国籍"之外,他们必有"住所"的问题是国际社会公认的。这既是各国民商事法律中的一个重要问题,也是各国公法中的一个不可回避的问题。许多私法和公法关系中的管辖与隶属关系,乃至于国籍的确认,在许多情况下均得借"住所"才可确定,似不宜在我们国家的重要如国际私法中,取消"住所"这个连结点,何况国际私法本来包括冲突法和国际民事诉讼法、外国判决的承认与执行和送达制度等。若真如此规定,那么包括中华人民共和国宪法、国籍法、户籍制度、选举法、人口统计法等,都得重新修改;甚至国际公法、国际经济法、国际税法……在相关的问题与制度上都得予以重构,而这是完全不可能也是毫无必要的事。

其四,在"民事主体"的规定方面,为使这次稿子更为全面,体系结构上也更为合理,建议将2002年稿的第17~23条置换2010年稿第14~23条,同时参考最高院已适用多年的1988年就1986年民法通则实施意见的第181~185条,互作补充,删去其中重复的内容,改掉明显不当的地方,应当会有一个更系统更合理的较为全面的规定。2010年稿所欠缺的规定比较多,其中最明显的缺了宣告限制行为能力或无行为能力(禁治产)的内容;缺国籍与住所的积极冲突和消极冲突的解决方法;而且体系上缺乏严密的逻辑性。

最后,在将来提交大会审议的稿子中,是否还应说明新草稿的基本(主要)指导思想是什么。这固然可以不直接在立法中作出规定,但问题不可忽略。如在这方面,是否应包括我国国际私法(法律适用法)的价值取向及人权理念如何贯彻;包括应当承认中国与外国法的民事实体法和冲突法的平等的适用地位;最密切联系原则是应该作为我国整个国际私法(法律适用法)的基本

---

① 我国目前主研婚姻家庭法的权威学者亦有坚持前苏联的观点,认为它应独立于民法之外。

原则,还是只将它作为合同领域的法律适用原则?必须认识到,在人类向全球化发展的进程中,必然导致形成各国法律(尤其是民商法)地位与价值的平等理念。而这也正是在国际私法中普遍抛弃了单边主义,并采用最密切联系原则作为选择法律的基本原则的根本原因。

四、必须以更贴切的提法取代"社会公共利益"的概念

在排除本应适用外国法的方面,我们建议,此次应当考虑依循国际私法立法上通行的制度,将一直坚持使用的"社会公共利益",用"公共秩序"("公共秩序"和"善良风俗"),或公共政策或法律的基本原则的提法来取代。如果仍要坚持"社会公共利益"的概念它的"法律解释"究竟应如何界定?

这里暂先陈述我们主张将"社会公共利益"改为"公共秩序"(或"公共秩序"和"善良风俗")的一些理由:

(1)在国际私法的历史上,最早的提出可借以排除冲突法指定适用的外国法的理由,曾被称之为"令人厌恶的法则",后来才发展出"公共秩序"或"公共政策"这类概念。有的国家在民法和国际私法中,还将"公共秩序"和"善良风俗"、"国家法律的基本原则"等并提。但是,在我国因解放后一贯倡导国家公共利益绝对优先于公民、法人等私法主体的利益,风气所致,于是在国际私法中国际上通行的"公共秩序"(public order)的概念,也在1986年《民法通则》第八章中,被"社会公共利益"这个概念所取代。这种观念,在我们中华民族的悠久的文化传统中,本早已存在的。如在历代皇朝中,臣民本属君主的子民,其根本的利益只能完全隶属于皇朝或皇上所代表的"国家利益",公民个人的利益也只能依靠国家至高无上的"公共利益"来保护。但在社会生活中,国家(任何现代国家)的法律,既绝非仅仅保护"利益",更绝非仅仅保护国家的"公共利益"。国家的以民为本位的制度安排,国家的和谐的秩序,国家社会善良的道德风尚,都不是用"利益"或"公共利益"的概念可以概括。

(2)本来,在实体民法中,固然很大程度上是调整人与人之间的财产利益关系的,是为了构建社会的不同阶层的"利益共同体"的,但不能忽视的是即使财产关系中除往往讲"对价"外,也得讲"诚实信用",更何况民事法律另一个作用是直接规范人与人之间的人身关系的,而人身关系,却并不以"利益"为价值的导向,从而更不能涵盖于"社会公共利益"这个概念之中,而只能由"公共秩序(善良风俗)"所包括。乃至如国家的刑法,虽有许多是涉及公共财产利益的保护,但大量刑法规则,几乎均以建立社会和谐与公民人身的、财产

的、政治的、社会的安全为宗旨的。

（3）更值得注意的是，随着改革开放和市场经济的进一步推进，我国社会的"利益多元化"走势日显强劲，因此即使要以"利益"作为法律的价值评价，也绝不可以仅以"国家公共利益"来排除根据冲突规范指引的本应适用的外国法，而将公民私法权益置于不顾。

（4）尤为重要的是，根据我们现在所掌握的各国（地区）立法例来看，几无任何一部国际私法将公共秩序制度改称为"国家公共利益"的，即使是现在的社会主义国家和早先的社会主义国家，概莫为外。请看下表：

	国家或地区	制度称谓
1	澳门民法典（冲突法部分）(1999)	公共秩序（第20条）
2	"台湾法律适用法"(1953)	公共秩序与善良风俗（第14条）
3	德国(1986)	公共秩序 德国法律的基本原则 德国基本法（三者同条并用）（第6条）
4	意大利(1995)	公共政策（公共秩序）（第16条）
5	奥地利(1978)	奥地利的基本原则 公共政策保留（公共秩序）（三者并用）（第6条）
6	瑞士(1987)	公共秩序（第17条）
7	列支敦士登(1996)	法律的基本原则（第6条）
8	日本(2006)	公共秩序与善良风俗（第3条）
9	卡塔尔(2004)	公序良俗（第38条）
10	马其顿(2007)	公共秩序（第5条）
11	立陶宛(2001)	公共秩序（第1.11条）
12	俄罗斯民法典(2001)	俄罗斯的法律秩序（公共秩序）（第1193条）
13	保加利亚(2005)	公共秩序（第45条）
14	哈萨克斯坦(2000)	公共秩序 哈国法制的基本原则（第1090条）
15	阿尔及利亚(2005)	公共秩序与善良风俗（第24条）
16	阿塞拜疆(2000)	与阿塞拜疆的宪法即经全民公决的法律文件相抵触（第4条）
17	约旦(1976)	公共秩序或善良风俗

续表

	国家或地区	制度称谓
18	土耳其(1952)	公共秩序(第5条)
19	越南(1995)	尊重公德、公序良俗(第4条)
20	埃及(1948)	公共秩序或善良风俗(第28条)
21	突尼斯(1998)	公共秩序(第36条)
22	匈牙利(1979)	公共秩序(第7条)
23	罗马尼亚(1992)	公共秩序(第9条)
24	白俄罗斯(1999)	公共秩序 白俄罗斯法制的基本原则(第1099条)
25	法国民法典(1804年本及新修订的条文)	有关警察与治安的法律(第3条) 公共秩序与善良风俗(第6条)
26	英国(国际私法杂项规定)(1995)	公共政策(第14条)
27	列支敦士登(1996)	法律的基本价值(第6条)
28	秘鲁(1984)	国际公共政策或善良风俗(第2049条)
29	加拿大魁北克民法典(1991)	国际上公认的公共秩序(第3081条)
30	委内瑞拉(1998)	委国冲突规范之目的,委国之强行法,委国之公共秩序的基本原则(第5条)

从上列各国的此项规定来看,可取代"公共秩序"或可与"公共秩序"置换或并列的表述只有以下几种:

(1)公共政策;

(2)公共秩序的善良风俗;

(3)公共秩序和有关警察与治安的法律;

(4)(各该国)法律的基本原则(或基本价值)或法制的基本原则;

(5)(国际的)法律的基本原则;

(6)尊重公德、公序良俗;

(7)(国家)冲突法的目的,其强行法,公共秩序之基本原则;

(8)(国家)冲突法及经全民公决的法律。

很显然,上述种种表述所指,绝非仅仅专用"国家的公共利益"所能概括的。

综上所述，我们再一次恺切陈辞，希望学界的一些同仁与先进们能平静下心态，从多角度，客观而全面地，实事求是地再思考一下这个问题，我们究竟是仍在国际私法中，以"国家的公共利益"来取代"公共秩序"的提法，还是采纳国际私法的普遍实践。

五、结束语

这次我们向有关机关提交的第一份建议中，其最后一部分本来提出了在这部法律的总则（一般规定）中应加规定的几个条文的建议稿。但在撰写本文的过程中，于详细阐述了我们对上述几个问题的看法后，深感国内这方面的早先立法、司法解释、示范法、建议案已林林总总，蔚为大观。还想提出个人看法的，亦当不在少数。现在应该到了由立法机关结合最近两次讨论会的新意见，整合各种文本，抛弃其中不必规定的过繁或明显不妥的东西，并取其认为所当取者，正式敲定一个约六七十个条文的新草案，估计当可按时完成向下次全国人大提供审议的完备的正式草案。而这，也正是国内国际私法学界企盼已久的大事。

关于我国《涉外民事关系法律适用法》的几个问题*

《中华人民共和国涉外民事关系法律适用法》以下简称《涉外民事关系法律适用法》)经数年努力,期间立法机关与我国国际私法学界,包括本文作者在内,曾分别提出过几份建议文稿①,也召开过多次学术讨论会,并从2010年6月以后,进入到正式审议阶段,终于在同年10月28日由第十届全国人民代表大会常务委员会第十七次会议通过、颁布,并于2011年4月1日生效实施。这无疑是我国涉外立法方面的一个新的成就,并在国际私法学界引起高度关注。但由于本法在其附则第51条规定:"《中华人民共和国民法通则》第146条、第147条、《中华人民共和国继承法》第36条与本法的规定不一致的,适用本法。"从而将我国于此法颁布以前的绝大部分已有立法与相关的司法解释均保留了下来,并未采取废除早先已有立法的做法②,因而在前后法律之间,不免存在诸多规定不同的地方。本文主要就是针对这方面的问题,陈述个人学习、研究本法时的一些心得与体会的,但求言之在理,或能对立法、司法机关在就本法进行解释时,有些许参考的价值。思考不周,言不在理之处,亦企惠

---

* 本文首载于《时代法学》2012年第3期。

① 作者先后于1994年、2003年、2010年向立法机关、中国国际私法学会学术研讨会数次呈报过建议稿及研讨论文。其中有《关于起草我国国际私法法典的几个问题》,载于《时代法学》2008年第6期;《再论起草我国涉外民事关系法律适用法的几个问题》,载于《时代法学》2010年第4期。

② 被废除的仅限于1999年3月15日第九届全国人民代表大会第二次会议通过《中华人民共和国合同法》时废除的1985年《中华人民共和国涉外经济合同法》中涉外经济合同法律适用的有关规定及1987年10月10日最高人民法院《关于适用〈中华人民共和国涉外经济合同法〉若干问题的解答》第1~6条的有关规定。最高人民法院于2010年12月2日发布的(2010)52号《关于认真学习贯彻执行〈中华人民共和国涉外民事关系法律适用法〉的通知》要求认真贯彻本法的第2条与第51条,同时在该通知中,仅要求本法实施以前发生的争议,应当适用行为发生时的有关法律规定,如发生时相关法律没有规定的,可以适用本法。均表明旧法仍然是有效的。

赐批评与教正。

一、本法的制定其目的似应在于起"统一我国涉外民事关系法律适用法"的作用

《中华人民共和国涉外民事关系法律适用法》已于 2011 年 4 月 1 日起开始施行，但此前经全国人大及其常委会颁布的法律中，不少已就涉外民事关系规定应该适用的法律，却未被废除，如：1985 年《中华人民共和国民法通则》第八章"涉外民事关系的法律适用"第 142~150 条，以及最高人民法院 1988 年就该章所发布的司法解释的第 178~195 条；1985 年《中华人民共和国继承法》的第 36 条共 3 款；1992 年《中华人民共和国海商法》的第 268~276 条；1995 年《中华人民共和国民用航空法》的第 184~190 条；1998 年《中华人民共和国票据法》的第 95~102 条；1999 年《中华人民共和国合同法》的第 126 条与第 129 条；以及最高人民法院 2007 年专门发布的《关于审理涉外民事及商事合同纠纷案件法律适用若干问题的规定》共 12 条，等等，林林总总，可谓不少。但在处理 2011 年新法与上述种种旧法的关系上，新法第 51 条仅简单规定："《中华人民共和国民法通则》第 146 条、第 147 条，《中华人民共和国继承法》的第 36 条，与本法规定不一致的，适用本法。"这无疑表明：本法不但并无统一我国涉外民事关系法律适用法的意图，相反，倒是在实际上把我国的涉外民事关系的法律适用制度搞得更为复杂了。其复杂的问题至少表现在以下一些方面：

第一，本法虽未再提处理涉外民事关系有民事实体法方面的国际条约的应优先适用条约，但早先这一制度却规定在《民法通则》第 142 条、《海商法》第 148 条、《民用航空法》第 184 条、《票据法》第 96 条中，既然这几种法律都不在废止之列，自然仍是有效而必须适用的法律规定。如果仍持此观点，是否破坏了本法仅为涉外民事关系法律适用法即冲突法的性质？①

第二，早先的上述各法中虽未规定查明外国法的方法或途径，但 1988 年我国最高人民法院对《民法通则》贯彻执行的意见（试行）第 193 项曾经规定："对于应当适用的外国法律，可以通过下列途径查明：（1）由当事人提供；（2）由与我国订立司法协助协定的缔约对方提供；（3）由我国驻该国使领馆提供；（4）由该国驻我国使领馆提供；（5）由中外法律专家提供。通过以上途径仍不能查明的，适用中华人民共和国法律。"而本法第 10 条则仅仅规定为："涉外

---

① 对于这个问题，本文第五部分将进一步陈述作者的观点。

民事关系适用的外国法律,由人民法院、仲裁机构或行政机关查明。当事人选择适用外国法律的,应当提供该国法律。"既不提"人民法院依职(责)权(限)查明",也不提不是当事人自主选择法律"亦可要求当事人提供",前者似过分夸大了法院的职责与权限,后者似忽视了在民事审判中谁主张权利,谁负责证明的基本原则(请查看意大利 1995 年国际私法第 14 条)。二者相比较,最高人民法院的司法解释无疑是更为具体而合理的。但既然《民法通则》第八章不在废除之列,自然最高人民法院的上述解释也应继续有效。从而在查明外国法的问题上,我国法院仍有充分理由坚持适用旧法,而当事人大多则可能主张适用新法,仅应由法院查明。

第三,关于自然人的民事行为能力(关于自然人的民事权利能力的准据法规定,本文将另作重点讨论),1986 年《民法通则》第 143 条规定为:"中华人民共和国公民定居国外的,他的民事行为能力可以适用定居国法律。"而这次本法第 12 条规定为:"自然人的民事行为能力,适用经常居所地法律。"无论依法理或我国《民法通则》及其司法解释,这二者也应有区别,又该如何处理?

第四,关于合同应适用的法律,1986 年《民法通则》第 145 条规定为:"涉外合同当事人可以选择处理合同争议所适用的法律,法律另有规定的除外。涉外合同当事人没有选择的,适用与合同有最密切联系的国家的法律。"而此次本法第 41 条规定为:"当事人可以协议选择合同适用的法律。当事人没有选择的,适用其履行义务最能体现该合同特征的一方当事人经常居所地法律或者其他与该合同有最密切联系的法律。"故二者又有几大区别:

首先,1986 年的前引条行文为"当事人可以选择……所适用的法律",而且明文规定,这只能在法律没有另外规定的情况下才可依"除外"处理;而这次立法则完全放弃了"法律另有规定的除外"这一限制。

其次,这次本法前引条于当事人未协议选择法律时,允许依特征履行或最密切联系决定应适用的法律,而在法理上讲,"特征履行方法律"与"最密切联系的法律"却也可能不是一个国家的法律。审判时,如当事人坚持适用《民法通则》第 145 条,又当以何者为据?

最后,在合同法律适用上,还有 1999 年通过的《中华人民共和国合同法》第 126 条规定,其第一款虽与上引《民法通则》第 145 条相同,但其第二款却是明显不同的,即"在中华人民共和国境内履行的中外合资经营企业合同、中外合作经营企业合同、中外合作勘探开发自然资源合同,适用中华人民共和国法律"。《合同法》这一单边的只允许适用中国法律的冲突规则既未废除,当然是继续有效的。这在合同的法律适用上也未达到统一的目的。

第五，由于本次立法未以统一我国涉外民事关系法律适用法为目的，新旧法律规定的差异还可见于《民法通则》第148条关于"扶养适用与被扶养人有最密切联系的法律"，而这次规定为："扶养，适用一方当事人经常居所地法律、国籍国法律或者主要财产所在地法律中有利于保护被扶养人权益的法律。"虽然在形式上看，本法这一条规定似较《民法通则》第148条更为详尽合理，因为它是以利益为导向的冲突规范——即以最有利于被扶养人为导向，但"一方"却指何方？粗心一点的话，可能给出的答案就是"被扶养人的对方"。但如作这一理解，在行文上为什么泛称"一方"？既为"一方"则被扶养人或其代理人完全有理由主张这里所指的"一方"可以解释为只要扶养人与被扶养人的"任何一方"的"经常居所地法律、国籍国法律或者主要财产所在地法"中所包含的"最有利于被扶养人"的规定是都得适用的，从而在审判程序上，至少首先是"双方"的这三个连结点所在地有关扶养的实体法制度是都得调查的。而且这句话的"或"绝不能被解释为法官只要调查其中的"国籍国法"或"主要财产所在地法"，因为在这二者中虽有"或"字存在，但二者中究竟何者的法律对被扶养人最为有利，是必待找出这两个地方的法律来作对比时才能确定的。这就是说，在执行这一条规定时，法官必须调查扶养人和被扶养人"双方"这"三个地方"的法律，也就是必得同时调查双方共六个地方的法律后，才能抽出这六个地方的法律中最有利于被扶养人的法律具体规定加以适用。这能做到吗？

对这一条在适用上带来的麻烦，还远不止于此。即如待法官调查了这六个地方的法律，也从中抽取出了各个最有利于被扶养人的法律规定，但由于《民法通则》第148条未被废除，对于当事人（被扶养人）仍可以依据这一条的"不符合最密切联系原则"进行抗辩，乃至在他国另行起诉，或请求拒绝执行依新法作出的判决。

第六，《民法通则》第149条规定："遗产的法定继承，动产适用被继承人死亡时住所地法，不动产适及不动产所在地法。"而此次本法规定："法定继承，适用被继承人死亡时经常居所地法，但不动产法定继承，适用不动产所在地法。"虽然不动产继承的准据法表述不变，可是动产法定继承的准据法却由"死亡时被继承人的住所地法"，改为了"被继承人死亡时的经常居所地法"，而"住所地法"与"经常居所地法"依《民法通则》第15条和最高人民法院对这一条的相关司法解释，二者无疑也是不同的，却也同时有效。

这次立法，不但在它与早先立法之间，因新法第51条的规定，明显地看出它的立意并不以统一我国已有的法律适用法为目的，而且新法本身也往往有取不一致立场的规定。其中最值得商榷的就是，对同一规定对象，在仅有的

40个规定了系属的条文中,有的把实质要件与形式要件应适用的法律分立为两条,有的却又合并在一条中规定;有的把特定的人身关系和财产亲系合并在一条规定,有的却也分立两条。很难让人理解这种不同处理的根据是什么?有没有统一的考虑?在起草时既已确定本法当控制在50个左右条文的规模上,为什么不可以采取合并为一条而分立不同的两款来作规定,从而节约出条文,以便规定更多的问题呢?例如对于结婚,为什么一定要用第21条和第22条分别规定"结婚条件"和"结婚手续"各自的法律适用,而这两条中规定应适用的法律,又有两种是彼此相同的。比如第21条对于结婚条件,也允许适用婚姻缔结地法和一方当事人经常居所地法,只是得首选"当事人共同经常居所地法律","没有共同经常居所地的,可适用共同国籍国法律"而已。像结婚这样的问题,本法起草时即使认为共同经常居所地法律和共同国籍国法律是最重要的,是必须首先适用的,却为什么在结婚手续上又完全不用这两个地方的法律,只要求符合一方当事人的经常居所地国或国籍国法呢?这样会不会造成结婚条件符合准据法的要求,而结婚的手续却不符合准据法的要求的情况,自己给自己造成麻烦呢?

又如夫妻关系,基于本法的规模较小的预设,完全可以在一条中以两款加以规定,却也分设"夫妻人身关系"和"夫妻财产关系"两条。同时对于离婚,本法在有限的条文中,也分立为"协议离婚"与"诉讼离婚",而且把"协议离婚"的准据法,规定得如此复杂——首先,允许当事人协议选择适用一方当事人经常居所地法或国籍国法;其次,如当事人没有选择的,适用共同经常居所地法律;没有共同经常居所地的,适用共同国籍国法;没有共同国籍的,适用办理离婚手续机构所在地法,这种要求必须"依次决定应适用的法律"之间又不存在"依次放宽"的观念,不是在给法院制造困难吗?在价值取向上,是支持协议离婚,还是尽可能限制协议离婚?但接着看对"诉讼离婚"的规定,到十分简单明了,只要"适用法院地法"。本法在"夫妻关系"上,区分"人身关系"(第23条)和"财产关系"(第24条),但在"人身关系"与"财产关系"二者的法律选择上的价值取向也是不一致的。

但是紧接着第24条对父母子女人身和财产关系,又不加区分。不过它的"依次适用"模式到是比较科学的。对收养作规定的第28条,也把收养的"条件和手续"合并在一起规定应适用的法律。这种分分合合,又是基于怎样的立法指导理念呢?

凡此诸例,是否反映出,起草本法时就缺乏一种统一的或"一以贯之"的理念,随意性过大,严谨性缺乏。而"严谨"却是立法中必须做到的,它不应只是一种理念上的追求，而应更有利于法院的适用。

二、本法是否在法律适用法上取"民商分立"体系？

与认为本法的出台标志着我国涉外民事关系法律适用法的"统一"观点相反的，是下面我们将讨论的这次"涉外民事关系法律适用法"究竟是取"民商分立"还是"民商统一"的立场的问题。十分奇怪的现象是，国内目前主张此次立法实现了法律适用法的"系统化"与"统一"的学术著作，往往又持本法是取"民商分立"的观点。对于本法取"民商分立"的认识，本文也是有不同观点的。

持"民商分立"观点的人们的依据，恐怕主要来源于全国人大常委会法律委员会主任委员2010年8月23日在第十一届全国人民代表大会常委会第十六次会议上所作的对本法草案主要问题的汇报，其中"关于本法与其他法律的关系"一节中称："有些专家和法院的同志建议把海商法、民用航空法、票据法三部商事法律有关法律适用的规定纳入本次立法中来，制定一部'统一'的涉外民事关系法律适用法。考虑到商事领域的法律众多，除这几部法律外，还有公司法、合伙企业法、保险法、证券法、证券投资基金法等，制度内容不同，监管要求不同，情况十分复杂，在什么情况下可以适用外国法律，还是在单行法中作出规定为宜。据了解，国外的法律适用法对商事领域的法律适用问题一般也不作规定。因此，草案没有将海商法、民用航空法、票据法有关具体规定纳入本法……"[1]

但是如果本法在立法旨意上确是自一开始到终审通过的确采"民商分立"，那么在立法本意上，它的关于法人的法律适用制度，其法人也应该不包括从事商业活动的法人（第14条），能这样理解么？它的关于代理的规定（第17条），也不包括商事代理吗？但追根溯源，代理制度是最早主要从商事活动中发展起来的。"行纪"及目前的各种"经纪人"在本质上也就是执行代理业务的。

它的关于仲裁允许当事人选择仲裁协议应适用的法律（第18条），也只适用于除商事仲裁之外的纯民事争议么？在我国乃至在世界范围内，"民事仲裁"制度已发展到这样复杂的程度，乃至于国际私法中，也必须为"民事仲裁"设立一个专门定准据法的冲突规范了？事实上，在中国这块土地上，仲裁制度也自始即是为了适应商事活动中迅速解决法律纷争的需要而设立的。

---

[1] 黄进：《中华人民共和国涉外民事关系法律适用法建议稿及说明》，中国人民大学出版社2011年版，第146页。

在本法关于法人的规定中，它明明提到"法人及其分支机构的民事权利能力与行为能力、股东的权利与义务事项"，而且在第二款中，一开头就直指"法人的主营业地"，"公法人"有"营业地"吗？这不都是商事法人的特有概念吗？

它还专设有一条"信托"的规定，而且允许当事人协议选择信托应适用的法律。这难道也是只指纯民事中如英国原来的"信托"吗？我们国家"民事信托"真有这么发达，从而必须在涉及民事关系法律冲突的法律中，专设一条冲突规范吗？而在我们国家目前的实际生活中，"信托"仅仅或主要、大量发生在商事领域中。

本法关于不动产物权法律适用的规定（第36条），也只涉及非商业流转关系中的不动产物权吗？如果是，那1988年最高人民法院在《民法通则》第144条关于"不动产的所有权，适用不动产所在地法"的基础上，特别在其解释中又释为："土地、附着于土地的建筑物及其他定着物……等的所有权、买卖、租赁、抵押、使用等民事关系"呢？这其中的所有权因买卖、租赁、抵押而发生的法律关系，难道又主要不表现于商业营运之中吗？

本法第37条所设立的动产物权法律适用，不也是大量见于商业交易中吗？而且其第38条还设有关于"动输中动产的物权"，在第40条中又设"权利质权"，也仅限于民法上的概念与制度吗？

更何况我国最高人民法院在2007年正式发布了一个"关于涉外民事、商事合同纠纷案件适用法律若干问题的规定"，其标题就将"民事'"商事"并提，且明确规定了17种另加9种（类）共26种（类）民事、商事合同应适用的法律。根据这一司法解释，我们也不能作出我们国家国际私法是取民事法律、商事法律"分立"的立场的。

还应该回答的问题是：本法关于债权合同的法律适用的规定，第42条关于"消费者合同"，第43条关于"劳动合同"难道也都不包含在商事合同中吗？尤其是本法第45条专设有关于"产品责任"的规定，在商品化程度不高的社会，也许只是民法上的侵权问题，但现在这不也成为了商法中的一个大大的问题吗？至于本法第48条关于知识产权的法律适用的规定，在这个劳动力都商品化了的社会，知识产权制度竟能"洁身自好"，继续保护其不进入商业流通领域的"崇高"地位？

此次立法工作从2002年启动时起，从来没有听说过我们国家的法律适用法要采"民商分立"体制。

为了进一步论证这一观点，我们还想不厌其烦，再引用国际上一些颇有影响的国际私法为例来进一步说明：至少到目前为止，还没有听到或者看到国际社会在这一法律领域曾经有过"民商分立"的论说，也从未听说或者看到过有哪一国家取"民商分立"的制度。例如德国在实体法上是采"民商分立"立场的，但它的 1986 年改革国际私法立法，却是采"民商合一"的做法。例如它的第五节"债法"的"契约之债"中，就有许多关于商事法律适用法的规定：

"第二十八条　当事人未作选择时的法律适用

1. ……

2. 可以推定契约同应支付特定款项的当事人在缔约时有惯常居所的国家，或者，如果涉及公司、协会或法人，则与其主营业机构所在地国家有最密切的关系。如果契约是为当事人从事的职业或行业的工作而缔结的，则可以推定契约与其有主要分公司所在地的国家，或如果按契约由另一分公司作为主要分公司支付款项的，则与另一分公司所在地国家有最密切的联系。如果不能确定支付特定款项，则不能适用这一条款。

3. ……

4. 在财产运送契约中，可以规定它们同承运人在缔约时有主要营业处的国家有最密切的联系，只要这个国家同时也是装货地或卸货地或托运人主要营业处所在地。作为财产运送契约的单一航程的租船合同和以财产运送作为主要事务的其他合同也适用本款。

……"

瑞士 1987 年的长达 200 多条的国际私法立法在第一编第 9 节"住所与国籍"中，其第 21 条就明确规定了"公司以其总公司所在地为所在地"。在第九编"债权"的"合同"一节中，明确规定了"分期付款销售合同"、"财产使用合同"、"劳务合同"、"仓储合同"、"货物买卖合同"、"产品瑕疵责任"、"不正当竞争"、"妨碍竞争"、"不动产排放造成的损害"等，也都是直接属于商事、商法的范围。尤为明显的是它专设有第十编"公司法"，第十一编"破产与清偿协议"，第十二编"国际仲裁"，也都属于商事、商法的范围。

1998 年意大利国际私法改革法的第三章"法人"中，其中一个总序号为第 25 条的条文标题就是"公司及其他企业"。

1978 年的奥地利国际私法中，除设有涉及运输工具与无形财产权的条文，其第七章"债法"中还设有"银行业务与保险契约"、"交易所业务与类似契约"、"拍卖"、"消费者契约"、"使用不动产的契约"、"双方同意的代理"等商事活动的法律适用条款。

1999 年，列支敦士登国际私法的立法，也设有"银行业务及保险合同"、

"交易所业务及类似合同"、"拍卖"、"消费者合同"、"使用不动产合同"、"无形财产权合同"、"劳动合同"、"私人代理"等商事活动的条款。

1998年委内瑞拉国际私法的第六章"债务"中，第31条也规定："除前述各条规定外，为在个案审理中，实现公正、合理之目的，如适当，国际商法的规则、习惯、原则及普遍接受的商事惯例与实践(注：当指判例)得以适用。"

1992年澳大利亚法律选择法案更直接规定了违反"公平贸易法"与"信托"应适用的法律。

从国际私法的历史来看，即使到18世纪以后成文立法已经肇始之时起，历数大陆法、普通法的学说发展史或立法发展史，尤其需要注意的一点是，早在意大利北部城邦之间产生关于法律冲突的问题，都是当地涉外商事关系已相当发达，事事只适用各该城邦自己的法律已不能适应这种涉外民商事关系所提出的平等保护的客观需要，才逐渐形成内外城邦法律平等适用的"法则区别说"——它绝非主张调整民事与商事的法则应加区别对待，而是在对同为民事或商事的社会关系中分别出哪些法则只具纯域内效力，哪些法则具域外的效力，并无"民商分立"，或认为民事关系的冲突法和商事关系的冲突法应加区分并分别立法的"法则区别"的主张①。在历史的渊源上，广义上的民法，实际上从来就是在民事领域和商事领域普遍适用的，充其量也只是认为商法乃民法的特别法，民法仍然是商法的基本法——商法上的许许多多的法律制度，大多也就是从民法基本法制度上滋生出来或演化、演进而来。从事国际私法史的研究者，也都没有听说谁提出过，或认为早先已有学者或学说曾提出过在国际私法历史发展的某一个阶段，实体商事活动终于演绎出许许多多的与民法无干或民法无从适用的商事法律制度，从而终于使涉外商事关系需要有一个独立于涉外民事关系法律适用的制度。而且直到今天，在我们国内也从不见有任何一位学者或司法实践家主张我国国际私法必须像实体民法和实体商法那样分立出一种独立的商事关系法律适用的冲突法制度；乃至现在也无文献或司法实践的资料，已经明显预示或预见往后的某一个历史阶段，无论如何都必然或必须会从"国际私法"分立出"国际民事私法"与"国际商事私法"，才能显现出"国际私法"已经进入这样一个"新的"历史阶段。

---

① [美]孟罗·斯密：《欧陆法律发达史》，姚梅镇译，中国政法大学出版社1999年版，第217页。

三、本法是否以最密切联系作为总的选法指导理念的问题

本法出台以后，已有著作与论文，认为这个立法是以"最密切联系"作为制定全部冲突法制度的总的指导原则的。其立论的根据就是本法第 2 条的规定："涉外民事关系适用的法律，依照本法确定。其他法律对涉外民事关系法律适用另有特别规定的，依照其规定。""本法和其他法律对涉外民事关系法律适用没有规定的，适用与该涉外民事关系有最密切联系的法律。"

但是，在理论与实践的角度来考量，真正能依据这一条规定就作出上述断然肯定的结论，似很难讲通。

如果要以这一条的规定来证明本法是以"最密切联系"原则作为总的指导理念，在形式逻辑上就至少得肯定：本条第 1 款第 2 句所称"其他法律对涉外民事关系法律适用另有特别规定的，依照其规定"中的"其他法律"也是依"最密切联系"原则作出的规定。否则，其前提的设定就应该是"涉外民事关系适用的法律依最密切联系原则确定，但其他法律已有特别规定的，依照其规定"，用以交代清楚其他法律可能只是最密切联系适用的例外处理。但现在的文本在形式逻辑上，似很难成立这一解释。

其次，有了前一段规定的语境，就本条第二段的行文来看，既然是称"本法和其他法律对涉外民事关系法律适用没有规定的，适用与该涉外民事关系有最密切联系的法律"，就只能认定"最密切联系"只不过是一条定补充选择的指导原则，而不能认为是本法的总的指导原则。

一般来说，国际私法要求依"最密切联系原则"来决定准据法的选择和决定法院的管辖权，无疑是不能停止在字面的意义上而牵强附会，而应该仔细从人的法律生活与特定国家立法与法律管辖的角度来综合考量，他们之间是否存在最实质、最重要、最通常、最牢固或最稳定的联系，最利益攸关的联系等方面去作出全面的认定。

如果依据对最密切联系的理解，应该认为在"属人法"方面，毫无疑义，国籍国法与住所地法与当事人的法律生活及国家的立法与法律管辖的联系程度是远比"经常居所地法"更为牢固、更利益攸关的。可就是在这次立法中在 40 个采用连结点规定应适用法律的条文中"国籍"（含"共同国籍"）仅使用过约 12 次，"经常居所地法"却使用了 30 多次，而"住所"这个连结点则干

脆被完全废弃①，以致连概念的出现都不存在。因而甚至可以得出这样的结论：本法在属人法的使用上，在绝大多数条文中使用的只是作为对"住所地法"起替代或补充适用作用的"经常居所地法"，这在很大程度上(且不说完全)是不反映"最密切联系原则"的，而是便于自然人的国际流动。更何况，在本法中连"经常居所地"的定义都未给出。

依最高人民法院1988年关于贯彻执行《民法通则》的意见的第9条对《民法通则》第15条"公民以他的户籍所在地的居所地为住所，经常居住地与住所不一致的，经常居住地视为住所"这一规定的进一步解释是"公民离开住所地最后连续居住一年以上的地方，为经常居所地……""公民由其户籍所在地迁入另一地之前，无经常居住地的，仍以其户籍所在地为住所"。从《民法通则》第15条及最高院对该法的解释意见的上引文完全可以认定，我国所界定的这种"经常居所地"，不但远比从1902年的《海牙婚姻法律冲突公约》起，几乎已被绝对多数的海牙公约采用作属人法的基本连结点"惯常居所"的取得与认定要困难得多，乃至比"住所"的确定都难。故而此二者的重要区别，"惯常居所"主要立意在于便利自然人流动，而"经常居所"却片面地强调联系的稳固、稳定。但使用"惯常居所"作属人法时，往往也以有相互之间的条约存在为前提，即互相方便对方流动人员的法律保护。其价值取向主要不在"最密切联系"。

这一点，还可以美洲国家间关于国际私法上自然人住所的1979年公约中的规定为例来加以辅助的证明。该公约就是因为在美洲国家，"住所地法"是自然人的首要属人法(比国籍与个人法律生活具有更直接的联系)连结点，而各国对住所究在何处，往往难以认定或认定分歧，因而需要加以统一而制定的。它也规定：自然人的住所依下述顺序予以决定："(1)他的习惯居所地；(2)他的主事务所所在地；(3)在无上述二者时，他的单纯居住地；(4)在无

---

① 住所在法律上的效力，一般认为至少涉及以下10个方面，而其中大多涉及国际私法：(1)是定属人法的一个重要标准；(2)是定司法管辖的一个重要标准；(3)是受送达的一个处所；(4)是决定特别审判期间的标准；(5)是决定失踪、死亡宣告的时间的标准；(6)往往是债务的清偿地；(7)是继承的开始地；(8)是法人设立时必登记的事项；(9)是决定破产事件管辖权的标准；(10)是归化而取得国籍的要件。当然，由于国际经济、贸易、人员流动的迅速发展，过份强调住所地法已带来诸多的不便，从而它的适用性不断受到"变革住所地法"的新思潮、新实践的冲击。

单纯居住地时,他的所在地①。"可见在属人法的适用上,它是取逐步从宽的认定(即住所地→习惯居所地或其人的主事务所所在地→现在地),而"住所"却仍是属人法的基本连结点。②

既然本法完全抛弃了住所这个属人法连结点,现在如果一个从未离开其住所的人参加了本法规定当以经常居所地法作属人法的涉外民事关系,尽管第12条也规定了经常居所不明,适用其现在居所地法,而他的现在居所只是他的"住所",又该怎么办呢?也一定得将这个"住所地法"称为"现在居所地法"吗?既然作出了完全废住所这个连结点的决定而以经常居所地法取代,为什么不可以假设若干案情作作推演以证明其真正可以完全取代"住所"呢?何况我们的"民事诉讼法",还是以住所所在地作为一般管辖的主要连结点,我们的涉外民事管辖权也还在用住所所在作重要的依据。

关于本法究竟是否以"最密切联系"作为总的选法指导原则的问题,全国人大法工委王胜明主任最近发表于《法学研究》2012年第2期上的《涉外民事关系法律适用法若干争议问题》已作了明确的澄清。他特别强调地指出:之所以在该法第二条第二款特别申明"本法和其他法律对涉外民事关系法律适用没有规定的,适用与该涉外民事关系有最密切的法律",其用意,就是在于不将"最密切联系原则"作为制定本法总的指导原则的主张③。

但与此同时,既然不将最密切联系原则作制定本法各项规定的总的指导原则,而只起指示法院在解决涉外民事争议本法未规定应适用的法律时的补充选择的指导原则,并不同时表明本法制定时,也不需要预设"基本指导思想"。但从本法来看,这方面无疑是存有缺陷的。

首先,仍以第51条为例,至少在处理本法与我国已有这方面立法之间的关系上,就缺乏这种最为经常适用的"新法取代旧法"的这种传统的"预设指导思想"。以第51条来看,首先表现本法的起草作了那么多年的准备,却仅仅在于解决《民法通则》第146、147条《继承法》第36条与本法有不同规定应适

---

① 李双元译:《美洲国家组织国际私法特别会议通过的七个公约(1979)》,载武汉大学国际法研究所1984年出版的《国际法丛书·国际私法的理论与实践》,第271~272页。

② 目前国内学界有将"经常居所"和"习惯(或惯常)居所"二者均译为 Habitual residence,显然是与《民法通则》的解释中的"经常居所"不切合的。如果立法机关当时是取相同解释的,就不会将2010年6月草案中所使用的"惯常居所",在紧接着发出的第二稿中,立即全部将"习惯居所"改为"经常居所"了。

③ 王胜明:《涉外民事关系法律适用法若干争议问题》,载《法学研究》2012年第2期,第187~193页。

用本法的问题,所有已有的旧法均不在废除之列,那又何必谈这次工作是"立法工作",最多通过法院作一个司法解释就足以解决问题了。显然这是完全解释不过去,执行起来也很难贯彻的——它徒然增加了适用法律上的困难,从而使法院在决定应适用的法律时,难免不"鼠首两端",无所适从。

其次,即使不用最密切联系作规定每一条应适用法律的指导思想,其他价值取向如:有利于跨国民事活动的开展;有利于实现我们国家所追求的法律价值;有利于我国法院适用法律的稳定与便捷;有利于我国作出的判决易于在国外得到承认与执行,……这等等方面,似乎都未能充分进入立法思考的范围。

最后,本次立法为什么在属人法的适用上,以如此规模扩大"经常居所地法"的适用?在2010年6月第一稿上还是当事人的惯常居所地法,但紧随其后的第二稿便完全抛弃了"惯常居所"这个已在国际实践中颇有共识的"连结因素"。而据我们手边的资料,尽管已多有在国内立法中,也采用"惯常居所地"作属人法连结点的,但国籍与住所还是两个必不可少的连结点,突出对某种法律关系以适用惯常居所作连结点的,仅仅是从1902年以来的多种海牙国际私法公约。但它只对缔约国间适用。即使如2005年保加利亚在法律适用规则中,大量使用惯常居所作连结点,但它却还专门设立了一条将惯常居所作"住所"解释的定义条款。此外,它在使用惯常居所作属人法连结点时,也多以惯常居所定自己法院行使司法管辖权的依据。而我们目前的涉外民事诉讼法,定管辖权首先还是住所地标准,其次才是"经常居所地"。这就表现出很有理性、理智,并且有明确的便利诉讼的明显价值取向了①。凡此种种,是不是都对我们有启迪的作用?

四、对本法第11条关于自然人权利能力应适用准据法的思考

对于自然人的权利能力应适用的法律,可以说是讨论涉外民事关系法律适用问题时最先需要解决好的问题,因为如果各国不承认外国人在内国有从事民事活动(取得权利同时承担相应义务)的能力,涉外民事关系就根本不会发生,又何谈解决应适用法律的;冲突问题因而在国际私法产生时起,就已经以此为前提而为解决各种问题提供选择法律的方法的。

---

① 邹国勇:《外国国际私法立法精选》,中国政法大学出版社2011年版,第216~242页。

权利能力，最简单而又最切合的定义就是人得成为权利主体的资格（当然也就是指同时带来的承担相应义务的能力）。而人得成为权利主体的资格并不是从人类历史开始时就被确立的，而是从国际私法的最早形态——"法则区别说"产生起，城邦之间的法律已必然包含了这种观念——至少在商事交往中，它们必得承认彼此的市民具有从事交易活动的资格能力）。但真正在宪法与法律上承认人皆有权利能力，那是法国大革命以后的事了。法国在1791年宪法中的"人权宣言"中，其第一条开宗明义就规定"任何政治结合的目的都在于保存人的自然的不可动摇的权利，这些权利就是自由、财产、安全"。① 但这都是在一般意义上来谈权利能力的。在实际的法律生活中，由于各个国家或地区的社会发展水平不同，风俗习惯不同，乃至法律的价值取向不同，各个国家在自己的宪法或民事法律中的确立的这个一般原则之下，具体的民事权利能力的开始、终止、范围、限制等，各国却往往有相异的规定。因而在各国民法和国际私法上，必有"一般权利能力"与"特别权利能力"之分，而且这种区分也必然导致在法律适用上，产生种种不同的学说与制度。比如说，由于认为现代法律已承认人皆有权利能力，因而有的国家的国际私法中，就干脆不规定民事权利能力法律适用问题，而只规定人的行为能力的法律适用。如日本，尽管在其原有《法例》中，第3条第1款称："人的能力，依其本国法。"但它的第2款、第3款则仅针对行为能力。而它的2006年《法律适用通则法》却未规定权利能力准据法，仅于第4条中规定"人的行为能力，依其本国法"。朝鲜1995年涉外民事关系法第18条，前东德1975年国际私法第6条等好几个国家也仅规定行为能力应适用其本国法。

但绝大多数国家的法律适用法都对自然人民事权利能力法律适用作有规定，且往往先一条规定适用当事人"属人法"。而规定适用属人法的，又以明确指定适用当事人本国法的占多数。若干美洲国家则规定适用住所地法。少数国家则适用"国民待遇"或"对等待遇"。而适用"经常居所地法"的，唯我国此次本法为"仅见"。请看下列材料：

规定适用自然人住所地法作第一位属人法的，如巴拉圭1985年国际私法第12条、秘鲁民法典第2070条、乌拉圭1941年国际私法第2393条（它称"户籍与身份"和"行为能力"），加拿大魁北克省民法典第3083条等都适用住所地法。但美国路易斯安娜州1991年民法典第3519条则规定在自然人的身份上，适用如不适用其法律将受到最严重损害的州的法律（这是很特别的）。

---

① 均见姜士林等：《世界宪法全书》，青岛出版社1997年版。

除上述外，明确规定适用自然人本国法的有：泰国1939年国际私法第10条、约旦1976年民法典第12条、阿拉伯联合酋长国国际私法第11条(年代不详)、阿拉伯也门共和国国际私法第24条(年代不详)、也门人民民主共和国国际私法第27条(年代不详)、土耳其1982年(第8条)与2007年(第9条)两部国际私法、韩国2001年国际私法第11条、埃及1948年民法典第11条、马达加斯加1962年国际私法第28条、中非共和国1965年国际私法第40条、塞内加尔1972年家庭法第840条、加蓬1972年民法典第32条(但它对已在加蓬居住生活五年以上的人要适用加蓬法)、阿尔及利亚1975年民法典第10条、布隆迪1980年国际私法第2条、突尼斯1998年国际私法第39条、捷克斯洛伐克1964年国际私法第3条、波兰1966年国际私法第9条、前南斯拉夫1982年国际私法第14条、匈牙利1979年国际私法第10条规定适用属人法而第11条规定人的国籍决定其属人法、罗马尼亚1992年国际私法第11条、白俄罗斯1999年民法典第1104条、联邦德国1986年国际私法第7条、意大利1942年、1978年及1995年三个立法的第17及第20条、希腊1946年民法典第5条、葡萄牙1966年民法典第28、31条(前者规定适用属人法，后者明确属人法即其本国法)、奥地利1978年国际私法第9、11条、比利时2004年国际私法第34条、列支登士敦1966年国际私法第12条、智利1985年国际私法第15条(但只限于在外国的智利人)、哥斯达黎加1987年国际私法第3条与智利相同，俄罗斯2001年民法典第1195条、摩尔多瓦2002年民法典第1587条、吉尔吉斯斯坦1997年民法典第1177条、卡塔尔2004年民法典第11条、阿尔及利亚2005年民法典第10条、阿塞拜疆2000年民法典第10条、斯洛文尼亚1999年国际私法第13条、保加利亚2005年国际私法第49条以及1951年荷、比、卢关于国际私法统一法的公约第2条等。

唯有1987年瑞士法比较特别，它的国际私法第34条第1款规定"自然人民事权利能力要适用瑞士法"，但第2款规定自然人此种权利能力的产生与终止要适用调整民事权利义务关系的法律(即各该应适用的准据法)，亦即权利能力的内容和范围要由当事人本国法确定，只有权利能力的产生与终止则适用作为各系争权利义务关系的准据法确定。

可见，就目前国内已有中文译本的国际私法关于自然人权利能力，适用各该当事人本国法的不少于39个，占绝大多数。适用住所地法的不少于5个国家或地区，适用国民待遇(平等待遇)的不少于5个，却未见有一例要求适用相关当事人经常居所地法的。

当然，应该注意的是，以上均是就"一般权利能力"而言的。至于在每一具体案件中,涉及某种具体权利能否为相关当事人所享有,以及在何为死亡,何为出生,能不能取得从事某一具体的民(商)事活动的能力……往往因各国风俗、经济发展水平以及各国立法的价值取向而有所不同。所以,在"特殊的权利能力"上,往往要受主要问题应适用的法律准据法或法院地法的限制。

但无论如何,本法此次规定"自然人民事权利能力适用经常居所地法",乃至连"无经常居所"或"经常居所"难以判定的情况下,该如何变通处理的规定都没有,无论如何是很难讲得通的,很难有适用价值的。即使适用了,要得到当事人本国法院的承认与执行,也是不可能的。如果按最高法院就1988年《民法通则》第15条"公民以他的户籍所在地的居住地为住所,经常居住地与住所不一致的,经常居住地视为住所"所作的司法解释"公民离开住所地最后连续居住一年以上的地方,为经常居住地"(第9条),仍很难理解为什么要用这个地方的法律确定当事人的民事权利能力,而不用最具稳定性的当事人本国法作权利能力的准据法?

五、关于国际条约与国际惯例是不是我国国际私法法源的问题

本来,2010年10月28日颁布的《中华人民共和国涉外民事关系法律适用法》完全没有设置有关适用国际条约与我国接受的国际惯例的条文,本可以完全不讨论这一问题。但一是由于本法第51条并未废除我国早先关于处理涉外民事关系应优先适用我国缔结或参加的国际民事实体法条约以及有关适用国际惯例的规定,所以,之前这些方面的规定还是继续存在并有效实施的;二是全国人大常委会法制工作委员会负责同志在刊发的《涉外民事关系法律适用法若干争议问题》一文中也明确表示:在本法中对国际条约的适用问题虽未规定,但"民法通则、民事诉讼法等法律中有关规定仍旧适用",① 所以,在研究本次立法时,也是绕不开这个问题的。加之,作者早从90年代中起,② 就一直对1985年的《涉外经济合同法》,尤其是1986年颁布的《民法通则》涉外法律

---

① 王胜明:《涉外民事关系法律适用法若干争议问题》,载《法学研究》2012年第2版,第193页。
② 1994年在着手由中国国际私法学会起草《中华人民共和国国际私法示范法》的第一次会议上,作者提交了一份《对我国国际私法立法工作的几点建议》,后收入《李双元法学文集》(下册),中国法制出版社2009年版,第747~756页。

适用编的第142条都要求"优先适用"我国缔结或参加的相关民事实体法条约，并在中国法律及中国参加的民事实体法国际条约均无规定时适用国际惯例的规定，存在不同的观点，而此次立法既仍坚持这种规定。所以，本着实事求是的态度，乃重申作者的相关意思，以供参考。

其实，我国《民法通则》等法作出此种规定，毫无疑问，实乃源自前苏联的学说与实践。这早在我国改革开放之初由教育部与司法部联合组建的法学教材编辑部80年代初组编《国际私法》一书时，在当时讨论编写体制的会议上，就有过不同意见的争论，但由于当时我国法学尚未摆脱前苏联学说的影响，因而达成的最终意见还是采纳了前苏联国际私法学说，贯彻了把国际民事实体法条约与惯例当作第一位法源的观点。① 在上引1983年的统编教材第一章"国际私法的概念"中，就明确介绍："持这种观点的主要是苏联与东欧国家的一些学者。例如苏联的隆茨，就认为冲突规范和统一实体规范乃是规定具有涉外因素民事关系的两种不同的方法（请注意：这是指称的'具有涉外因素民事关系'，而不是仅称'具有涉外民事法律适用关系'），而在同一个法律部门共同一致地看待这两种规定方式，有助于解决哪一种方式在规定某种关系时具有相对优点的问题。在某些领域，比如对外贸易方面，采用可以消除冲突的统一实体规范（有时称'限制法律冲突发生的统一实体规范'）的方式，意味着有关国家之间更密切的合作，因而也是一种更高的规定的方式。"②

前苏联国际私法学说之所以特别强调作为统一实体法的国际条约与国际惯例，有其政治上的原因。如苏联国际私法权威学者隆茨所指出："在帝国主义时代，每一强大的资本主义国家独霸世界的奢望都是与想把涉外民事裁判权和实质民法（即我们所称的实体民法）强加在别人头上以便解决发生于国际结算

---

① 受会议一致推举负责撰写第一章的中国人民大学刘丁教授对这观点，也是持保留态度的，但他最后从共同工作出发，还是接受了会议的决定，并阐述了这一观点的内容。见韩德培任主编、任继圣、刘丁任副主编的全国第一批十二种统编教材中的《国际私法》，武汉大学出版社1983年版，第4~7页。作者当时也是接受这一观点的，并在《武汉大学学报》1983年第一期、第六期刊发的《国际私法的名称、性质、定义和范围》、《应当重视对冲突法的研究》两篇文章均作了阐述，只是坚持冲突法仍是国际私法的"本体部分"的理论。其中后一篇文章是经韩老先生阅读后以二人合著名义刊发。

② 刘丁先生特别注明，这是引自前苏联学者隆茨：《国际私法教程》第1卷，1973年俄文第3版，第25~2页，并见卫道治译《国际私法的对象与体系》一文，即取自隆茨1973年《国际私法教程》第一卷中有关论述，载武汉大学国际法研究所1984年内部出版物《国际法丛书·国际私法的理论与实践》，第21~44页。

和对外贸易争议的企图";"苏联的铲除资本主义经济制度,取消生产工具与生产资料的私有制和消灭人剥削人的种种结果遭到了资产阶级的深恶痛绝",因而"资产阶级法院曾再三作出过否认苏维埃国家对国有化财产的权利的判决",以"满足逃亡出国的这些财产的旧业主对交还财产的请求"。他在讨论"识别"问题时,也特别强调:"资产阶级法院不止一次地依法院地法作出所谓'二级识别'……借以限制或取消内国冲突规范的效力";乃至如在英国,还把这种方法与"公共秩序保留"制度结合起来,以否定前苏联的国有化法令,拒绝承认前苏联法院的裁决等。① 因此,前苏联到1961年还在它的《民事立法纲要》的第129条特别规定:

"如果苏联参加的国际条约或国际协定确立的规则与苏联民事立法包含的规则不同,则适用国际条约和国际协定的规则。"

"如果一加盟共和国参加的国际条约或国际协定确立的规则,与该加盟共和国民事立法的规则不同,则上述原则在该加盟共和国领域内也同样适用。"②

其中最具关键性的词语"民事立法"与我国1986年《民法通则》第142条规定完全相同。

但无论如何,现今属于前苏联的国家的国际私法在立法实践中,都已完全抛弃了这种观点,在它们的国际私法立法中,已仅提传统国际私法或冲突法方面的"条约"与"惯例"了。如《俄罗斯联邦民法典》在其第六编"国际私法"的首条第1186条规定:"有外国人参加的或含有其他涉外因素的民事法律关系准据法的确定",第一款已改称:"适用于有外国公民和法人参加的或具有其他涉外因素的民事法律关系的法律……根据俄罗斯联邦缔结或参加的国际条约、本法典……以及俄罗斯联邦认可的惯例确定。"

然后紧接着在该条的第3款又规定:"若俄罗斯联邦缔结或参加的国际条约含有适用于相应关系的实体法规范,则不得根据冲突法规范为此类完全由实体法规范调整的问题确定准据法。"③

这种抛弃实体法条约和惯例作为国际私法渊源的立法模式,几乎已为前苏联所有国家的新国际私法所采纳。如白俄罗斯1999年民法典国际私法编的第

---

① 参见隆茨著、顾世荣译《国际私法》第1~2章有关内容,人民出版社1951年版。
② 参见李双元编辑的《国际私法教学参考资料选编》上册,"总则·冲突法",第198页。
③ 见上引第7页。这句话也是由于转译的原因,有些不太好懂,其实,直白地说,就是凡遇有俄罗斯参加的实体民事条约所规范的事项,俄冲突法就不需要去管辖它们了。

1093 条、立陶宛 2001 年民法典"国际私法"编的第 1.10 条、第 1.13 条、摩尔多瓦民法典国际私法卷第 1576 条、吉尔吉斯坦民法典第 64 章国际私法第 1167 条、哈萨克斯坦冲突法与国际民事诉讼法第 1084 条、阿塞拜疆关于国际私法的立法第 1 条等,莫不如此。此外亦为亚美尼亚民法典国际私法编第 1253 条,以及斯洛文尼亚关于国际私法与诉讼的法律第 4 条采用,也均放弃了在先前的国际私法中规定民事实体法国际条约优先适用的规定。但是他们却仍然在自己的国际私法立法中规定国际私法(冲突法)条约优先适用的模式。但即使是这种国际私法条约优先的规定,除上述国家外,并未被大多数其他国家的国际私法所采用。

即使如 1987 年的瑞士国际私法,也只是在第一条关于"本法适用于下述具有国际因素的事项"中,并列规定:

(1)瑞士法院和主管机关的管辖权;

(2)法律适用;

(3)承认和执行外国法院判决的条件;

(4)破产与清偿协议;

国际条约有不同规定的,适用国际条约。"①

显而易见,其所指国际条约,毫无疑问当指涉及以上四个国际私法问题的国际条约,而绝非民事实体法或程序法条约。

2010 年德国《民法典施行法》第一编总则的第二章"国际私法"第 3 条主题为:"适用范围;与欧洲共同体的规定以及国际条约的关系"中规定为:"除非作准的是(1)欧共体可直接适用的现行规定,尤其是(a)欧洲议会与理事会 2007 年 7 月 11 日《关于非合同之债法律适用的第 864/2008 号条例》("罗马Ⅱ"),以及(b)欧洲议会与理事会 2008 年 6 月 17 日《关于合同之债法律适用的第 593/2008 号条例》("罗马Ⅰ"),或者(2)已成为可直接适用的内国法的各项国际条约的规定,否则,当案件与外国有联系时,依照本章规定确定应适用的法律。"很明显,该法条也限定为关于国际私法(法律适用性)的欧共体条例及其他可直接适用的规定②。

前南斯拉夫 1982 年"国际冲突法"的第 2 条也明确规定:"如果本法没有对本法第 1 条第 1 款中的某些关系应适用的法律的规定,则应适用本法相应的

---

① 李双元、欧福永、熊之才:《国际私法教学参考资料选编(上册)》,北京大学出版社 2002 年版,第 410 页。

② 邹国勇:《外国国际私法立法精选》,中国政法大学出版社 2011 年版,第 3~4 页。

规定和原则、南斯拉夫社会主义联邦共和国法律制度的原则和国际私法的原则",其第3条接着规定:"如果本法第1条中的关系(即'具有国际因素的人的身份、家庭和所有权以及其他关系'——引注)已由其他的联邦法律或国际条约(此仍当仅指法律适用条约——引注)所调整,则不适用本法的规定。"仍然,也均仅指涉及国际私法关系的条约①。

1992年罗马尼亚《关于调整国际私法法律关系的第一百零五号法》也仅只在第一章"一般规定"的最后一条(第10条)中规定:"本法之条款(显然是关于法律适用的条款)只有在罗马尼亚所参加之国际条约未做其他规定时才得适用。"②无疑也仅指不与它所参加的关于法律适用的国际条约相冲突的情况下适用。

意大利1995年国际私法改革法案仅在其第3条"管辖范围"中的第2款中特别规定,由于意大利是布鲁塞尔《民商事管辖权和判决机制公约》及其《议定书》的缔约国,故特别规定仅对不受该公约相关规定约束的事项上行使管辖权。③(因为该法是将管辖权、法律适用法、外国裁定与判决三项内容一并包含其中的)。

据查,除以上几国以外,其他国家的国际私法均不涉及国际条约的问题。在法理上讲,这无疑是因为前面已经提到过的,即使在冲突法事项上,凡是有国际条约的,在相关国家之间,未作出保留的,皆是具有直接适用的效力的,并不用由冲突法作"导入"适用的规定。

也正是根据国际公法——条约法上的这项原则,我们才坚持,即使不把国际私法条约的优先适用规定在本国的国际私法中,也是符合法理的。

至于国际私法规定国际惯例的适用,则作者始终是不愿赞同的。属于前苏联的上引若干国家虽大多仍有这类规定,这只能说,它们还未能完全摆脱前苏联国际私法学说的影响;或说是在理论上,它们国家的学说仍接受在冲突法领域已有形成固定的国际惯例的规则的观点而已。否则,为什么在其他国家的国际私法立法中均见不到这类规定呢?

---

① 本法最早的中文译本,为卢中原译,李双元校,收入由韩德培、李双元主编的《国际私法教学参考资料选编(上)》,武汉大学出版社1991年版,第276~299页。译文与此略有出入。

② 李双元、欧福永、熊之才:《国际私法教学参考资料选编(上册)》,北京大学出版社2002年版,第272、343页。

③ 李双元、欧福永、熊之才:《国际私法教学参考资料选编(上册)》,北京大学出版社2002年版,第272、343页。

我们在本段中陈述的观点，还可以通过立法及实践中的实例来加以佐证：

2008年暑期受全国人大常委会法工委的委托，武汉大学国际法研究所召开了一个"高级研讨会"之后，曾上报了一份我国涉外民事关系法律适用法，当时称为《中华人民共和国民法(草案)》第九编建议稿；其中的"附录I"，是"中国参加的国际公约一览表"，对1876—2003年中我国已"签署"、"承认"、"加入"并已生效的公约作了一份很详尽的列表，特别列明了中国有保留的各种公约。其中，对1980年《联合国国际货物销售合同公约》，特别注明于"1981年9月30日签署"，"1986年12月1日交存核准书"称：不受公约第1条第1款(b)项……有关之规定约束，而该条(b)项的内容恰好为：

"第一条(1)本公约适用于营业地在不同国家的当事人之间订立的货物销售合同：

……

b. 如果国际私法规则导致适用某一缔约国的法律"。

由此可见，我国在适用该公约时，是完全排除国际私法规则指定应适用其法律的某一缔约国的情况的，以免造成要在我们加入时毫无预期的缔约国之间适用该公约。

再就国际惯例来说，如《国际统一私法协会国际商事合同通则》，在其前言"通则的目的"中就明确规定："在当事人约定其合同受通则管辖时，适用通则。"可见，它的适用，并不需要有关国家在国际私法中规定"适用国际惯例"，而仅取决于当事人的自主意思。这一规则，也见之于《华沙——牛津规则》。它在序言中开宗明义首先就指出："它的用意是向那些按C.I.F条件进行货物买卖而目前缺乏可用的标准格式合同或共同条件的人们提供办法，使他们在C.I.F合同上能自愿而且容易地采用一套统一规则。"

这些都是关于实体法惯例的适用完全交由当事人自主决定的制度安排。至于如权利能力依其属人法，行为能力适用行为地法，合同适用当事人协议选择的法律，程序问题适用法院地法等等，虽已被经常使用于各国国际私法立法之中，但是也只能算是一些较普遍的实践而已，离成为被国际公法承认的"惯例"还很远。因为依国际公法的理论与实践，被称为"国际惯例"还必须具备下列性质，即一是通行于国际社会；二是它已具法律上的约束力。故就其成为"惯例"的实质要件而言，它已形成一种不断重复的，且为国际社会的多数所连续采用的行为规范，特别是对主体而言，已深信自己必有采用的义务。所以，我们始终不认为在涉外民事关系法律适用法中有规定"国际惯例"可作"补遗适用"的必要。

权利质权标的探究*

早期的罗马法权利并不能作为质押的标的，权利质押作为一种制度，是优士丁尼之后对质权的延伸。① 随着市场对融资需求的与日俱增，以及各种可让与的财产性权利的日益增多，权利质权在担保融资方面显得更加举足轻重。而权利质权担保融资功能的发挥很大程度上取决于其标的的范围，对权利质权标的的规定，大陆法系各国及地区的立法不尽相同，在理论上也存在不少分歧。但是拓宽权利质权标的的范围，增强其融资功能，以适应现代经济发展融资的需求，是各国普遍关注的重点。

一、权利质权标的的立法例

动产质权的设立须移转质物的占有，一方面能促使债务人积极履行债务，但另一方面却不利于出质人对质物的使用、收益。加之近代社会对融资需求的日益增大及无形财产的急剧增多，权利质权凸显出更加重要的作用，并为绝大多数国家和地区的立法所采纳。关于权利质权标的的规定，大陆法系各国及地区主要有三种立法体例：

第一种是以概括的方式对其作出规定。这种概括的方式又分为三种模式：一是规定可让与性财产权利均可作为权利质权的标的。《德国民法典》第1273条第1款规定："质权的客体也可以是权利。"瑞士、日本、荷兰对此作了类似的规定。②

---

* 本文为李双元、杨德群合著，刊载于《深圳大学学报（人文社会科学版）》2013年第2期。

① ［意］彼德罗·彭梵得：《罗马法教科书（修订版）》，黄风译，中国政法大学出版社2005年版，第263页。

② 《瑞士民法典》第899条第1款规定："可让与的债权及其他权利可以出质。"《日本民法典》第362条第1款规定："质权，可以以财产权为其标的。"《荷兰民法典》第228条规定："质押权或抵押权可设立于所有可转让的财产上。"我国台湾地区"民法典"第900条规定："可让与之债权及其他权利，均得为质权之标的物。"

二是在可让与性财产权利的基础上有所限制。巴西、葡萄牙民法典将入质权利限定为针对动产的可让与性权利，从而排除了不动产权利的适用。① 三是用概括的方式将其分为债权质和其他权利质权。意大利与埃塞俄比亚民法典即采用这种方式，《埃塞俄比亚民法典》将其概括为债权或其他无体物。② 第二种是采用列举的方式规定哪些权利可以出质。采用这种方式的国家与地区较少，法国是采用这种方式的典型，《法国民法典》第 2074 条及第 2075 条规定了债权质权，第 2075—1 规定了有价证券质权，《法国商法典》第 91 条规定了商业票据可以作为质权的标的，《法国保险法典》规定了人寿保险合同的质押等。《埃及民法典》也采用了这种方式，并且对其标的范围规定得更窄，就权利质权而言，该法典仅规定了债权质押，并列举了记名有价证券质权与指示有价证券质权。③

相对而言，第一种立法例规定的标的范围过于宽泛，虽然巴西、葡萄牙、意大利及埃塞俄比亚等国对其做了一定的限制，但仍不易确定。而第二种立法例规定的标的虽然易于确定，但范围过于狭窄，不利于权利质权制度功能的发挥，难以满足现代市场经济对融资的巨大需求。因此，一些国家扬长避短地将二者结合起来，产生了第三种立法例，即概括与列举相结合的立法例。韩国 2009 年民法典即采用了这种方式，该法典第 345 条对权利质权的标的做了概括性的规定，④ 然后在第 349 规定了记名债权质权，第 350 条规定了指示债权质权，第 351 条规定了无记名债权质权。

我国《物权法》对此采用的是列举加兜底性条款相结合的立法例，《物权法》第 223 条规定："债务人或者第三人有权处分的下列权利可以出质：（1）汇票、支票、本票；（2）债券、存款单；（3）仓单、提单；（4）可以转让的基金份额、股权；（5）可以转让的注册商标专用权、专利权、著作权等知识产权中的财产权；（6）应收账款；（7）法律、行政法规规定可以出质的其他权利。"

---

① 《巴西民法典》第 1451 条规定："针对动产的可被让与的权利，可作为质押标的。"《葡萄牙民法典》第 680 条规定："仅在权利之标的为动产及权利为可移转时，方可就有关权利设定质权。"

② 见《意大利民法典》质权部分的第三分节，《埃塞俄比亚民法典》质押合同的第二节。

③ 《埃及民法典》第 1124 条规定："记名有价证券及指示有价证券可按照法律规定的特别让与方式设定质押，但应注明让与系以质押的方式为之。此等质押的设定无须通知。"

④ 《韩国民法典》第 345 条规定："质权，可以财产权为其标的。但以不动产的使用、收益为标的的除外。"可见韩国民法典的权利质权的标的同样是针对动产的可让与性权利。

二、权利质权标的的构成要件

权利质权的标的,是出质人供作债权担保的权利,在债务人不清偿到期债务时,质权人得就其权利优先受偿。但并非任何权利都可以为质权的标的,权利充作质权的标的应具备以下要件:①

(一) 须为所有权以外的财产权

动产质权的标的为动产,动产属于物的一个下位概念,而物"存在于人身之外,能满足权利主体的利益需要,并能为权利主体支配和利用的物质实体",② 因而动产本身具有财产性,罗马法中物与财产的概念是一致的。但是权利的表现形式更加多样化,以权利有无财产内容为标准,权利可以分为财产权和人身权。质权是以其标的的交换价值担保债权的实现的,如果作为质权标的的权利没有交换价值,那么质权人无法就其标的优先受偿,质权的担保功能就无法实现。因此,入质的权利须为财产权,进而排除了非财产性权利。史尚宽先生认为:"财产权谓物权、债权、无体财产权等以金钱估价之权利,从而生命权、身体权、名誉权等人格权及亲属权、继承权,不得为质权的标的。"③ 权利质权的标的须具有财产性,这一点为大陆法系各国及地区民法典所普遍认可。从各国及地区的立法实务与理论界的一般观点来看,所有权一般不能充当权利质权的标的。就动产所有权而言,如果以动产所有权出质,则质押的本质

---

① 权利质权标的的构成要件存在不同的观点:第一种是将其概括为两点,即财产性与让与性。第二种是将其概括为三点,即财产性、让与性与适质性。第三种是同样将其概括为三点,即财产性、让与性与须为非不适于设质的权利(史尚宽先生)或须为与质权性质无违之财产权(谢在全先生)。第四种是将其分为积极要件与消极要件,积极要件包括财产性与让与性,消极要件包括不可让与的财产权及法律禁止设质的财产权。笔者认为,第一种观点不能对可以设质的权利做出全面的限定,因为存在大量的权利具有财产性和可让与性,但因本身的性质或法律的规定等原因不宜充当质权的标的。第二种观点提出适质性的,笔者认为也值得商榷,因为适质性有包涵财产性与让与性之嫌。第四种将其分为积极要件与消极要件的观点,笔者认为这种规定的确能较好的对可设质的权利做出全面的限定,但笔者认为也可以将不可让与的财产权及法律禁止设质的财产权分别归入让与性和非为不适于设质的权利中,从而显得更加严密。至于第三种观点中史尚宽先生的第三点与谢在全先生的第三点,并无实质差异,本文采纳了史尚宽先生的观点。
② 马俊驹、余延满:《民法原论》,法律出版社 2005 年版,第 67 页。
③ 史尚宽:《物权法论》,中国政法大学出版社 2000 年版,第 390 页。

与动产质权并无差别；就不动产所有权而言，质权以质物的移转占有为必要，因此不动产所有权无法设质，只能对其设定抵押。因此，权利质权的标的须为所有权以外的财产权。

(二) 须为可让与性财产权

让与性是指作为权利质权标的的权利具有变价的可能，债务人到期不履行债务时，质权人得以质权标的优先受偿，如被质押的权利不具有可转让性，则权利的交换价值无法实现，那么质权的设定就变得毫无意义，因此，权利质权的标的须为可让与性的财产权。对标的的可让与性规定，大陆法系各国及地区民法典存在三种不同的立法模式：第一种是在权利质权制度中直接规定，葡萄牙、瑞士、巴西及我国台湾地区采用了这种方式。如《葡萄牙民法典》第680条规定："仅在权利之标的为动产及权利为可移转时，方可就有关权利设定质权。"①第二种是准用动产质权的相关规定，日本等国民法典采用了这种方式。②第三种是准用权利转让的有关规定，德国、韩国等国采用了这种方式。③我国物权法在权利质权一章中虽然规定了准用性条款，《物权法》第229条规定，"权利质权除适用本节规定外，适用本章第一节动产质权的规定"，但动产质权中同样缺乏可让与性的规定，因此造成了我国物权法对权利质权标的可让与性规定的缺失，而在理论与实务中，一般准用权利转让的相关规定。

鉴于权利种类的复杂性，在对入质权利的让与性予以厘清的基础上，对不可转让的权利加以探讨实属必要，依据各国及地区的立法实践和一般法理，不可转让的权利主要为以下几种：

(1) 依权利的性质而不能让与的权利。这些权利只能在特定当事人之间生

---

① 《瑞士民法典》第899条第2款规定："前款质权，除另有规定外，适用有关动产质权的规定。"《巴西民法典》第1451条规定："针对动产的可被让与的权利，可作为质押标的。"我国台湾地区"民法典"第900条规定："可让与之债权及其他权利，均得为质权之标的物。"

② 参见《日本民法典》第362条第2款规定："前款质权，除本节规定外，准用前三节的规定。"及第343条规定："质权，不得以不可让与物为其标的。"

③ 《德国民法典》第1274条规定："(1) 权利质权的设定，依照关于权利转让的规定为之。物的交付为权利的转让所必要的，适用第1250条、第1206条的规定。(2) 只要某项权利是不可转让的，就不得对之设定质权。"《韩国民法典》第346条规定："权利质权的设定，法律无规定的，应当按照有关该权利转让的方法设定。"

效，如让与给第三人，将会使权利的内容发生变更或使权利难以实现。① 具体又可以分为以下几种：①基于特殊信任关系所生的权利。这类权利都是一方对于另一方的特殊信任而产生的，不能随意让与，否则权利将难以实现。如雇佣人与特定受雇人所生的劳务请求权，借用人与出借人所生的借用物使用权等。②基于特定身份所生的权利。这类权利因为与特定身份相关，非既定权利人不能享有，具有无可替代的人身性质，因此不可让与，也不得以之设质。如抚养权利人与抚养义务人所生的抚养请求权，继承关系所生的给付请求权等。《法国民法典》第447条将给付抚养费、扶养费，赡养费的请求权规定为不得转让的权利。③公益法人的社员权及性质上不得转让的营利法人的社员权。这类社员权与人身关系密切具有特定性，同时，这类权利"不易变价，以之设质，除质权人以确实把握变价方法外，实益究竟不多"。②

(2)依当事人约定不能让与的权利。这类权利并非性质上不能让与或者为法律禁止让与，而是当事人之间通过约定不能让与。依据"当事人意思自治"的民法原则，当事人之间关于权利不得让与的约定，只要不违背法律的强行性规定及社会公共利益，即产生法律效力。但是这种约定只在特定当事人之间产生效力，而不得以之对抗善意第三人。一般认为具有禁止让与约定的权利具有阻止权利转让的效力，不得出质，一旦出质，不得对抗善意第三人。③ 具体而言，以具有禁止让与约定的权利出质，如果第三人不知有此项特约存在，而就此种权利设质时，质权仍然有效。反之，质权人如属恶意的，则其质权自始无效。④ 而对在设质时第三人知悉有该特约时，有学者认为，此时该权利也不得为权利质权的标的，质权也应当无效。⑤

(3)法律禁止让与的权利。这类财产权原本具有让与性，但法律出于保护特定利益或社会公益等原因，禁止此类财产权的转让，也正是法律的强行性规定，使得这类权利不得充当权利质权的标的。《葡萄牙民法典》第579条即对争讼中的权利禁止让与。《德国民法典》第400条规定："只要债权系禁止扣押者，就不得让与之。"即对不可扣押债权的让与做了禁止性规定。《埃及民法

---

① 高圣平：《物权法担保物权编》，中国人民大学出版社2007年版，第359页。

② 谢在全：《民法物权论(修订五版)》(下册)，中国法制出版社2011年版，第1014页。

③ 陈华彬：《物权法论》，中国法制出版社2010年版，第480页。

④ 谢在全：《民法物权论(修订五版)》(下册)，中国法制出版社2011年版，第1015页。

⑤ 梁慧星、陈华彬：《物权法》，法律出版社2003年版，第348页。

典》及我国台湾地区"民法"也做了类似规定。① 《意大利民法典》与《阿根廷民法典》对禁止让与的权利规定较以上几部法典更为详细。《意大利民法典》第1260条将该法典第323、378、424、1261、1471、1823条规定的权利纳入法律禁止让与的范畴。《阿根廷民法典》第1438条至1453条对法律禁止让与的权利做了较为详细的规定。我国《物权法》对此缺乏明确的规定，一般认为准用权利转让的相关规定，《合同法》第79条将依照法律规定不得转让作为权利转让的除外条款之一。其具体情况散见于其他法律法规及司法解释中。如《公司法》第142条第1款规定："发起人持有的本公司股份，自公司成立之日起一年内不得转让。公司公开发行股份前发行的股份，自公司股票在证券交易所上市之日起一年内不得转让。"

(三) 须非不适于设质的财产权

权利的存在纷繁复杂，有些财产权虽然可以让与，然其权利之行使被停止或质权人行使其权利为不当者，虽得设定抵押，然不得设质。② 对于这类权利，各国立法规定不尽相同，理论界观点也存在分歧。集中体现在如下几个方面：

1. 不动产用益权能否设质？

早在古罗马法时，就存在设定于用益物权上的质权。③ 法国、日本、阿根廷、埃及等国民法典均设有不动产质权专章，《巴西民法典》在乡村质押、工业质押及商业质押中均规定了不动产质押。这些国家都承认不动产质权，而不动产质权又包括不动产权利质权，因此，不动产的用益权、永典权等都可充当质权的标的。《法国民法典》第2087条、日本的《不动产登记法》第1条、《阿根廷民法典》第3242条均对不动产用益权设质问题做了明确的规定。而德国、意大利、瑞士及我国台湾等国家及地区的"民法典"均不承认不动产用益权设质。如《意大利民法典》第2787条将质权的标的界定为动产、动产结合体、以动产为标的的债权和其他权利，从而将不动产及其权利排除在权利质权标的之外。至于不动产用益权，该法典第2810条将其作为抵押权的标的之一。对这个问题，《最高人民法院关于适用〈中华人民共和国担保法〉若干问题的解释》第97条将公路

---

① 《埃及民法典》第304条规定："债权仅其可被扣押部分让与。"台湾地区的"民法典"第294条第3款规定："债权禁止扣押者。"
② 史尚宽：《物权法论》，中国政法大学出版社2000年版，第390页。
③ 黄风：《罗马私法导论》，中国政法大学出版社2010年版，第238页。

桥梁、公路隧道或公路渡口等不动产收益权纳入权利质权。《物权法》第 223 条列举的可质押的权利中，并没有规定不动产用益权，但随之出台的《应收账款质押登记办法》第 4 条将公路、桥梁、隧道、渡口等不动产收费权作为应收账款的一个下位概念而纳入权利质权的范畴。可见，我国大陆地区对不动产收费权质权采取了承认的态度，但在理论界仍然存在很大的分歧。

2. 不作为所产生的权利能否设质？

例如离职人员对竞业禁止的遵守等，这类权利是权利人请求义务人不做出某种行为，一般是为特定人利益而存在，同时"不作为权利大体不具财产性，亦是不得为权利质权标的物原因之一"。①《阿根廷民法典》第 3211 条规定："一切动产和积极债务均可被设质"，即明确排除了不作为权利设质。可见，理论与立法实践一般不支持将不作为所产生的权利纳入可入质的权利范畴。

3. 从权利能否设质？

从权利随附于主权利的存在而存在，随主权利的移转而移转，随主权利的消灭而消灭，主权利无效，从权利也将无效，从权利不得与主权利相分离而单独转让，因此从权利不能单独充当权利质权的标的。如动产质权、留置权、抵押权均为担保物权，具有从属性，不得与其所担保的债权分离而单独让与他人，故不得单独成为权利质权的标的。②

三、我国权利质权标的规定的缺陷及对策

我国《物权法》对权利质权标的的规定采用了先列举，后用兜底性条款的立法模式，这种立法模式体现了立法的灵活性与原则性相结合的特点，但是这种兜底性条款并没有起到德国、韩国等国家概括性条款的作用，反而限制了标的的范围。同时《物权法》对权利质权标的缺乏普通债权质权的规定，这一点迥异于大陆法系其他国家及地区对权利质权标的的规定。普通债权质权规定的缺失必将导致标的范围的缩小，不利于权利质权担保融资功能的发挥。

（一）我国权利质权标的规定的缺陷

1. 兜底性条款限制了标的的范围

从上文各国及地区民法典对权利质权标的的规定的探讨可知，绝大多数国家

---

① 谢在全：《民法物权论（修订五版）》（下册），中国法制出版社 2011 年版，第 1014 页。

② 陈华彬：《民法物权论》，中国法制出版社 2010 年版，第 480 页。

及地区民法典均以概括性条款规定可让与的财产性权利均可成为权利质权的标的，虽然这种立法例缺乏明确性，但是涵盖了所有可出质的权利，为权利质权的发展留下广阔的空间。而《物权法》采取的是兜底性条款来补充立法的周延性，依《物权法》第223条的规定，"法律、行政法规规定可以出质的其他权利"可以出质，以适应权利质权发展的需要。从这一规定可知，其他权利即使符合设质的要求，但法律、行政法规没有对其予以明确的规定，也将被排除出质权权利的范畴。虽然法的滞后性与不周延性是立法无法完全克服的难题，但是随着现代市场经济对融资的需求却与日俱增，这种难以跟上社会发展的步伐立法模式的确亟需改变。

2. 普通债权质权规定的缺失限制了标的的范围

大陆法系绝大数国家及地区民法典均规定普通债权质权。如《德国民法典》第1279条规定债权可以入质；《意大利民法典》质权部分的第三分节规定了债权质权和其他权利质权；《瑞士民法典》第899条将权利质权的标的界定为可让与的债权及其他权利；《埃及民法典》将债权质权与动产质权、不动产质权并立规定在其质押制度的第四章中，并设有七个条文对其专门规制，其他国家虽然没对债权质权单独规定，但在权利质权的设立或效力等环节中体现了债权质权。而我国《物权法》缺乏普通债权质权的规定，而是将应收账款列为可设质的标的，与证券债权、知识产权并立。这样的规定不仅有违立法逻辑，同时也限制了权利质权标的的范围。

普通债权，又称为一般债权，是指不以证券彰显权利的债权，是与证券债权相对立的一个概念。普通债权的外延十分宽泛，应收账款只是普通债权的一种。应收账款作为法律概念在英美法中比较常见，大陆法系民法典一般采用普通债权的概念，在权利质权标的的规定中，几乎见不到应收账款的规定，应收账款作为普通债权的一个下位概念出现在债权质权的具体规定之中，而在我国，应收账款更多的是作为会计学的概念在实践中使用，[1]《物权法》第一次将其明确为法律术语，并在《应收账款登记管理办法》的第4条对其进行了解释。

应收账款在英美法中是一个十分宽泛的概念，《布莱克法律词典》将其定义为，"在正常商业交易中产生的对某个企业所负的债务，此等债务不应建立

---

[1] 中国人民银行研究局等：《中国动产担保物权与信贷市场发展》，中信出版社2006年版，第468页。

在流通票据上"①,即强调了应收账款与证券债权的区分。《美国统一商法典》进一步拓宽的应收账款的范围,以适应市场融资的需要。而我国对《应收账款质押登记管理办法》第 4 条将其界定为:"指权利人因提供一定的货物、服务或设施而获得的要求义务人付款的权利,包括现有的和未来的金钱债权及其收益,但不包括因票据或其他有价证券而产生的付款请求权。"可见,我国的应收账款限定于提供货物、服务或设施而产生的债权,至于其他形式(诸如不当得利、无因管理等)产生的债权均被排除在外。与英美法系应收账款的范围相比,其范围无疑要小得多,与大陆法系的普通债权相比较,其范围更加要小。这样的规定使得大量可入质的债权无法入质,严重限制了权利质权标的的范围。

(二)对标的规定的完善

笔者认为对我国权利质权标的的范围应予以重新构建,拓宽可以设质标的的范畴,承认现实中出现的可以入质的其他权利,以适应社会主义市场经济对融资的需求。

1. 拓宽标的范围,重构我国权利质权标的的相关规定的理由。

从大陆法系各国及地区的立法实践与我国的主流观点来说,绝大多数国家及地区都采用了概括性条款,给权利质权的发展留下广阔的空间,且都有债权质权的规定,权利质权标的由债权质权与证券债权及其他权利构成。而依我国《物权法》将权利质权的标的限定在证券债权、知识产权与应收账款,至于其他权利,唯有得到法律或行政法规的规定方能出质。这种立法例对权利质权融资功能的充分发挥极为不利,得不到理论界的广泛支持。台湾学者史尚宽先生认为:"权利质之最普通者,为债权质。债权不问其种类如何,以得为质权标的为原则。"②大陆学者对此的观点主要体现在两个物权法建议稿中,"梁慧星建议稿"第 385 条有"依法可以让与的债权"可以设质的规定,"王利明建议稿"第 493 条"依法可以让与的一般债权"可作为权利质权标的的规定。③

从权利质权的基本理论上来说,只要符合权利质权标的的构成要件,即具有可让与性,且不属于不宜出质的范畴的所有权以外的财产权,原则上是可以成为权利质权的标的。如现实生活中大量存在的普通债权、经营权、租赁权及

---

① 李国安:《国际融资担保的创新与借鉴》,北京大学出版社 2005 年版,第 105 页。
② 史尚宽:《物权法论》,中国政法大学出版社 2000 年版,第 394 页。
③ 陈祥健:《担保物权研究》,中国检察出版社 2004 年版,第 228~229 页。

账户等,这些权利出质与证券债权及知识产权质权不同的只是出质的客体、方式及某些程序,在本质上,他们均符合出质的构成要件。至于普通债权,作为权利的一个下位概念,我们更不应当将其仅局限于提供货物、服务或设施而产生的债权,"普通债权产生的原因可以是合同,也可以是不当得利及无因管理,只要符合入质质权的标准均可入质"。①"基于普通债权存在的普遍性,债权固有的让与性,尤其适合构成权利质权的标的,因此债权质权是权利质权的最普遍形式。"②

从私法自治的角度来说,权力向社会的回归,"他律型社会"向"自律型社会"的转变是时代发展的趋势。立法者应当充分尊重当事人的意思自治,在"物权法定"原则的前提下,赋予权利质权制度广阔的发展空间。依我国《物权法》的相关规定,法律、行政法规没有规定的权利即使完全符合设质标的的构成要件,能解决市场经济下的一部分融资问题也不能入质,这样的规定难以彰显"私法自治"原则,难以适应社会经济生活的需要,也会不可避免地造成法律滞后于时代发展的要求,是片面强调"物权法定"的结果。其实"物权法定"原则与"私法自治"原则并不矛盾,可以入质的权利必须符合权利质权标的的构成要件,本身就是"物权法定"原则的具体体现,在这个前提下应充分尊重当事人的"意思自治",是属于"物权法定"原则下的"意思自治",二者不但不会相冲突,反而会促进权利质权制度的不断健全。

从现实的需求来说,一方面,现代经济的飞速发展,对融资的需求急剧增加,传统的以不动产、动产为核心的担保物权制度已远远不能满足现代经济融资的需求;另一方面,随着社会与科技的发展,可让与的财产性权利越来越多,承载着巨大价值的可让与的财产性权利开始广泛存在。权利成为担保物权的标的,为现代经济融资发挥着举足轻重的作用。就质权制度而言,权利质权有逐渐超过动产质权的趋势。要扩大权利质权的融资功能,以适应经济发展的需要,最为有效的途径是将符合设质要件的权利尽可能的纳入设质标的的范畴。

2. 立法建议

通过上文对大陆法系各国及地区对权利质权标的规定的考察,笔者认为,单纯概括式的立法例不足取,因为这种立法例对标的的范围的规定过于宽泛,标的难以确定。单纯列举式的立法例同样不足效仿,因为这种立法例对标的的

---

① 王成:《论债权质权的设定及效力》,载《中外法学》1999年第4期,第36页。
② 董开军:《债权担保》,黑龙江人民出版社1995年版,第171页。

范围规定过于狭窄,影响了权利质权制度融资功能的发挥。笔者赞同韩国的立法例,认为以概括加列举相结合的方式充分体现了立法的原则性与灵活性的完美结合。

  因此,笔者建议在未来的民法典中,权利质权对标的的规定可采用如下方式:首先用概括性条款规定标的的范围,该条款应充分体现标的的构成要件。其次将普通债权、证券债权、知识产权按顺序并立规定为三类典型的权利质权。再次在证券债权中并立规定三类债权,即(1)汇票、支票、本票;(2)证券、存款单;(3)仓单、提单;(4)可转让的基金股份、股权;(5)在知识产权中规定可转让的注册商标专用权、专利权、著作权等。

对我国"商法特征"若干界说的实证分析思考*

一、引论

在西方国家,虽然古罗马时代早有商事规约,但近代意义的商法却是自中世纪欧洲地中海沿岸自治城邦的商人法开始,之后便发展到较为成熟的法典化阶段。因而与民法相比,"商法比民法演变的更快。"①然而,古代中国一直受"重农抑商"观念的掣肘,商事规范极不发达。自20世纪初以来,我国便开始大量借鉴西方国家商法(包括大陆法系的商法和英美法系的商事立法及其案例)以立商事法制。尤其是改革开放后,我国商事立法步入了新的历史发展阶段,已经形成了较为完善的法律体系。同时,我国商法学也呈现一派繁荣景象,相关著述可谓不少。这些均是我国商法学者潜心研究与辛勤笔耕的历史见证,更是他们智慧与汗水的结晶。可以说,没有我国商法学者们的默默奉献,就没有我国商法和商法学的共同繁荣。

然而,商法肩负"既要有利于提高经济效益与自由贸易,又要有利于保障交易安全与公平"的使命,使得商法的有关概念、特征和范畴变得较为复杂而难以界定。也因此,德国商法学者德恩(Dahn)说:"商法是一切法律中最为自由,同时又是最为严格的法律"。②徐学鹿教授指出,商法是调整市场交易关系行为规范的总称,"它揭示了商法的本质,体现了商法实践性、创新性的宝贵品格"。③在德国商法学界,"直到如今都被相当认同的是黑克的尝试性定义:商法是'大型营业的法律行为之法'"。徐学鹿教授也曾指出:"资本经营

---

* 本文为李双元、宋云博合著,刊载于《时代法学》2013年第3期。
① [法]伊芙居荣(Yves Guyon):《法国商法》(第1卷),罗结珍、赵海峰译,法律出版社2004年版,第11页。
② 张国健:《商事法论》,台湾三民书局1980年版,第24页。
③ 徐学鹿:《论商法的概念》,载《商法研究》(第二辑),人民法院出版社2001年版,第22页。

是现代商法的精髓。商法就是资本经营法。"①"人们总结了一些在商法规范中出现频率较高的特点。这些特点一方面体现了人们对商人在熟练程度和交易经验方面的较高要求，同时说明商人之间的交易对灵活性、快捷性、简易性和保障性有较高要求。通常这些内容是共同表现出来的。"②

作为认识事物的重要方式之一，就是把握住事物的特征。对商法特征的论述，尽管商法学家做了很多努力，但迄今他们仍未成功地对大量商法规范给出独特而明确的特征，除了在形式上它们都可以和商人这个概念相联系之外。③实际上，商法的特殊性来自于实践经验的原因。④基于对商事行为的职业性、便捷性和安全性等方面的要求，国内的商法学者们多试图从不同的角度出发，总结出了一些"商法特征"。然则，作为著作与教科书而言，因其性质与地位之重要，其所载言论是否应慎之又慎，更何况当前我国商法教学与研究尚处在"教科书的商法书"时代⑤。因此，鉴于当前我国下列著作与教科书中有关"商法特征"界说的多样性状况，是不是有必要做一些反思或检讨？

二、对我国商法著作与教科书的抽样及其"商法特征"的实证分析

随着我国商法学研究的不断深入，各种类型和层次的商法著作与教科书不断问世。我们随机选取了十几种作为考察基础，发现它们对商法特征多有甚不科学的归纳。

(一) 对我国商法著作与教科书的抽样分析

为使我们的认识和思考更具有科学性和客观性，我们尽可能多地抽样选取了各种类型的著作与教科书，分别是：范健教授主编的《商法》(第二版)；覃有土教授主编的《商法学》(2004 年版)；王保树教授主编的《商法》(2003 年版)；顾功耘教授主编：《商法教程》(第二版)；王作全教授主编的《商法学》

---

① 徐学鹿主编：《商法学》，中国财政经济出版社 1998 年版，第 7~8 页。
② [德]C. W. 卡纳里斯：《德国商法》，杨继译，法律出版社 2006 年版，第 8 页。
③ [德]C. W. 卡纳里斯：《德国商法》，杨继译，法律出版社 2006 年版，第 8 页。
④ [法]伊芙居荣(Yves Guyon)：《法国商法》(第 1 卷)，罗结珍、赵海峰译，法律出版社 2004 年版，第 11 页。
⑤ 这是相对于"特殊问题专题研究的商法书"时代而言的，系指基于历史等原因，商法的教学与研究仍以教学型为主，商法教科书占整个商法书的主流。

（2002年版）；柳经纬教授主编的《商法总论》（2004年版）；施天涛教授著写的《商法学》（2004年版）；甄峰教授主编的《商法学》（1997年版）；高在敏、王延川与程淑娟教授编著的《商法》（2006年版）；甘长春与唐永前教授主编的《商法学》（2003年版）；王远明和甄峰教授主编的《商法学》（2001年版）；覃有土教授主编的《商法学》（1999年版）；王英萍教授主编的《商法》（2004年版）；雷兴虎教授主编的《商法学教程》（第二版）；赵万一教授主编的《商法学》（1999年版）；黎燕教授主编的《商法》（1999年版）；周林彬与任先行教授著写的《比较商法导论》（2000年版）；吴祖谋与李双元教授主编的《法学概论》（第十版）。

接下来，我们拟从出版时间跨度、文中引注来源及教材与著作的适用对象三个方面对上述被选教材与著作作进一步考察：

1. 著作与教科书的出版时间跨度较短

从这些著作与教科书的出版年份上看，历史时间跨度为从1995年至2008年，几近14年的时间，而我国商法学研究的发达史也不过一二十载的光阴。由此可知，在我国，自有了商法相关著作与教科书之始，便有了关于商法特征之界说。因此可知，我国学者们从商法学研究重新兴起时起就一直在极尽其能地传播商法知识与理念。但长期存在的问题和缺陷，也是不容忽视的。

2. 著作与教科书中的引注来源较为单一

从这些著作与教科书中的相关引注来看，有的根本未标明所述特征的理据出处，有些即便标明了理据来源，却也大同小异，如有关"商法营利性"特征的界说均以援引黑克（Heck）的尝试性定义居多。这说明，我国学界在对"商法特征"作界定时，一方面缺少国外学说理论的参照系，另一方面也疏于对事实与论点的认真考察和逻辑梳理。囿于资料，我们暂无法考证我国著作与教科书关于"商法特征"界说之源起，不敢妄下定论，资深学者可进一步查证。

3. 著作与教科书的适用对象较为广泛

就这些著作与教科书的适用对象而言，也各有不同。其中有"面向21世纪课程教材、全国高等学校法学专业核心课程教材"，"普通高等教育'十五'国家级规划教材、全国高等学校法学专业核心课程教材"，"普通高等教育'十一五'国家级规划教材"，"高等政法院校法学主干课程教材、司法部法学教材编辑部审定"，"新世纪法学基本课程教材"，"高等院校法学专业系列教材"，"普通高等教育精编法学教材"，"中共中央党校函授学院法律专业本科班法学基础理论教材"，"上海交通大学工商管理系列教材"，"新世纪法学教材"、"法学本科教材·商法系列"，"高等院校法学专业教材"、"21世纪法学规划教材"和"成人高等法学教育通用教材、司法部法学教材编辑部审定"等。足见,它们针对的对象层级呈立体分布、涵盖的范围十分广泛和影响力非常巨大。这是否也恰好说明,为了配合我国大学课堂讲授式教学之需,教科书仍属我国法学著作之主流,商法专题研究的学术时代尚未到来。

(二)关于"商法特征"的一般分析

关于商法的特征,总体上看,亦即除去相似或相近的表述不单列计算之外,这些著作与教科书中共有不少于25种表述,即商法具有营利性、技术性、公法性、国际性、易变性、特定性、兼容性、功利法、基本法、私法、国内法、身份法、确认企业维持的制度、确认交易顺利、可靠、安全的原则、灵活性、安全性、简易、迅速、连续、易行化、优先适用、进步性、整体性、规范的重点是商人的营利活动、对经济生活的适应性、规范的可借鉴性和协调性……等特征,可谓人言人殊,但似乎大多故作标新立异,毫无学术价值。

其中,(1)对"营利性"特征的表述有商法调整行为的营利性①、商法具有明显的营利性②和营利的特性③;(2)对"技术性"特征的表述为"商法规范较强技术性④、商法具有较强的技术性⑤和商法具有浓厚的技术性⑥";(3)对"公法性"特征的表述为"商法具有一定的公法性⑦和含有公法化因素⑧";(4)对"国际性"特征的表述为"商法具有显著的国际性⑨和商法具有很强的国际性⑩";

---

① 范健主编:《商法》(第二版),高等教育出版社/北京大学出版社2002年版,第6页。
② 王作全主编:《商法学》,北京大学出版社2002年版,第6页。
③ 王保树主编:《商法》,当代世界出版社2003年版,第6页。
④ 范健主编:《商法》(第二版),高等教育出版社/北京大学出版社2002年版,第7页。
⑤ 王作全主编:《商法学》,北京大学出版社2002年版,第6页。
⑥ 雷兴虎主编:《商法学教程》,中国政法大学出版社2008年版,第8页。
⑦ 王作全主编:《商法学》,北京大学出版社2002年版,第6页。
⑧ 顾功耘主编:《商法教程》(第二版),北京大学出版社/上海人民出版社2006年版,第8页。
⑨ 王作全主编:《商法学》,北京大学出版社2002年版,第6~7页。
⑩ 雷兴虎主编:《商法学教程》,中国政法大学出版社2008年版,第9~10页。

(5)对"易变性"特征的表述为"商法规范较强易变性①、变动较为频繁②和变动性③";(6)对"特定性"特征的表述为"调整对象的特定性④";(7)对"兼容性"特征的论说最为丰富,有"作为私法的商法却兼有公法的性质,它兼有任意法与强制法的性质;⑤ 公法与私法兼容性,组织法与行为法的兼容性,强制性规范与有限任意性规范兼容性,国内法与国际法兼容性;⑥ 组织法与行为法相结合⑦;公法与私法的融合,组织法与行为法的融合,任意法与强制法的融合;⑧ 作为私法的商法却兼有公法的性质,兼有任意法与强制法的性质;⑨ 商法是私法与公法的有机融合,商法实行组织法与行为法相结合的立法体制,商法规范既有强制性又有任意性;⑩ 组织法规与行为法规相结合;⑪ 组织法与行为法的结合⑫;商法的私法性和公法性,商法的国内性与国际性,商法的实体性与程序性,商法的冲突性与协调性,商法的伦理性与技术性和商法的稳定性与进步性⑬等表述;(8)对"功利法"特征的表述为"商法是倡导营利的功利法"⑭的表述;(9)对"基本法"特征的表述为"商法是市场经济的基本法"⑮;(10)对"私法"特征的表述为"商法是包含着大量强制性规范的私

---

① 范健主编:《商法》(第二版),高等教育出版社/北京大学出版社2002年版,第7页。
② 参阅黎燕主编:《商法》,中央民族大学出版社1999年版,第2~4页。
③ 参阅周林彬、任先行:《比较商法导论》,北京大学出版社2000年版,第24~25页。
④ 范健主编:《商法》(第二版),高等教育出版社/北京大学出版社2002年版,第7页。
⑤ 覃有土主编:《商法学》,高等教育出版社2004年版,第6页。
⑥ 参阅甘长春、唐永前主编:《商法学》,重庆大学出版社2003年版,第8~10页。
⑦ 王保树主编:《商法》,当代世界出版社2003年版,第7~8页。
⑧ 参阅王远明、甄峰主编:《商法学》,湖南人民出版社/湖南大学出版社2001年,第5~8页。
⑨ 参阅覃有土主编:《商法学》,高等教育出版社2004年版,第4~7页。
⑩ 参阅雷兴虎主编:《商法学教程》,中国政法大学出版社2008年版,第6~10页。
⑪ 顾功耘主编:《商法教程》(第二版),北京大学出版社/上海人民出版社2006年版,第7页。
⑫ 黎燕主编:《商法》,中央民族大学出版社1999年版,第3页。
⑬ 参阅施天涛:《商法学》(第二版),法律出版社2004年版,第11~16页。
⑭ 高在敏、王延川、程淑娟编著:《商法》,法律出版社2006年版,第4页。
⑮ 高在敏、王延川、程淑娟编著:《商法》,法律出版社2006年版,第4~5页。

法"①；(11)对"国内法"特征的表述为"商法是最具开放性质的国内法"②；(12)对"身份法"特征的表述有"商法是具有经济意义的身份法"③。这是我们对前述著作与教科书中有关商法特征类似表述所作的归类整理，可见有12种之多。

(三) 著作与教科书中关于商法特征的论述频次

另外，这些商法特征在上述著作与教科书中被论述的频次也不尽相同。具体而言，上述24种商法特征中，不同学者分别在13种著作与教科书中对"技术性"特征进行了论述④；称具有"营利性"和"国际性"特征有12种⑤；称商法具有"兼容性"和"公法性"的特征分列8种⑥；列有"易变性"特征分列5

---

① 高在敏、王延川、程淑娟编著：《商法》，法律出版社2006年版，第5页。
② 高在敏、王延川、程淑娟编著：《商法》，法律出版社2006年版，第5页。
③ 高在敏、王延川、程淑娟编著：《商法》，法律出版社2006年版，第4页。
④ 论述该特征的著作和教科书有范健主编：《商法》(2002年版)；覃有土主编：《商法学》(2004年版)；王作全主编：《商法学》(2002年版)；柳经纬主编：《商法总论》(2004年版)；甄峰主编：《商法学》(1997年版)；王远明、甄峰主编：《商法学》(2001年版)；覃有土主编：《商法学》(1999年版)；王英萍主编：《商法》(2004年版)；雷兴虎主编：《商法学教程》(2008年版)；顾功耘主编：《商法教程》(2006年版)；赵万一主编：《商法学》(1999年版)；黎燕主编：《商法》(1999年版)；周林彬、任先行：《比较商法导论》(2000年版)。
⑤ 论述"营利性"特征的著作和教科书有范健主编：《商法》(2002年版)；覃有土主编：《商法学》(2004年版)；王作全主编：《商法学》(2002年版)；王保树主编：《商法》(2003年版)；柳经纬主编：《商法总论》(2004年版)；甄峰主编：《商法学》(1997年版)；王远明、甄峰主编：《商法学》(2001年版)；覃有土主编：《商法学》(1999年版)；王英萍主编：《商法》(2004年版)；赵万一主编：《商法学》(1999年版)；黎燕主编：《商法》(1999年版)；周林彬、任先行：《比较商法导论》(2000年版)。论述"国际性"特征的著作和教科书有范健主编：《商法》(2002年版)；覃有土主编：《商法学》(2004年版)；王作全主编：《商法学》(2002年版)；柳经纬主编：《商法总论》(2004年版)；甄峰主编：《商法学》(1997年版)；王远明、甄峰主编：《商法学》(2001年版)；覃有土主编：《商法学》(1999年版)；王英萍主编：《商法》(2004年版)；雷兴虎主编：《商法学教程》(2008年版)；赵万一主编：《商法学》(1999年版)；黎燕主编：《商法》(1999年版)；周林彬、任先行：《比较商法导论》(2000年版)。
⑥ 论述"兼容性"特征的著作和教科书有覃有土主编：《商法学》(2004年版)；甘长春、唐永前主编：《商法学》(2003年版)；王远明、甄峰主编：《商法学》(2001年版)；覃有土主编：《商法学》(1999年版)；雷兴虎主编：《商法学教程》(2008年版)；顾功耘主编：《商法教程》(2006年版)；黎燕主编：《商法》(1999年版)；施天涛：《商法学》(第二版)。论述"公法性"特征的著作和教科书有范健主编：《商法》(2002年版)；覃有土主编：《商法学》(2004年版)；王作全主编：《商法学》(2002年版)；柳经纬主编：《商法总论》(2004年版)；王英萍主编：《商法》(2004年版)；顾功耘主编：《商法教程》(2006年版)；赵万一主编：《商法学》(1999年版)；周林彬、任先行：《比较商法导论》(2000年版)。

种①；列有"特定性"的有3种②；列有"进步性"的特征分列2种③；其中，对"技术性"、"营利性"和"国际性"三者论述次数都不低于12次，应是我国商法学界最为认同的商法特征；"兼容性"和"公法性"退居其次，在有关著作与教科书中的阐述均不少于8次；有关"易变性"的论述也有5次；论述"特定性"的有3种；有2种论述了"进步性"特征；其余的特征均为1种著作与教科书所涵摄。上述商法特征不一而足，有些为学界主流所共识，即便表述可能存在些微差异，实则具有较为广泛的代表性和普遍性；而有16种特征则为一家之言。

本文之所以作这些烦琐的调查与统计分析，目的在于一方面藉此指明我国学界关于商法特征界说的混乱状况，引起学界的正视与改进；另一方面厘定目前我国商法学界关于"商法特征"的论述中最具代表性和普遍性的观点和论述，以便确定我们下文中将着重讨论的几个"商法特征"。

三、对我国有关著作与教科书中主要"商法特征"的分析与思考

认为商法具有"技术性"、"营利性"、"国际性"、"兼容性"和"公法性"等特征，在我国有关著作与教科书中出现频次较高，因而将是本部分要分析和讨论的主要"商法特征"。以管窥豹，着重分析这些特征，对于商法理论的研究与发展和商法教育实践而言或有裨益，然因我们并非专门研究商法的，难免肤浅与外行，尚期学界赐谅。

（一）就商法具有"技术性"特征的分析与思考

1. 不能认为商法具有"技术性"特征之缘由

根据前述著作与教科书所阐述的商法的"技术性"特征来看，学界目前大抵基于如下理由和论证：

从社会学的角度看，法律规范基本可以分为两大类：伦理规范和技术规

---

① 论述易变性特征的著作和教科书有范健主编：《商法》(2002年版)；覃有土主编：《商法学》(2004年版)；王英萍主编：《商法》(2004年版)；黎燕主编：《商法》(1999年版)；周林彬、任先行：《比较商法导论》(2000年版)。

② 论述特定性特征的著作和教科书有范健主编：《商法》(2002年版)；覃有土主编：《商法学》(2004年版)；王英萍主编：《商法》(2004年版)。

③ 论述"进步性特征"的著作和教科书有王远明、甄峰主编：《商法学》(2001年版)；周林彬、任先行：《比较商法导论》(2000年版)。

范。民法和刑法等依据所调整的社会关系及功能作用判断,其绝大多数条款属于伦理规范;而商法则是从具有专门性及职业性的"商人法"开始,再发展到包含大量技术规范的"商行为法"。"技术性"特征既体现在其组织法上,也反映在其行为法中。譬如,公司法中关于公司机构设立、公司股份、公司债券、公司财务会计以及董事及监事的规定;票据法中关于票据的出票、背书、承兑及其抗辩与追索权行使的规定;保险法中关于保险标的、保险金额、保险费用和损害赔偿等方面的规定;海商法中有关船舶、共同海损及其理算规则等的规定,都是包含有明显技术性的规范。商法是关于商事主体及其行为的一整套制度规范,如从商事主体的设立到撤销,从证券筹资到票据行为、破产行为和保险行为,从陆上交易到海商活动等,都有对商事活动的行为模式的最精妙的制度设计。但其对法律规范的精妙设计,绝不能说法律本身具有技术性。

2. 对商法"技术性"特征的思考

其一,以社会学对规范的分类为视角,并不能得出商法的"技术性"。在现代人文社会科学领域,早已形成了包括哲学、政治学、经济学、人类学、社会学、伦理学、心理学、史学与逻辑学等在内的庞大的多学科、多层次的体系结构,而我国商法学界的许多学者为何单单从社会学有关规范分类的角度出发去为商法归结出这一特征?这显然与"法社会学"研究的勃兴不无联系,但这样的论述和逻辑缺乏全面性和科学性的考量,因为从逻辑上看,两者之间并没有必然的因果关系。更何况,依据不同的标准或视角,法律规范可以有不同的分类,如依目的论,可分为实体规范、程序规范和冲突规范;而且目前国内主流法理学在对法律规范进行分类时,均未有"技术规范(技术性规则)"一类(后文会专门讨论)。有学者舍近求远,从社会学出发得此一特征,实不足取。事实上,商法中的所有(至少是大多数)被认为具有"技术性"特征的规定本身是不是也同时体现出伦理性方面的要求和价值呢?更何况即使在商法规范中,其内在的"伦理性"价值诉求才是本质的东西。因此,仅以社会学对规范的分类为视角,将"技术性"作为商法"特征"之一写进著作与教科书,是否妥当,值得认真考察的。

其二,"商行为"的专门性或专业性,并不能决定商法内容就必然包含大量的技术规范。从立法活动本身来看,所有立法(如民法、刑法、劳动法)的调整对象与行为模式十分明确针对性,都是特定(具有专门性),且都饱含立法技术的要求和因素,而不单是商法。应该说,具有参与立法实践经历的学者们会理解得更深刻、更合理。若仅仅"基于'商行为'的专门性或专业性而认定其内容包含大量的技术规范"的理由,并把"技术性"列为商法的特征,无疑会与其他法律部门调整对象的专门性和同样要求较高立法技术性的事实相违背。事实上，不同规范的交叉与部门法的相互协调广泛存在，如劳动法中关于生产条件、安全措施的规定同时也是技术性规范和刑诉法中关于刑事附带民事诉讼的规定也有民事特征。

其三，商法中虽也存在一些技术性规范，如商品生产的标准、检验检疫法规等，但这些均不足以改变商法"社会规范"的属性而使"技术性"成为其主要特征之一。这一特征之所以会出现在14种商法著作与教科书中，一个很重要的原因是，仍存在错把行为模式理解得过于狭窄。

其四，值得注意的是，"技术规范"和"技术性法规"的概念内涵也有不同，不可混用。《中国法学大辞典·法理学卷》将"技术规范"定义为：人们在认识、改造自然的过程中，在运用劳动资料作用于劳动对象的生产活动中，应当遵守的各种行为规则的总称。① 依据中国知网（CNKI）概念知识元库对"技术规范"的学术定义的英文解释，它有"technical specification, technical norms, technical code, technical standard"等表达，但并未出现法律法规常用的概念词汇"law, rule, regulation"等。对于"技术性法规"，前述大辞典作了两种解释：一是指国家制定的关于生产、科学技术管理的法律规范的简称；二是指国家制定的有关生产、科学技术管理的规范性文件。②

其五，具体的事实须具备法律规定的要件，始克发生一定的法律效果。③ 在法学研究的视角中，只应有行为有效的要件存在与否之分。而就前述所列实例而言，如票据法中的出票、背书、承兑等行为，实质上都是票据行为有效性（合法性）的要件，尽管在表象上，看似"技术性"的行为。

可见，将"技术性"直接表述为商法的特征，存在合理性质疑和逻辑障碍。

(二) 对商法"营利性"特征的分析与思考

1. 商法"营利性"特征之理由

从上述统计分析不难看出，"营利性"已被作为商法最显著的特征之一，多数学者主要依据的是下列事实和逻辑：

关于商法的营利性，有学者指出："商事法与民法（尤其是债篇），虽然同

---

① 孙国华主编：《中华法学大辞典·法理学卷》，中国检察出版社，1997年版。
② 孙国华主编：《中华法学大辞典·法理学卷》，中国检察出版社，1997年版。
③ 王泽鉴：《法律思维与民法实例：请求权基础理论体系》，中国政法大学出版社2001年版，第212页。

为关于国民经济的法律，有其共同的原理，论其性质，两者颇有不同。盖商事法所规定者，乃在于维护个人或团体之营利；民法所规定者，则偏重于保护一般社会公众之利益。"①"民法不特别考虑'赚钱'，而商法却是彻头彻尾地追求'营利'。"②商事主体从事商事活动，其直接和主要目的就在于营利，这是被各国商法所确认的。从这一角度而言，商法也可称为"营利法"。正是基于这种理念，商主体身份的确认（如其设立、变更和终止）、商行为之界定（如买卖、代理、仓储、票据、保险、海商和证券）、商活动之目的及商立法和司法之原则（如合同形式、利率、结算和税收），无不与营利有关。尤其，有关商事主体、商事登记、商事账簿和商名称等的规范，都牵连着营利性行为，强调经济效益的价值取向。因而，商行为必具"营利性"特征。商事主体虽各有"利己"的追求，但不能说他们都是营利。"商法只是鼓励和保护通过正当交易手段和合法投资途径去获取经济利益；商法是利己法；但决不是损人法，商法是营利法，但决不是投机法。"③

2. 对商法"营利性"特征的思考

首先，根据上文中的论述可以看出，"营利乃是'商'的本质"④。"营利性是指经济主体通过经营活动而获取经济利益的特性。营利性是商事活动的主要特性。"⑤因此，"营利性"特征不应既是"商"的本质特征，又是"商法"的本质特征。商法是一种行为规范，调整的对象是"商行为"。依此逻辑，是否我们也可以得出下列范式：刑法规范的调整对象无不与惩治犯罪行为有关，因而具有"犯罪性"特征；抑或，"法官"以专门定纷止争、审判"案件"为天职，而"案件"具有争议性，故而"法官"或法官的行为具有争议性，等等。显然，诸如此类的推论不合常理。尽管也有学者强调，"商法的营利性特征，并非指商法自身以营利为目的，而是指商法是对商事主体营利性行为的规范和保护，并以此作为自己的宗旨"⑥，也是不合逻辑的。因为商行为的特质虽然是其营利性，商法仅只是规范这种营利行为的法律——它本身怎么就具有了营利性呢？

---

① 张国健：《商事法论》，台北三民书局1980年版，第23页。

② [日]LEC·东京法思株式会社编：《怎样避开商海中的陷阱——商法活用》，复旦大学出版社1995年版，第5页。

③ 刘凯湘：《论商法的性质、依据与特征》，载《现代法学》1997年第10期。

④ 王保树：《商事法论文集》，法律出版社1997年版，第2页。

⑤ 范健主编：《商法》（第二版），高等教育出版社/北京大学出版社2002年版，第6页。

⑥ 柳经纬主编：《商法总论》，厦门大学出版社2004年版，第13页。

即便如此,"'商'的营利"特质也不应该使"商法"具有营利性。这种基于"目标或客体对象"的特性,进而推导出其"持有者或调整者"具有相同的特性的推理过程,至少不合"三段论"的演绎逻辑与论证规则。

其次,对于"商的营利性"的归纳,无法逻辑地得出"商法具有营利性"的结论,因为它们的本质不同。即使是"商"(商行为),也不可能都饱含营利的目的或具有"营利性"。早在18世纪,休谟就否定了"通过感觉经验的归纳而不断地从特殊上升到一般,从偶然上升到必然"。亦即,他对归纳法提出了质疑:从以往经验的归纳中无法逻辑地得出可适用于未来的必然性。这被20世纪最著名的学术理论家和哲学家卡尔·雷蒙德·波普尔爵士(Sir Karl Raimund Popper)称之为"休谟问题"。著名的"黑天鹅"实例也恰恰说明了这一点。

最后,对商法"营利性"特征的归纳,也违背了"商法的本质"与"商法的目的"。实际上,也有学者指出,"商人追求利益,是社会经济发展的重要动力,承认并保障商人追求利益是商品经济社会发展必然的要求。凡不依商法所进行的营利活动不受法律保护。需要提出的是,不少学者将商法的这一特征概括成'营利性',这是不够准确的,法律本身不可能具有营利性",因而只能提出商法"规范的重点是商人的营利活动"的特征。① 有学者将其表述为"商行为具有营利性"或"商法规范的行为具有营利性",这当然是正确的,但绝对不能概括为商法具有"营利性"。

(三)对商法"国际性"特征的分析与思考

1. 商法"国际性"特征之论证

就商法的国际性特征而言,相关学者认为从早期的欧洲社会到中世纪欧洲,商法起源于古罗马城邦间的商人交往活动,并主要表现为跨国商事交易习惯和惯例。当时的商人团体甚至视商法为"国际法或自然法之一部分"。② 西方社会进入资本主义阶段之后,贸易在各国经济生活中的地位日益提高,国家开始重视对贸易的管制,在商事惯例之外,又纷纷制定本国商法。17世纪以后,随着各国商事成文法的制定,商法取得了国内法的地位,但"商法的国际

---

① 顾功耘主编:《商法教程》(第二版),北京大学出版社/上海人民出版社2006年版,第7页。
② 张国健:《商事法论》,台北三民书局1980年版,第22页。

一致性的痕迹依然存在。"①科技的进步、通讯与交通运输的发展和国际贸易的自由化等都进一步强化了商事规范的国际性特征，掀起了"商法国际化"和"商法一体化"的热潮，并表现为两种趋向：其一，国际商事组织的兴起使国际商事立法得到加强，肯定了大量的国际商事惯例；其二，各国不断修改本国商法规则，使其相互之间以及与国际商事惯例之间更为协调。正因如此，当今世界各国商法都带有较强的国际性色彩。

另外，商法在国际性方面具有较好的客观基础：一方面，不同于刑法的政治性色彩和民法的民族性色彩，商法的技术性规范易于统一；另一方面，商法的内容，如商号、公司、票据、保险和海商等，都源自于中世纪商人自治法，各国立法大多参照这些商事习惯和惯例，因而具有同源性。② 商法的技术性和同源性使它在国际统一化运动中独树一帜。德国私法学者李佩斯曾精辟地指出：尽管20世纪以来世界各国所经历的私法统一化过程可能包含有更广泛的含义，但这一法律统一化过程首先是从商法开始的。③ 对于在欧洲共同体成员国国内开业的商人相互之间的关系而言，商法的国际渊源逐渐占据主导方面。我们已逐步看到共同体商法正在发展，共同体商法的规定正在相关领域与国内法的规定相结合，或者已经取代国内法的规定。

2. 对商法"国际性"特征的思考

要合理界定商法的"国际性"，仍需注意两个方面的问题：一是要选定相近的部门法如民法作参照物。从商法发展的历史与当今贸易全球化的事实看，商法的确有"跨国法"的特点，但其"国际性"只是在同民法相比较时得出的特征。法国学者伊芙·居荣（Yves Guyon）在《法国商法》中介绍商法的特征时，也并未直接明确表述"商法具有国际性的特征"，而是从民法与商法比较的角度指出："商法比民法更具有国际性质。"④实际上，有学者已经明确指出："现实中的商法规范，绝大多数仍属国内规范，体现了本国统治者的意志，说商法已经具有了国际性特征为时过早。商法的'世界统一性'或'国际性'是我

---

① [英]施米托夫：《国际贸易法文选》，赵秀文选译，中国大百科全书出版社1993年版，第31页。

② 其实，就同源性而言，世界各国民法尤其是大陆法系国家的民法应该更具有这一属性，因为它们均源自于罗马法。

③ [美]丹尼斯·特伦：《外国民商法论文选》（第二辑），中国人民大学法律系民法教研室编印1985年版，第11页。

④ [法]伊芙居荣（Yves Guyon）：《法国商法》（第1卷），罗结珍、赵海峰译，法律出版社2004年版，第11页。

们努力的一个目标。"①因之,是单纯表述为"国际性",还是表述为与民法相比较而言,"商法'具有较为明显(较强或很强)的国际性'、商法是'最具开放性质的国内法'"等更为合理?

二是必须事先界定商法的范围。从广义商法看,它虽包括"国际商法"和"国内商法",可以说"国际商法"具有"国际性"特征,而国内商法则仍应属于内国法。

(四)对商法"兼容性"特征的分析与思考

1. 商法"兼容性"特征之主因

虽然由前文的统计分析可知,认为商法具有"兼容性"特征的最为丰富,几为国内所有商法著作所肯定和认为。"作为私法的商法兼有公法的性质,兼有任意法与强制法的性质,组织法与行为法的兼容,国内法与国际法兼容,商法的冲突性与协调性,商法的技术性与伦理性,商法的稳定性与易变性,商法的实体性与程序性"等近二十种理论表述。但商法的兼容性,首先并主要表现在商法的私法与公法兼容性以及任意法与强制法兼容性上。

"公法乃规定国家或公共团体相互间、或国家或公共团体与人民间关于公的生活关系之法律;私法则系规定人民或人民与国家或公共团体间关于私的生活关系之法律。"②21世纪以来,鉴于现代社会经济生活的深刻变化,多数商法国家相继放弃了放任主义立场,而在商法领域实行不同规模的公法干预政策,其典型方式"就是向传统商法输入刑法、社会法等与经济活动有关的公法规范,从而拓宽商法的领域"。③丹尼斯·特伦在谈到这一法律发展过程时指出:在现代商事实践中,"国家的干预是通过在商法中楔入公法性规则而得以实现的"。现代各国的商事法,"虽然以私法的规定为其中心,但为保障其私法规定的实现,颇多属于公法性质的条款,几乎与行政法、刑法等有不可分离的关系,却已形成商事法之公法化。"④因此,"商法是否自成体系的争论再也

---

① 顾功耘主编:《商法教程》(第二版),北京大学出版社/上海人民出版社2006年版,第9页。

② 徐学鹿:《论商法的概念》,载《商法研究》(第二辑),人民法院出版社2001年版,第20页。

③ 梁慧星、王利明:《经济法的理论问题》,中国政法大学出版社1986年版,第138页。

④ 李宜琛:《民法总则》,台湾中正书局1977年版,第3~4页。

不能仅仅局限在私法范围之内，或仅仅局限于它与民法之比较"。①

但是，商法主要还是私法规范，但其中也必然有大量的任意性规范，尤其体现在商事行为法方面。但商法中也有不少强制性规定，例如商业登记、公司之机构设置、票据的种类及票据行为的方式、企业破产的清偿次序以及保险中的某些法定保险等，都不能依当事人的意思而定。

2. 对商法"兼容性"特征的思考

其一，商法包含了相当的公法性因素，但因此而称"商法已经'公法化'"或者"商法具有'公法性'特征"的说法值得商榷。国内外学者将"商法的公法化"的命题理解为商法在其传统私法规则体系基础上"楔入"了相当数量的公法性规范，这不是否定商法"私法性"的理据。综观国内外立法，某法律部门包含其他相关法律部门的一些规范或原则的情况普遍存在，亦即依据不同的立法和法律特性交叉出现的法律规范大量存在，如民法与刑法的交叉，民法、经济法与商法的交叉等。事实上，最具私法代表性的民法同样也存在许多限制意思自治的原则和规范，如平等原则，物权法关于不动产的规定，婚姻法关于登记的规定、继承法关于公序良俗的规定和收养法关于收养条件的规定，等等。这些都或多或少地体现国家公权力的介入，或一定程度上"楔入"了强制性规定，但这些都不能改变民法作为私法的本质属性。

其二，在一个高度文明的法治世界里，私权利和私法必然占据主导地位，但绝不会出现商法"公法化"。黑格尔认为，"法律的理念是自由"。② 德国法学家鲁道夫·施塔姆勒也指出，"法律理念乃是正义实现……如果法律规则有助于个人目的和社会目的相和谐，那么这一法律规则的内容就是正义的"。③ 如此，法律理念的深化会使整个人类社会逐渐"由权力本位向权利本位转变"。"权利本位理念"的确立，更是法律公民性和普遍的社会功能的增强及法律效益提升的社会基础。在权利本位理念的指导下，以民商法为主体的私法规范地位的提高并将成为法制基础，这也是中国法律理念现代化的基本价值取向。④ 从唯物主义的角度看，法学史上著名的"公私之辩"（公权与私权的定位，公法和私法的划分）以及后者的繁荣都与商品生产和经济发展存在着必然的联系，

---

① ［美］丹尼斯·特伦：《外国民商法论文选》（第二辑），中国人民大学法律系民法教研室编印，1985年，第11页。

② ［德］黑格尔：《法哲学原理》，商务印书馆1961年版，第1页。

③ ［美］博登海默：《法理学——法哲学及其方法》，邓正来译，中国政法大学出版社2004年版，第179~180页。

④ 参阅李双元：《李双元法学文集》，中国法制出版社2009年版，第553~584页。

都以社会现实为基础。在人类社会活动过程中，最基本的是民商事行为；人类之间最基本的社会关系也是民商事关系。行使国家权力的目的只能是为保障与发展私法主体权利与自由服务。① 在很大程度上，一国民商法的发展程度标示着该国文明与社会进步的程度。因此，"公权"本质上应以保障和服务"私权"为目标，相应地，"公法"应处于服务于"私法"的地位。过分强调本质上属于私法的商法"公法化"或以"公法性"为特征，无疑是颠倒本末了。

综观前文，商法本质上区别于民法而具有的独立特征实难找到。大陆法系国家的商法学者普遍认为，"商法是民法的特别法"。"我们打开《法国商法典》、《德国商法典》、《日本商法典》等，虽无明确的立法宗旨的规定，但从全部规范看都是为了保证民法在商事领域的实施。"商法虽然规定了重要的商事法规，'但它们仍然与民法密不可分。依然可以被看成是民法典的补充，属于民法的特别法'"②德国学者 C. W. 卡纳里斯甚至强调："商法规范的特点和商法作为法律发展开路者的特征当然仅能为一个独立的法律部门提供很微弱的依据。这首先是因为，商法在实质性内容上和民法没有深刻的不同。能作为商法这个独立法律部门的基本特征的，实在不多。正因为如此，相当正式的说法是：它是商人的特别法。区别于民法实质性的独立性并不存在，尽管上述商事规范的特征有着相当特殊之处。商法的'标准特征'因此显得很微小。比德林斯基(F. Bydlinski)在其《私法的体系与原则》(第 444 页以下、450 页)持同样的主张，尽管他认为这些在法律技术上和学术上对一个法律部门的独立性已经足够。"③

既便如此，我国商法著作和教科书对商法特征的某些界说显然是认识上的肤浅性与片面性造成的。

四、对商法特征之界定方法的几点思考

对于方法论，达尔文认为，人类最有价值的知识就是关于方法的知识。王泽鉴先生在《法律思维与民法实例：请求权基础理论体系》一书中，专节讨论"法学教育"时也指出，"法学著作(教科书、论文或判例研究)须更重视法学方

---

① 李双元、徐国建：《国际民商新秩序的理论建构——国际私法的重新定位与功能转换》，武汉大学出版社 1998 年版，第 180 页。
② 范健：《德国商法》，中国大百科全书出版社 1993 年版，第 14 页。
③ [德]C. W. 卡纳里斯：《德国商法》，法律出版社 2006 年版，第 10~11 页。

法,使得法学得以根植、生长、茁壮!"①通过对上述教材中关于商法特征论说的简要分析与梳理,我们也再次深感法学方法论之于法学研究,尤其是对正确指导应用法学研究与实践之重要。下文试结合法理学和法学方法论的有关知识,谈一谈我们对认识和界定商法特征的几点粗浅的思考。

(一)以法律的本质和目的为基点,探求商法的本质和目的,进而否定"商法的营利性"特征

作为法理学的一个重要分支,法目的学对应用法学的发展具有极为重要的指引价值。商法作为庞大法律体系中的一个部门法,必然不能逸出法的本质与目的范畴,而采"直觉定义"的思维模式,一想到"商行为"就想到了"营利",继而想到了"商法的营利性"特征,这种明显谬误的观点。依靠直觉产生的概念是提示性的和不明确的,而基于假设和演绎推理得出的概念则是明晰的和深刻的,因而也更能揭示事物的本质。"法学之终极目的,固在穷究法之目的。"②商法学即属此列,切不可游离于法之目的,而特征系本质与目的之外化,亦必受制于后者。法律的目的不在"营利",因而商法不可能具有营利之目的,也就无"营利性"特征可言。

(二)从"规范"入手,解析商法规范(商法学的研究对象)的本质,以排除商法"技术性"特征

首先,商法中的基本规范不是技术规范,所以给商法冠以"技术性"特征的做法值得商榷。诚如规范的英文释义"rule, norm, standard, specification, specs, canon, canonical"一样,对规范的认识从来就充满多样性,不同的学科领域并不一致。关于规范,《中华法学大辞典·法理学卷》以230个字作了明确界定:"来自拉丁文,指在一定情况下应遵守的一般规则。""规范比道德价值或理想更为具体,规范本质上具有社会性,在社会中产生,并表明社会认可或谴责何种行为。""规范与人类的一切活动及社会行为的诸方面有关。"只有规定人们如何使用自然界的力量,如何使用劳动工具并加于劳动对象的行为规则才是技术规范③;而法律规范则属社会规范的范畴,是法的基本构成单元,可

---

① 王泽鉴:《法律思维与民法实例:请求权基础理论体系》,中国政法大学出版社2001年版,第3页。
② 杨仁寿:《法学方法论》,中国政法大学出版社1999年版,第120页。
③ 孙国华主编:《中华法学大辞典·法理学卷》,中国检察出版社1997年版。

以形象地称之为法的细胞。不同形式、内容和功能的法律规范，可以构成不同的法律制度。除了包含法律概念、法律原则、法律技术性规定等之外，规范性法律文件的基本构成要素就是法律规范。①

商法学的研究对象是商法规范及有关制度，所以界定商法特征的方法，应是从商法规范本身上发现并加以抽象，而不是其他。"凡法律均须解释"，"法律解释方法是法学方法论的核心"。② 王泽鉴教授在《民法基础理论》一书中指出，"法解释学或法规范学，乃以法律规范为研究对象，以确定其法意，良以法律用语多取诸日常生活，须加阐明；不确定之法律概念，须加具体化；法规之冲突，更须加以调和也"。③ 可见，界定商法特征的基本方法，应以全部商法规范为对象。

其次，整个商法体系中确也存在针对商品及其生产技术、安全标准和环境保护等方面的技术规范④，但这些并非商法规范的主体，所以不可借此主张商法的"技术性"特征。更何况，这种技术法规的目的和任务是在于设定统一的强制规则以规范商行为，不同于单纯技术规范。商法中的技术性规范也必定包含价值判断和伦理规则，这由法律的本质所决定。在现实生活中，商品的生产规格、质量标准等细则多由行业的标准加以规定，但这不是商法。只在极少数情况下，相关法律规范才会作出较为细致的技术性规定（这也是"商行为自由主义"对商事法律的要求）。因此，绝不能用"技术性"特征来歪曲商法的法律"本质"。

最后，就法律规范的分类而言，国内代表性的法理学著作与教科书，如沈宗灵教授主编的《法理学》（第二版）中分别依据不同标准将法律规则区分为授权性规则、命令性规则和禁止性规则，调控性规则（regulative rule）和构成性规

---

① 法律规范是以法律条文作表述的载体，是调整大量同类社会关系的共同规则、具有普遍约束力。

② 王泽鉴：《法律思维与民法实例：请求权基础理论体系》，中国政法大学出版社2001年版，第212~213页。

③ 杨仁寿：《法学方法论》，中国政法大学出版社1999年版，第120页；王泽鉴：《法律思维与民法实例：请求权基础理论体系》，中国政法大学出版社2001年版，第212页。

④ 实际上，这些技术法规在国际经济法中可能会更多一些，以致出现了"技术性贸易壁垒"，即通过颁布法律、法令、条例、规定和建立技术标准、认证制度、检验检疫制度等方式，对外国进口商品制定苛刻繁琐的技术、卫生检疫、商品包装和标签等标准，从而提高进口产品的要求和增加进口难度，达到限制进口并最终减少、消除贸易逆差的目的。

则(constitutive rule)、强制性规则和任意性规则,确定性规则、委托性规则和准用性规则;张文显教授主编的《法理学》(第三版)则分为授权性、义务性与权义复合性,规范性与标准性,调整性与构成性和强行性与指导性等规则,均未有技术性法律规则之说①。台湾的黄茂荣教授在《法学方法与现代民法》一书中虽详细解读法条之种类,但也未论及"技术性法律规定"。②既然,国内法学界主流在对法律规范(规则)的分类中并未列有技术性法律规范之类。这也可为排除商法"技术性"特征的佐证之一。

(三)在思维领域,抽象、概括和论证事物(商法)特征时应遵循逻辑的基本规律

在法学理论认识的进程中,逻辑分析的方法和经验事实验证的方法是最基本、最常用的方法。当对事物特征进行抽象、概括时,主要运用经验科学之事实归纳或历史归纳的方法;而在论证时,主要运用形式逻辑之直接推论或演绎推论的方法。为便于阐释和了解,图示如下:

$$事物(商法) \xrightarrow[\text{归纳(实质推论)}]{\text{抽象(构设)}} 特征(商法) \xrightarrow[\text{演绎(形式推论)}]{\text{具体(论证)}} 事物(商法)$$

上述图示告诉我们,逻辑分析中必须遵循逻辑基本规律(如同一律、矛盾律、排中律和充足理由律),即从事物(商法)出发,得出论点(特征),至事物(商法)终结,证明论点(特征)。其中,第一步的研究基点是事物(商法)本身,通过实质推论(归纳推理)得出初步论点(特征);第二部的研究基点则变成了论点(特征),只有经过此种形式推论(演绎推理)的证伪之后,才能判定此命题的真、假或伪。所谓实质推论(material inference),是指将逻辑上具有"可能性的命题",为经验事实的论证,将可能性中具有盖然性(probable)者推成结论;而所谓形式推论(formal inference),则指以一定已知的命题为前提,

---

① 法律规则和法律规范是否同一概念,学界尚有争议。我国法学界通常将英语中的 Rule 译作规则,而将 Norm 译作规范。参阅张文显主编:《法理学》,高等教育出版社/北京大学出版社 2007 年版,第 116 页。凯尔森曾认为,"法律创制权威所制定的法律规范是规定性的(prescriptive);法律科学所陈述的法律规则却是叙述性的(descriptive)"(凯尔森:《法与国家的一般理论》,沈宗灵译,中国大百科全书出版社 1996 年版,第 49 页)。但在汉语中,规则和规范两词基本上是同义的,只是后者还可作为动词使用。(参阅《辞海》(缩印本),上海辞书出版社 1980 年版,第 1440 页)。在中外法学中,法律规则和法律规范也是通用的。参阅沈宗灵主编:《法理学》,北京大学出版社 2003 年版,第 33 页。

② 参阅黄茂荣:《法学方法与现代民法》,中国政法大学出版社 2001 年版,第 122~168 页。

进而推出一个必然的结论。①对于整个法学理论研究,此二者为理论认识的基本方法。当然,法学本质上是理论认识与实践相结合的科学,因为这样可以使得被论证和验证的法学命题无限趋近于客观性,或者说真理性。这也应是我们认识、论证并验证法学理论命题的一般方法。然而从前述著作和教科书所阐述之商法特征看,符合逻辑基本规律者确实不多。

(四)随着法律部门的细化,其所共有的特征必然愈来愈少,故而界定商法的最本质、最核心的特征,舍弃不重要之特征,应是当前可取之路径

在探求商法特征的过程中,我们不应忽略这样一个道理:法律的部门越加细化,其所能抽象出来的共同的特征就愈少。如前述,有学者概括出"四特征说"②、"五特征说"③或"八特征说"④等,但在认真考察之后会发现,其中有些特征只属于商法中个别法律或者商法的细小分支,如"技术性特征"是相对于技术规范而言的。如此,将商法体系中个别规范性法律文件的特征概括为整个商法的特征,并不可取;只会产生以偏概全的结果。生活中有许多例子都可以说明这一道理。如,就法律的国际性特征而言,恐怕学人最先想到的是国际法、国际私法和国际经济法,而不是一般意义上的商法。论及"兼容性"时,学人最先联想到的最有可能是宪法、民法、刑法、经济法等,亦不一定及于商法。

然而,要正确抽象出商法最核心、最本质的特征,首先要厘定商法最主要、最核心的范围。从商法的表现形式来看,商法可分为形式商法和实质商法。前者主要指在民商分立的国家中,以"商法典"命名的商法和根据商法典或宪法制定的各种商事单行法(商法的特别法)。后者则主要指在民商合一的国家内,没有形式上的商法典,但有存在于宪法、民法、经济法、行政法和诉讼法中调整商事关系的法律规范和各种涉及商事的单行法。实质商法又有广义商法(包括国际商法和国内商法)和狭义商法(国内商法)之分。将商法置于不

---

① 杨仁寿:《法学方法论》,中国政法大学出版社,1999年,第108~109页。

② 即营利性、技术性、公法性和国际性,参阅赵万一主编:《商法学》,中国法制出版社1999年版,第14~18页。

③ 即营利性、技术性、组织法与行为法的结合、变动较为频繁和国际性,参阅黎燕主编:《商法》,北京:中央民族大学出版社1999年版,第2~4页。

④ 即营利性(营业性)、技术性、公法性、协调性、国际性、整体性、发展性和变动性(灵活性),参阅周林彬、任先行:《比较商法导论》,北京大学出版社2000年版,第19~25页。

同的范畴加以考察,自然会得出不完全一致的商法特征。由此可知,商法最本质、最核心的特征应来自于最主要、最核心的商法规范,而不是散见于其他部门法中的商事法律规范或某个特别商事法律规范。

(五)选定相近部门法为参照,是界定商法特征的必要方法;法理学或其他部门法中界定法或部门法之特征的方法,亦可借鉴

就方法论而言,要认识事物的特征,就必须将其与其他类似或相近的事物进行比较,继而在比较过程中揭示该事物区别于参照物的属性。因此,要界定商法的特征,就必须选定与商法相类似或相近的部门法,如民法、经济法等为参照物(国内外均已有学者采此比较分析方法,包括上述抽选的著作与教科书),由此得出商法的特殊性。此外,在同民法或经济法作比较以鉴别商法之特征时,亦可借鉴法理学著作与教科书中关于"法的基本特征"的论述与分析范式,即将法与其他社会规范(如道德、宗教)相比较得出。

(六)从法律语言的角度看,慎用界定商法特征的词语也是一种方法考量

从法律语言上讲,有些学者将"特征"与"属性"等同视之,习惯用"某某性"来表述事物的特征。但两者尚存差异,根据《现代汉语词典》的解释,特征是指事物自身所具备的特殊性质,是区别于其他事物的基本征象和标志;而属性则指事物所具有的性质、特点。另外,从"特征"的英文释义"characteristic, feature, properties, aspect, trait"和属性的英文释义"attribute, nature, property, quality"来看,也有所不同。故此,简单把商法特征表述为"营利性"、"国际性"、"兼容性"等,不如依次表述为商法"以商事(商行为和商事关系)为调整对象"、商法"具有较强的国际因素"、商法是"包含大量公法性规范的民法的特别法"等更合理。当然,是否可以这样表达仍宜进一步深究。

再者,从语言逻辑上看,把"商法的特征"表述为"商法的基本特征"也会更有利于紧扣商法特征中最本质、最核心的部分,更贴近当前理论现状与立法实践。

美国规制职场基因歧视立法研究*

一、引言

基因科学早已证明基因与个人健康之间存在关联。近年来，经济、快捷的基因检测技术已经在社会普及，获取特定个体的基因信息已非难事。一般认为，错误地解读基因信息与疾病的关联，仅凭某人对疾病具有"基因倾向性"为根据，从而不雇佣特定求职者或解雇员工的行为称之为职场基因歧视。[①]2010年2月发生在广东省佛山市的带地中海贫血症基因公务员考试考生诉该市人力资源和社会保障局案，说明此类纷争在我国已然成为现实，而我国的相关立法却是空白，因而很有必要研究国外的相关立法，以期提供借鉴。美国号称"世界各种族的大熔炉"，职场基因歧视问题早已有之，该问题往往与种族歧视存在交集，给美国社会稳定带来隐患。作为社会的稳定器，用相关立法规制职场基因歧视无疑是最佳的选择。美国的相关立法与研究一直走在世界前列。本文旨在研究美国规制职场基因歧视的立法及其体现的法理思想，为我国将来的立法提供参考。

二、职场基因歧视的成因分析

(一)"负面优生学"残余思想的影响

职场基因歧视是基因歧视的众多表现形式之一，而基因歧视并不是新近的现象。美国的优生学家在遗传学创立之初，就认为"优质基因"是个人成就的

---

* 本文为李双元、刘琳合著，刊载于《浙江社会科学》2013年第7期。

① Margaret Otlowski, "Exploring the Concept of Genetic **Discrimination**", Journal of **Bioethical** Inquiry, 2(2005), p.165.

决定性因素，进而鼓吹应该防止"劣质"基因人群过度繁殖，目的在于避免全社会被"劣质"基因"污染"，这一学说一般被称为"负面优生学"，该学说认为应该消灭某些有"缺陷"的人这一方式来改善人类基因库。例如：1896 年，美国康涅狄格州就有立法禁止癫痫病患者、低能者与 45 岁以上的女性结婚，此外，先天性聋哑、低能、癫痫以及精神疾病患者等必须接受强制性绝育手术。① 司法实践中，1927 年，霍尔姆斯法官在巴克诉贝尔案（Buck vs. Bell）中也认为与其将来惩罚堕落者后代的犯罪行为，不如现在就杜绝那些不适合在社会生存的人繁衍后代，司法机关的这一判决为"负面优生学"起了推波助澜的作用。学界普遍认为，纳粹德国的"种族卫生学"是美国的"负面优生学"的升级版本，"种族卫生学"为纳粹德国对犹太人、吉普赛人和精神病人的灭绝政策提供"科学"的借口，在"二战"后被人唾弃，但"负面优生学"和"种族卫生学"二者的残余影响却不容忽视。例如：20 世纪 70 年代，"镰刀状细胞贫血症"肆虐美国，当时的初步研究表明这一疾病具有遗传性，因而美国二十多个州随即通过法律要求新生儿、学龄前儿童、申请结婚者和监狱犯人接受"镰刀状细胞贫血症"强制基因检测的法律，不过之后的研究表明"镰刀状细胞贫血症"是一种隐性遗传性疾病，因而只有父母双方同时携带有该病基因，其后代才会患病，如果父母中只有一方有致病基因，其后代只会出现红血球呈现镰刀状，但不会出现贫血的症状。某些被迫参与基因检测并被证实红血球呈现镰刀状，但没有贫血症状的人（以黑人居多），却在就业中饱受歧视。

（二）误读基因检测结果是职场基因歧视产生的直接原因

1. 美国主导的"人类基因组计划"大大增进人们对基因与疾病关系的了解

研究表明，借助基因，各类生物物种将上一代的特性遗传给下一代，使得该物种历经世代繁衍后仍保持自身的特性。就人类而言，人体细胞的细胞核中包含 23 对主要由"脱氧核糖核酸"（DNA）组成的染色体，人类基因保存在 DNA 之中；不过，精子和卵子中分别只有 23 条染色体，精卵结合时才会组成 23 对染色体，分别将父母的基因遗传给下一代。进一步的研究发现，DNA 呈现为双螺旋结构，由两条平行、方向相反的长链互相缠绕而成，基因是双螺旋结构中由四种碱基依特定顺序组成的一段序列。个体之间在生理特征方面存在差异的基本原因在于碱基排列顺序上的不同。研究还表明许多疾病与构成基因的碱

---

① M. Scttings, "Regulating Eugenics", Harvard Law Review, 121 (2008), p. 1580.

基排列的顺序在各种因素作用下出现混乱、产生变异而产生的基因缺陷有关。①

为掌握人类每种基因的作用机理及其与生理特征和疾病之间的关系，美国国家健康研究所和美国能源部于1990年联合启动"人类基因组计划"，目的在于测定人类全部基因在DNA上的具体位置。随后，日本、加拿大、德国和我国等陆续加入了这一计划，该计划于2003年顺利完成。"人类基因组计划"大大增进了人类对基因的认识，迅速推动了基因科技在医学上的应用，从而使人类基因解码与疾病关系的研究取得重大进展。以近15年为例，1997年通过基因检测技术可以确定遗传性疾病数目为169种，2006年达到1200种，之后的数目大约每五年可以翻一番。

2. 经济快捷的基因检测技术使获取个体基因信息变得愈加容易

基因检验技术主要有"基因检测"（genetic testing）和"基因监测"（genetic monitoring）两种应用形态，"基因检测"的目的在于使特定个体得知自己的基因组成和预测未来的健康状况，医生可以根据基因检测的结果制定最适合特定个体的治疗方式，也可以针对特定个体未来可能出现的疾病采取预防性治疗来减缓或避免疾病的发生。"基因监测"的目的在于监测经常性接触化学、放射和辐射等有害物质特定个体的基因是否发生改变。基因检测及监测技术实施过程日趋便捷，在美国，部分超市已开始出售基因检测采集棒，购买者首先用采集棒轻轻刮擦口腔内膜，之后寄回检验机构，数星期后就可以得知基因检测结果。

3. 对基因缺陷解读不当是职场基因歧视的重要原因

研究表明，不同的疾病与相关基因缺陷之间的关联程度存在不同，因此不同的基因检测结果预测作用也强弱不等。美国有学者将基因缺陷与患病概率的关联分为三个类别：其一，特定类型的基因缺陷与少数疾病存在直接且明确的关联，这少数几种疾病主要为：囊肿型纤维化症（Cystic Fibrosis）、肌萎缩性脊髓侧索硬化（Amyotro-phic）等；其二，部分基因缺陷与发病几率的关联并不明确，例如：虽然乳腺癌、心脏病和部分类型的精神病与特定类型的基因变异有关，但上述疾病是否发生与个人的生活习惯、饮食结构及遭受的压力大小也存在直接的关系，置言之，基因缺陷是上述病症致病的条件之一，但不是唯一条件；其三，某些类型疾病，携带有此种疾病基因的个体并不会发病，但会遗

---

① 王迁：《论"基因歧视"现象引发的法学课题——"基因歧视"法律问题专题研究之一》，载《科技与法律》2003年第3期，第43、45页。

传给下一代，后代中只有从父母双方同时通过遗传获得两个有相关的缺陷基因，上述疾病才会发作，这种类型的遗传性疾病主要有血友症（Hemophilia）和镰刀形细胞贫血症（Sickle Cell Anemia）。总而言之，上述三种基因缺陷中，只有第一种类型与实际发病存在必然的关联，但目前研究表明，这种类型只占极少数；其他两种类型，由于涉及后天的生活形态或者涉及生育对象的选择，基因变异与实际发病之间的关联程度较低。[1]

如果使用得当，职场上的基因检测与监测对劳资双方会有双赢的结果。例如：依据基因检测的结果给雇员安排适当工作，以降低雇员因工作因素而发生疾病的危险，或根据基因监测的结果改进特定工作区域卫生条件。不过，由于基因科技发展时间相对较短，对基因缺陷和基因检测功能，社会普遍缺乏科学理解而歧视各种携带致病基因的人。[2] 这种歧视可能导致严重的社会后果：雇主为了提升生产效率，减少员工因病旷工的现象，减少保险费用以及伤病补偿金等原因的考量，只会雇佣所谓有着"优良基因"的员工并解雇带有遗传性疾病基因的在职员工，借以提升竞争力，而许多具有基因缺陷的人失去保险和工作机会，从而使其丧失医疗和生活保障，进而威胁社会的和谐与稳定。

三、全美各州禁止基因歧视立法概况

（一）各州歧异的相关立法对跨州运营企业存在不利影响

在20世纪70年代中后期，美国许多州将上文所提到的"镰刀状细胞贫血症"基因检测改为自愿性质，或完全加以禁止。同时，也出现了在州这一层面立法规范基因检测，保护个人基因信息的立法高潮，从而间接消除职场基因歧视现象。1975年，北卡罗莱纳州在全美率先通过禁止利用基因检测筛查遗传性疾病镰刀形细胞贫血症的法律；1989年，俄勒冈州通过法律，禁止对所有遗传性疾病进行基因检测筛查；1991年，威斯康辛州通过法律禁止职场中的基因歧视，并禁止雇主获取雇员基因检测的相关信息。[3] 截至2007年底，全

---

[1] 陈姵先：《立法防制职场基因歧视之合法性与合宪性研究》，台湾大学法律学院法律学研究所硕士论文，2009年，第7~8页。

[2] 王迁：《论"基因歧视"现象引发的法学课题——"基因歧视"法律问题专题研究之一》，载《科技与法律》2003年第3期，第43、45页。

[3] Karen Rothenberg et al, "Genetic Information and the Workplace: Legislative Approaches and Policy Challenges", Sci. 275 (Mar. 21, 1997), pp. 1755-1757.

美共有34个州制定基因检测相关的法律。虽然如此,但相互间存在种种差异,例如:纽约州禁止以接受基因检测作为签订雇佣合同的前提条件,而伊利诺伊州却并不禁止这一做法。这些差异给那些跨越美国数个州进行商业运营的雇主带来很多不便,而美国男子职业篮球协会(以下均简称为"NBA")就是其中之一。

(二)埃迪·科里事件及其引发的讨论加速联邦统一立法的出台

与职场基因歧视有关且最引人瞩目的案例是NBA球星埃迪·科里事件。2005年3月30日,芝加哥公牛队球员埃迪·科里感到身体不适,并伴有心律不齐、头晕等症状,多名专家对科里的病情进行会诊,但达不成一致意见。其中的一名专家巴里·马隆(Barry Maron)建议科里接受基因测试,以便确定他是否患上遗传性的心肌肥厚症(HCM)。与大多数遗传性疾病只会在致病基因携带者年老时发病不同,心肌肥厚症的特殊之处在于该病的基因携带者在青壮年就会发病,该病也是导致职业运动员猝死的常见原因。哈特福德医院的运动员心脏健康研究中心主任保罗·汤普森(Paul Thompson)曾表示,"一旦发现患有心肌肥厚症,运动员就应该立即终止其职业生涯"。不过,他也承认,并不是所有患该病的运动员都会出现猝死的情况。例如,蒙蒂·威廉姆斯(Monty Williams)是在NBA数个球队效力9个赛季后才被发现患有心肌肥厚症,但波士顿凯尔特人队的球员雷吉·刘易斯(Reggie Lewis)在日常训练中却因心肌肥厚症突发而猝死。获悉消息后,公牛队的管理层要求埃迪·科里先接受基因检测,之后视检测结果再讨论和他的续约问题。管理层同时许诺,如果基因检测的结果证实埃迪·科里患有心肌肥厚症,球队将不与其续约,但会给他每年四十万美元且连续支付五十年的补偿金。埃迪·科里和他的律师坚称公牛队无权要求他接受基因测试,并认为强迫他接受相关测试只会粗暴地侵犯其隐私权。美国全国工作权利研究会法律事务主管杰雷米·古伯(Jeremy Gruber)认为雇主之所以急于得到雇员的基因检测信息,原因在于把有高患病风险雇员将来可能会给雇主带来的麻烦消灭在萌芽状态,他同时认为如果雇主以此为由不断地解雇员工,会造成一支无法再就业的失业大军,而他们被解雇的原因目前并无科学上的定论。① NBA总裁斯特恩反对贸然对球员实施基因检测,他认为对球员基因检测问题在全联盟内采取统一的措施只会带来更多问题,例如:如何确

---

① Laura B. Benko, "Testing the Limits of Care", Med. Healthcare (Feb. 13, 2006), p. 6.

定遗传性疾病的种类，如何确定携带有变异基因球员患病的概率，又有谁来拥有对检测结果的最终解释权。

不过，这一事件以戏剧性的结尾收场，由于纽约尼克斯队主动向芝加哥公牛队提出不对埃迪·科里进行基因测试的前提下请求公牛队将他转会该队，公牛队也乐意做了顺水人情，答应该转会请求，埃迪·科里加盟尼克斯队后，心脏再也没有出现异常。有学者认为，正是尼克斯队所在的纽约州与公牛队所在的伊利诺伊州相关法律存在差异促使该事件圆满落幕，原因在于：纽约州禁止把接受基因检测置为签订雇佣合同的前提条件；而伊利诺伊州却并不禁止这一做法，但不得以此为由不与雇员签约。

埃迪·科里事件虽已落幕，由于 NBA 及其球员在美国国内享有很高的知名度，因而一直备受关注，围绕该事件的讨论持续发酵，舆论认为联邦立法在此方面的缺位给跨州运营的企业带来不小的麻烦并亟待解决；由此引发的讨论焦点在于，如果联邦需要相关立法，如何界定"基因信息"？为保护个体的"基因信息"创设一种新的权利还是将已有法律扩张解释，将个体的"基因信息"纳入到现有的权利框架之内？该立法应该以何种原则作为指导，并如何在保守求职者或雇员的基因信息秘密与雇主的知情权之间达成平衡等，都需要在新的联邦立法中解决。

四、《2008年基因信息反歧视法》述评

(一)《2008年基因信息反歧视法》的出台及主要内容

前文已述，与个人基因信息保护及禁止职场基因歧视相关的立法在联邦多数州这一层次相当普遍，但相互间存在种种差异，给跨州运营的企业带来不少的困扰。不过，在联邦这一层级针对职场基因歧视的立法进展缓慢，只是在2000年，时任总统克林顿签署行政命令，禁止联邦政府机关雇佣员工时实施基因歧视行为。[①] 而早在1995年，国会就有议员提出表决保护个人基因信息的法案借以统一相关法律制度，不过当时，仅可以检测三百余种遗传性疾病，且多数为罕见疾病，因而多数议员认为该立法建议太过超前，时机并不成熟。但随着基因科技的飞速发展及埃迪·科里事件引发公众对职场基因歧视的关注从而加速相关立法的进程。2008年4月24日，美国国会参议院以95票支持，

---

① Exec. Order No. 13, 145, 65, Fed. Reg. 6, 877, (Feb. 8, 2000).

0票反对的结果通过《2008年基因信息反歧视法》；同年5月1日，众议院以414票支持，1票反对的悬殊结果也通过该法案；2008年5月21日，《2008年基因信息反歧视法》经时任总统小布什签署公布，于2009年11月21日生效。

《2008年基因信息反歧视法》共三大部分，其中第一部分共6条，规定禁止保险公司基于基因信息对投保人采取区别对待；第二部分共13条，主要内容为禁止职场基因歧视；第三部分为杂项条款，共两条。第二部分的核心条文是第201、202条，第201条将"基因信息"界定为：个人的基因检测信息、相关家族成员的基因检查信息、家族病史，而家族成员涵盖四代亲属范围。"基因检测"指对人类的脱氧核糖核酸(DNA)、核糖核酸(RNA)、染色体、蛋白质或蛋白物进行的检验；此外，该条禁止雇主在雇佣、解雇及升迁雇员过程中使用基因信息，也禁止雇主基于基因信息而不雇佣、解雇、隔离或歧视个人。第202条规定，除少数例外情形外，雇主要求、询问或购买受雇人的基因信息均为非法行为。这些例外情形包括：为监测有毒物质对员工的健康影响而进行的基因检测；为执法目的在法院实验室进行的DNA分析和符合《家庭与医疗病假法令》中规定的情形。第一种情形下需进行基因检测的职业包括处理核废料或接触对染色体或基因产生不利影响的其他危险物质的工作。不过，上述情形下的求职者在受雇前须被告知将会接受基因检测，并要求受雇者作出书面同意。

(二) 对《2008年基因信息反歧视法》的解析

1. 该法禁止职场基因歧视有充分的法理依据

从该法的标题及行文中可以看出，该法将雇主基于缺陷基因而不雇佣或解雇员工视为一种区别对待的歧视行为，从而在法理上宣告了该行为的不合理性，为后面的具体规定提供了理论上的前提。学界认为，对歧视不合理性的解读主要有"自然属性说"与"目的和手段关联说"。"自然属性说"认为人不能因为超出自己能力控制之外的事情受到谴责，那么，以种族、性别、年龄等自然特征的有无作为社会利益分配的标准必然有失公允。美国学者罗尔斯在《正义论》中曾经指出，除受到政治体制和一般的经济、社会条件的限制和影响之外，人们的生活前景也受到出生伊始就具有的社会地位和自然禀赋方面的差异所造成的深刻而持久的影响。由于上述不平等是个人无力选择的，正义原则就要求约束这些最初的不平等。① 作为调节社会利益冲突的有效工具以及社会正

---

① ［美］约翰·罗尔斯著：《正义论》，何怀宏、何包铜、廖申白译，中国社会科学出版社1988年版，第5页。

义价值的风向标,法律应当约束因为超出个人选择或控制范围的因素所导致的劳动者在就业机会方面事实上出现的不平等现象。另一方面,"目的和手段关联说"考察的重点在于实现某一合法目的而使用的区别对待手段与所要实现的目的之间是否存在必要的关联,如果二者间并不存在必要的关联,那么区别对待即构成歧视。

基于上述"自然属性说"和"目的和手段关联说",基于个体基因方面的缺陷而在就业方面的区别对待显然构成歧视,原因在于:是否带有致病基因是个人先天就具有的,且后天的努力无法加以改变,依据"自然属性说",以这种超出个人选择或控制能力的因素为基础,在就业时采取区别对待明显是一种歧视。另一方面,多数基因缺陷只能显示该个体患遗传性疾病的概率,而其本身却可能没有任何健康问题;更何况致病基因不会威胁到公共安全,即使是能导致健康风险的致病基因,也只能按照遗传规律,通过繁衍这种独特方式在代际之间传播。① 因而,雇主基于个体携带有缺陷基因而不雇佣或解雇员工的行为已然超出雇员是否胜任、是否对其他员工人身安全构成威胁的必要程度,依据"目的和手段关联说",这明显也属于不合理的歧视行为。

2. 该法以基本权对第三人效力理论为基础,采用基因信息的隐私权保护模式

学界普遍认为,应对职场基因歧视的立法模式主要有禁止歧视模式和基因信息的隐私权保护模式两种。其中禁止模式禁止雇主基于某一事由作出区别对待的行为,但并不排斥雇主通过各种手段探知雇员是否具备该事由,其着重点在于事后保护,即歧视已经发生并已经造成实际损害,以补偿歧视所造成的损害为出发点,对于具有私密性的基因信息而言,这一立法模式并不禁止雇主获取雇员的基因信息。与此相反,基因信息的隐私权保护模式则从根本上禁止雇主获知雇员的基因信息,使雇主基因歧视行为无从发生。美国《2008年基因信息反歧视法》中有关雇主要求、询问或购买受雇人的基因信息为非法行为的规定集中体现了基因信息的隐私权保护模式。对这种保护模式的法理路径可作进一步分析如下:

首先,该法将隐私权这一美国宪法上的公民基本权利进行扩张解释,使隐私权的客体涵盖个人基因信息。1890年,美国学者路易斯.D.布兰德(Louis D. Brandeis)首次在《哈佛法律评论》撰文提出隐私权这一概念,指的是个体独处而不受干扰或避免个人事务被公开谈论的权利。历经近七十年的发展,该学

---

① 李成:《我国就业歧视中的宪法问题》,载《法学》2011年第1期,第81~84页。

说才被美国各州法院逐渐接受,联邦最高法院是在历经 1965 年的格里斯沃德诉康涅狄格州案(Griswold v. Connecticut)①和 1973 年的罗伊诉韦德案(Roe v. Wade)②后,才正式宣布隐私权是美国宪法所保障的基本权利之一。③ 1977 年,在维纶诉罗伊案(Whalen v. Roe)④的判决书中,联邦最高法院进一步分析到隐私权包含两种不同的利益:避免公开个人事务和由个人独自作出某些重要决定。1980 年在美国诉西屋电器公司案(United States v. Westing-house Electric Co.)⑤中,联邦最高法院进一步认为,随着信息时代的来临,他人借助电脑收集个人资料的广度和频率将逐渐增大,因而隐私权还涉及个体控制自身信息的权利。基于上述阐述,本文认为,相较于其他个人隐私,基因信息因为具有各不相同、终身不变的特点,与个人隐私高度相关,从《2008 年基因信息反歧视法》的立法意旨和措辞中可以得出以下结论:基因信息如同其他个人隐私,系专属于个人的一种信息,而基于"个人自觉"的理念,个体在法律上享有是否使得他人得以接触个人基因信息的权利,及决定何时、在何等范围内公开或提供其个人基因信息。当然,这一结论尚待美国司法实践的检验。

其次,基本权对第三人效力理论使得个人基因信息隐私权得以进入雇佣关系这一民事法律关系领域并得到保护。有关宪法中规定的基本权利能否对私主体间的民事法律关系产生约束力的讨论始于德国,⑥ 这一问题同样也引起美国学者的热烈讨论。美国学者认为宪法上的基本权利的主要作用是防御公权力的侵害,而私法领域涉及的只是私主体间的权利和义务关系,人民仅能向国家主张基本权利,而不能以宪法规定中的基本权利对抗另一私法上的主体。另外,基于"私法自治"的原理,私主体间创设、变更或消灭法律关系及其可能带来的有利或不利后果,都应该尊重当事人自由意志,国家原则上不应干涉。具体

---

① 381 U. S. 479(1965).

② 410 U. S. 113(1973).

③ 美国宪法的修正方式有两种,一是正式的修宪程序,美国宪法中第 5 条对此程序有严格的规定;另一种是在宪法原文措辞不变动的情况下,由联邦最高法院对部分措辞作扩张解释,从而间接修改宪法。隐私权在美国宪法中并未被提到。在 1965 年的格里斯沃德诉康涅狄格州案(Griswold v. Connecticut)中,隐私权被裁定为已经被权利法案所涵盖,成为一种一般性的宪法权利。可见,隐私权是以第二种方式纳入美国宪法的。

④ 429 U. S. 599(1977).

⑤ 638 F. 2d, 576(1980). 参见林孟玲:《就业基因歧视防止之研究》,台湾中正大学法律学研究所 2006 年硕士论文,第 39~43 页。

⑥ 张巍:《德国基本权对第三人效力问题》,载《浙江社会科学》2007 年第 1 期,第 107 页。

到合同领域，契约自由集中体现"私法自治"这一原则，具体包括缔结契约的自由、选择缔约相对人的自由、决定契约内容的自由等，这种契约当然也包括求职者或雇员与雇主签订的雇佣契约。以上述埃迪·科里事件为例，美国男子职业篮球联赛协会很早就推行集体协商制度，即资方代表与代表全体球员的"全国篮球运动员联盟（NBPA）"就球员的雇佣条件、待遇进行协商，之后达成集体协商协议，适用于全体球员，因而联赛中单个球员不能与资方进行单独的谈判。现在生效的集体协商协议规定有球员接受强制性体检的内容为"球员必须在球队指定的时间内在指定地点报告并进行强制性的体格检查，在报告体检时，球员应在合理限度内提供被要求的信息，并完整地、如实地回答相关问题，接受所有被要求进行的体格检查；球队有完全的自由裁量权决定球员的体格检查是否合格"。因为有上述措辞，有学者认为有关基因检查的规定已被纳入上述体检的要求之中，原因在于：该协议的措辞较为宽泛，例如"接受被要求进行的体格检查"，字面上来看，这种检查是可以包括基因检测的。因而，个别球员不能反对这一规定，而一旦球员未能依协议进行包括基因测试在内的体格检查，球队可以违约为由解除与球员的合同。

  不过多数学者赞同基本权对第三人效力理论，即宪法中规定的基本权利应该对私主体间的民事法律关系具有约束力，原因在于：私法自治的基本原理系基于这样一种假设之上，即每个从事交易的私主体都处于一种力量相当的地位，并且可以根据自由的理性权衡交易上的利害关系而作出理性的决定。不过这只是一种实践中很少存在的理想状态，更何况在早期私法完全自治的年代，也存在"衡平条款"，依据此类条款，私人交易明显出现不公平的情形时，允许裁判者依据公平原则变更契约内容作出裁判。随着资本主义的发展，私主体的交易间，未必会出现上述假设中的"人人平等"的情形，特别是涉及生存所依赖的工作契约，受雇者往往处于弱势地位而屈从于雇主拟定的格式合同，特别是在职场基因歧视的问题上，求职者或雇员在科技洪流和资本双重夹击之下更显弱势，由于国家有对基本权进行保护的义务，因而国家实有必要介入劳动契约这一私主体民事法律关系之中。① 进一步而言，就宪法上规定的基本权利如何适用于民事法律关系之中，主要有"直接适用说"和"间接适用说"。直接适用说认为应将宪法中的基本权利直接扩张适用于私法领域。但目前广为接受的"间接适用说"认为：宪法中的基本权虽然属于公法上的权利，但基本权体

---

  ① 林孟玲：《就业基因歧视防止之研究》，台湾中正大学法律学研究所2006年硕士论文，第15~17页。

现的是一国的法律基本价值,因而具有强行性规范的效力,可以透过民法上"公序良俗"条款得以间接地在民事法律关系领域适用。就职场基因歧视而言,由于基因信息是属于宪法保护的隐私权之一,虽然雇主可以在格式化的劳动契约中规定雇员或求职者接受体格检查的内容,依基本权对第三人效力原理,个人基因信息作为隐私权的一种,个体在法律上享有是否使得他人得以接触自身基因信息的权利及决定何时、在何等范围内公开或提供其个人基因信息,从而间接限制雇佣合同中有关体格检查的内容,不能依雇主的意愿扩大解释为雇员或求职者必须接受基因测试,从而保护个体的基因信息。

3. 该法并不能阻止雇主间接获取雇员基因信息因而存在重大不足

从《2008年基因信息反歧视法》的条文可以看出,除接触有毒和放射性物质的工作外,其他行业的雇主不得检测雇员的基因。不过,有学者认为,尽管有上述规定,雇主仍然可以在不对雇员进行直接基因测试而间接获知其基因信息。因为根据《美国残疾人法》第102条(d)项(3)款的规定,在雇主提出附条件的雇佣要约后,雇主可以要求雇员提供体格检查的报告,并签署披露医疗记录同意书作为雇佣决定的条件,而该法对披露医疗记录的范围没有任何相关限制,雇主根据这些医疗记录,借助专业人士的帮助,推知雇员的基因组成也不是非常困难的事情。因而有学者认为,该法只有象征性价值,该法的颁布只宣示反对雇主基于基因信息实施歧视的国家政策。①

五、对建构我国相关法律制度的启示

2010年2月发生在广东省佛山市的公员考试考生诉该市人力资源和社会保障局案说明职场基因歧视现象在我国已然成为现实,该案的三名原告于2009年4月参加了佛山市公务员考试,通过笔试、面试后进入体检环节,但三人却因检查出携带地中海贫血基因,被认定为体检结果不合格,从而失去录用机会。这次纷争的焦点在于用人单位是否有权探知求职者的基因信息并且基于这些信息拒绝录用某些带有缺陷基因的求职者,由于我国相关立法尚属空白,主审法院判定三名考生败诉,该判决对我国近1000万携带有地

---

① Mark A. Rothstein, "Is GINA Worth the Wait?" J. L. Med. &Ethics 174 (2008), pp. 177-178.

中海贫血症①基因的人群构成潜在威胁。

科学研究显示，每个人的基因都存在或多或少的缺陷，都不能称为完美，如果放任"基因歧视"在职场蔓延，每个人都是职场基因歧视潜在的受害者。党的十八大报告中指出，公平正义是中国特色社会主义的内在要求，要求努力营造公平的社会环境，保证人民平等参与、平等发展的权利。工作一方面是个人经济收入的主要来源，另一方面也是个人自我认同的重要载体，职场基因歧视根本上限制了带有致病基因群体的工作机会，动摇了其维系生活的基础，更使其因为个人尊严得不到尊重而陷入认同危机。② 其结果是剥夺部分公民平等发展的权利，与中国特色社会主义制度的核心宗旨相悖，势必威胁到社会的和谐与稳定。因而参考国外立法经验，构建我国规制职场基因歧视的法律制度刻不容缓，建议如下：

立法的总体模式可以参考美国的基因信息隐私权保护模式，该模式可以阻止雇主非法获取求职者或雇员的基因信息，并从源头上预防职场基因歧视的发生，具体做法上可包括：其一，确认公民的隐私权作为一种基本权利，进而在《民法典》的制定过程中，将隐私权作为独立的人格权从名誉权中分离；继而将个体基因信息作为隐私的主要形式之一，以列举的方式提出并加以保护；其二，可以参考美国《2008年基因信息反歧视法》，将"基因信息"界定为"个人的基因检测信息、相关家族成员的基因检查信息、家族病史，而家族成员包括四代亲属范围的亲戚"；其三，修改《就业促进法》第30条，发挥其禁止职场基因歧视的补位功能。《就业促进法》第30条已有关于禁止用人单位拒绝录用传染病病原携带者的内容，可将禁止用人单位拒绝录用疾病基因携带者的内容补充进该法条，目的是在雇主以间接方式推导出求职者或雇员是否带有疾病基因时保护求职者或雇员的合法权益，避免美国《2008年基因信息反歧视法》中出现的法律漏洞。

---

① 地中海贫血是一种遗传性溶血性贫血。在夫妇双方都带有地中海贫血基因的情况下，他们的子女出现重型地中海贫血的概率是25%，出现轻型地中海贫血（基因携带者）的概率是50%，为正常者的概率是25%；如果只有夫妇双方的一方是基因携带者，子女是正常者的概率为50%，是基因携带者的概率为50%，但不会出现重型地中海贫血患者。地中海贫血大多数人表现为慢性进行性溶血性贫血，重症患者通常在幼年时就发育不良甚至夭折，轻症则为轻度贫血或无症状，携带地中海贫血基因的人群，如果没有遇到诱发因素，一般不会影响正常的工作生活。

② 何建志：《基因歧视与法律对策之研究》，北京大学出版社2006年版，第6页。

论公序良俗原则的司法适用[*]

公序良俗是公共秩序与善良风俗的简称，是大陆法各国民法普遍认可的基本原则。英美法中与之对应且同样被广泛运用的概念是"公共政策"。但越是高层次的法律原则，其内涵也越具有不确定性。法律原则的不确定性使其适用能弥补成文法的不足、矫正形式正义的偏差，因而备受推崇，甚至被誉为"法律帝国之王"，[①] 但也势必导致裁判的不确定，从而危及法的安定性。公序良俗内涵的高度抽象性甚至"连可能的文义也都缺乏"，[②] 以致其司法适用成为长期困扰各国司法实践与理论的难题。英国理查德森诉梅丽什案（Richardson v. Mellish）将其喻为一匹极难驾驭的烈马，只在缺乏先例的情况下不得已才被援引。[③] 费兰德诉迈尔德梅案（Fender v Mildmay），英国上议院决议不再通过司法机关扩展公共政策。[④] 德国立法者对此也是忧心忡忡："对于善良风俗的一般条款赋予了法官史无前例的自由裁量权，其在适用时错误难免。"[⑤]

尽管公序良俗原则的司法适用面临诸多瓶颈，但随着社会的发展，其积极作用日益得以彰显。探求规制该原则司法适用之道也就成为学界的必然使命，诚如英国丹宁大法官所言："公共政策虽然是一匹烈马，但有能力的人亦可驾驭。"[⑥] 目前，我国现行法以"社会公共利益"与"社会公共道德"表述"公序良俗"，以"公序良俗"裁判的案例日益增多，引发的争议也日趋激烈。社会公众也更多的以"公序良俗"审视各种社会现象，但由于判断标准各异，判断结果

---

[*] 本文为李双元、杨德群合著，刊载于《法商研究》2014年第3期。

[①] Richard A. Posner, How Judges Think, Harvard University Press, 2008, p. 56.

[②] 梁慧星：《市场经济与公序良俗原则》，载《中国社会科学院研究生院学报》1993年第6期。

[③] Richardson v. Mellish［1824］2 Bing. 252.

[④] Fender v. Mildmay［1937］ALL ER 402.

[⑤] ［德］维尔纳·弗卢梅：《法律行为》，迟颖译，法律出版社2013年版，第431页。

[⑥] ［英］A. G. 盖斯特：《英国合同法与案例》，张文镇等译，中国大百科全书出版社1998年版，第318页。

也因此大相径庭,这就要求我们进一步提升对该原则的驾驭能力。为此,本文将立足于各国立法、司法及理论,对该原则适用的正当性、适用的方法、适用的价值判断及违反该原则的法律效果等诸多问题进行全方位的论证,以期对如何规制这一原则的适用提出新的理论视角。

一、公序良俗原则司法适用的正当性

目前,我国社会公众及学界对公序良俗原则司法适用的正当性质疑主要为:(1)质疑其对私法自治的限制;(2)质疑其司法适用对法的安定性的危害。

(一) 重新审视公序良俗对私法自治的限制

私法自治系指个体基于自己的意思为自己形成法律关系的原则,是自主决定这一普适性原则的一部分。① 私法自治是整个私法体系的灵魂与核心,集中体现了法对私权及自由价值的维护与尊重。坚持个人本位的近代民法,私法自治原则被置于至高无上的地位,各国民法典洋溢着"乐观的理性主义,相信个人自由与自利动机会给社会带来最大的福祉"。② 然而,个人主义建构的私法秩序终究是立足于社会契约论倡导的自然状态下人人平等自由之上,是为论证国家政府起源于社会契约的一种假设,而这种假设在现实中是根本不存在的。它不仅忽视了个人之间经济地位、智力程度及社会影响力等诸多事实上的差异,对其过分强调势必导致其所维护的形式正义偏离于实质正义,而且割离了个人与国家社会之间的联系,个人的自主决策的正当性缺乏保障。《法国民法典》也因此饱受批评:"人们批评民法典忽视了集体利益,过于偏重个人主义,使得个人相对于国家而言显得孤立、分散。在经济社会方面,职业关系被忽视,契约自由沦为强者剥削弱者的工具。"③然而,"除了最简陋的制度,一切法律制度均为所有者对自己权利的享用设立了限制,且这些限制的适用范围通常取决于当时的政治经济观念"④。因此,私法自治不应被曲解成超越国家法律影响的领域之外的私人自主决策,而应理解成受国家法律法规的约束并由国

---

① [德]维尔纳·弗卢梅:《法律行为》,迟颖译,法律出版社2013年版,第1页。
② 苏永钦:《寻找新民法》,北京大学出版社2012年版,第3页。
③ [法]雅克·盖斯旦、吉勒·古博:《法国民法总论》,陈鹏等译,法律出版社2004年版,第100页。
④ [英]巴里·尼古拉斯:《罗马法概论》,黄风译,法律出版社2004年版,第166页。

家予以实现的私权自由。

随着近代民法到现代民法的演变,个人本位的民法逐渐演变为社会本位的民法。① 后者不再拘泥于形式正义,而是以实质正义为依归。现代民法中,公序良俗原则充当着矫正形式正义偏差的手段,并因其符合现代民法对实质正义的追求,而逐渐发展成为私法自治的界限。不仅如此,公序良俗原则也因其架起了沟通公私法价值融合的桥梁而最终发展成为支配整个法秩序的基本价值理念与规范原则。但是我们也不能因此而武断地置私法自治于公序良俗原则下,甚至否定私法自治在现代民法中的核心地位。现代民法中私法自治、公序良俗与诚实信用三项基本原则的立法意旨都是为了追求法的正义,只是前者侧重于法的形式正义,后两者重在矫正形式正义的偏差,以实现实质正义。可见,公序良俗原则并非是简单地对私法自治的限制,而应是基于正义的制衡。总之,公序良俗原则在民法中地位的提升,不仅没有从根本上动摇私法自治在现代民法中的核心地位,也更没有加剧"契约自由的死亡"②,相反,通过公序良俗原则对私法自治的制衡,从实质上捍卫了私法自治在整个私法体系中的核心地位,是民法趋于成熟、迈向现代化的体现与必然选择。

(二) 辩证对待公序良俗原则司法适用对法的安定性的危害

法提供的安全应建立于法的不可破坏性之上,它应是持久的,人们能够充分信赖它,因此人们能据此设立一个固定的范围,并在此范围内安排各自的生活,且能得到法律的保护。③ "曾经有一个时期满怀信心的热衷于这一看法:'必定能通过精确制定规范建立绝对的法律清晰性与法律确定性,特别是保证所有法官与行政机关决定与行为的明确性'。"④然而时代发展早已证明,法的正义是不可能完全被精确预设的,实证法不仅需要弹性规则予以补充,而且需要接受实质正义的考量。但为维护法的安定性,实证法又应当得到宽宥,但宽宥的界限何在? 至少在私法领域,公序良俗原则划定了这一边界,其衡平性使其适用不仅能弥补实证法的不足,从而实现法对个案正义应有的关怀;而且能对实证法的适法性进行考量,即以公序良俗原则权衡个案适用具体法律规则是

---

① 谢怀栻:《外国民商法精要》,法律出版社2002年版,第16页。
② [美]格兰特·吉莫尔:《契约的死亡》,曹士兵等译,中国法制出版社2005年版,第117页。
③ [德]H. 科殷:《法哲学》,林荣远译,华夏出版社2004年版,第120页。
④ [德]卡尔·恩吉施:《法律思维导论》,郑永流译,法律出版社2013年版,第130页。

否显失公正，进而予以矫正。总的来看，学界对公序良俗原则适用的补充功能是基本认同的，但对其矫正功能则意见不一。为此，需要对公序良俗原则的衡平性有所体认。"任何时代，各国法律均存在衡平原则，只是其表现形式、范围与功能有所不同"。① 英美法中的衡平法作为制定法的对立面而存在，其功能在于矫正、弥补普通法的固有缺陷。大陆法中的衡平法主要是指如公序良俗与诚实信用这样的一般条款，由于它们的构成要件需要价值补充或在法律后果上留下裁量的空间，因此要求法官在司法适用过程中就具体情况作具体分析，进行自由裁量。② 若就衡平法对制定法的软化而言，古罗马法中的裁判官法即为衡平法的典型。③ 徐国栋教授则以衡平法的实质特征为出发点，论证了民法基本原则属于衡平性规定，即当具体规定与民法基本原则背离时，民法基本原则就成为凌驾于民法具体规定之上的裁判根据，从而排除民法具体规定得以适用，这一过程就是衡平。④ 由此不难得知，公序良俗原则的衡平性使其不仅具有对实证法适用的补充功能，也具有对其适用的矫正功能，二者同等重要，绝不可偏废。

公序良俗原则的司法适用，势必危及法的安定性。然而，尽管法的安定性被视为法的首要任务，但并非意味着安定性价值的绝对化，极端僵化的适用法律规则势必导致"恶法亦法"的死灰复燃。当然，任何使法的安定性让位于个案正义的情形均须予以严格限制，公序良俗原则的司法适用也不例外。公序良俗原则司法适用须以实现个案正义为唯一目的，且应受穷尽法律规则的约束，并就其适用提供更强理由。同时应不断完善该原则的适用方法、适用的价值判断等诸多环节。

二、公序良俗原则司法适用的方法

公序良俗原则内涵的不确定性导致法官在其司法适用过程中不能严格遵循三段论的逻辑对个案进行裁判。各国司法实践及理论探讨通常集中于对公序良俗原则的类型化及价值补充法的适用。

---

① 王泽鉴：《民法学说与判例研究(8)》，北京大学出版社2009年版，第22页。
② [德]汉斯·布洛克斯、沃尔夫·迪特里希·瓦尔克：《德国民法总论》，张艳译，中国人民大学出版社2012年版，第33页。
③ V. V. Palmer, The Many Guises of Equity in a Mixed Jurisdiction: A Functional View of Equit in Louisiana, In Tulane Law Review, 1994(69).
④ 徐国栋：《民法基本原则解释》，中国政法大学出版社2004年版，第30页。

(一) 类型化适用

1. 基本原理

"抽象概念"与"类型"通常被视为两种不同的思维模式。抽象概念的建构源于宏观上对事物所具有的共性提取。例如,善良风俗系指国家社会的一般道德,那么在所有法律关系中,只要符合"国家社会一般道德"这个特征,即为善良风俗,反之则否。而善良风俗之所以被认为是一个不确定性概念,是基于人们的认识能力而言的。人的认识能力的无限性是基于发展观点得出的结论,于特定时期,人的认识能力是有限的,加之"一般道德"属于不断变化发展的概念,因此人们通常难以对所处时期的"一般道德"的内涵与外延做精确的把握。类型则是"当抽象——一般概念及其逻辑体系不足以掌握某种生活现象或者意义脉络的多样化表现形态时的补足思考形式,它处于具体掌握及个别直观与'抽象概念'之间,比概念更为具体"①。就功能论而言,抽象概念侧重于对事物的明确区分;类型则为人们理智感受到某些事物明明具有"同理",但缺乏外在物性特征的一致性时的归类。这种同理性对法追求实质正义极为重要,因为对明明具有"同理性"的诸事物,如仅以缺乏某一或某些共同特征而加以区别对待是极为不合理的,因此我们在法律上须诉诸"类型"的思维模式。②

公序良俗原则属于高度抽象的概念,一切符合"国家社会一般利益与一般道德"的法律关系,均属于公序良俗的范畴。尽管公序良俗原则的高度抽象性使其便于与其他概念相区分,但也因此使其达不到法的安定性包含的实证性、实用性与不变性三元素的要求,从而危及法的安定性。③公序良俗原则的类型化则是在符合公序良俗特征的前提下,对所包含的复杂法律关系做进一步分类,使其趋于明确、便于区分,以利于法官依据法律关系的"同理性"对同一类型的案件作出相近或相同的裁判,也可因类型化的逐步完善为公序良俗原则逐渐具体化为法律规则提供理论与实践依据。由此可见,公序良俗原则的类型化适用不仅有利于实现个案正义,而且较大程度上缓解了该原则司法适用对法的安定性的危害。诚如王泽鉴先生所言:"公序良俗原则作为一个需要价值判

---

① [德]卡尔·拉伦茨:《法学方法论》,陈爱娥译,商务印书馆2003年版,第337~338页。
② 林立:《法学方法论与德沃金》,中国政法大学出版社2002年版,第139~140页。
③ [德]阿图尔·考夫曼:《法律哲学》,刘幸义等译,法律出版社2011年版,第209~210页。

断、具体化的概括性条款,应当就其具体化的个别案例,从事比较研究,组成案例类型。"① 梅迪库斯则在对善良风俗定义的表述做了诸多尝试之后,主张放弃对善良风俗作统一定义的尝试,而是应当满足于描述同样类型的,可认定存在违反善良风俗性的案例。②

2. 理论反思

类型化适用源于案例的比较,反过来类型化有助于具体分析同类案件的构成要件、判断标准及法律效果。随着公序良俗案例的逐渐增多,其中不乏一些案例在特征上存在诸多相似之处,这就为类型化适用提供了可能。每一个相关案件的成功具体化,就意味着增加了类型化的可能性,而类型化则以后类似案件的裁判提供相对明确的标准予以参照,从而增强了裁判的确定性。但类型化适用的局限性同样显而易见:一方面通过案例比较形成的类型化会衍生出不周延性与滞后性。不周延性源于类型化受限于当时案件数量,难以对类似案件的"同理性"作出全面的归类;滞后性则归咎于类型化难以跟上时代发展的步伐。不仅类型化对新案件经常会显得无能为力,而且先前案件的裁判也许经不起时代变迁的考验;另一方面类型的层次性、边界模糊性及组成分子不固定性以致难以充分对类型进行精确地、统一地归类。从长远来看,公序良俗原则的类型化研究最终将以一种杂货店胡乱排列小商品的方式而告终。③ 而这种杂乱无章的类型化排列,可能导致对真正值得探讨的问题的忽视,也难以确立一套可供整理与分析各案的基本框架。④

3. 小结

基于公序良俗原则类型化适用的优越性,应充分重视对现有案例的比较,确立对司法实务具有指导性的典型案例,并以此为基准对目前社会中典型的违反公序良俗的行为进行类型化。针对类型与类型化的缺陷,我国公序良俗原则的类型化须遵循以下原则:(1)时代性原则,即类型化须立足于当前社会的价值标准,日本民法学家我妻荣先生提出的"我妻类型"就是随着时代的发展、

---

① 王泽鉴:《民法总则》,北京大学出版社2009年版,第233页。

② [德]迪特尔·梅迪库斯:《德国民法总论》,邵建东译,法律出版社2009年版,第514页。

③ 渠涛:《公序良俗在日本的最新研究动向》,渠涛主编:《中日民商法研究》(第1卷),法律出版社2003年版,第166页。

④ 易军:《民法上公序良俗条款的政治哲学思考——以私人自治的维护为中心》,载《法商研究》2005年第6期。

立法内容及社会情势的不断变化而不断被修正的。① （2）本土化原则，即类型化须立足于本土化原则，如各国对待"同性恋"就持不同态度。（3）清晰化原则。针对我国目前的实际，为使类型化尽可能的清晰化，作为类型化基准的指导性案例应相对明确，而非以诸如违反正义等高度抽象的基准，力求类型化能提供切实可行的司法操作指导。毕竟，"归入——比较方法使类型化具有某种开放性及进一步发展的可能"。②

(二) 价值补充法适用

1. 基本原理重述

类型化形成过程中对判例的依赖以及形成后难以消除的局限性使价值补充法在公序良俗原则司法适用中有举足轻重的作用。价值补充法最典型的特征表现为法官的造法功能，具体到公序良俗原则的价值补充法适用，则体现为法官超越实证法的范畴，运用该原则所蕴含的价值理念对个案进行价值判断并依此作出裁判。法官的造法功能在判例法国家并无异议，在成文法国家却饱受质疑。随着时代的发展，传统理论不断遭到质疑，法官造法也逐渐为成文法国家理论与立法所接受。法国学者埃塞尔是反对严格法律实证主义的先驱者，他认为，在缺乏法律规定，或法律借概括性条款、空白规定或指示参照其他（诸如善良风俗、交易伦理等）标准时，使法官事实上承担造法的功能。③ 立法实践上，《瑞士民法典》首开承认法官造法之先河，并逐渐被其他国家及地区立法广泛采纳。

关于价值补充法性质，学界的分歧集中于对法律解释、价值补充及漏洞补充之间关系的不同认识。我们认为，广义的法律解释包含狭义的法律解释与法律漏洞的补充。狭义的法律解释应限于对法律规则的文本含义的扩大、缩小、目的及体系等解释，无论采取何种方式，均离不开具体法律规则原有之义。换言之，在狭义的法律解释中，法官的职能主要是找法，其适用方式仍未脱离三段论的逻辑推理。法律漏洞则是"以整个现行法秩序为标准的法律秩序的违背计划的非完整性"，④ 其存在开启了法官造法之门，法律漏洞补充过程中，须

---

① 赵万一：《民法的伦理分析》，法律出版社2012年版，第170页。
② ［德］齐佩利乌斯：《法学方法论》，金振豹译，法律出版社2012年版，第109页。
③ ［德］卡尔·拉伦茨：《法学方法论》，陈爱娥译，商务印书馆2003年版，第18~19页。
④ ［德］魏德士：《法理学》，丁晓春、吴越译，法律出版社2005年版，第352页。

借助法官对个案进行价值判断,而这种判断往往超越了实证法的规定。至于价值补充,它并非属于与法律解释及法律漏洞并列的概念,它既是法律解释及漏洞补充的具体方式,也是法律漏洞的存在形式。在法律解释特别是体系解释与目的解释中,价值补充实际上发挥着很重要的作用,但因其出发点未能超越具体的法律规则而通常被忽视。尽管学界对法律漏洞的认识不一,但一般认可目的性限缩、目的性扩张及类推等以实证法为依据的补充方式在漏洞补充中占据重要地位。诚然,这种认可是就一般论而言的,具体到公序良俗原则的价值补充法适用却并非如此。作为"一般原则"或"抽象概念"的公序良俗原则,既是法律漏洞的存在形式,也是其补充方式。适用时因通常缺乏实证法的明确规定,目的性限缩、目的性扩张以及类推适用通常显得无能为力。因此相对于这三种方法来说,价值补充法是公序良俗原则司法适用的主要方法,其适用明显超出实证法的范围,属于创制性的补充。

2. 反思与规制

类型化与价值补充法作为公序良俗原则司法适用的两种方法,本无孰轻孰重之别,但学界对二者倾注的热情却迥然不同,其原因主要在于价值补充法适用更加依赖于法官的价值判断,因此更难摆脱法官主观意识的束缚,更难达到方法论上的价值中立的要求。加之价值判断通常缺乏科学的可以检验的程序来证明判断之真伪,这不仅加剧了价值判断的不确定性,从而严重危及法的安定性,而且导致了价值判断的正当性也缺乏可靠的保障。可见,适用价值补充法困境并不限于对法的安定性的危害,还在于它所追求的个案正义也是一个亟需检验真伪的命题。这不仅是导致学界对其相对冷淡的根本原因,也是价值补充法适用的最大不足。

鉴于目前我国公序良俗原则的案例较少的实际情况,类型化适用的优先地位在司法实践中尚不能得以充分彰显,司法实践中更多的是运用价值补充法。针对价值补充法适用的不足,可从如下方面予以规制:(1)明确价值补充法适用的顺位:法官首先应穷尽法律规则,其次应判断个案是否属于类型化适用的范畴,价值补充法仅在缺乏以上两种适用方法之后才能得以适用。(2)禁止价值补充法适用向法外空间的渗透。"法内空间与法外空间是法律事实与非法律事实分别存在的领域,是国家权力介入范围的分野。"[①]"法外空间"属于道德、习俗等社会规范调整的范畴,价值补充法不应涉足其中。(3)科学规制价值判断:一是确立相对明确的价值判断标准,依案件的内容、附随情况、时间、地

---

① 黄茂荣:《法学方法与现代民法》,法律出版社2007年版,第423页。

域以及当事人的主观因素等进行综合判断;二是通过多种形式的法学教育提升法官素养,以排除适用该原则时法官的个人主观臆断,力求达到方法论上的价值中立要求,同时坚持司法独立,排除外界对法官自由心证的一切可能干扰,使其能独立的对个案依法作出裁判;三是明确规定此类案件须采普通程序审理、一审案件应充分发挥陪审员的作用以及建立专家咨询制度等措施,从制度层面规制价值判断。

三、公序良俗原则司法适用的价值判断

公序良俗原则司法适用需通过价值判断对案件予以具体化,因此价值判断可谓是其适用的核心环节。较其适用方法的抽象性而言,价值判断是相对具体的一环,但同样也"并无统一的认定标准,应依时代变迁、经济状况、社会思潮以及地区环境等差异,综合观察判断之"。①

(一)价值判断的一般标准

公序良俗原则司法适用的价值判断应避免法官的主观法律感情,"须适用社会上可探知认识的客观伦理秩序、规范、价值以及公平正义的原则来确定判断标准"。② 而相对明确的可探知的判断标准通常表现为特定时期特定地域中人们的"社会共识",对"社会共识"的不同认识也就形成了不同的判断标准。例如,法国法理论上即存在两种不同的标准,经验主义主张以"事实与公众舆论"为判断标准,唯心主义主张以"社会生活中占主导地位的道德"为判断标准。③ 德国司法实践则确立了"所有有公平正义思想的人的体面感"的判断标准。④ 总的来说,法国经验主义立足于社会实践中可感知的"事实与公众舆论",判断标准相对明确。但感性认识若缺乏理性约束,其正当性将失去保障。诚然,公众舆论通常代表着一定时期人们对道德的追求,但流行的舆论并不一定是积极向上的道德,其中的一部分往往经不住时代的考验而最终被否定。唯心主义主张的"社会生活中占主导地位的道德"通常外化为统治阶级宣

---

① 施启扬:《民法总则》,中国法制出版社 2010 年版,第 211 页。
② 杨仁寿:《法学方法论》,中国政法大学出版社 2013 年版,第 332 页。
③ 尹田:《法国现代合同法》,法律出版社 2009 年版,第 199 页。
④ [德]汉斯·布洛克斯、沃尔夫·迪特里希·瓦尔克:《德国民法总论》,张艳译,中国人民大学出版社 2012 年版,第 212 页。

扬其意识形态所主导的道德标准，但历史上暴政现象并非罕见。德国司法实践立足于极为抽象的感知标准力图使其确立的判断标准与法的正义相符合，但因理性约束的缺乏以及评判标准的不确定性为摧毁法制的纳粹时期的意识形态化解释大开方便之门。

公序良俗原则司法适用的价值判断应是感性认识与理性约束的统一体。感性认识是指判断标准所依据的"社会共识"应取决于特定时期特定地域中的中等水平的道德标准或平均人格者标准；理性约束是指判断标准应受现行法秩序的规范原则与价值理念，特别是宪法中的人权规定的制约。其理由如下：（1）若将"社会共识"的标准定得太低，则势必会混淆道德与法律的界限，甚至使道德与法律等同，这与人类创设法律的意旨不符。再者，若将道德全部纳入法律规范的范畴，其执法成本也非任何国家财力所能支撑得了的，而"法治丧失低成本的道德支撑，将导致社会交易成本激增以及投机主义泛滥，法因其高昂的实施成本而无法对社会进行有效的调控"①。（2）若将"社会共识"的标准定得太高，则无异于以"智者"或"圣人"的标准约束普通公众。但法的普适性使其注重于调整对象的普遍性，通过规定法适用的一般条件、行为模式以及法律效果，使法得到普通公众的内心认同而被普遍遵守，从而形成稳定的法治秩序。② 若以过高的标准约束普通公众，则明显忽视了普遍与特殊之间的差异，将置大量普通公众于不利的境地，势必危及法的遵守及社会秩序的维持。（3）明确价值判断受现行法秩序的规范原则及价值理念特别是宪法中的人权规定的制约，可保障"社会共识"判断标准的正当性。因此，"并非所有的平均意识均具有法律意义，只有与法律基本理念相符合的那一部分，才应纳入法官的视野"③。现行法秩序的规范原则及价值理念特别是宪法中的人权规定不仅是多数人合意的结果，也是民主与法治发展的结晶。以其制约价值判断，不仅充分体现了多数人的合意，使判断结果能被普遍接受，也能保障价值判断的正当性，提升裁判的确定性，进而为人们提供相对明确的行为预期。

（二）影响价值判断的主观因素

1. 价值判断是否应以当事人主观知悉为要件

在德国，一般认为仅在行为人明知其行为将导致违反善良风俗时，才会构

---

① 赵万一：《民法的伦理分析》，法律出版社 2012 年版，第 56 页。
② 杨德群：《论公序良俗原则的功能》，载《湖南城市学院学报》2013 年第 4 期。
③ 龙卫球：《民法总论》，中国法制出版社 2001 年版，第 533 页。

成违反善良风俗的行为。甚至有学者认为,在法律行为的客观内容没有违反善良风俗的情况下仅在当事人知悉其行为将违反善良风俗时才构成对善良风俗的违反。① 这种观点是值得商榷,因为公序良俗原则属于强行法,承载着社会妥当性价值,所有法律关系都不得与之违反,且公序良俗原则司法适用的价值判断取决于现行法秩序制约下的特定"社会共识",而非当事人的价值判断。因此,行为人仅须知悉违反公序良俗的事实情况即可,而无须要求他认为他的行为是违反公序良俗的。例如,"人身质押合同",不管协议双方当事人是否知悉其行为违反公序良俗,该协议都会因违反公序良俗而归于无效。

2. 当事人动机对价值判断的影响

动机是指任何能有助于产生、甚或有助于防止任何一种行为的事情。② 动机是法律行为的远因,也称为原因的原因。法律行为的动机违反公序良俗,其行为是否因此无效。学界对此存在不同看法:(1)"客观说"。该学说强调以法律行为的内容判断其行为是否违反公序良俗,因此动机只有作为法律行为的条件,并成为法律行为内容时,才可以作为行为判断的对象。(2)"主观说"。该学说认为动机为法律行为的条件,成为法律行为的内容时,对行为是否违反公序良俗的判断,并非仅局限于法律行为的内容,外在动机以及为对方当事人明知的内在动机,均为判断对象。日本学者谷口知平甚至主张:"有不法动机之时,原则上为无效,但不得以无效对抗善意无过失的第三人。"③(3)"折中说"。该学说认为若动机为法律行为的条件,并成为法律行为的内容时,依法律行为的内容对其行为是否违反公序良俗予以判断;若动机不构成法律行为的条件时,对于外在动机,也属于法律行为是否违法的判断对象。我们认为,客观说仍旧未脱传统民法理论的窠臼,实不足取。主观说与折中说之间的分歧则集中在对待内在动机的不同态度上。由于内在动机隐藏于当事人的内心之中,不为他人所知,难于考察,且内在动机因为没有表现于外部,对他人的权利也就不会产生实质性的影响。若以该种"未表示的动机具有反社会性为由否认行为的效力,则与谋求交易安全的法律及其他理想相矛盾"④。因此,原则上应仅限于外在动机的考量。

---

① [德]维尔纳·弗卢梅:《法律行为》,迟颖译,法律出版社 2013 年版,第 441 页。
② [英]边沁:《道德与立法原理导论》,时殷弘译,商务印书馆 2009 年版,第 148 页。
③ 刘德宽:《民法总则》,中国政法大学出版社 2006 年版,第 206 页。
④ [日]我妻荣:《新订民法总则》,于敏译,中国政法大学出版社 2008 年版,第 267 页。

在德国传统民法中，对私法主体行为动机的监控被视为一种禁忌，仅在权利滥用的例外情形方能适用。① 法国传统理论对此亦持反对态度，认为对动机的探讨与个人主义思想是背道而驰的，法官的权利仅限于对已经订立合同的"客观因素"的审查。② 传统民法对待动机的态度是私法自治绝对化的后果，也因此注定了这种态度必然为"社会本位"理念下的现代民法所摒弃。法国现代民法认为，一些从内容与表面形式看似完全相同的合同，有的可能有效，而有的则可因当事人订立合同的动机违背道德而无效。③ 德国司法判例则从法律行为的内容、目的及动机中分析探究得出的具体法律行为的总体性质为基准。④

（三）影响价值判断的客观因素

1. 时间因素对价值判断的影响

公序良俗原则的判断标准，随时代的发展而不断变化。古代董永卖身葬父千古传诵，但依当今民法考量，其卖身行为则因违背公序良俗而无效。究竟以法律行为成立时、实施时抑或生效时作为公序良俗的判断准据？通常情况下这种区分并无实益，因为公序良俗原则的判断标准的变更通常历时较长，且法律行为从成立或生效到履行的期限通常较短，对于即时履行的法律行为尤其如此。但实践中特例亦不乏存在，特别是履行期限较长的合同，合同成立时并不违反公序良俗，但在履行中因该原则的价值理念已发生变更而可能导致继续履行将违反公序良俗。尤为复杂的是，对遗嘱是否违反公序良俗的判断，若遗嘱成立后至执行时，该原则的价值理念发生了变更，那么应以哪一时间点为判断准据呢？对此，学界观点不一：王泽鉴先生主张应以遗嘱生效时为判断时点；⑤ 拉伦茨认为不应因遗嘱订立时情况不同而否定它的有效性，仍应以遗嘱订立时为准；⑥ 梅迪库斯则主张应以继承发生之时为准，他甚至认为即使被继承人在订立遗嘱时立其情妇为唯一继承人的行为违反善良风俗，但在被继承人

---

① ［德］迪特尔·梅迪库斯：《德国民法总论》，邵建东译，法律出版社2009年版，第8页。
② 尹田：《法国现代合同法》，法律出版社2009年版，第188页。
③ 尹田：《法国现代合同法》，法律出版社2009年版，第196页。
④ ［德］迪特尔·施瓦布.《民法导论》，郑冲译，法律出版社2006年版，第476页。
⑤ 王泽鉴：《民法总则》，北京大学出版社2011年版，第232~233页。
⑥ ［德］卡尔·拉伦茨.《德国民法通论》，谢怀栻等译，法律出版社2003年版，第618页。

事后与该情妇缔结合法婚姻,则先前订立的遗嘱因情势的变更而成为有效的遗嘱。①

　　法以不溯及既往为原则,意在为当事人提供明确的行为预期,因此应以法律行为成立时为标准。但是成立时标准对于实践中的特例缺乏说服力,固守成立时标准甚至可能导致法对于个案正义的漠视,因此对于尚未履行或未完全履行的法律行为,若其履行或继续履行将违反公序良俗,则一方当事人可拒绝履行。至于上述对遗嘱效力的判断,若坚持成立时标准,则势必会使法对违反现行法的遗嘱予以保护,明显违背现代民法追求实质正义的目的。我们认为,违反善良风俗订立的遗嘱属于无效遗嘱,被继承人与情妇事后缔结合法婚姻,只是让情妇取得第一顺位继承人的地位而已。若要使其取得唯一继承人的地位,则须另行订立合法有效的遗嘱。

　　2. 地域因素对价值判断的影响

　　公序良俗原则的判断标准可因不同地域而存在不同的标准,"美女阳台裸晒"事件②即为著例。据报道,家住福州闽发世家A区的一些住户因对面楼新搬来几名俄罗斯美女每天下午经常裸体到阳台上晒太阳,而纷纷抗议其行为违反公序良俗,但美女们拒绝终止裸晒行为,其理由在于在俄罗斯是习以为常的行为,并不违反公序良俗。公序良俗通常是一国或特定区域长期历史沉淀的结晶,是为一国或特定区域内大多数民众自觉遵守的良风美俗。因此,俄罗斯美女们理应自觉终止其违反所在地公序良俗的裸晒行为。

　　关于公序良俗原则的地域标准,理论上主要存在世界标准、国家标准、民族标准以及地方标准四种。对此,我们认为"世界标准"不适合或者至少目前不适于作为公序良俗原则适用的判断标准。尽管现代民法中的公序良俗原则已成为支配整个法秩序的价值理念,从而各国公序良俗原则中共同的内容日益增多,但在各国法律与社会生活中,更多的是依据本国传统形成的公序良俗。同时,各国出于保护本国利益的需要,一般规定了"公共秩序保留",作为保护本国公共秩序的"安全阀"。另外,公序良俗原则所包含的公共秩序与善良风俗并不完全一致。公共秩序的民族色彩或地域性相对淡薄,因此宜采取国家标准为原则,地方标准在法定条件下也可适用。善良风俗往往会因不同民族或不同区域人们的不同"社会共识"而存在较大的差异。因此宜采取地方标准或民

---

　　① [德]迪特尔·梅迪库斯:《德国民法总论》,邵建东译,法律出版社2009年版,第518~519页。

　　② 张志宏:《女子每天阳台"裸晒"》,《海峡都市报》2012年7月16日。

族标准,但均应限定于"国家标准的容忍范围之内,其关系如同上位法与下位法之间的关系,即可在上位法范围之内变通适用,但不得与上位法相违背,否则无效"。①

四、违反公序良俗原则的法律效果

自罗马法以来,违反公序良俗原则的法律行为无效,得到了所有法制的认同。② "当合同违反公共秩序、善良风俗及公共政策时,没有哪一个国家的法律放弃将这类合同宣告为无效合同的权力。"③但历经时代的演变,违反公序良俗原则的法律效果呈缓和趋势,即呈现由绝对无效到相对无效的发展趋势。

(一) 成因分析

功能的拓展则是促成违反公序良俗原则法律效果趋向缓和的根本原因。传统公序良俗以政治公序为主。④ 传统政治公序主要以司法判例的形式确立,具有强烈的保守性,总是力图维护文明社会中的一些"永恒"原则。⑤ 传统政治公序的实质属于维护国家社会的各项基本制度免受侵害的"古典公共秩序"。而古典公序良俗是作为契约自由的例外而得以确立的,因此违反公序良俗原则的适用通常局限于与行政警察、司法相关的事项及有关风俗的事项。⑥ 因此,对传统政治公序的违反是绝对无效的。诚然,在现代政治公序中,被传统政治公序禁止的内容也可能被认可,这种变化在家庭与性道德领域中表现得尤为明显,违反现代政治公序也就不必然绝对无效。例如,在当今德国,法院认为租赁房子开设妓院这类过去被认为绝对无效的行为现在仅在特定情况下才会被视

---

① 董学立:《民法基本原则研究》,法律出版社2011年版,第165~166页。
② [日]我妻荣:《新订民法总则》,于敏译,中国政法大学出版社2008年版,第253页。
③ [德]康·茨威格特、海·克茨:《违背法律与善良风俗的法律行为后果比较》,孙宪忠译,载《环球法律评论》2003(冬季号)。
④ 李双元、温世扬主编:《比较民法学》,武汉大学出版社1998年版,第70页。
⑤ 尹田:《法国现代合同法》,法律出版社2009年版,第200页。
⑥ [日]山本敬三:《民法讲义(1)》,解亘译,北京大学出版社2004年版,第179页。

为无效。① 在法国，法学家们甚至认为如果将来司法实践不加区别地确认姘居者之间的所有赠与行为有效，也不应为此惊讶。② 而这类协议在我国则因违背我国婚姻法倡导的婚恋道德观而明显违反政治公序。因此，若将此类协议一律视为无效，则不免有失偏颇。

随着时代发展，国家对经济干预已成为必然，各国通过立法限制传统契约自由，经济公序也由此产生。对此，大村敦志认为："传统意义上的公序良俗具有政治机构、性风俗的意思，并没有将经济问题考虑在内。但是今天，认为交易中当事人的利益保护与市场秩序的维持也构成'公共秩序'的观点逐渐变得有力起来。"③经济公序与时代发展密不可分，具有较强的革命性，这也使司法型公序难以满足其不断变革的需求，因而多表现为立法型公序。经济公序的功能主要表现为对个人之间利益关系以及个人与社会之间利益关系的协调，以实现对弱势群体利益的保护，维护公共利益，确保市场交易的公正性。国家往往通过对契约自由规定禁止性条款或立法直接规定某些契约无效等方式来实现经济公序。经济公序中的指导型公序虽然通常涉及一国的经济政策，但也可能因其政策有违平等、公正、程序等使得违反之行为并不当然无效。经济公序中的保护型公序在于保护弱势群体的利益，同时肩负着促进市场流通，繁荣经济的神圣使命，因此对其违反之行为可能会因经济效率、市场机制发挥作用、当事人主观态度等而相对无效。

（二）具体表现

大陆法上，违反公序良俗原则的法律效果有绝对无效到相对无效的发展趋势主要表现为：（1）对法国法规定的扬弃，缩小绝对无效的适用范围。法国法中的公序良俗因原因不法、标的不法与条件不法均将导致无效。这种做法对后世影响极深。但原因不法中的原因含义极广，对原因的不同理解甚至会导致完全不同的结果。加之如果以原因不法、标的不法及条件不法评判法律行为是否违反公序良俗，不仅会导致原因、标的与条件这三个原本不确定的概念变得更加模糊，而且也将导致将大量原本可以通过撤销、或当事人一致同意得以维持

---

① ［德］海因·克茨：《欧洲合同法》（上卷），周海忠等译，法律出版社2006年版，第224页。
② 尹田：《法国现代合同法》，法律出版社2009年版，第200页。
③ ［日］大村敦志：《民法总论》，江溯、张立艳译，北京大学出版社2006年版，第113页。

的法律关系因绝对无效而陷入无可挽救的地步。因此，后世在借鉴法国法的同时也对其予以扬弃。(2)暴力行为法律效果的缓和。德国法将暴力行为的效力规定为绝对无效既与该条的立法背景有关，也是深受德国法通说的结果。19世纪60年代德国废除对利息限制的立法，以致高利贷现象猖獗，信用暴利演变为极为严重的社会问题，因此亟需对暴力行为予以严格限制以维护社会秩序的稳定。由此形成德国法上的暴力行为条款被广泛继受，但与德国法规定绝对无效不同的是，各国民法一般规定暴利行为的效力为可撤销甚至不可撤销。如《巴西民法典》第157条的规定。(3)法律明确规定了例外情形。如《巴西民法典》第13条、《葡萄牙民法典》第281条的规定。

英美法上，合同违反公共政策一般规定为无效，但也呈现出违反公共政策的法律效果逐渐缓和的趋势。英国威尔斯法官曾指出："一般规则为，若你无法将合同中的非法部分从合法部分中分开，那么整个合同将因此无效；但若你能将非法部分分离，并确定非法性的依据，则你可否定合同的非法部分而保留合法部分。"①在美国，"在某些判例中，因合同违反公共政策而拒绝为一方当事人强制执行合同似乎过于苛刻，为避免这一结果，法院可能通过将合同中的用语解释为不和公共政策相抵触，而使合同可以强制执行"。② 基恩诉哈林案（Keene v. Harling）中，出卖人交付的投币自动服务机中包括一些用于赌博的机器，加利福尼亚最高法院最终确定该合同是可分的，并判决其合法部分可予强制执行，而非法部分则不可以。③

五、结语

对公序良俗原则适用的规制是一项难以终极完美，但立法、司法实践及理论又不得不竭力为之的工作。在现代民法中，公序良俗原则已成为支配整个法秩序的价值理念，是私法自治的界限，但由于其内涵的不确定性，其司法适用使法面临安定性与个案正义的艰难抉择，学界也因此形成了各种不同的甚至完全对立的观点。质疑其适用者有之，支持其适用者也不乏其人。本文站在支持

---

① ［英］A.G. 盖斯特：《英国合同法与案例》，张文镇等译，中国大百科全书出版社1998年版，第365页。

② ［美］E·艾伦·范斯沃尔：《美国合同法》，葛云松、丁春艳译，中国政法大学出版社2004年版，第352页。

③ Keene v. Harling［Cal. 1964］392 P. 2d 273.

论者的立场，对其适用的正当性、适用的方法、适用的价值判断及违反该原则的法律效果做了较为详实的论证，旨在论证其适用的正当性及协调其适用与法的安定性之间的冲突。

目前，我国公序良俗原则的适用尚处于起步阶段，存在诸多亟需解决的问题。就立法实践而言，对公序良俗原则的规定，《中华人民共和国民法通则》与《中华人民共和国合同法》采"社会公共利益"与"社会公共道德"表述，《中华人民共和国涉外民事法律关系适用法》依然采取了"社会公共利益"表述。但公序良俗原则中的"公共秩序"所指的"一般利益"并非"社会公共利益"所能涵盖的，现行法规定的"社会公共利益"最大的缺陷在于其不周延性以及对私法自治的可能危害。对此，学界普遍主张采用"公序良俗"的表述。随着适用公序良俗原则的案例日益增多，相信学界的主张能被未来民法典采纳。从司法实践来看，被誉为"公序良俗第一案"的"泸州遗赠案"也才发生于2001年，此类案例的积累远远不够。因此，其适用只能更多的依赖价值补充法，因此科学规制价值判断是立法、司法实践及理论应重点关注之处。对此，我们将做更深入的探究，以期实现对公序良俗原则适用的全方位规制，进一步协调其适用与法的安定性之间的冲突。

暴利行为比较研究
——以"公序良俗原则"为视角*

给付与对待给付的均衡历来是民法追求的目标,随着"契约自由"到"契约正义"理念的转变,这种均衡目标更是备受各国立法与理论的重视。就功能论而言,德国法创设的暴利行为、法国法确立的合同损害以及美国《统一商法典》设立的显失公平制度可谓是异曲同工,即都致力于实现给付与对待给付的均衡,但基于形成时各自的时代背景以及各国不同的历史、文化传统,它们在各自私法体系中的地位、构成要件及法律效力等方面均存在不同的规定。本文立足于德国法中的暴利行为制度,通过其与合同损害、显失公平的比较研究,尝试着对暴利行为系公序良俗原则的具体化形态、暴利行为的构成要件以及法律效力等问题予以探讨,并以此为出发点,分析我国现行法中暴利行为制度规定的缺陷,进而提出相应的立法建议,以期对完善我国的暴利行为制度有所裨益。

一、比较法上的暴利行为及其立法理由

1. 大陆法中的暴利行为与合同损害及其立法理由

大陆法中的"暴利行为"与"合同损害"均发轫于罗马法中的"非常损失规则"。早期罗马法的契约恪守"严格形式主义",只要契约订立的过程是公正的,那么"不管财产价格与实际价值存在何种差异,均不影响契约的效力"①。帝政时期,戴克里先帝为抑制因通货膨胀导致的物价暴涨而颁布"价格敕令",以此限制商品的最高价格。随之,为避免农民将土地贱卖给城市资本主义者,

---

* 本文为李双元、杨德群合著,刊载于《湖南师范大学社会科学学报》2015年第1期。

① [德]海因·克茨:《欧洲合同法(上卷)》,周海忠、李居迁、宫立云译,法律出版社2006年版,第189页。

致使农民无以为生进而危及帝国统治,戴克里先帝创设了"短少逾半规则"①,此即罗马法中赫赫有名的"非常损失规则"。它历经时代演变,在大陆法中逐渐形成了以法国法确立的"合同损害"与德国法确立的"暴利行为"为代表的两种立法例。

1804年的《法国民法典》是法国大革命的产物,"自由主义"因此备受推崇,任何对自由的限制都表现得极为谨慎,意思自治在整个私法体系中具有支配性地位。《法国民法典》第1118条明确规定了"合同损害"制度,但对其适用范围却设置了严格的限制。该条规定的"某些人"仅指未成年人,"某些合同"仅指不动产出售或者分割。但20世纪初以来,"合同损害"的适用范围逐步得以拓宽。1968年1月3日第68—5号法律对"某些人"的范围实现了向成年人的拓展,具体包括以下三种人:置于司法保护下的成年人;独立实施未经财产管理人参与的财产被管理的成年人;未经法官同意而独立实施行为的受监护的成年人。对于"某些合同"的拓展则由民法典颁布后新颁发的一系列新法律完成,具体拓展至种子买卖合同;海难救助合同;转让文学作品合同等诸多领域。②

德国法中的"暴利行为"系指《德国民法典》第138条第2款,该条款规定:"某人如利用他人处于缺乏判断力、急迫情势、缺乏经验或者意志薄弱等情势,使他人对自己或者第三人给付或者约定给付与应当给付是明显不对称的财产利益时,其法律行为无效。""暴利行为"条款在德国法中的确立亦非一帆风顺,在当时以创业、合同与竞争自由为基础并以之追逐金钱的市民社会中,人们都能十分明智与实际地照顾自己已成为普遍的信念。基于这种信念,任何认可法官以实质意义上的不平等而宣布合同无效的规则均被视为是家长式的做法,且有损法律的确定性。因此,《德国民法典》的起草人坚持主张仅设立"善良风俗"的通用条款,即民法典第138条的第1款。③ 但鉴于19世纪60年代德国废除对利息限制的立法,以致高利贷现象猖獗,信用暴利演变为极为严重的社会问题。为此,德国刑法创设禁止高利贷条款以应对当时的形势,私法领域中,"契约自由"即"契约正义"的信念也有所动摇,这一系列因素促成了"暴利行为"在其民法典中的最终确立。

---

① 徐国栋:《民法典与民法哲学》,中国人民大学出版社2007年版,第493页。
② 尹田:《法国现代合同法》,法律出版社2009年版,第126~127页。
③ [德]海因·克茨:《欧洲合同法(上卷)》,周海忠、李居迁、宫立云译,法律出版社2006年版,第190页。

2. 英美法中的显失公平及其立法理由

英美法中，仅以一项承诺（除非附有签印）并不产生合同义务，而是须有受约人提出的"约因"，即受约人须支付对价，但这种对价仅须充分而不必相当。波斯纳认为："就交易价值而言，法院并不具有比较优势，也不比当事人高明；相反，在绝大多数情况下，交易当事人之间的协商，通常是确定交易价格的最佳方法。"①司法实践中，1839 年的惠特尼（Whitney）诉斯恩特（Stearns）案将其推向极致，②由该案发展出英美法中著名的"胡椒子对价规则"。依此规则，对合同效力的判断，法院只需关注合同是否存在对价，至于对价是否相当，法院并不关心。由此可见，传统英美法中普通法严守"契约自由"与"购者自重"原则，因此显失公平在传统英美法中并未构成其普通法的组成部分。但在衡平法中，约因的不够充分则可为欺骗或者非法影响提供确凿的证据。当显失公平的合同是如此之不公平，以至于触动了法官的良知，衡平法院则可能对其予以干预，其结果是使该合同不能依衡平法而得强制执行。合同因显失公平而不能强制执行的案例早已出现于平衡法院，尤其是包含苛刻财产没收合意或者限制抵押赎回合同中。③因此，英美法中显失公平的价值理念在衡平法中早已存在，显失公平制度是衡平法长期发展的产物。

但传统英美法中的显失公平并非是一种被法院轻易采用的制度，由于显失公平评判标准的不确定性等因素，致使该制度的适用范围极其狭窄。随着近代民法到现代民法的演变，需要将衡平法中隐秘的"良心裁判"转变成为公开的可广泛适用于各种合同的制度。这一转变在 20 世纪 30 年代"罗斯福新政"时期表现得尤为突出，首先表现为法律保护重点的转变，即从侧重于对契约自由与私有财产的保护到侧重于对人身权利与社会公共利益的保护的转变；其次日益增多的格式合同增加了显失公平的可能性。因为这些格式合同通常包含免责条款，而免责条款"最值得反对之处在于，客户对它们可能根本无法理解或者没时间阅读，而且即使客户对它们提出异议，他们通常会被告知，或以此订立合同，或者不订立合同，如果客户因此而拒绝订立合同，转而与其他供应商订

---

① R. A. Posner. Economic Analysis of Law (2nd Ed) [M]. New York: Little Brown and Company, 1977, p. 70.

② Whitney v. Stearns [1839] Northeastern Reporter (Vol 16) 394.

③ Paul Bennett Marrow. Squeezing Subjective from the Doctrine of Unconscionability [J]. Cleveland State Law Review (Vol 53), 2005, pp. 187-224.

立合同，其结果则大致相同"①。一般认为，英美法中现代意义上的显失公平制度是由《统一商法典》第 2—302 条创设的。② 该条使显失公平制度从衡平法中得以脱离出来，法官可依自由裁量权裁决整个合同或合同中的某些条款显失公平而使其不能被强制执行。

二、暴利行为与公序良俗原则的关系

私法以"意思自治"为基石，原则上依法律行为约定的给付与对待给付，即被假定为相当，因此公权力原则上对当事人所做的约定也不宜轻言干预。但公权力的不干预立足于形式上的给付与对待给付的自由不会危害法的实质正义为前提，当给付与对待给付严重失衡，进而违反公序良俗原则时，公权力便会对其予以干预。尽管这种干预为各国立法及理论普遍接受，但德国法将这种干预确立为暴利行为，并规定为违反善良风俗的具体化形态的做法，并未得到各国立法与理论的一致认同。

从立法实践来看，法国法将合同损害规定在误解、欺诈及胁迫之后，因此就立法意旨而言，合同损害应是导致意思表示瑕疵的原因之一。英美法中脱胎于衡平法的显失公平则已发展成为一项贯穿于整个合同法领域的独立制度，莱弗教授甚至将其提升为"新的帝王条款"③。由此不难发现，法国法并未将合同损害视为公序良俗的具体化形态，而英美法中，对显失公平的裁判已形成一套完整理论，通常也无须借助于公共政策对案件进行价值判断。就理论层面而言，目前国内学界对暴利行为从属于公序良俗原则也存在诸多质疑。有学者将其界定为"显失公平原则"，该种观点认为，罗马法中的非常损失规则仅为显失公平的萌芽，适用范围极为有限，因此并未成为一项独立的法律原则。而从 20 世纪以来，西方各国强调公权力对社会经济生活的积极干预，强调对消费

---

① Roger Brownsword. Contract Law: Themes for the Twenty-First Century [M]. Hampshire: Butterworth, 2000: 58.

② 该条规定："(1)法院以法律问题认定合同或其他任何条款于订立时就显失公平的，可拒绝强制执行此合同，或仅强制执行显失公平之外的合同条款，或限制显失公平条款以避免其不合理的结果；(2)一当事方主张或者法院认为合同或者其中的某些条款显失公平时，应当给予当事方提供相关合同订立的目的、商业背景以及效力等证据的机会，以其协助法院作出决定。"

③ Arthur Allen Leff. Unconscionability and the Code: The Emperor's New Clause [J]. University of Pennsylvania Law Review (Vol. 37), 1967, p. 225.

者利益的保护，基于此，对契约自由的限制也就成为了必然。显失公平也得以成为限制契约自由最重要的一条，并逐渐得到立法的普遍认可，最终成为现代合同法的基本原则。① 另有学者则认为，就近现代私法的发展趋势而言，一方面显失公平不再委身于公序良俗原则之下，亦非公序良俗原则的产物；另一方面它也不是一项独立的法律原则，不具备法律基本原则的显赫地位，其正确定位应为公平原则的具体化形态或者反面规定。② 显然，国内学界的以上两种观点均不认可暴利行为是公序良俗原则的具体化形态，而是将其视为独立的显失公平原则或者公平原则的具体化。

然而，尽管存在以上不同的立法例与理论上的质疑，但自《德国民法典》确立暴利行为制度，以及将其界定为违反善良风俗的具体化形态以来，这种立法模式便逐渐得到越来越多国家立法与理论的支持。我们对此也持赞同的态度：首先，德国法中的暴利行为将其主观要件规定为意思表示瑕疵之外的立法模式符合比较法发展的趋势。德国法中，即使导致暴利行为的乘人之危尚不足以构成意思表示瑕疵时，只要暴利行为本身违反善良风俗，暴利行为条款即可适用。实践中，交易一方当事人低价出卖、或高利息借贷行为有时并非因错误、欺诈及胁迫等意思表示瑕疵而作出的，而是基于特定的情势，如陷入经济上的困境、缺乏经验等原因作出的，此时意思表示瑕疵理论对此显得无能为力，法国法将合同损害置于意思表示瑕疵之中予以规定的缺陷也正源于此。《法国民法典》对合同损害的判断采客观标准，对于不动产分割，构成合同损害的标准为1/4；对于不动产出售则为7/12。尽管法国法对其客观标准存在"主观解释"与"客观解释"两种不同的观点，前者将合同损害推定为当事人的意思表示瑕疵，后者则认为合同损害是因为双方当事人之间的意思表示违反了"交易公正"。但是由于立法对主观标准的忽视，以致无论是对客观标准的主观解释还是客观解释，其合理性均遭到学界地质疑。现代法国学者韦尔、里倍尔等人因此主张因合同损害而无效应具备两个要件：一是一方当事人处于不利地位；二是另一方当事人利用对方的轻率、危难或者无经验而牟取暴利。③ 这也充分反映出法国学者在认识到客观标准不足的基础上，在理论上趋向于向德

---

① 彭真明、葛同山：《论合同显失公平原则》，载《法学评论》1999年第1期，第62~63页。

② 曾大鹏：《论显失公平的构成要件与体系定位》，载《法学》2011年第3期，第137页。

③ 尹田：《法国现代合同法》，法律出版社2009年版，第130~134页。

国法的暴利行为理论靠拢。其次,暴利行为的立法意旨是维护公序良俗原则,是公序良俗原则的具体化形态。"对于仅少之对价,而使给付不成比例之莫大利益,对于轻微损害而使为莫大的赔偿的暴利行为或榨取契约,其榨取程度,有违反道义概念者,可谓欠缺社会妥当性。"①这里不仅强调给付与对待给付的严重失衡,而且要求其行为违反道义,才构成对公序良俗原则的违反,也即仅以给付与对待给付于经济价值上明显不对称尚不足评判法律行为违反公序良俗原则。事实上,在德国司法判例中,若法律行为没有违反善良风俗,那么即使对待给付严重失衡,例如约定消费借贷的利率为100%,也不必然导致合同无效。② 由此可知,暴利行为并非单纯旨在维护给付与对待给付显失公平的结果,而是在于评判给付与对待给付是否违反公序良俗原则。至于美国《统一商法典》确立的显失公平制度,在其正式评述曾明确指出:"显失公平制度旨在法院能明确控制其认为显失公平的合同或者合同条款。以往,这种控制通常是通过对合同语言的反面解释,或者巧妙运用相关要约与承诺规则,以及通过认定相关条款违反公共政策或者违背合同主要目的等方式予以实现的。"③因此,《统一商法典》确立的显失公平制度在某种意义上也可以视为公共政策的具体化,或者说在一定程度上维护着公共政策,而英美法中与"公序良俗"相对应的概念也正是"公共政策"。

三、暴利行为构成要件的比较

由以上探讨可知,与《法国民法典》仅规定合同损害的客观标准不同的是,《德国民法典》创设的暴利行为制度的构成要件包含主观要件与客观要件两个方面。德国法对主观要件的规定为越来越多的国家与地区的立法所认可,例如1811年的《奥地利民法典》、1865年的《意大利民法典》、1838年的《荷兰民法典》以及卢森堡与比利时现行法等均采取了与法国合同损害类似的规定,但它们通过民法典的修订或以特别法的方式规定了主观要件。④ 总的来说,暴利行为的构成要件呈以下发展趋势:

---

① 史尚宽:《民法总论》,中国政法大学出版社2000年版,第343页。
② [德]迪特尔·梅迪库斯:《请求权基础》,陈卫佐、田士永、王洪亮、张双根译,法律出版社2012年版,第58页。
③ 《美国〈统一商法典〉及其正式评述(第1卷)》,孙新强译,中国人民大学出版社2004年版,第73页。
④ 于飞:《公序良俗原则研究》,北京大学出版社2006年版,第176~179页。

1. 主观要件的缓和化

暴利行为导致的给付与对待给付的失衡，是因暴利人故意利用相对人由于受某些不利因素的影响而降低了自我决定的能力这一不利情势所致。因此，暴利行为的主观要件具体包括以下两个方面：其一，暴利相对人因受某些不利因素的影响而降低了自我决定的能力。《德国民法典》第138条第2款将不利因素规定为受害人缺乏判断力、情势急迫、缺乏经验及意志薄弱四个方面。1976年7月颁布的《经济犯罪作斗争法》修正了该规定，用"受强制地位"替代"情势急迫"，"受强制地位"不仅超出了经济上的困境，而且涵盖了一切真正的困境，这些困境致使暴利相对人必须接受暴利行为，并以其作为两害相权取其轻的解决办法。① 至于另外三个因素，缺乏经验系指缺乏一般社会经验或者法律行为经验；缺乏判断力系指智力上存在缺陷，但尚未达到无行为能力的程度，然而却可以使当事人不能权衡法律行为的利与不利；意志薄弱系指意志控制力受到限制，如成瘾状态即可导致意志薄弱。②《韩国民法典》第104条及我国台湾地区"民法典"第74条将不利因素规定为急迫、轻率及无经验三个方面。与《德国民法典》规定不同的是，我国台湾地区"民法典"以"轻率"概括了德国法中的缺乏判断能力及意志薄弱两个因素，"轻率系指行为人对其行为，因不注意或者未熟虑，不知其对自己的意义而言。出卖人不知买卖标的之价值，而率与买卖人订立契约，亦在轻率之列。"③从这些不利因素的发展趋势来看，则呈缓和化的发展趋势，即不利因素只要能使暴利相对人自我决定能力降低即可。对此，德国法对"情势急迫"的修正、1916年《奥地利民法典》对"强制状态"及"情绪激动"的规定、1947年《荷兰民法典》对"异常精神状态"的规定等均为这一发展趋势的有力佐证，这也从另一个角度论证了法国法将合同损害置于意思表示瑕疵之中的欠妥性。其二，暴利人故意利用相对人因不利因素而导致自我决定能力降低这一不利情势，使其为财产上的给付或者给付约定。对于暴利人的主观意识，仅需知悉暴利相对人的不利情势并予以利用即可，因此暴利人的故意及间接故意均合符暴利行为的构成要件，至于因暴利人过失导致的暴利行为则不被认可。不过对间接故意的适用，只有在给付与对待给付严重失衡的情况下，方可推定暴利人主观上具有剥削暴利相对人的意图。司法实践中，德国

---

① ［德］卡尔·拉伦茨：《德国民法通论》，王晓晔、邵建东、程建英、徐国建、谢怀栻译，法律出版社2003年版，第623页。
② ［德］迪特尔·施瓦布：《民法导论》，郑冲译，法律出版社2006年版，第480页。
③ 王泽鉴：《民法总则》，北京大学出版社2011年版，第240页。

法规定的主观标准呈现淡化趋势。德国的司法判例表明：给付与对待给付失衡的情况越严重，对暴利人的主观故意的依赖就越小。对失衡极为显著的情形，甚至于即使暴利人此前并不知道真实的价值比例，也可推定他存在卑鄙意念，① 甚至基于暴利相对人的"请求"而实施的行为亦可构成暴利者的"利用"。② 这也体现了德国法与法国法中暴利行为与合同损害两种立法模式在现代民法中相互交融的趋势，即德国法在间接故意中注重客观标准对暴利行为予以评判，而法国法在理论上重视主观标准权衡是否存在合同损害。需要说明的是，暴利人的这种利用无须以"欺诈"与"胁迫"为必要，暴利相对人也不必以陷入"错误"认识为前提，这也再次说明德国法创设的暴利行为制度将暴利行为的主观标准规定于意思表示瑕疵之外的合理性。如果暴利行为的主观要件符合意思表示瑕疵标准的，则依意思表示瑕疵规定予以处理。

2. 客观要件的去标准化

法国法中对合同损害的判断采客观标准，且这种客观标准为智利、西班牙、秘鲁及委内瑞拉等国民法典所采纳。而德国法中暴利行为的客观要件系指给付与对待给付的失衡，即暴利相对人为某一给付而允诺让与自己或第三人的财产利益，且这种财产上的利益价值与给付价值相比明显不成比例。具体而言，暴利行为的客观要件包括以下三个方面：其一，当事人之间须互为财产上的对待给付。首先，暴利行为在于维护财产交易当事人之间的给付均衡，因此在消费借贷、雇佣、租赁等法律行为中均得以适用。其次，对于遗嘱继承、无偿赠与等无偿行为，因不存在给付与对待给付的失衡问题，暴利行为对此也就无适用的余地。再次，身份行为也不适用暴利行为条款，我国台湾地区司法判例就对两院离婚是否适用暴利行为持否定态度。③ 其二，给付与对待给付之间严重失衡。与法国法中对合同损害的客观标准予以量化规定不同的是，德国、韩国、瑞士以及我国台湾地区与澳门地区等国家与地区民法典中均未对暴利行为的客观标准予以量化，而是仅作概括性的规定，一般而言，给付与对待给付的严重失衡即可视为暴利行为的标志。至于失衡应达到何种程度才符合暴利行为的构成要件，则由法官依据个案各种情势进行综合判断。这种立法模式避免了法国法量化模式导致的评判标准的僵化，符合现代民法追求实质正义的目

---

① ［德］迪特尔·施瓦布：《民法导论》，郑冲译，法律出版社2006年版，第481～482页。
② ［德］维尔纳·弗卢梅：《法律行为》，迟颖译，法律出版社2013年版，第451页。
③ 黄立：《民法总则》，台湾元照出版有限公司2005年版，第341页。

的。其三，至于暴利相对人的范围，则"不以为给付或者约定为给付之相对人为限。例如利用近亲属之急迫，亦包括在内。又使其为财产之给付或为给付之约定，不以对自己为限，即使对第三人为给付，亦同有适用"。①

四、暴利行为法律效力的比较

1. 暴利行为法律效力的缓和化趋势

各国及相关地区立法对暴利行为的法律效力存在不同的规定，例如德国与韩国等民法典对此规定为无效，瑞士、意大利、我国台湾地区及澳门地区等民法典则规定为可撤销，其中我国台湾地区"民法典"规定暴利行为除利害关系人可得申请撤销之外，还可以申请减轻给付。总的来看，关于暴利行为法律效力的规定呈缓和化趋势，即呈由绝对无效到相对无效的发展的趋势。究其原因：其一，依传统法思想，法律行为因给付与对待给付的失衡进而违背市场交易公正，则认为该行为存在破坏交易公正的瑕疵，从私法自治与维护市场交易的角度出发，应给当事人提供补救的机会，而非一律宣告交易无效。例如我国台湾地区立法即给当事人提供了这种补救的机会：一方面利害关系人可在1年内申请撤销该法律行为以维护自身的权益；另一方面利害关系人也可于1年内申请减轻给付，维护交易的正常进行及平衡当事人之间的利益。此处1年为除诉期间，利害关系人应在1年内向法院申请撤销或减轻给付，否则，1年后，该暴利行为确定成为有效的法律行为，利害关系人不得再申请撤销或减轻给付。其二，德国法将暴利行为的法律效力规定为无效是基于遏制当时高利贷猖獗的权宜措施，德国法关于暴利行为效力的规定也因此遭到诸多质疑。批评者认为，暴利行为并不比胁迫、欺诈等更加违反公序良俗原则，因此应当对其予以同等对待，也即应赋予暴利相对人选择权以最终决定暴利行为的效力。实践中，德国法中也极少有适用暴利行为条款的司法判例，其原因就在于暴利行为的制裁太过严格。② 其三，暴利行为法律效力的缓和化也符合比较法发展的趋势。大陆法中诸如法国、瑞士、葡萄牙等大多数国家及相关地区的立法均明确采取了可撤销的规定，《巴西民法典》甚至对撤销也给予了一定的限制，其第157条第2款规定在构成显失公平的情况下，若行为人提供了充分补偿或获利

---

① 史尚宽：《民法总论》，中国政法大学出版社2000年版，第345页。
② 徐涤宇：《非常损失规则的比较研究——兼评中国民事法律行为制度中的乘人之危和显失公平》，载《法律科学》2001年第3期，第118页。

方同意减少其收益,法院就不能做出撤销的判定。英美法中,美国《统一商法典》确立的显失公平制度对其法律效力也采取了较为灵活的态度。从当事人的角度而言,一方当事人可以合同或者合同条款显失公平而申请撤销该合同或者合同条款;也可承认该合同或者合同条款的效力,继续履行合同;还可在诉讼中主张合同或者合同条款显失公平,而诉请法院拒绝强制执行该合同或者合同条款。从法院的角度来看,依《统一商法典》第2—302条规定,法院可拒绝强制执行此合同,或仅强制执行显失公平之外的合同条款,或限制显失公平条款以避免其不合理的结果。

2. 存在的争议及评析

尽管现代民法中,违反公序良俗原则的法律效力也呈缓和化趋势,但这种趋势主要表现为绝对无效适用范围的限缩,对于适用范围之内违反公序良俗原则的法律效力各国及相关地区立法则普遍认同应归于无效。这就导致学界对暴利行为法律效力的缓和化趋势与违反公序良俗原则法律效力的规定之间是否冲突的问题存在激烈的的争议。例如:王泽鉴先生对此认为,暴利行为的效力为可撤销或减轻给付,但若暴利行为违反公序良俗,则依公序良俗原则的效力规定,应属无效。① 黄立先生对此则持不同的主张,他认为相对于公序良俗的一般条款而言,暴利行为较为具体而且严重违反公序良俗,因此其法律效力尤应无效。再者若给付与对待给付显失公平,但不符合暴利行为要件时,该行为则可因违反公序良俗而无效,对于经过千辛万苦才合符暴利行为要件的法律行为,其法律效力反而弱于定型化约款,其立法技术不无可议。基于以上原因,黄先生主张将暴利行为的法律效力修正为无效。②

对此,我们倾向于支持王泽鉴先生的观点,并认为将暴利行为的法律效力规定为可撤销或减轻给付不仅不与违反公序良俗原则法律效力归于无效相冲突,而且符合现代民法中公序良俗原则效力的缓和化趋势。其原因在于公序良俗原则是现代民法中限制意思自治的"安全阀",所维护的是国家社会的"一般利益"及"一般道德",而暴利行为是公序良俗原则的具体化形态,是公序良俗原则调整的社会关系中的一部分,主要表现为对个人之间利益的协调。就公共秩序的角度来看,若给付与对待给付仅表现为个人之间的利益失衡,则应依私法自治原理允许利害关系人通过特定的途径挽救可能归于无效的法律行为;但若给付与对待给付不仅涉及个人之间的利益失衡,而且违反社会公共利益甚至

---

① 王泽鉴:《民法总则》,北京大学出版社2011年版,第240页。
② 黄立:《民法总则》,台湾元照出版有限公司2005年版,第346~347页。

国家的根本利益，例如涉及管制武器、毒品买卖，则理应适用公序良俗原则使其无效。以善良风俗为视角考察，善良风俗维护的"一般道德"系指最低伦理道德，捍卫着法律道德的底线，因此一切行为均不得与之抵触。从这个意义上说，暴利行为的道德标准要高于最低伦理道德标准，一切行为均不得与之抵触。从这个意义上说，暴利行为的道德标准要高于最低伦理道德标准，因此不应使其一律归于无效。例如我国民间借贷暴利的规制，超过同类银行贷款利率四倍的，仅就超过部分无效。但若这种类型的给付与对待给付涉及孤寡老人的"棺材本"或者事关个人或某一家庭的基本生活保障等情势，则可视其违反"一般道德"而使之无效。原本"社会的公平正义不仅要求对社会共同体的每一成员均予以平等对待与尊重，而且也应对社会弱势群体予以特殊关怀"。① 至于黄立先生列举的现实中本应属于暴利行为，但因其不符合暴利行为的构成要件，转而适用公序良俗的一般条款，以致其行为无效的情况。诚然，这类情况实践中的确不乏存在，但这属于暴利行为构成要件完善的问题，在其构成要件完善之前，对这些行为适用公序良俗原则亦符合现代民法追求实质正义的目的，毕竟一切正义的法是不会对任何不正义行为予以肯定性保护的。

五、对我国暴利行为制度的启示

1. 我国现行法中暴利行为制度规定存在的问题

我国"民法通则草案"曾将暴利行为规定为"乘人危难显失公平"，乘人危难是显失公平的原因，但这种模式并未得到最终认同。《民法通则》将暴利行为一分为二，即《民法通则》第58条第2款规定的乘人之危与第59条第2款规定的显失公平。理论上将乘人之危视为"暴利行为"条款，显失公平视为"准暴利行为"条款。在法律效力上，《民法通则》对乘人之危与显失公平的效力也做了不同的规定：对乘人之危规定无效；对显失公平则规定为可变更与可撤销。《民通意见》第73条则对显失公平的变更与撤销做了不同的规定：当事人申请变更的，法院应当支持；当事人申请撤销的，则由法院酌情予以变更或者撤销。《合同法》第54条则沿袭了《民法通则》的做法，继续对乘人之危与显失公平予以区分，与《民法通则》规定不同的是，《合同法》将显失公平的法律效力规定为可变更与可撤销，乘人之危与欺诈及胁迫同为受损害方申请变更或撤销

---

① 赵迅：《法治转型中"人"的定位探究——个人主义还是整体主义》，载《政治与法律》2012年第11期，第72页。

的原因,并规定当事人申请变更的,法院或仲裁机构不得予以撤销。

通过上文对暴利行为制度的考察,比照我国现行法中暴利行为制度的相关规定。不难发现,我国现行法中暴利行为制度存在如下问题:其一,立法缺乏系统性,分别规定乘人之危与显失公平是对暴利行为制度人为分割的体现。对此,学界的争议极大,有学者认为乘人之危与显失公平的其他主观要件一样,都是显失公平的主观要件,因此没有必要单独规定乘人之危,而主张将其归为显失公平的一类。① 另有学者则持截然不同的观点,即主张将显失公平归于乘人之危之中,因为显失公平规定的主观要件及其由此导致的损害结果均属于乘人之危。② 整体而言,无论是《民法通则》还是《合同法》对乘人之危与显失公平的规定,单纯从法条上考察,都体现出将暴利行为的主观要件与客观要件人为分割之后予以规定的特点,若不借助司法解释,则很难对其有明确的理解。再者,《民法通则》与《合同法》依法律行为的效力予以归类的立法模式值得商榷,因为这种立法模式忽视了不同法律关系之间的区别,极易导致理解上的混乱。其二,构成要件规定的缺陷,其中以主观构成要件方面的缺陷尤为突出。就乘人之危而言,有学者认为,乘人之危是我国暴利行为制度中的主要问题,因为将乘人之危规定为影响意思表示之事由,从比较法的角度而言,不管是大陆法抑或是英美法中,都难找到与之比较恰当对应的概念。③ 对显失公平而言,对暴利相对人主观因素仅规定了缺乏经验,这也迥异于上述各国立法的规定,同时也不符合主观要件的缓和化的发展趋势。其三,法律效力规定的缺陷。与《民法通则》对乘人之危与显失公平的法律效力做相异规定不同的是,《合同法》则将二者的法律效力统一规定为可变更与可撤销。《合同法》的这种改变值得认同,但遗憾的是,当事人申请撤销时,他依旧受制于法院自由裁量权。

2. 我国未来民法典中暴利行为制度的重构

针对以上我国现行法中暴利行为制度规定的缺陷,借鉴国外及我国台湾地区立法的先进经验,未来民法典中暴利行为制度的应从如下方面予以重构:其一,整合现行法中乘人之危与显失公平的相关规定,单独规定暴利行为制度。

---

① 徐涤宇:《非常损失规则的比较研究——兼评中国民事法律行为制度中的乘人之危和显失公平》,载《法律科学》2001年第3期,第117~118页。

② 颜炜:《显失公平立法探讨》,载《华东政法学院学报》2002年第4期,第21~22页。

③ 韩世远:《合同法总论》,法律出版社2004年版,第221页。

对此问题，分别由梁慧星先生及王利明先生主持的民法典建议稿都注意到了这一点，且都对其予以单独规定。① 显然，梁先生主持的建议稿虽然没有将该条明确表述为暴利行为，但实质上是深受德国法影响的产物。而王先生主持的建议稿则注重对我国现行立法的整合，以乘人之危吸收了显失公平。基于上文对该问题的理解，我们倾向于认同梁慧星先生主持的建议稿的立法模式，同时认为对于两个建议稿均将显失公平或者乘人之危置于意思表示瑕疵之后予以规定的方式值得商榷。诚如前文所述，暴利行为是违反公序良俗原则的具体化形态，且意思表示瑕疵不在暴利行为主观因素考量范围之内。因此，建议将梁慧星先生的建议稿中的暴利行为条款移至其建议稿的第113条予以规定，且明确表明其为暴利行为条款。其二，关于构成要件的完善。梁先生主持的建议稿关于构成要件中主观要件的规定充分吸取了德国法中的最新成果，合符主观要件缓和化的发展趋势，建议未来民法典予以采纳。其三，法律效力规定的完善。可在现行法规定的基础上，借鉴我国台湾地区的立法经验予以完善，即明确规定利害关系人可申请变更或撤销其给付，取消法院对利害关系人申请撤销时的决定权。相对而言，申请变更给付比申请减轻给付更具灵活性，能给利害关系人提供更为灵活的"挽救"法律行为的机会，符合私法自治的价值理念，而对法院酌情决定权的取消，则能更好的限制法官的自由裁量权，防止公权力对私法领域的过度干预。

---

① 《中国民法典草案建议稿》第134条[显失公平]："显失公平，是指当事人一方乘他方无经验、判断力欠缺、显著意志薄弱或者处于强制状态而订立双方权利义务显著失衡的行为。受不利益的他方当事人可以撤销其意思表示。"见梁慧星主持：《中国民法典草案建议稿》，法律出版社2003年版，第25页。《中国民法典学者建议稿及立法理由》第177条规定[乘人之危]："一方乘人之危，使对方在违背真实意思的情况下实施法律行为，受害方有权请求人民法院或者仲裁机构予以变更或者撤销。一方当事人乘对方当事人处于危难之机，为牟取不正当利益，迫使对方当事人作出不真实的意思表示，严重损害对方当事人利益的，可认定为乘人之危。"见王利明主持：《中国民法典学者建议稿及立法理由》，法律出版社2005年版，第302页。

论国际私法上直接适用法的重新界定*

直接适用法是晚近国际私法理论上才出现的一个的概念,至今只有50多年时间,同时也是国际私法学上特有的概念,其他部门法未曾有此概念。由于直接适用法概念的时代性及地域性,有关国家或地区对其称谓、内涵均存在不同的理解和规定。譬如,关于直接适用法的称谓,就有即刻适用法、警察法、直接适用法、必须适用法、空间受调节的法、立法定位法、明示国际公序的规范等,多达十余种。而关于直接适用法的内涵,也是众说纷纭、莫衷一是。可见,何谓直接适用法,是讨论研究直接适用法问题之基础和皆不能回避之重要争点。本文立足于国内外学者对直接适用法概念所下之定义,以发展的视角重新审视直接适用法的内涵,并在此基础上重新得出直接适用法的概念。

一、直接适用法的概念及其评析

(一) 直接适用法的概念

"直接适用法"的概念系自弗朗西斯卡基斯开始确立,他在研究法国司法判例的基础上于1958年提出来的,所揭示的是"于涉外民商事法律关系中直接适用实体法"的客观现象,这一点在国际私法学界是没有争议的。后继之学者以此为基础,给"直接适用法"下了许多定义,现择取几种有代表性的观点分列如下:

李浩培先生认为,"警察法"是指为保障一国的政治、经济或社会组织,一切公民必须遵守的法律,它起源于现代国家的活动侵入了传统上属于民法范围的事项,其特征在于它必须由国家机关或公共服务机关实施。[①]

---

* 本文为李双元、杨华合著,刊载于《河北法学》2016年第3期。
① 《中国大百科全书》总编辑委员会:《中国大百科全书·法学卷》,中国大百科全书出版社1984年版,第332页。

韩德培先生认为,"直接适用的法律"是指有些法律规则适用于具有国际性的案件,对制定该法律规则的国家来说,有着很重要的意义,以致该国需要适用这种规则,不管根据一般冲突规范该国的法律能否适用于这种案件。①

肖永平教授的表述是,"直接适用的法"是在一些国际性民商事案件中,涉及那些具有强制适用效力的、无须援引法院地的冲突规范,就可以径自直接适用于案件的法律规范。②

刘仁山教授主张,"直接适用的法"是指为实现本国公共政策和社会利益而撇开冲突规范的援引而直接适用于涉外民商事关系的具有强制力的法律规范。③

奥迪特认为,某些法律规范对其在跨国事项中的适用作了明确规定,这些规范是"空间受调节的规范"或"立法定位法",其适用并非是援引冲突规范的结果。④

利普斯坦认为,"空间受调节的规范"决定了属人的或属地的特定内国法的适用,它巧妙地通过对特定内国法附加属人的或属地的限制或扩张适用,而无须经由冲突规范所择定的外国法或法院地内国法的适用。⑤

托马斯·古德认为,"警察法"指无需通过一般情形下经由法院地冲突规范的择定而规定了其本身适用的内国实体法规范,其所指示的适用对象或指示目的可决定其适用的空间范围,这些指示可以是明示的也可能是默示的,而是否有默示则由法院解决来决定。⑥

德诺瓦认为,"自我限定的规范"是指根据该规范中的特别条款或解释该规范所暗含的政策,即可直接或间接确定其在法律冲突案件中适用范围的法律规范"。⑦

---

① 韩德培:《国际私法的晚近发展趋势·韩德培文集(上)》,武汉大学出版社2007年版,第47~48页。

② 肖永平:《法理学视野下的冲突法》,高等教育出版社2008年版,第325页。

③ 刘仁山、胡炜:《"直接适用的法"的若干问题》,载《当代法学》2002年第8期,第93页。

④ Bernard Audit, A Continental Lawyer Looks at Contemporary American Choice-of-Law Principles, The American Journal of Comparative Law, 27 (1979), pp. 601-602.

⑤ Kurt Lipstein, The principles of the Conflict of Laws. National and International, 1981, p. 99.

⑥ Thomas G. Guedj, Theory of the Lois de Police, A Function Trend in Continental Private International Law: A Comparative Analysis with Modern American Theories, The American Journal of Comparative Law, 39(1991), p. 665.

⑦ Thomas G. Guedj, Theory of the Lois de Police, A Function Trend in Continental Private International Law: A Comparative Analysis with Modern American Theories, The American Journal of Comparative Law, 39(1991), p. 668.

西蒙尼德斯认为,"直接适用法"是指意欲适用于多边案件的内国实体法,其适用无需考虑是否得到法院地冲突规范的指引。①

我国台湾地区学者柯泽东认为,"即刻适用法"是指其目的在避免国际公序原则之遭受滥用及为特别保护之意旨,而由法院于受理案件适用法律时,即刻、直接就某类法律关系(包括身份、财产、法律行为等),以法院地法或某一国家法之适用(亦可能为外国法),不必再透过国际私法之冲突法则选择所应适用之法律。②

比较上述几种观点,不难发现尽管国内外学者对直接适用法的名称、结构、性质、范围及调整方式等方面的看法如此分歧,但给直接适用法下的定义却大体一致,只是表述上有一些差异而已。具体地说,首先,定义方式一致,都是从实体法的角度定义的(除柯泽东的定义之外),强调的是这类实体法自身的某些特性,它们往往是涉及一国政治、经济、社会的重大利益的内国实体法,具有无可比拟的强制性,这使其在国际私法上的运用不同于其他法律规范;其次,都指出了这类实体法具有"直接适用"的本质特征,即它们具有绕过或排除冲突规范的效力,因而可以直接适用于某种涉外民商事关系;最后,这类实体法是一国法律体系中的一些分散的、具体的、特定化的法律规范组成的,不是一个确切的和完整的法律体系。

(二)既有直接适用法概念的缺陷

这种从实体法角度对"直接适用法"进行定义的方式,源于弗朗西斯卡基斯,是对国际私法司法实践中那些被直接适用的实体法的性质和特征的提炼与概括。在直接适用法产生之初,由于一方面这类实体法还为数不多,另一方面这个概念揭示的只是司法实践中的一些个别做法,尚未上升到国际私法实证法层面而成为指导法院实践的普遍规则,故这种定义方式具有一定的合理性毋庸置疑。

然时过境迁,综观当代国际私法上,这类实体法于数量和范围上均飞跃性扩张,尤其是越来越多的国家为了赋予法官直接适用内外国强制性规范的合法性,纷纷在本国的国际私法立法中以"明示条款"表明国家要求于涉外民商事法律关系中直接适用内外国强制性规范的意向,从而出现了一种新的国际私法

---

① Symeon C. Symeonides, Private International Law at the End of 20th Century: Progress or Regress? Kluer Law International, 2000, p.16.

② 柯泽东:《国际私法》,作者自版2006年版,第105页。

规范(确切地说应当是法律选择规范),甚至是一种新的法律适用方法,这种定义方式至少是有失偏颇、不全面的,不能完全正确地反映直接适用法在国际私法上的发展与变化。

直接适用法研究目前正面临着概念上的困境。从某种意义上说,正是由于学者们总是将关注点放在实体法上,而非从法律选择或法律适用的角度去观照直接适用法问题,才从根源上造成了在对直接适用法的结构、性质、范围、适用等基本问题上的模糊、分歧,甚至自相矛盾。例如,国内绝大部分学者都将直接适用法界定为一些具体的实体法律规范,但在举例时,却经常举出一些诸如我国《合同法》第126条第2款、法国1926年《海上劳动法典》第5条第1款、意大利1941年《版权法》第185条等单边冲突规范或法律适用范围规范。有学者虽然将直接适用法界定为实体法,但同时又认为它是一种间接调整规范,或者干脆认为它兼具实体规范和冲突规范的特性。① 还有一些学者将作为实体法的直接适用法与国际私法上的一些基本制度(如法律规避、公共秩序保留)进行比较,试想二者根本就不属于同一层次的概念或范畴,又如何具有可比性呢?其实在比较过程中,他们已经有意或无意地视直接适用法不仅仅是一类特殊的实体法,还是一项国际私法制度。如有学者在其论著中将直接适用法定义为一种实体法规范,但在把它与公共秩序、法律规避比较时,又先验地将它视为国际私法上的一项重要基本制度,② 这着实扑朔迷离、令人困惑。

直接适用法概念虽系由弗氏确立并发扬光大之理论,但在讨论直接适用法的界定问题时,应当采取发展的观点。直接适用法概念固然是在对一些于涉外私法关系中直接适用的实体法的特性进行概括与提炼的基础上提出来的,但直接适用法发展到今天,已经远远超出了实体法的范畴,如果还墨守"直接适用法只是一些特殊的实体法"的狭隘成规,就会产生许多难以解决的棘手问题。而且,国际私法的主要研究对象并不是那些适用于涉外民商事案件的实体法,而是解决内外国法律选择适用的制度和方法,在对直接适用法的概念进行界定时,应当更多地从法律选择和适用的角度去观察与考量,才有助于保证对其界定的科学性,并与晚近国际私法的发展与变迁相适应。

---

① 刘仁山、胡炜:《"直接适用的法"的若干问题》,载《当代法学》2002年第8期,第93~94页。徐冬根:《国际私法趋势论》,北京大学出版社2005年版,第401~405页。肖永平:《法理学视野下的冲突法》,高等教育出版社2008年版,第325~328页。
② 肖永平、龙威狄:《论中国国际私法中的强制性规范》,载《中国社会科学》2012年第10期,第107~122页。刘仁山、胡炜:《"直接适用的法"的若干问题》,载《当代法学》2002年第8期,第93~102页。

二、直接适用法的三种不同样态

从历史来看,直接适用法的发展总体上呈现出三种不同的样态,即实体法意义上的直接适用法、国际私法规范意义上的直接适用法和法律选择方法意义上的直接适用法。我们在对直接适用法进行定义时,自然也应当围绕这三种样态进行。

(一) 实体法意义上的直接适用法

实体法是直接适用法的初始样态。弗朗西斯卡基斯提出"直接适用法"的概念后,在相关研究中更倾向于使用"警察法"的概念来代替"直接适用法"。在法国,"警察法"具有特殊含义,它出自 1804 年的《法国民法典》第 3 条,但并非简单指"有关警察制度的法律",而是泛指"而"维护公共秩序的法律",包括侵权、劳工补偿金、出版物等方面的法律法规。① 很显然,这里的"警察法"指的是实体法,故与之等同适用的直接适用法无疑也是实体法。后来学者所采用的"超越法"、"干预性规范"、"必须适用的法"等概念,也都名异实同,指的都是某类实体法,只是它们的观察角度和侧重点各有不同。其中,"直接适用法"、"必须适用的法"强调的是它的适用机制,"警察法"强调的则是它的内容,而"干预性规范"强调的是它的适用效果。

弗朗西斯卡基斯认为,直接适用法指的是"那些为保护一国政治、社会和经济秩序而必须适用的法律规范",② 这类法律无须经过冲突规范的指引就可以直接适用于涉外民商事关系。可以得出,弗氏所提出的"直接适用法"概念具有两个基本特征,即内容上的重要性与适用上的直接性。直接适用法的这两个特征与萨维尼提到的"能够对抗法律的普遍主义"的强行法相符。

德国国际私法大师萨维尼所构建的以"法律关系本座说"为中心的法律适用体系奠定了以普遍主义为价值取向的现代国际私法多边选法体系的基石。依萨维尼的观点,法律关系的"本座"在什么地方就应当适用什么地方的法律,而不论它是内国法还是外国法,这是法律适用的原则。但他同时也承认这一原则有例外,在某些情形下,法官宁愿适用其内国法,也不适用根据这一原则所

---

① G. R. Delaume, The French Civil Code and Conflict of Laws: One Hundred and Fifty Years After. Gro. Wash. L. Rev., 499 (1955-1956), p. 502.

② Jan-Jaap Kuipers, EU Law and Private International Law: The Interrelationship In Contractual Obligations. Leiden/Boston: Martinus Nijhoff Publishers, 2012, p. 63.

应适用的外国法。萨维尼将这些例外情形归纳为两类：一是强行性的实在法；二是未被德国完全认识的外国法律制度。①

在上述第一类例外情形中，萨维尼详细阐述了他的强行法思想。他认为，每个法律体系中都存在两类强行法：第一种强行法"只是为了保护所有者利益"而制定的法律规范，"每一个国家可以容许这一类外国的强行法在本国发生法律效力"；第二种强行法则相反，它们并非纯粹为了保护所有者的利益而制定，它们"还具有自己的道德基础"或者是"建立在公共利益的理由之上"，前者如排斥一夫多妻的婚姻法，后者如与"政治、警察和国民经济有关"的法律。所有这类法律由于其自身的特殊性质和规范内容，能够对抗法律的普遍主义。② 可见，这类强行法也包含两个基本特征，一是它们对制定该法律的国家很重要，关系到一国基本道德或公共利益；二是在适用上能够对抗法律的普遍主义，即它的适用不受冲突规范的限制。很显然，这与弗氏所提的"直接适用法"概念并无二致。需要说明的是，从现今看来，萨维尼所提到的强行法例外实际上既包含了国际私法上的强行法，也包含了公共秩序的例外，因此他没有也不可能提出直接适用法的理论。这种对强行法与公共秩序不予区分的做法导致了一个直接结果，那就是在此之后的相当长一段时间里，国际私法上的强行法都被披上了公共秩序的"外衣"，国际私法学术界对强行法的种种讨论往往都是在公共秩序的框架下进行的。

从上可知，弗氏提出的"直接适用法"实质上就是萨维尼所说的作为多边选法体系一种例外的强行法，直接适用法理论不过是对萨维尼的强行法思想的一种重申，并且有所拓展而已。但我们不能以此否认该理论的意义，是弗氏将国际私法上的强行法身上的公共秩序"外衣"彻底脱掉，使之走上独立发展之路。而更加深远的意义是，将强行法从公共秩序中脱离出来，可以恢复公共秩序在维护本国重大利益、基本政策、道德与法律的基本原则、社会文化等方面的消极防范作用之本来面目，从而更加有效地防止公共秩序的滥用。

国际私法上的强行法，虽然也属于国内法，但它与国内民法上的强行法是有区别的，前者被称为国际强行法或国际强制性规范，后者被称为国内强行法

---

① ［德］萨维尼：《法律冲突与法律规则的地域和时间范围》，李双元等译，法律出版社1999年版，第17~20页。

② ［德］萨维尼：《法律冲突与法律规则的地域和时间范围》，李双元等译，法律出版社1999年版，第19~20页。

或国内强制性规范;也有学者分别称之合同法强行法和冲突法强行法。① 它们的区别主要体现在两方面:

一方面,二者所体现出来的强制性程度不同。所谓强制性规范,是建基于对法律规范的二元化思想,与任意性规范相对应的一个概念,乃指不得以当事人合意而变通适用的法律规范。由于国际强制性规范的内容通常关涉一国国家安全、社会稳定和经济秩序等方面的重大利益,故所表现出来的强制性程度比国内强制性规范要高,它除了不能由当事人约定减损这一根本要求之外,还对强制性提出了更高的要求。②

另一方面,二者在法律适用体系中的地位不同。国际强制性规范具有排除当事人意思自治和适用冲突规范的效力,而国内强制性规范仍应服从于冲突规范的指引,当冲突规范指定适用外国法律时,它就应让位于该外国法律。这两类强制性规范在 2008 年的欧盟《罗马条例 I》(《合同之债法律适用条例》)中得到了明显的区分。它把第 3 条第 3 款、第 6 条第 2 款、第 8 条第 1 款中的"国内强制性规范"明确表述为"不能通过协议减损的条款"(provisions that cannot be derogated from by agreement),而把规定"国际强制性规范"的第 9 条命名为"优先适用的强制性条款"(overriding mandatory provisions),并在第 1 款中对它作了初步界定。③ 条例在序言中明确指出,"强制性条款"的概念应区别于"不能通过协议减损的条款",并对前者应做更严格的解释。④

综上所论,国内外学者虽然在对"直接适用法"的称谓上有所不同,但对其界定普遍是从实体法角度出发的,所指向的都是内国法中具有强制性的、必须优先于自体法和冲突规范适用的实体法规范,学界一般称之为国际强制性规范。

(二)国际私法规范意义上的直接适用法

直接适用法的第二种样态是一种有别于冲突规范的法律选择规范。在涉外

---

① Peter Kaye, The New Private International Law of Contract of the European Community: Implemental of the EEC's Contractual Obligations Convention in England and Wales under the Contracts (Applicable Law) Act 1990. Aldershot: Dartmouth, 1993, pp. 72-73.

② Kerstin Ann-Schtfer, Application of Mandatory Rules in the Private International Law of Contracts. Frankfurt am Main: Peter Lang, 2010, p. 31.

③ 2008 年欧盟《罗马条例 I》(《合同之债法律适用条例》)第 9 条第 1 款将"优先适用的强制性条款"界定为:被一国认为对维护该国的公共利益,尤其是对维护其政治、社会、经济组织的利益至关重要,而必须遵守的强制规则,它们适用于其管辖范围内的任何情况,而不管依据本条例应适用于合同的是何种法律。

④ 邹国勇:《外国国际私法立法精选》,中国政法大学出版社 2010 年版,第 331 页。

私法实务中，法官对直接适用法的认定有赖于对立法者意图的探寻。当立法者在实体法中以明示条款(通常表现为法律适用范围规范，如1936年法国《海上劳动法典》第5条第1款、1941年意大利《版权法》第185条等条款)表达出"希望"被直接适用的"立法意图"时，法官即可根据该明示条款，在涉外民商事关系中直接适用该实体法；当实体法中没有此类明示条款时，法官就得依解释的方式推断出该实体法是否存在类似的默示"立法意图"。此时，法官行使这种解释、判断之权的法律依据，特别是国际私法实证法上的依据是什么，是一个无法回避的问题。如果没有这样的依据，法官的这种行为自然就有点名不正言不顺。而且，面对迅猛发展、变化的经济、社会形势，立法的滞后性问题日益凸显，立法、修法的频率加快。在此背景下，那种通过在个别实体法中设置明示条款来表达"希望"被直接适用的立法方式已经远远不能满足在涉外案件中贯彻国家政策、维护社会公益的需求。故而，在国际私法的实证法中，直接以法律条文的形式直接规定强制性规范的直接适用，从而赋予法院在个案中判定是否应当直接适用强制性规范之自由裁量权，不失为"以一变应万变"、可毕其功于一役的良策。

近年来，许多国家和地区在其国际私法立法中对直接适用法作出了不同规定，大体上可以分为三类，即作为特别条款置于"分则"中、作为一般条款规定于"总则"中以及综合的立法方式。

1. 特别条款的立法方式

特别条款的立法方式是指在国际私法典中仅规定于某一类型涉外民商事关系的法律适用中直接适用强制性规范。采此方式的典型国家是德国、斯洛文尼亚。例如2006年《德国民法典施行法》第27、29、30、34条等4个条文，就有关涉外合同之债法律适用对直接适用法作了规定[1]；斯洛文尼亚共和国1999

---

[1] 《德国民法典施行法》第27条第3款：如果在选择法律时其他事实均只与一个国家有联系，则对另一国家法律的选择不影响那些依照该国法律不能通过协议而规避的法律规范的适用。第29条第1款：对于提供动产物或提供服务，而其目的并非为了权利人(消费者)的职业或营利活动的合同，以及为此类交易融资的合同，当事人的法律选择不得导致消费者惯常居所地国法律中的强行规范所提供的保护被排除，只要(1)合同的订立是因在该国的明示要约或者广告所致，并且消费者在该国实施了为订立合同所必需的法律行为，(2)消费者的合同对方当事人或者其代理人在该国接受消费者的订货，或(3)合同涉及货物销售，而消费者已从该国旅行到另一国并在当地提出订货，并且该旅行是销售方为了让消费者订立合同而安排的。第30条第1款：对于劳务合同和劳务关系，当事人的法律选择不得剥夺根据第2款规定在未选择法律时应当适用的法律中的强行规范给雇员提供的保护。第34条：本小节不影响德国法律中那些无需考虑合同的法律适用而强行调整案件的规定的适用。需要说明的是，由于《罗马条例Ⅰ》的生效，德国《民法典施行法》第27~37条有关合同之债法律适用的规定已被2009年6月25日《关于使国际私法条款与欧盟第593/2008号条例相适用的法律》第1条第4项废除。而第34条关于直接适用法的一般规定也被《罗马条例Ⅰ》第9条所代替。

年《关于国际私法与诉讼的法律》第21、24条分别就涉外雇佣合同和消费者合同的法律适用规定了直接适用法①。在此情形下,法官运用直接适用法的范围非常有限,仅限于个别涉外民商事关系,可资适用的法律规范以仅限于以该类法律关系为规范对象的强制性规范。

2. 一般条款的立法方式

一般条款的立法方式是指在国际私法典中规定所有类型的涉外民商事关系的法律适用都应当考虑强制性规范的直接适用。这种立法方式始于瑞士,后为大多数国家所效仿。瑞士1987年《关于国际私法的联邦法》的第18条对直接适用瑞士强制性规范作了规定,第19条则规定了外国强制性规范的直接适用。② 采用这种立法方式的国家或地区,法官运用直接适用法的范围扩大至所有类型涉外民商事关系,可资适用的强制性规范数量也大大增加。

3. 综合的立法方式

综合的立法方式是指除在"总则"中对直接适用法作有概括规定外,还在一些具体涉外民商事关系的法律适用问题上专门规定特别的直接适用法。采用这种立法方式的主要有立陶宛、土耳其。2001年《立陶宛共和国民法典》既在"国际私法"总则中的第1.11条第2款对内外国直接适用法作了一般规定,又在分则中的第1.37条对涉外合同之债中直接适用法的运用作了特别规定。③

---

① 斯洛文尼亚共和国1999年《关于国际私法与诉讼的法律》第21条第4款:当事人不得通过法律选择协议排除国家法律中强制性的、不需当事人选择的保护雇员权利的规定。第22条第5款:第4款所指情形下,当事人不得通过法律选择协议排除消费者住所地国法中的保护消费者权利的强制性规定。第4款所指情形,即:(1)合同的缔结系因在该国的报价或广告所致,并且消费者在该国为缔结合同实施了必要的行为;(2)消费者的缔约相对方或其代理人已在该国接受消费者的订购;(3)买卖合同已在另一国缔结或消费者已在另一国订购,但以卖方此行之目的在于促成缔结此类合同为限。

② 瑞士1987年《关于国际私法的联邦法》第18条:不论本法所指定的法律为何,因其特殊目的而应予以适用的瑞士法律中的强制性规定,应予以保留。第19条:1. 依照瑞士法律观念值得保护且明显占优势的一方当事人利益要求考虑本法所指定的法律以外的另一法律的强制性规则时,如果案件与该另一法律有密切联系时,则该另一法律的强制性规则可予考虑。2. 在确定是否考虑此种规定时,应当根据其目的及其适用对于做出依照瑞士法律观念为适当的判决所可能产生的后果来判断。

③ 《立陶宛共和国民法典》总则第1.11条第2款:与诉讼案件有最密切联系的立陶宛共和国及其他国家的强制性法律规范,不论合同当事人是否已协议选择另一外国法,必须予以适用。在解决此类问题时,法院须考查法律规范的性质、适用或不予适用的目的及法律后果。该法分则第1.37条:合同当事人已选择外国法作为合同准据法之情势,不构成不适用立陶宛共和国或其他国家的强制性法律规范之理由,合同当事人不得通过协议取代或者放弃这些强制性法律规范。

2007年《土耳其共和国关于国际私法与国际民事诉讼程序法的第5718号法令》第6条、第31条也有类似的规定。①

无论采用何种方式，都表明了立法者对直接适用法的肯定态度，这对直接适用法的发展具有极其重要的意义，它标志着直接适用法已经从国际私法上的一种学说和实践做法发展为国际私法上的立法，它不仅为法官运用直接适用法的实务做法提供了实证法上的依据，而且为法官运用直接适用法提供了指导，法官按照立法者提供的考虑因素进行判定，而无需在各实体法中遍寻有无明示条款，从而有助于提高司法效率。

随着国际私法的实证立法普遍规定直接适用法条款，直接适用法的内涵也在逐渐发生变化。在第一种立法方式中，它实际上已转变为一种调整特定类型涉外民商事关系的、且可排除冲突规范适用的国际私法规范，而在第二种立法方式中，它更是完全蜕变成为一种直接适用本国或外国强制性规范的国际私法规范。因此，我们完全有理由认为，直接适用法在历经50多年的发展之后，已决非初始时的样态，即可排除自体法和冲突规范适用的个别的、具体的强制性实体法规范可以全部涵盖的，它已经上升为一项具有普遍指导意义的法律选择规则，由此在国际私法实证法上确立了直接适用法制度。最初扮演直接适用法自身"角色"的国际强制性规范，也彻底"换角"，成为直接适用法的适用对象。

接下来的问题就是国际私法典中的直接适用法条款到底有何功能？

就整个法律体系而言，直接适用法条款具有一项不容忽视的基本功能，即它提供了一条使公法规范进入国际私法领域的"管道"。更确切地说，直接适用法条款的功能就是使维护一国（主要是法院地国）在政治、社会与经济等方面的公共利益至关重要的公法性质的强制性规范透过对冲突规范的效力之否定，得以适用于涉外民商事法律关系，从而保证该国公共利益在国际民商事交往中也不至于因盲目地适用法律而受损。

传统国际私法因深受公私法二分化的影响，认为国际私法的目的是执行私

---

① 《土耳其共和国关于国际私法与国际民事诉讼程序法的第5718号法令》第6条：在适用外国法的情况下，如果就土耳其法律中直接适用的规范的立法宗旨和适用范围而言，案情应以这些直接适用范围的规范为准确无误，则适用土耳其法中的这些规范。第31条：在适用支配合同关系的法律时，如果第三国法律与合同具有密切联系，则应考虑该第三国法律中的直接适用的规范。在考虑这些规范以及判断应否适用这些规范时，应考察这些规范的目的、定性、内容及后果。

的而非公的权利要求,而刑法、行政法和财税法等执行的都是国家公法的权利,① 并依此主张国际私法只是解决私法方面的法律冲突,冲突法规范习惯被用于私法有关领域,而并不被用于公法有关领域,② 因而先验地将公法规范排除在冲突规范的法律选择的范围之外,无论是内国公法还是外国公法都不能根据冲突规范的指引而得到适用。

随着政治、经济、科技和文化的不断发展,人类的社会生活关系日渐复杂,社会不公平现象日益突出。为应对挑战,国家的角色、功能急速扩张,国家干预的触角深入到社会经济生活的各领域,大量的经济、社会立法被用来减少社会不公平,"私法与公法、民法与行政法、契约与法律之间的僵硬区分已越来越趋于动摇;这两类法律逐渐不可分地渗透融合"。③ 以民法为核心的私法的社会化、公法化成为法律发展的一大新趋势,而作为民法适用法的国际私法自然不能置身于外,也经历着社会化、公法化的洗礼,④ 冲突规范不适用于公法领域的"古训"也慢慢出现松动,国际私法已开始向公法冲突领域渗透。

国际私法的社会化或公法化表现为"内设"与"外接"两种形态。

所谓内设形态,指的是立法者对传统的法律选择规则或方法予以改造,使其体现法的社会化要求。在这一点上,两大法系采取了两种不同的策略。大陆法系国际私法主要是立法者通过对传统的冲突规范进行局部改良,巧妙地将一些体现社会化要求的因子融入冲突规范中,如晚近大陆法系国际私法中大量出现的优先适用能较好保护弱势当事人(通常为产品责任中的受害者、消费者、受雇人等法律上的弱者)的法律的冲突规范,就是以保护经济上的弱者为表征的新的社会法律思想在国际私法上的具体体现。以美国为代表的英美法系冲突法则采取了一种更为激进的方式,他们主张推倒以《第一次冲突法重述》为代表的传统法律选择规则体系,代之以更加灵活的"政策定向"(policy-oriented)的法律选择方法。这种方法,或以实现公共利益为追求目标,如柯里的"政府

---

① Cheshire and North, Private International Law, London: Butterworths, 10th (1979), pp. 131-137.

② Philip J. McConnaughay, Reviving the "Public Law Taboo" in International Conflict of Laws, Stanford Journal of International Law, 35 (1999), p. 261.

③ [德]拉德布鲁赫:《法学导论》,米健译,商务印书馆2013年版,第114页。

④ 私法公法化与私法社会化是回应法的现代性(主要是社会性)要求的两种不同方式,前者是将私法关系改变为公法关系(即个人与国家间的关系),而后者是以改造私法关系(个人间的关系)的方式进行的。赵红梅:《私法社会化的反思与批判——社会法学的视角》,载《中国法学》2008年第6期,第173页。

利益分析说"、巴克斯特的"比较损害说"等；或以求得个案在实体法上的公正为价值取向，如莱弗拉尔的"较好的法说"、卡弗斯的"优先适用原则说"等。二者都体现了法的社会化要求。

以内设方式实现国际私法的社会化是一种直接的、比较彻底的变革，但也带来了一些消极影响，传统的国际私法规则体系有面临被异化或解体的危险，美国冲突法革命理论中出现的主张彻底抛弃冲突规范的极端做法即其明证。

所谓外接形态，是指立法者在国际私法典中增设体现社会化要求的原则性条款，为一国（地）法律体系中的体现社会化要求的法律规范进入国际私法领域提供"管道"。这类规范通常是调整当事人利益与国家利益或社会公共利益之间的关系的强制性规范，而且原本只是用来调整国内私法关系的，但由于其对维护国家利益或社会公共利益非常重要，故在国际私法关系中亦得适用。可是传统国际私法只是一种间接调整方式，这类规范要进入国际私法必须经过冲突规范的指引方可作为准据法而得以适用。因而，立法者在国际私法典中预留一些原则性条款，让这类规范在未得到冲突规范指引的情况下也能够进入国际私法领域，从而对国际私法关系发挥作用，这就是国际私法社会化的外接形态。

在国际私法典中一般有三类这样的原则性条款，其中较早出现的是公共秩序条款和法律规避条款，而直接适用法条款正式出现于内国国际私法典中则是20世纪后期的事了（1987年《瑞士联邦国际私法》是较早规定"直接适用法条款"的国际私法典）。但有迹象表明，有关国际私法的国际条约对"直接适用法条款"的规定要远早于国内立法。譬如，比利时、荷兰、卢森堡三国于1951年签订的《有关国际私法的统一法公约》第17条第1款①就属于这类条款，是时，弗朗西斯卡基斯尚未提出"直接适用法"的概念。

上述三类条款都在不同程度上对强制性规范予以关注，但在对强制性规范的运用方式上有些许差别，公共秩序和法律规避强调的分别是强制性规范的不得违反和不得规避，而直接适用法强调的是强制性规范的直接适用。而且。它们所包含的强制性规范的范围也可能有所不同。尽管如此，谁也无法否认三者之间确有重合之处。这三种条款实际上已成为一国（地）体现社会化要求具体

---

① 比利时、荷兰、卢森堡三国于1951年签订的《有关国际私法的统一法公约》第17条第1款：除非当事人已合意就合同的全部或一部的准据法作出了选择，否则合同受与之有密切联系国家的法律支配，但是当事人的意思不影响前述与合同有密切联系国家法律中的强制性规定的适用。

内容之强制性规范"直接"进入国际私法领域的主要"管道"(这里的"直接"进入是相对于依冲突规范的指引的"间接"进入而言的,乃指不经过冲突规范的指引即可适用于涉外民商事关系)。

应当指出的是,弗朗西斯卡基斯当初所设想的这些直接适用的强制性规范是以刑法、行政法等公法为主。① 但伴随着国家干预的日益频繁,具有干预性或管制性的经济、社会方面的法规不断膨胀,在涉外民商事关系中的法律适用比例上,这类介于公法和私法之间的灰色区域内的混合法律规范早已取代刑法、行政法的地位成为直接适用法的主要对象了。本文认为,如果这类强制性规范仅包含刑法、行政法、财政法等传统上的纯粹公法的话,那么直接适用法理论的意义并不大。因为在国际私法领域,公法一直都被认为是具有严格的域内效力,在纯粹公法领域,立法者并不解决法律冲突问题,所以公法并不包含冲突规范,它是通过一种所谓的"分界规则"来确定其地域效力的。② 在涉外民商事关系的法律适用中,禁止取代法院地公法也是一贯做法,因此不管有没有"直接适用法"概念的出现,法院地公法都将优先于当事人选择的和冲突规范所指引的准据法而得到直接适用。直接适用法的提出更重要的意义在于它明确了那些介于公、私法之间的混合规范的直接适用性,为这类规范直接进入国际私法领域提供了一个"管道"。

就国际私法而言,以外接方式实现其社会化,是一种较为温和、保守的变革,它既可以使国际私法在面对私法社会化浪潮的冲击下尽可能延续其以冲突规范来指引应适用法律的传统品格,又可以适当地维持国际私法体系的开放性,使国际私法典回应了私法的社会化要求,且与法典的其他部分内容浑然天成。国际私法得以适当跟上私法社会化步伐的同时,又能保持传统,使传统国际私法体系内的概念、结构、方法不致发生太剧烈的变动。但这种方式也可能产生不利后果,它们很容易被滥用,从而导致法院地法的无节制扩大适用,尤其是直接适用法条款的运用,可以完全排除冲突规范的适用,压缩了冲突规范的适用空间,削弱了冲突规范在国际私法中的地位。

----

① 弗朗西斯卡基斯在之后的研究中将"直接适用法"改称为"警察法"。根据《法国民法典》产生之时的术语,警察法是指行政法,而治安法则是指刑法。在法国的国际私法中的确有存在这样的规定,即外国民法如果与法国刑法相抵触总是会被排除适用的。[法]亨利·巴迪福,保罗·拉加德:《国际私法总论》,陈洪武等译,中国对外翻译出版公司1989年版,第376、490页。

② 李双元、谢石松:《国际民事诉讼法概论》,武汉大学出版社2001年版,第88~90页。

从实务操作来看，直接适用法条款还有另一项功能，即为法官创造性司法预留空间，从而借司法审判来推动国际私法的社会化。

诚如萨维尼所指出的，判断一种法律规范是否属于多边主义方法的例外时应当考虑立法者的意图，但他并不主张对这类特殊规则进行精确界定，因为在他看来，这类规则实属异类，随着各国法律的发展，其重要性将持续下降，此乃自然演进之结果。然而，现代福利国家的出现使萨维尼的期望落空。在国家干预主义的影响下，这类规则不仅在数量上急剧膨胀，而且调整的范围也迅速扩张，通常涉及的是社会高度关注的事项。① 因而，许多学者都主张有必要对何种规则能在多边主义之外透过单边方法得到适用进行界定，否则将对传统冲突法理论造成冲击。② 一些学者经过研究，提出了一些认定此类规则的标准或方法，如有学者提出它们必须具备两个基本要素：其一，法律规则所隐含的政策被认为对社会至关重要；其二，在这些规则调整的范围内，如果不适用这些规则将对其背后政策的实现构成阻碍。③ 但不难看出，这种标准或方法依然非常抽象和富于弹性，只是为法院认定提供了一些可供考虑的因素，这就为法院提供了更宽泛的选择空间。从这个意义上说，它们与追求确定性的法律选择规则是背道而驰的。故无论如何，这种界定的标准或方法是很难被国际私法立法采纳的。

综观国际私法成文立法对直接适用法的规定，无一例外都是一些原则性的概括规定，早期的立法甚至都未给直接适用的强制性规范下一个定义，而是将这些规范的认定交由法院在个案中解决。后来随着越来越多的具有半公法性质的管制性法律规范的涌现，立法者才试图通过以概念方式给强制性规范下一定义来规范直接适用法条款的适用，如《罗马条例Ⅰ》就把这类强制性规范称为"优先适用的强制性条款"，并尝试给其下了一个定义。④ 从技术上看，这种

---

① ［美］荣格：《法律选择与涉外司法》，霍政欣、徐妮娜译，北京大学出版社 2007 年版，第 106 页。

② Friedrich K. Juenger, General Course on Private International Law, Recueil des Cours, 193(1983), pp. 201-202.

③ Thomas G. Guedj, Theory of the Lois de Police, A Function Trend in Continental Private International Law: A Comparative Analysis with Modern American Theories, The American Journal of Comparative Law, 39(1991), p. 666.

④ 《罗马条例Ⅰ》将"优先适用的强制性条款"定义为"被一国认为对维护该国的公共利益，尤其是对维护其政治、社会、经济组织的利益至关重要，而必须遵守的强制规范，它们适用于其管辖范围内的任何情况，而不管依据本条例应适用于合同的是何种法律"。

定义方法兼采客观标准和主观标准：客观上，它是无论冲突规范指引的准据法为何都必须适用的规范；主观上，它对维护该国的公共利益至关重要。但要判断一国法律中的规定是否达到对保护该国的某些方面利益至关重要的要求或标准，仍需法官超越个别立法者而为独立的价值衡平，使国际私法与具有公法性质的法律配合得当，稳妥地推动国际私法的社会化。因此，直接适用法条款也属于具有授权法官性质、需要价值补充的概括条款。

事实上，在直接适用法的发展过程中，审判实践在很长的时间内都一直走在前头。正如弗朗西斯卡基斯坦承，他在提出"直接适用法"这一概念时，并非想标新立异，而只是揭示了一种早已存在的某些法律可以直接用来支配涉外私法关系的客观现象。从这个意义上，我们可以说是司法审判创立了直接适用法理论。

（三）法律选择方法意义上的直接适用法

国际私法是法院或仲裁机构于涉外民商事案件中，用以决定如何适用以及适用何法律解决法律争议之方法的一个独立的法律部门。从法律选择方法论上看，国际私法最早采用的是冲突法的方法，即通过冲突规范来指定涉外民商事关系应适用的准据法，以解决法律适用上的冲突问题。与传统冲突法方法不同，直接适用法代表的是一种新的法律选择方法，① 这是它的第三种样态。

在国际私法发展初期，国际民商事交往虽然较为频繁，但法律关系并不复杂，依靠传统的冲突规范就能够比较圆满地解决交往过程中发生的争议。以体现判决结果的确定性、可预见性和一致性为主要目标的传统冲突法方法，就能实现国际私法对正义与秩序的追求。

传统的冲突法方法包括各国国内冲突法和国际统一冲突法。为解决涉外私法关系的法律适用问题，人们最早采用的是通过国内法中的冲突规范来指引应当适用的法律（本国法或外国法），被选择适用的法律也囿于一国之法律体系。这种方法是一种以国家为本位的法律适用方法，但由于各国政治、经济、文化等方面存在诸多差异，各国立法互异，不仅各国的实体法难以达成统一，各国国内法中的冲突规范也彼此相异。依靠各国冲突规范指引应适用的法律，会带

---

① 在国际私法领域，法律选择方法（又称法律适用方法）有狭义与广义之分，狭义上的法律选择方法是指传统的通过冲突规范指定应适用的法律的方法，而广义上的法律选择方法泛指一切国际私法法律适用方法，既包括传统的冲突规范的方法，也包括那些不通过冲突规范指引的方法，如直接适用法、统一实体法等方法。

来一系列问题。例如,被指定国家的国家可能没有相关的立法,或虽有相关立法,但不符合案件具体情况,或如果适用该法律将产生有损法院地国国家或社会重大利益、法律原则或道德准则的不良后果;更大的问题还在于可能造成同一案件在不同的国家起诉,会因冲突规范的不同而作出不同的判决,导致挑选法院甚至规避法律现象的大量发生。为解决冲突规范所带来的上述问题,国际私法又相继产生了反致、公共秩序、法律规避、外国法的查明等相关制度,这又会损害法律适用的确定性,"积累了百余年的经验已经证明,萨维尼的方法无法实现它所追求的判决一致的目标"。①因此,单纯依靠各国国内冲突规范指引应适用法律的方法,不能从根本上解决法律适用上的冲突问题,反而在一定程度上降低了冲突规范应有的价值。法国的毕耶(Pillet)就曾断言:"国际私法在国际范围内得不到统一,就等于法律不存在。"②鉴于此,19世纪末20世纪初,国际上开始出现统一冲突法的实践,但由于受当时国际社会种种条件的限制,直到"二战"前,这方面的收效甚微。"二战"后,"统一冲突法的国际组织日趋活跃,统一冲突法条约层出不穷,统一冲突法的进程大大加快"。③

无论是国内冲突法还是统一冲突法,均属于传统的冲突法方法。这种方法主要分为三个步骤:首先解决识别问题,即法院在处理涉外民商事争议进行法律选择时,首先应确定所争讼法律关系的性质(如债、物权、身份、婚姻、继承等关系);其次是选定连结因素(如国籍、住所、侵权行为地、物之所在地等事实因素);最后是法律的查明和适用。依所选的连结因素,寻找应当适用的一国(地)的法律,并通过适用法律解决有关争议。传统的冲突法方法的缺陷非常明显,突出表现在满足于法律适用的安定性、对实体法的漠视以及忽略了案件的公正合理解决。"实体正义成为若有若无的点缀,而冲突正义则垄断了冲突法的全部思考,成为冲突法的唯一关切。"④更为严重的是,随着经济全球化进程的不断深入,资本向全世界范围内流动,跨国企业的兴起以及国际贸易的日益频繁,随之而来的是涉外民商事案件也与日俱增,法律关系日趋复杂,传统方法并不足以有效解决国际贸易纠纷。主要原因有三:其一,用来排除外国法适用的公共秩序和法律规避制度的适用,使国际私法呈现出不确定

---

① [美]荣格:《法律选择与涉外司法》,霍政欣、徐妮娜译,北京大学出版社2007年版,第112页。

② 李双元:《国际私法(冲突法篇)》,武汉大学出版社2001年版,第141页。

③ 李双元、郑远民、吕国民:《关于建立国际民商新秩序的法律思考——国际私法基本功能的深层考察》,载《法学研究》1997年第2期,第123页。

④ 张春良:《冲突法的历史逻辑》,法律出版社2010年版,第62页。

性，而确定性和可预期性是进行交易的重要前提，因此公共秩序和法律规避常常异化为阻碍交易的因素；其二，国际贸易合同的复杂化，使合同的连结因素增多且复杂，无疑增加了法院选法的难度，产生滥用法院地法或选法错误的风险，使得以国际私法解决国际贸易纠纷既浪费时间、金钱，且失去司法解决之可靠性；其三，国际统一冲突法虽然有助于合理解决争议、促进国际贸易，但有关条约的谈判、签订以及在各成员国生效，需要时日，有的甚至旷日持久，难以有效维护国际民商秩序。

总之，单一的冲突法方法既无法真正实现国际私法对正义的追求，也不足以有效解决国际贸易纠纷，很难满足构建国际民商新秩序的需要。传统的冲突法方法只有与新的法律选择方法相互配合，方能克服自身缺陷，充分发挥国际私法的功能。当前，统一实体法、统一国际惯例、直接适用法，甚至公法在解决涉外民商事法律冲突中的作用越来越得到重视，法律选择方法的多元化是国际私法发展的必然趋势。

直接适用法是指某种涉外民商事法律关系或法律问题本应由冲突规范指引其应适用的准据法，但因其性质关涉一国国家政策和社会重要利益，或趋于公法性质抑或属于社会法范畴，立法者于实体法立法时通过直接、明确规定该法律关系或法律问题应当适用该实体法律。因该规定为强制性的，排除当事人约定的选法条款以及冲突规范的适用。例如，我国是外汇管制国家，由于涉外担保关系到我国金融、外汇市场的安全，我国《外汇管理条例》第 19 条第 1 款规定汇担保须经外汇管理部门审批准、登记，这就是一条强制性规定，可以直接适用于涉外担保关系。

作为一种新的法律选择方法，直接适用法是一国（地）基于国家立法政策的考量，将一些重要领域的法律关系或法律问题纳入强制性实体法规范的调整范围，法官在选择适用的法律时，无需考虑冲突规范的指引，即可径直将这些实体法规范适用于特定的涉外民商事法律关系或问题。这种方法是以国家或地区的立法政策为适用基础、以实体法律规范为选择对象的，有别于冲突法方法以连结因素为适用基础，以一国（地）的法律体系为选择对象。

直接适用法作为一种涉外民商事争议法律冲突的解决方法，它涉及相关国家的主权、冲突法的功能以及法律选择的合理性，只要将冲突法的功能定位不仅仅是定纷止争、裁判纠纷，还承载着实现某种政治、经济、社会目的，那么直接适用法的产生就是不可避免的，这是一种逻辑必然。无论如何，直接适用法对相关法律背后的国家政策、公共利益的关注，是很有现实意义的。因为法律并不是孤立的事物，也不限于其措辞本身所表达的范围。法律是具有社会、政治和经济目的的,所以在进行法律选择时,这些因素都应当予以考虑。①

三、本文对直接适用法的定义

行文至此,我们可以试着得出一个结论:传统的单纯从实体法角度来定义直接适用法的方式虽然具有一定的合理性,但已不足以反映直接适用法的性质、作用机理及其在国际私法中的地位,而较为全面、妥当地界定应当围绕直接适用法在发展过程中所表现出来的三种样态进行。基于此,本文尝试着对直接适用法作如下定义:

在一些国际性民商事案件(即含有涉外因素的民商事案件)中,用以指导法院抛开冲突规范的指引,径自将那些调整特定法律关系或法律问题的国际强制性规范直接适用于案件的一种法律选择规则或方法。

这个定义,一是强调了直接适用法的适用对象是国际强制性规范,以与国内强制性规范相区别;二是突出了直接适用法的适用方式是直接、即刻地适用,无须援引法院地的冲突规范;三是强调了直接适用法是一种不同于传统冲突规范或冲突法方法的法律选择规则或方法。

---

① Bruce Posnak, Choice of Law-Interest Analysis They Still Don't Get It, Wayne L. Rev. 40 (1994), p.1188.

[附录] 武汉大学国际法所早期旧事杂忆

（一）

20世纪70年代末80年代初，中国恢复高考招生。为满足教学的需要，当时教育部的高教一司与司法部的教育司联合组建了高等学校"法学教材编辑部"，由曾任司法部教育司司长的王珉灿先生任总编辑，北大张宏生先生与司法部教育司余叔通先生任副总编。经其时在重庆召开的组编会议上，确定第一批应编写的教材有十二种，其中即有韩先生任主编、任继圣、刘丁二位先生任副主编的《国际私法》①。随即于1980年年初在北京国务院第一招待所同时召开了好几本书的全部参编人员参加的编前会议，确定编写大纲，分配承担人选，规定交稿时间。我参加了国际私法组的会议。其时已知国内国际私法学界有以李浩培先生为代表的所谓"小"国际私法学派（即内容仅及于法律适用、国际民事诉讼程序和外国判决的承认与执行）和以任、姚二位先生为代表的"大"国际私法学派（即认为国际私法当以涉外民事关系为调整对象，而且在内容上除上述三者外，还必须包括统一实体法部分）。对于韩先生的观点，我当时还不了解，因为了协助韩先生做好会议的准备工作，我将戚希尔、沃尔夫、努斯鲍姆和前苏联权威学者隆茨1949年所著国际私法目录都译了出来或做了抄录，带在身边去参加会议。在经过激烈的争论后，经韩先生同意，还是决定采用"大"国际私法观点，并且大体确定了如后来1983年正式出版的教材的章节编目，并尽可能作出了照顾到撰写人员的倾向的分工。例如坚定主张"大"国际私法的任先生负责撰写统一实体法的第七章（国际货物买卖）和第九章（国际贸易支付），姚兆辉先生负责第十章，姚壮先生负责撰写第八章（国际货物运

---

① 这十二种教材中的另一种由河南大学吴祝谋教授任主编，后改由他与我二人任主编。长期合作，关系十分融洽，而今均已成为九十岁老翁，已无精力继续按时对该书做修订工作了。

输及保险)和第十四章(国际民事诉讼程序)。在争论中,刘丁先生态度相对中立,但他的统一实体法也很娴熟,乃负责撰写第一章"国际私法的概念"和第十一章"国际经济技术合作中的法律问题"两章。韩先生未承担编写任务,我本来也只分工负责第六章"债的一般法律冲突问题"。后来,全书初稿完成后汇集到武大韩先生处。正待统稿时,韩先生已受邀得于1982年3月去美国作为期三个月的学术访问,并说他已和"法学教材编辑"谈妥由我替代他工作,因而我才代替他赴北京白石桥"法学教材编辑部"与任、刘二位先生一同统稿。分工大体按各人比较熟悉的领域作出,比如由刘丁先生负责第一章序言和第十四、十五程序法两章,任先生则负责统一实体法的第七至第十章,我则负责其余纯属传统冲突法的各章。由于刘、任二位先生早就从事这些方面的教学研究工作,驾轻就熟。很快完成任务,我负责的冲突法各章的统稿却花去了三个多月的时间。因为,其中"冲突规范(一)"与"冲突规范(二)"是由北大陈力新先生一人负责撰写的,而陈先生是哲学思想很重的学者。他曾于1949年亲自受地下党之托,以其家庭乃当时长沙大米商而有广泛的商界人脉关系,护送李达校长由长沙经香港赴河北参加全国第一届政治协商会议,而且很可能在解放前,他即师从李达先生受过哲学教育。在我赴京前通读完各位作者送来的全部书稿之后,深觉他写的这两章很难读懂,但又不敢轻易改动,以及其他统稿中必得由韩先生拍板的问题,去请示韩先生如何处理。当天,韩先生正发感冒,尚未痊愈下床,我是坐在床前向他一一作了请示的。其中,重点请示陈先生写的两章如何处理。韩先生说,他对陈先生的两章也与我有同感,乃建议我直接与陈先生讨论:陈先生如同意修改则请他修改;如他托你修改,你可以接受。陈力新先生是一个十分敦厚的学者,加之此前因当时武大国际法所张湘兰、兰海昌两位老师在北大进修,我每次去京借机探望他们时,也同时多次探望过陈先生,已很熟悉,因而约请他来法学教材编辑部见面讨论到这个问题时,他当即十分爽快地明确表示请我代劳。因而我在修改过程中花去许多时间来翻阅大量的外文资料。全书的北京统稿工作完成时,韩先生却于美国讲学结束正准备回国时突发脑溢血,不得不又在美国多待了一个月。回国后又需静养,直到是年11月他才让我将经三人统过后的书稿呈他检阅定夺。韩先生当时仅在我改写过稿子中的识别问题上加了百来字的内容。故出版后,这两章的作者改署成陈力新、韩德培、李双元三人,其余均未再有异动,终于如期于1983年底由法学教材编辑部加上"说明"交武大出版社出版。

对于"大"国际私法观点,固然由韩先生表示接受而成为武大国际私法的主流观点,但当时韩先生除在编前会议上拍板定案,公开认可了包括前述统编教材在内的所有由他任主编的其他以后的国际私法教材所持"大"国际私法观点之外，应该说，迄今并未见他亲自执笔为文论述过这一观点。我在 1987 年出版的《国际私法（冲突法篇）》一书的后记中，进一步明确冲突法制度乃国际私法的"本体"部分。这一观点早在我 1983 年发表于《武汉大学学报（社科版）》第二期上的另一篇题为《国际私法的名称、性质、定义和范围问题》的文章中，也强调国际私法的"中心任务"是解决法律冲突。其"基本规范"就是冲突规范，但也同意国际私法还应包括进统一实体法的观点。1983 年在《武汉大学学报（社科版）》第六期上刊登的、韩先生同意与我一起署名的《应当重视对冲突法的研究》的文章，之所以强调冲突法及其相关制度乃国际私法的"本体"部分，也表明即使他接受"大"国际私法观点，也是有前提、有条件的。此外，韩先生在 80 年代初，还亲自审校过武大卫道治教授摘译的前苏联学者隆茨出版于 1973 年的《国际私法教程》三卷本的第一卷中有关"国际私法的对象和体系"问题的译文。该译文同样肯定应将统一实体法包括进国际私法的范围。该译文与我和韩先生共同署名的前述文章，后来同时收入当时（1984 年）由我编辑并由广埠屯附近的海军印刷所印刷、内部发行的署名为"武汉大学国际法研究所"的"国际法丛书"的《国际私法的理论与实践》一书之中（注：当时国际法所决定该丛书同时还包括姚梅镇先生主编的《国际经济法的理论与实践》和梁西先生主编的《国际法的理论与实践》，共三种）。在卫道治先生翻译并经韩先生审校的上述译文中，有一节专门讨论"实体民法的统一问题"以及在隆茨眼中为什么应当将其归入国际私法范围的论述。译文如下：

"1. 参与国际交往的每一个国家的冲突规范体系都有一个前提，就是各国实体民法都存在重大的区别，即使将属于同一社会形态的各国的法律体系加以对比，这种区别也是存在的。社会主义各国的法律制度之间同样存在着区别，……这种区别有时只存在于一些细节方面，但在解决具体案件时，这种区别却有很重要的影响。"

"冲突规范之所以需要，是由于各国的'实体'民法是以不同的方式规定同样的社会关系、同样的事实内容。因此，如果……各国的法律之间不存在区别的话，则冲突规范也就没有必要了。"

"由此可见，组织国际交往有可能不依靠冲突规范，而依靠通过统一相应的'实体法'，来消除在某些关系方面各国实体民法上的区别。为了对民事立法进行这种统一，已经签订了一系列国际条约，如铁路、海上和空间运输公约，支票和本票公约等。这些公约在各缔约国和加入国之间的关系上可以大大简化有关关系的程序。"

"2. 在商品的对外销售方面，统一的实体法规范具有特殊的意义(注：接下去隆茨专门提到了1964年的《关于国际货物销售统一法》和《关于签订国际货物销售合同》的海牙公约，以及1967年21届联合国大会根据匈牙利的提议通过了成立国际贸易法委员会的决议，而该委员会的任务就应含有采取措施以使(作为实体法的)外贸法逐步协调和统一。"

"在社会主义国家之间的关系上，早已在这方面实现了最广泛的统一。应该指出的是经互会(当时社会主义国家组成的——引注)供应总则，这个总则从1958年起就为经互会各国之间的大量商品流转服务。现在，1958年的总则已被1968年的总则所取代。因为后者更加广泛地统一了经互会各国之间的实体规范……"

"3. 是否应该把以国际协定形式统一的实体规范归入国际私法(作为法律和法学的一个部门)的领域呢？"

"把冲突规范加上统一实体规范结合到国际私法里去的根据是，这里说的是规定具有涉外因素关系的两种不同的方法，没有理由认为其中一种规定的方法(冲突规范)是国际私法，而另一种(依靠国际法上的协定而统一的规范)却是民法。如上所述，这里说的是规定同一种关系的两种法律方法。而共同一致地(在一个法律部门内)看待这两种规定的方式，有助于解决哪一种方式在规定某种关系时具有相对的优点的问题。"

"在对外贸易关系方面，采用可以消除冲突问题的统一实体规范的方式，意味着有关国家之间更密切的合作，因而也是一种更高的规定方式……在诸如继承、婚姻和家庭以及其他一些问题上，实体规范的区别和通过采用冲突规范来调整关系仍将具有重要意义。"

然后，隆茨又讲到国际贸易惯例也应归入国际私法学的范围。不过他也进一步讲到：

"但是，不同国家的民法规范的这种相似或吻合(也)并不(能完全)排除在这些国家间的关系上冲突问题的产生。甚至即使两国的法律字句完全吻合，也会产生这样的问题：这些法律在每个国家的审判实践中是否曾得到不同的解释，在一个国家是否曾随后受到在另一个国家里没有的修正和补充等等……"

"也不能认为不同国家根据一定的国际委员会拟定的模式(法律模式)而采用的同样的法律(规定)会排除冲突问题的提出。

"在这些情况下，冲突规范仍具有重要意义。(注：见上引《国际私法的理论与实践》一书，第 30~33 页）。"

以上引述，至少应该表明：主张我们现在称之为"大"国际私法的理论，首先是在国外确实存在的，绝非改革开放伊始，只是中国国内部分学者的突发的"奇想"；并且也不是毫无根据的。其中最大的分歧的根源，即在于如何定义国际私法的调整对象。传统的（或者目前在世界各国奉为正统的）国际私法学，必定强调国际私法只是解决涉外民事关系法律适用上的冲突以及有关程序制度的问题。一旦将其调整对象定为"处理涉外民事关系的法律部门"，而"大"国际私法观点也正是将其调整对象一般地规定义为"涉外民事关系"——这个源头上分歧，要说何者绝对正确，何者绝对错误，也是很难句句都能让对方信服的。

但目前在我国主张"大"国际私法观点的一个最不好解决的问题在于：传统的国际私法的主题的提出，以及基本理论与制度的展开，是完全建立在"冲突法"的基本理论与制度之上的，因而在著作中，很难统辖占很大篇幅的"国际民商事统一实体法"部分，从而出现的"两张皮"现象，写书讲课，难免"首鼠两端"或"尾大不掉"，难以保证国际私法基本理论和基本制度的逻辑上的一惯性。因此，我倾向于改变这一现状，回到国际私法的传统架构上来，希望学会、中政大与武大国际法所的领导拨冗考虑一下我的这个意见，使三校保持一致行动，同时也有利于提高学会的威望。

应该说，这样一个十分具体的问题，是我们当时在决定统编教材采"大"国际私法体系时并未作深入讨论的。在我与任继圣先生的多次公开或私下接触时，他只常常向我强调，"搞小国际私法，确实用处不大的。"

但就韩先生而言，据我个人接触所见所闻，他并没有对此发表过系统的意见，更没有亲自做过文字论述。他只把当时我们所采取的"大"国际私法形象地比喻为"主体两翼"。而且在我的记忆中，他所指的"主体两翼"大致与他和我共同署名发表的《应当重视冲突法的研究》一文所讲的那样，认为"主体"部分当是冲突法及其基本制度。而两翼者，一为"统一实体法"；一为"国际民事诉讼程序（包括国际商事仲裁）"。

韩先生之所以借用"主体两翼"的比喻，本来自 50 年代中国经济结构社会主义改造初步完成之后的中国经济形态。当时社会主义改造完成后的中国经济成分中，社会主义国有经济已取得主导地位，私营资本主义工商业、小手工业和农业的社会主义改造运动已初步完成，从而有将当时我国经济成份的结构比喻为"主体两翼"的说法；即"主体"为社会主义国有经济，两翼中一为经过改造的公私合营经济，一为小手工业和农业合作化运动出现的集体所有制经济。这三者之间也根本不存在什么"内涵"与"外延"的关系。我们都是韩先生的学生，在陈述韩先生的学术思想时，似宜格外谨慎、细心。

（二）

在全国，武大法律系恢复后很快在国际法、国内法尤其是刑法与环境法方面聚集了一批优秀的教师，新的科研成果果即不断涌现。为了推动国内各法学院科研成果及资料交流，韩先生、姚先生、马克昌先生即决定由法律系内部编印一份名为《法学研究资料》（出版两年后改为《法学评论》公开发行）的16开本但页数不多的刊物，交我负责编辑工作。我们最早掌握的奥地利、瑞士和美国的新国际私法资料，有关国际投资法和环境法方面的资料，以及在韩老的倡议下，由何华辉、王应暄教授与我三人负责整理的李达老校长解放前在湖南大学法律系的授课讲义《法理学大纲》等，均首先由该刊陆续刊出，奉献给了我国法学界。① 1984年，武大国际法研究所还以内部出版物的形式相继组编了《国际公法的理论与实践》、《国际私法的理论与实践》和《国际经济法的理论与实践》三本内容与资料都很新的小册子（每册各约30万字），赠送给国内其他大学的法律系与图书馆。故在20世纪80年代中期以前，北京、上海和东北等地的法科硕士生，也常常会来武大查阅参考资料，从而扩大了武大法律系的影响和作用。

然而，此处必须提及的一件往事是，由我在负责编辑《法学研究资料》时出现的一次错误，也因之受到了韩先生语重心长的严厉批评。韩先生当年曾率团（其中还有北大龚祥瑞与罗豪才二位先生）出席海牙召开的国际法律科学大会。在这次会议上，韩老既充分发挥了他作为国际法学界泰斗的国际影响力，同时在政治上也旗帜鲜明地表示：只有一个中国，台湾不得以中国的名义参加此次会议，并得到了我们国家及有关部门的高度肯定。于是，他亲自撰写了一份关于本次会议的纪实性文章，并让我在《法学研究资料》上刊出。由于该刊的出版印刷与校对工作是交由资料室的徐老师具体负责的，而我个人当时又缺乏对该文重要性的认识，故此没有专门校审该期清样，可恰恰就在此文中出现了差错。韩老阅后，颇为生气，遂专门召集我们开会进行检讨。正是在这次会

---

① 该书后由李达校长的夫人主持公开出版。但可惜的是李达校长的该部讲义，在"文革"中已散失大部分，永远无法补救了。

议上，我也才得知韩先生在解放后担任武大副秘书长(当时的正秘书长由接收武大的军代表徐懋庸担任)时，所秉持的严肃认真、一丝不苟的工作态度。他语重心长地指出编印出版物必须有高度责任感，更何况此文又是访问团回国后的述职报告，因而绝对不能出现任何差错。然后，他以自身为例，讲述了自己在任时，徐懋庸(派任武汉大学秘书长。革命早期，在文学界因观点不同，受到过鲁迅先生公开的批评与指责)曾在武大校负责人的会议上说过："武汉大学凡是以学校名义发出的文件，只要经过了韩德培的手，我就没有不放心的了。"从韩先生的这句话可以看出，对于重要的工作而言，从来没有可以只动口不动手的，必须以高度的责任感对待。

韩先生的这种认真负责的精神，还反映在武大法律系恢复和国际法研究所的建立伊始。大量的旧外文图书资料都被堆放在武大图书馆最顶层的阁楼里，积存了二十年的尘埃。他竟以七十岁高龄，带领当时资料室的几位年轻姑娘爬到顶层阁楼，一本一本掸去灰尘并整理出来，使得大量重要图书文献得以重见天日。而我又恰恰是这一批图书的第一批受益者，因为我得以如前述完成韩老交代的最早的统稿教材《国际私法》的统稿工作，正是得益于这批图书中的许多种。我曾在图书馆工作了二十多年；也亲身感受过沉积在图书上的灰尘给人的皮肤带来的刺激，奇痒难忍。更何况，韩先生清理图书当时正值盛夏，天气异常炎热。只因我当时还没有从华中农大调回武大，所以没能参与这次的图书整理工作。这些均是后来曾参与该项工作的资料室的女同志亲口讲述给我听的，她们无一不对韩先生赞口不绝，感慨万分。

（三）

在纪念韩先生的此时此刻，我还想要讲另外一件竟如此机缘巧合的事情。在2007年武大出版社出版的韩老文集中，其《传略》提到在中大与他一起创办并宣传民主法治思想的刊物《现实》的四位同仁中：邓启东、李昌董和蒋孟引三位竟都是我家乡新宁人①，除蒋先生长期在南京大学历史系任教我不认识外，昌董(名司衡)与启东先生不但是我的师长，而且还与我为同族兄弟。昌董先生是我的远房族兄，在离开中大后，先后两度在湖南的著名中学——岳云

---

① 这些老辈学长创刊《现实》刊物一事，解放后1995年出版的《新宁县志》在李昌董、邓启东、蒋孟引先生均有条目。据该条目记载蒋孟引先生1988年去世，被收《中国名人录》。蒋先生与韩先生一样，均为20世纪80年代教育部公布的第一批博士生导师。

中学与长郡中学任教务主任。我在岳云中学念书时,他给我们上"公民课"(类似于现在的"政治课")。他从不用课本,也不考试,只给成绩。课堂上,天马行空、激情四溢:总是从时弊切入,继而或转入哲学,讲解辩证法与唯物论;时而又及于论理学(逻辑学);有时甚至及于佛学(他在南岳时就与几位高僧常有往来)。在课堂上,他常用的一句话就是用地地道道的新宁腔,一字一顿地指控当时乃是一个"强凌弱、众暴寡"的社会。解放后,因其在湖南教育界享有盛誉,被从南岳岳云中学调至长沙的长郡中学(至今仍为长沙四大名牌中学之一)主持工作。1954年曾来武大,住启东先生家(启东先生是他的妹夫),并去看望过韩先生。我去启东先生家问候他时,发现他已颇显苍老,神情亦颇萎顿。他在武大停留几天后返回长沙不久,便黯然离世。他的弟弟李昌瑛先生、妹妹李赞君先生早期亦均在南京上大学,与韩先生均有过往。后李昌瑛任教岳云中学,已加入地下共产党,乃受控制,返回新宁,并创建楚南中学,并任第一任校长,未及经年即急病去世。他的许多被禁的红色书刊,多嘱我大哥(时在岳云上学)寒暑假带回新宁,为躲避宪兵检查,书籍全用废报纸包装,掩去封面。我也是从这些书中最早接触马列主义的。李昌董先生之所以能三兄妹同时在南京读大学,与他们的父亲曾于清末民初主持湖南长宁铅锌矿业,最早兴办实业的经历有关。韩先生传略中称他与蒋孟引、李昌董、邓启东等创办进步刊物《现实》,由韩先生出资不太可能,因韩先生家并不富裕,当是由李昌董先生出资,更为可信。① 启东先生曾在抗战时期任职于当时国民政府创办于长沙,后又相继迁往安化兰田与衡山南岳的国立师范学院任教授(其时钱钟书先生似亦在该校任教,他的名著《围城》我读后第一印象是他乃以该校兰田校址为背景的。全校教室均设于一个颇为宽敞的用土环垒成的灰瓦单层围成一个大圆圈的建筑之中,该校解放后改为湖南师范大学。抗战胜利后武大由四川乐山迁回武昌珞珈山,启东先生即受周鲠生校长之聘来武大历史系任教,主讲历史地理课程。早在20世纪30年代他曾出版过一套小学地理教材(似由开明书店出版),我上小学时用的就是他这套教材,主要涵盖人文与经济地理,学起来饶有兴趣。后来我这方面的地理知识比较丰富,无疑是受益于这套书的启蒙。解放前,他与韩先生均为共产党的外围组织武汉大学"新教协"的成员,态度鲜明地反对国民党政府对学生运动的镇压,并一起营救"六一"惨案中被捕的进步学生。我的家乡湖南省新宁县1949年是以武装起义的方式解放的。

---

① 因为《韩德培文集》(上)所载韩先生传略也讲过韩先生出生时,已家道中落,小学毕业后,已"无力供其继续求学"。

起义之前，负责此事的地下共产党负责人黄君实先生已潜入新宁，即隐蔽于邓启东先生老家。新中国成立后，"反右"之前，韩先生任武大副秘书长（徐懋庸任秘书长），启东先生任武大教育工会主席。"反右"运动中，韩先生、启东先生及其夫人李赞君先生（昌董先生胞妹）均被划为"右派"。韩先生更被诬为珞珈山的"右派宰相"，被长期下放劳动。启东先生因患有肺病，终于经受不住这种政治与精神上的残酷打击而于 1959 年早逝。赞君先生于我调回武大任教后，大约在 20 世纪 80 年代中期，有一次她去探望韩先生时，不经意中聊起我是湖南新宁人，而且是她的族弟，故而一次我去向韩先生家当面请示工作时，他很有感触地对我说："我怎么与你们新宁人这么有缘分！"前些年，赞君先生亦因病终老。

而今，一代哲人，俱已仙逝。往事回首，不胜唏嘘！

（四）

为武大国际私法研究与教学工作默默作出贡献的还有赵祥云教授、赵威候先生和项克涵先生。两位赵先生一直坚持在国际私法本科教学的第一线，故而为我提供了更多从事研究工作的时间。赵祥云先生 1953 年院系调并前在湖南大学法学院即担任教师，在民法学、国际私法学等领域，均颇有成就与见解。项克涵先生解放前东吴大学法科毕业，法学与外语功底均甚深厚，被错划为"右派"后，长期在省新华书店国际部作外文图书采编工作。到武大国际法所后，曾赴美作了一年学术访问，回国后，曾将其研究美国冲突法的心得，亲自用娟秀的钢笔字密密麻麻、十分工整地写成了一本 A4 纸大小、横印的约 20 多万字的题名为《美国冲突法概述》的笔记，我转呈给韩先生阅。项老师为人沉稳和善，但在"反右"中受到的打击可能过于严重（他后来也在我工作过的武汉市十中当教员），故而沉默寡言，且不幸于 1985 年出席在贵阳召开的中国国际私法研究会后，回汉途中，即在火车上出现腹痛。是年九月即确诊为肝癌。病重期间，院所领导韩先生、马先生、陈明义书记以及作为他的同事的我，均一道去他在武汉市十中教工宿舍看望过他，但他很快便去世了。这不能不说是武大国际法所的一大损失。赵威候先生也是很有学问的，他与国际私法学会名誉会长的费宗祎先生为同窗好友。费老每来武大，都会去探望他。他也一直坚持在本科国际私法教学第一线，也为我提供了对国际私法作系统深入研究的时间。

（五）

  姚梅镇先生是武汉大学法律系在四川乐山期间的本科及硕士学位毕业生，其时浩培先生正任法律系主任。姚先生以其勤奋好学与思想深邃、才华横溢，深得浩培先生赏识。其学位论文是研究民法上的无过失责任的，这也是国内最早专题研究此问题的学术著作。他的英文、日文都很好，搜集的材料十分丰富，答辩时获甚高评价，但在十年浩劫中，竟被抄家散失（现在收入到他的文集中出版的，仅为该论文的一小部分章节）。他曾对我说，这是他最无法忍受和弥补的损失。他来武大之前，解放前曾于贵州一所大学任教过。解放后，因法学教育基本上陷入困顿状态，曾一度欲调离武大。1953年李达先生接任武大校长后被盛情挽留了下来，旋即于是年暑假李达校长赴庐山参加马列主义讲习班。秋季开学后，他便给我们讲授"国家与法权理论"（苏式"法理学"），竟能引经据典、口若悬河、语惊四座，甚受学生们欢迎。1957年亦被划为右派后，姚先生也被安排在武大中文图书馆做管理员。有一次我受华中农学院图书馆派遣来武大中文图书馆作馆际互借，师生二人竟在馆内书架之间见面，真可谓百感交集，但除彼此互道问候，千言万语已无从表达了！

  姚先生在20世纪70年代末（可能是右派"改正"之后）武大恢复法律系之前，已从中文图书馆调至武大北美经济研究所作研究工作。从此他完全投入国际投资法和国际经济法这个在中国属于全新的学科领域的开创性研究，并很快成为我国国际经济法学的创始人与领军人物。这可以从以下事实来证明：80年代初，国家决定出版《中国大百科全书》时，其时北京虽已有史久镛、芮沐、汪萱、刘丁……等先生在研究这一领域，但竟在确定该卷"国际经济法"学科的负责人时，姚先生脱颖而出，受任该卷主编（并由姚壮、刘丁二位先生任副主编）。编辑部在布置条目分工时，曾约史久镛先生与姚先生同时撰写"国际经济法"这一条目，交稿后，发现其观点各有歧异之处，但都是国内最早全面阐释什么是"国际经济法"的权威介绍，难分轩轾。时为法学卷责任编辑的张遵修先生（女）乃专程到武汉大学，与我讨论过如何处理安排的问题。最终《中国大百科全书》编委会根据我们的意见，决定两位先生撰写的条目都用，只是将史先生写的称为"国际经济法"，而将姚先生写的称为"国际经济法学"。但实际上两位前辈在不同程度上都持"大"国际经济法的观点。对此，韩先生又是有保留看法的。而姚先生却对"大"国际私法也有自己不同的观点。各自这种观点上的不同，两位老先生都亲口对我讲过自己的看法。因为当时我虽不担任何具体职务，只负责处理所内日常工作，所内召开全体会议时，为了避免两位老先生在这个问题上面对面地出现尴尬状况，我往往不得不把话岔开，临时让会议转换议题。

姚先生与韩先生一样，都是十分关心我的家庭生活状况的，不但好几年中，都要求法律系(法学院)对我提供生活补助。当我老伴病残之后，我每次去韩先生家时，他总是先问及我老伴的身体；而姚先生更是多次偕同师母来我家探视，介绍愈后治疗、休养的方子。但不幸姚先生过早离世，满腹文章，未能全部留给后世，实是可惜可叹，好在他生前已经培养出几位年轻有为的国际经济法学方面的学术及事业的接班人。

（六）

武大国际法所早期直接为国家、为社会作过的贡献，除了韩先生、周子亚先生和我于1980年向国家技术进出口委员会提交的那份咨询报告外①，以下各项，似亦可提及：

1984年应武汉市政府邀请，由李双元亲自带领几位研习国际经济法、国际私法的研究生，直接参与武汉市同德国合资兴办啤酒厂的合资合作合同的谈判和重要条款的拟定(当时国内尚无可借鉴的合同文本)，并出席当年十月一日在北京举行的有德国总理科尔与时任国务院副总理的张劲夫参加的合同签字仪式。签字宴会结束后随即与武汉市常务副市长达成协议，第二年由武大国际法所一次为武汉市招收七名委培研究生。

1985年武汉大学国际法研究所应广州大学时任法学院院长的司法部前教育司长、"法学教材编辑部"主任王珉灿先生的邀请，赴广州磋商共同组建了当时国内最早的"涉外律师事务所"，并由许前飞先生代表武汉大学国际法所任副所长。

同年暑期又应第一批开放城市广西北海市委宣传部的邀请，由我带领王传丽、夏康生等一批国际经济法的教师与研究生为该市组织了为期一月的"涉外经济法干部培训班"，以培养该市处理涉外经济事务的干部。

1978年，在武大法学院筹备下，同时在珞珈山成立了分别以韩先生和姚先生为会长的"中国国际私法学会"和"中国国际经济法学会"。

---

① 后来听该委称，在与德、日合同对方谈判经年之后，对方已退步到我方仅就未下料的9亿美元赔偿11%，而此时国家已改动计划，决定将几大建设项目全部重新启动。

1982—1983 年，厦门大学招收的第一届五名研究生，因导师陈安先生赴美游学，全部就读于武大国际法所，时间长约一年。这五名研究生中，其中有两位后来成为厦大法学院的学术带头人。

1986 年，司法部教育司在华东政法学院举办高校国际法讲习班，姚先生与我同时受邀参加授课(李浩培老先生当为首席授课教师，编印出版的很厚的一个收录授课讲义的书，李老先生的为第一篇，姚先生和我的两份讲义，亦均入其中，内容颇为丰富)。

以上是我对武汉大学国际法所早期旧事的部分杂忆。记忆与叙述不准确或提法不当之处，敬请教正。